中國特色話語：

——陳安論國際經濟法學　第二卷（修訂版）　上冊

陳安　著

簡目

第二卷

目錄

第二卷

第二編　國際經濟法基本理論（二）

第三編　國際投資法

第二篇——國際經濟法基本理論（二）

論「適用國際慣例」與
「有法必依」的統一[*]

❧ 內容提要

　　本文從理論與實踐兩個層面就我國在對外經貿往來中適用國際慣例的問題進行了探討。作者在回顧與辨析關於國際慣例的諸般學說的基礎上，提煉和概括出關於這一問題的幾個理論要點，並由此出發，以近年來土地開發與房地產經營中出現的混亂現象為例，指出不應將「適用國際慣例」凌駕於「有法必依」之上，而應將二者統一起來。在「適用國際慣例」與「有法必依」兩者之間，如果存在著某種「矛盾」，則在立法上，應及時加強調查研究，慎重考慮是否可以或應該「變法」；即使可以或應該「變法」，也必須「依法變法」，不應提倡亂闖法律禁區，以免貽患無窮。

❧ 目次

　　國際慣例作為法的一種淵源，分屬於不同的法學學科和法律門類。有的屬於國際公法領域，有的屬於國際私法領域，有的屬於國際經濟法領域，有的屬於各國民法、經濟法、刑法領域，等等。我們在這裡探討的是屬於國際經濟法領域的慣例，簡稱「國際經濟慣例」或「國際經貿慣例」。

　　本文擬緊密結合當前中國的實際，對近年來中國在對外經貿往來中適用國際經濟慣例方面存在的若干理論問題和實踐問題加以探討。

　　中國自二十世紀七〇年代末實行改革開放基本國策以來，對外經貿往來迅猛發展。一九九二年，黨的十四大明確提出建立社會主義市場經濟體制的改革目標，全方位地對外開放，這就使中國成為國際社會經濟生活中更加積極、愈來愈活躍的一員。建立社會主義市場經濟，涉外經濟基礎和上層建築的許多領域，需要有一系列相應的體制改革、政策更新和法律調整，才能使中國在更大的廣度和深度上參與和拓展國際經貿往來，充分利用國際市場經濟所提供的各種資源和機遇。正是在這樣的歷史條件下，人們日益強調：中國為推進改革開放大業而採取的各項措施，應當更加注意「參照國際慣例」「適用國際慣例」或「與國際慣例接軌」。

　　「適用國際慣例」一詞，是中國現行經濟法、民商法中常見的立法用語。它主要是指中國對外經貿往來在一定條件下適用國際經貿商務中通行的做法，即適用國際經貿慣例。對此，各界看法大體一致，似無歧義。但是，對中國現行經濟法、民商法中常見的立法用語「國際慣例」一詞，其具體內涵和外延如何界定，

「國際慣例」在中國法律規範的整個體系中處在何種具體的法律位階，它的法律效力或約束力是否高於中國的現行法律，在「國際慣例」與中國現行法律不一致或發生矛盾衝突時，如何正確對待和取捨，等等，則說法不一，見解不同，並且各按自己的說法和見解，各行其是；甚至在「與國際慣例接軌」的堂皇旗號下，亂闖現行法律禁區，追逐個人私利或部門、地區的局部利益，造成思想上和實踐上的混亂，嚴重損害了國家的全局利益。為正本清源，很有必要從理論上對「國際慣例」進行剖析和澄清，以正視聽。

一、關於「國際慣例」的諸般學說

早在一九八五年，中國就在《涉外經濟合同法》中針對國際慣例的適用原則作出明確的法律規定：「中華人民共和國法律未作規定的，可以適用國際慣例。」次年，在《民法通則》中進一步載明：「中華人民共和國法律和中華人民共和國締結或者參加的國際條約沒有規定的，可以適用國際慣例。」一九九二年頒布的《中華人民共和國海商法》（以下簡稱《海商法》）再一次重申了同樣的適用原則。[1]

關於「國際慣例」一詞的內涵，在中外法律文件的提法上和學者們的論述中，見仁見智，迄今似尚無舉世公認、完全一致的界說。

《國際法院規約》第三十八條規定：國際法院在裁判中可以適用「國際習慣」（international custom）這種慣例，就是「有證

據表明已被接受為法律的通例」（general practice）。[2]

英國學者勞特派特（H. Lauterpacht）修訂的《奧本海國際法》在「緒論」中專設一目，闡明「習慣」（custom）與「慣例」（usage）的區別，認為「習慣不應與慣例相混淆。……如果某種行為的一種明顯和繼續的慣行（habit）是在這種行為按照國際法是必需和正當的這個信念之下形成的，國際法學者就說這是**習慣**。另一方面，如果某種行為雖然形成一種慣行，但卻沒有這種行為按照國際法是必須的或正當的信念，國際法學者就說這是**慣例**」[3]。據此，在形成的時間上，慣例先於習慣；而在約束力的層次上，慣例低於習慣，習慣是由慣例「上升」而成的。

但是，緊接上述正文之後，同書同頁卻加上一條註解，指出：「國際法上的習慣與慣例的區別並非盡如正文所說明的。例如，霍爾（Hall）說過『這種習慣從此形成為一個確定的慣例。』」[4]。據此，則慣例之形成後於習慣，而慣例之約束力應高於或優於習慣，慣例是由習慣「上升」而成的。簡言之，上述兩種見解正好是截然相反的。

美國學者布萊克（H. C. Black）編纂的《布萊克法學辭典》問世一百餘年來，歷經五度修訂。其中，將「習慣與慣例」（custom and usage）合併立目，並統一解釋為「慣例或人們的慣常做法（practice），……具有強制力；在與它有關的場合或事項上，具有法律約束力。」但是，在同一條目中又補充說：慣例〔辨義〕（usage distinguished）：「『慣例』是一種重複的行為，它不同於習慣，後者是產生於此種重複行為的法律或一般規則。可以有尚未形成習慣的慣例，但如無慣例伴行或先行，就不能形成

習慣。」[5]在這裡，就其合併立目和統一解釋而言，顯然是將「習慣」和「慣例」作為同義語看待，二者的法律地位及約束力屬於同一層次；但就其補充「辨義」而言，卻又將兩者作為異義語看待，二者的法律地位及約束力就有高低強弱之分。

日本學者皆川洸認為：「國際習慣，是指國際間業經確立的一般慣例。這些慣例已被證明具有法律義務之意義，且正在實踐中使用。其實，國際慣例並不是法律義務，而主要是出於國際禮讓和方便的考慮而加以引用。在承認業經確立之一般國際慣例時，……即已存在著承認其法律意義的推定。」[6]這段論述，顯然是針對前述《國際法院規約》有關規定所作的詮解。

在中國，一九二九年國民黨政府頒行的《中華民國民法典》中明文規定：民事，法律所未規定者，依習慣；無習慣者，依法理。」[7]在這前後的「司法解釋」和「判例」中，「習慣」一詞常與「習慣法」「習慣法則」「慣例」等混合使用或交替使用。值得注意的是這樣的表述和說明：「習慣法之成立須以多年慣行及普遍一般人之確信心為其基礎。」「習慣法則應以一般所共信不害公益為要件。否則，縱屬舊有習慣，亦難認為有法的效力。」[8]

中國臺灣學者張鏡影先生認為：「習慣乃指多數人對同一事項，經過長時間，反復而為同一之行為也。因此，**習慣是一種事實上的慣例**。」「習慣經國家承認時，則成為習慣法（customary law）。「民事採用之習慣，其必備之要件有五：一須有習慣之存在；二須為**人人確認**其有法之效力；三須係為法令所未規定之事項；四須不背於公共秩序與善良風俗者；五須經國家**明示**或**默示**承認者。」[9]在張先生看來，習慣只是一種客觀存在的事實，

其所以具有「法之效力」，則來源於「人人確認」與「國家承認」這兩大前提要件。這種觀點，符合實際，頗有見地，值得稱道。

著名國際法學者王鐵崖教授認為：「慣例」一詞，有廣義與狹義之分：**廣義的「慣例」包含「習慣」在內**。通常外交文件上所稱「慣例」，既包含已經具有法律約束力的「習慣」，也包含尚未具有法律拘束力的常例、通例或慣常做法。狹義的「慣例」則專指尚未具有法律約束力的常例，即《國際法院規約》第三十八條第一項（丑）款所指的「通例」之類。換言之，「國際習慣」與狹義的「國際慣例」，兩者之間的區別，就在於它們「是否被各國認為具有法律拘束力。」[10] 王先生關於「廣義的慣例」的見解，在一定程度上突破了前述勞特派特修訂本見解所設定的狹窄框架，比較切合實際，頗具啟迪意義。

著名國際私法學者韓德培教授認為：「國際慣例是在國際交往中逐漸形成的**不成文的法律規範**。」他強調：「**國際慣例只有經過國家認可才有約束力**。」他同時指出：在國際私法領域，國際慣例可大體分為兩類，一類是無需經過當事人選擇，大家都必須遵守的慣例，如「國家財產豁免」原則；另一類是只有經過當事人選擇，才對他們有約束力的慣例，如《國際貿易術語解釋通則》。前一類是強制性規範，後一類是任意性規範。我國在處理涉外民商事法律問題時，除應遵守我國法律以及我國與有關國家訂立的條約外，「在**維護主權**和平等互利的原則下，也**參照國際慣例和習慣**。」[11] 在參照適用國際慣例時，大力強調維護國家主權與國家認可原則，是韓先生上述見解的一大特色，頗能發人深思。

著名國際經濟法學者朱學山教授認為：「慣例是從習慣來的」。一旦有了習慣，人們往往會按照習慣行事，並逐漸覺得應當如此行事，願意相約遵守，於是習慣便發展成為慣例。此時或此階段的習慣，不但具備了「物質因素」，即客觀上存在的、長期重複發生的行為，而且具備了「心理因素」，即人們主觀上普遍覺得理應如此，理應遵守這些習慣，這就叫作有了「法的確信」。「習慣具備了這兩個因素，就不再是一般的習慣，而是轉化成為具有法律效力的慣例了。可以說，慣例是在法律意義上取得了法律效力的習慣。」[12] 朱先生強調的是：慣例來自習慣而又高於習慣。此種見解，與前述霍爾的見解可謂不謀而合，而其闡述和論證，則遠比霍爾明快、透闢，令人耳目一新！

二、關於「國際慣例」理論要點之管見

對於中外法學家的上述各種觀點和見解，仔細地加以比較分析和綜合研究，方能博采眾長，集思廣益。作為中國當代的法律學人，如能立足於中國的實際國情，著眼於當代世界經濟秩序新舊更替的趨勢，來考察和理解關於適用國際慣例問題，就不難從上述各種見解中，概括、提煉和推導出以下的理論要點：

1. 「custom」「usage」「practice」，這三個名詞實際上都具有習慣、慣例、慣常做法等多重含義，在辭典的名詞字義詮解中，常被用於互相交叉解釋。可以說，在一定範圍內，這三個單詞實際上是字義互通的同義語。[13] 現有的一些中譯本，把「custom」譯為「習慣」、「uage」譯為「慣例」、「practice」譯為

「通則」或「常例」，看來也只是為了解釋上的方便，而並不意味著這三者的字義之間「界限分明」，絕對不准溝通，不得逾越，禁止互相代替使用。有人認為，「習慣」與「慣例」這兩個名詞，在日常生活語言中可以交叉混用，但在國際法學者用語中卻不容混淆。[14] 其實，任何國際法學者都不能脫離社會日常生活，似乎沒有絕對必要另外創造或生造一套「同詞異義」字，使其完全脫離日常用語中約定俗成的原有字義。例如，有誰能夠斷言：「international custom」一詞，只能譯成「國際習慣」而絕對不能譯成「國際慣例」，或者，前譯準確而後譯訛誤呢？

在中國漢族社會的語言文字和日常生活中，一般說來，「慣例」一詞的語義、語氣和力度，似均強於「習慣」一詞。「例」字含有先例、成例、規例、規程、規則、準則、條例、律例諸義，[15] 並由此衍生出「有例可援」「援例辦理」「依例斷案」「據例處刑」等成語。因此，「**慣例**」一詞似可詮釋為「**由習慣而形成的規例**」。相應地，前述《國際法院規約》第三十八條中的「international custom」一詞如改譯為「國際慣例」，似更切合於中國社會生活和日常習慣用語的實際，也更有利於與中國現行諸基本法律（民法、海商法等）中的「國際慣例」這一**法定用語**互相銜接，取得一致。

2. 中國上述法律條文中提到可以適用的「國際慣例」，當然主要是指在國際社會中普遍認為具有約束力的那些習慣或慣常做法。但是，在司法實踐中，對於那些尚未獲得普遍承認，暫時還欠缺約束力的習慣或慣常做法，只要確實有利於問題或爭端的公平處理和公正解決，似也不妨採取「拿來主義」，參照適用。從

這個意義上說，對中國現行法律、法規中提到的「國際慣例」一詞，似宜作廣義的理解。

3. 在中國法律未作明確規定的情況下，「適用國際慣例」「參照國際慣例」「與國際慣例接軌」，既可以是**司法、執法**的補充準則，也可以是**立法**或**施政**的指導方針。換言之，既可適用或參照國際慣例來辦事斷案，解決爭端，又可適用或參照國際慣例來釐定新的政策，制定新的法規。近年來，人們自覺提倡的「與國際慣例接軌」，通常就是指在全方位對外開放條件下，中國在施政和立法方面努力更新與不斷改善的新導向。

4. 嚴格說來，國際慣例本身並不具備任何強制力。有關的法律文字既曰「**可以適用**」，當然就意味著：也可以不用。用與不用，悉聽司法、執法者的自由裁斷。因此，這顯然只是一種任意性規範而不是強制性規範。國際慣例從一個本來並無強制力的客觀事物轉化成為具有法律約束力的行為規範，一般必須通過兩種「中介」之一：其一，通過當事人之間的協議，將其有關規則或內容納入合同，使其產生合同法上的法律約束力；其二，通過主權國家權力機關某種形式的承認或確認，賦予它法律上的約束力。前者是個案性的，影響甚小；後者則是總體性、普遍性、全國性的，影響至巨。

因此，一個主權國家在決定是否認可和採納某項國際慣例時，自應審慎從事，在認真調查研究有關國際慣例的真實內容和規則，弄清全貌之後，再立足於本國國情，全面權衡利弊得失，決定取捨。在這方面，閉目塞聽、夜郎自大、因循守舊、固步自封，是錯誤和有害的；反之，一知半解、若明若暗、追趕「時

髦」、盲目附和、輕率從事，同樣是錯誤和有害的。

5. 當今世界存在著兩大類主權國家，一類是發達國家，它們大多是原先的殖民主義強國；另一類是發展中國家，它們大多是原先的殖民地、半殖民地弱小民族。這兩大類國家，由於經濟上的互補性，在通過合作謀求世界各國經濟的共同繁榮方面，有著共同的利益和共同的語言。但是，毋庸諱言，由於兩類國家在經濟利害得失上的矛盾和衝突，從總體上說來，發達國家多是國際經濟**舊秩序**的維護者，發展中國家多是國際經濟**新秩序**的倡導者。相應地，在國際慣例領域，除了兩類國家都可以接受的慣例外，也有某些不合時宜的舊日傳統慣例，為發達國家所堅持，卻為發展中國家所反對；某些符合時代潮流的新生的慣例，為發展中國家所倡導，卻為發達國家所抑制。因此，在國際經濟秩序**新舊更替**的過程中，國際慣例並**不是「鐵板一塊」**的，也不是固定**不變**的。中國是社會主義國家，也是發展中國家。作為第三世界的一員，中國在決定是否認可和採納某項國際慣例時，當然也必須考慮到國際經濟秩序新舊更替、**除舊布新**的全局，考慮到第三世界眾多發展中國家的共同立場和共同利益。

6. 作為一個主權國家，中國認可和採用國際經貿慣例的方式大體有下述四種：第一，與有關外國締結或者參加各類國際經濟條約；第二，在中國的國際私法（衝突法）立法中，吸收有關的國際經貿慣例；第三，在中國的經濟法、民商法立法中，吸收有關的國際經貿慣例；第四，既不締結或參加某類或某項國際條約，也不在國內立法中正式吸收某項國際經貿慣例，悉聽當事人自行決定是否在涉外經貿法律行為中採用某些條約的有關規定、

某些外國法律的有關規定，或某些國際民間團體編纂的國際經貿慣例規則。換言之，舉凡中國並未締結或參加的國際條約、一切外國的法律、一切國際民間團體編纂的規則，其中所包含的國際經貿行為規範或行動準則，在中國這個主權國家看來，它們始終都只是停留在**國際經貿慣例**的位階，即停留在既**非國際法**也**非國內法**（或非條約、非法律）的位階；它們對於中國這個主權國家看來，都是沒有法律約束力的。但是，在中國有關機關的執法、司法過程中，卻不妨把它們作為國際社會中通行的行為規範和行動準則，**參照適用**，在各類個案中，賦予一定的法律約束力。

7. 由此可見，在中國涉外立法的整個體系中，國際經貿慣例與中國的國內法、中國締結或參加的國際條約之間，具有互相交叉、互相滲透和互相融合的關係。試粗略示意如下圖：

在中國涉外經貿法律行為規範的整個體系中，那些尚未轉化為國際法（指中國締結或參加的條約）、中國國內法的國際慣例，可謂自成一類，其獨特之處在於它既不是對中國有約束力的國際法規範，也不是在中國境內有直接約束力的國內法規範。具體說來：

第一，它的確立，並非基於中國的國家立法或中國的對外締約。而中國涉外經貿法律行為規範的其餘部分，卻無一例外，都必須經過中國的國家立法或國際締約等程序，才能確立。

第二，它對於特定當事人具有的法律上的約束力，從總體上說，並非直接來源於中國國家的主權或其他強制權力，而是來源於當事人各方的共同協議和自願選擇。如果沒有當事人的合意採用，一般說來，它就毫無約束力可言。反之，中國涉外經貿法律

（甲）綜合圖

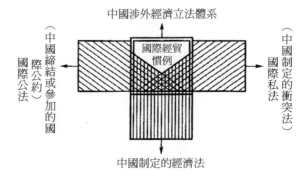

中國涉外經濟立法體系

（中國締結或參加的國際公約）國際公法

國際經貿慣例

（中國制定的衝突法）國際私法

中國制定的經濟法

（乙）分解圖

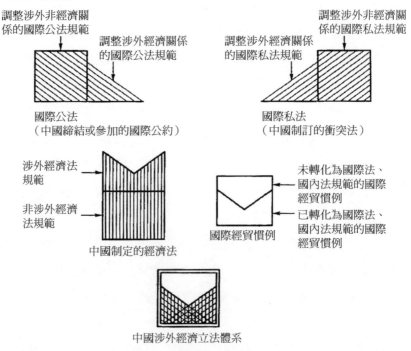

調整涉外非經濟關係的國際公法規範

調整涉外經濟關係的國際公法規範

國際公法
（中國締結或參加的國際公約）

調整涉外非經濟關係的國際私法規範

調整涉外經濟關係的國際私法規範

國際私法
（中國制訂的衝突法）

涉外經濟法規範

非涉外經濟法規範

中國制定的經濟法

未轉化為國際法、國內法規範的國際經貿慣例

已轉化為國際法、國內法規範的國際經貿慣例

國際經貿慣例

中國涉外經濟立法體系

圖2-1-1 中國涉外經濟立法體系

行為規範的其餘部分，其約束力不但毫不仰賴於當事人的協議採用，而且往往可以逆著當事人的意願逕自發揮其應有作用，如果當事人這種意願違反有關法律強制性規定的話。

第三，當事人在訂立合同時，對於某一項現成的國際經貿慣例，只要各方合意議定，就既可以全盤採用，也可以有所增刪，悉聽自便。反之，當事人對於調整特定涉外經濟關係的許多強制性法律條款，則只有全面遵照辦理的義務，並無隨意增刪更改的自由。

第四，在許多場合，國際經貿慣例對於特定當事人的約束力，雖然並非直接來源於中國國家的主權或其他強制權力，但是，這種約束力的實施或兌現，卻往往必須借助於中國國家的主權或其他強制權。例如，涉外經濟合同當事人一方任意食言，無視自願選擇採用的某項國際經貿慣例的約束力，為了解決爭端，除可提交仲裁之外，最終往往要通過法院作出判決或裁定，藉以兌現和顯示此項國際慣例的約束力。就此點而言，國際經貿慣例的約束力既區別於又類似於一般民商法律條款。從法理上分析，當事人在訂立合同時既已自願選擇採用某種現成的國際經貿慣例，則此種慣例中所規定的權利和義務，就轉化成為該項合同所確立的權利和義務，由合同法給予法律上的保障，並賦予法律上的約束力和強制力。因此，一方擅自違約，就要承擔法律上的責任。另一種情形是：當事人之間在某項涉外經貿法律行為爭端上並無明確的約定條款，而中國法律以及中國締結或參加的國際條約中也沒有明確規定，則中國法院可以參照或適用有關的國際經貿慣例，予以處斷。在此種場合，此項國際慣例的約束力，貌似

由中國法院直接賦予，實則此時此項國際慣例之約束力的真正淵源和主要法律依據，乃是前述中國《民法通則》。關於「可以適用國際慣例」的明文規定。

三、「與國際慣例接軌」不能凌駕「有法必依」

探討國際經貿慣例的理論要點，研究國際慣例與相鄰部門國際經貿法律行為規範之間的聯繫與區別，當然不是純學理的繁瑣考證，也不是書齋中的概念遊戲。理論上的模糊，往往會導致觀念上的錯覺和實踐中的失誤，小則損及單個企業，大則貽害整個國家。

二十多年來，特別是在強調全方位對外開放以來，「按國際慣例辦事」與國際慣例接軌」的口號和指針日益為國人接受。它開闊了人們的視野，更新了人們的觀念，使人們勇於和善於吸收外國的先進經驗，加大了中國在經濟基礎和上層建築諸多領域改革的深度和力度，促進了社會主義市場經濟體制的建立，加快了社會主義經濟建設的發展。這當然是事物的主流。但是，在這個過程中，已經出現了一股不容忽視的支流：出於對國際慣例實際內容的無知、誤解或一知半解，或者，為了追求某種難登「大雅之堂」的私慾私利或部門、地區的狹隘利益，隨心所欲，濫用上述口號，以「按國際慣例辦事」或「與國際慣例接軌」為名，衝擊「有法必依」的法制基本原則，否定社會公眾心目中好不容易才逐漸形成和初步建立起來的守法意識，似乎中國的現行法律，都應當用「國際慣例」這個最高圭臬衡量檢驗一番，以判斷其是

否已經「不合時宜」，從而決定取捨或是否遵行。其影響所及，就在某些地區、某些問題和某種程度上，出現了**有法不依、有令不行、有禁不止**的現象，出現了思想觀念上的混亂和經濟秩序上的混亂。

試以土地開發與房地產經營為例。順應改革開放的形勢需要，中國已經相繼頒行了《中華人民共和國土地管理法》及其實施條例、《中華人民共和國城鎮國有土地使用權出讓和轉讓暫行規定》、《外商投資開發經營成片土地暫行管理辦法》等基本法律、法規以及一系列配套的行政規章，各地也大都有了相應的地方法規。這些法律、法規不能說已經盡善盡美，尚需在今後隨著形勢的進一步發展而作必要的修改補充，但其中關於徵用土地面積數量的審批權限、各類用途土地使用權出讓不同的最高年限、土地使用權轉讓或出租的前提條件（特別是引進外商成片開發然後轉讓土地使用權的前提條件）、禁止「占而不用」和長期閒置土地等基本規定，應當說，都是立足中國國情、借鑑外國先進經驗的正確立法，切合保護和充分開發利用土地資源的現實需要。然而，近年來在全國範圍內，特別是在沿海地區，有些地方政府的領導人法制觀念淡薄，依法行政的意識不強，往往只從本地區的局部利益和眼前利益出發，甚至只是為了製造個人「政績」企求邀寵晉陞，[16] 竟然不顧國家整體利益和長遠利益，不計後果，對上述法律法規的基本規定，視而不見，置若罔聞。一時間，越權批地，超年限批地，外商繳納少量象徵性資金後，不經開發即取得土地使用權並立即轉手倒讓，牟取暴利，或大片「圈地」占地不開發，坐等地價飆升再轉手炒賣，使大量耕地拋荒，

種種亂象，層出不窮，嚴重危害了社會經濟的健康發展，破壞了土地資源的合理利用，並使大量的級差地租資金白白外流，國家蒙受巨大的經濟損失，引起廣大群眾的強烈不滿。[17]

這些有法不依、有意違法的行為，有許多是在「現行法規已不合時宜」「要敢於闖不合時宜的政策法規的禁區」「應當按國際慣例辦事」「應當與國際慣例接軌」之類的時髦藉口之下，冠冕堂皇地進行的。在他們心目中的所謂「國際慣例」，其**法律位階**和**約束力量**已經**遠遠凌駕於**中國的現行法律之上。

這實在是對「適用國際慣例」一詞的嚴重誤解或曲解。任何無可爭辯的真理，都附有一定的條件和限度。超過限度，「只要再多走一小步，看來像是朝同一方向多走了一小步，真理便會變成錯誤。」[18]這一至理名言，在這裡再一次顯示了它的旺盛生命力。

關於國際慣例的法律位階及其約束力問題，本文第二部分之四、六兩點已經論及。而本文開頭引述的中國現行法律有關適用國際慣例的明文規定，實際上是把國際慣例置在**低於**中國締結或參加的**國際條約**，也**低於**中國國內的**現行立法**的**第三層次**，而且限定：只有在這些條約、現行法這兩種較高層次的行為規範未作規定的前提條件下，才適用國際慣例。換言之，這分明是強調在**「有法必依」**的前提下，在**「無法可依」**的**特定**情況下，才**參照適用國際慣例**，辦事斷案；而不允許反其道而行，把第三位階的行為規範任意拔高到第一位階或第一層次，讓所謂的「國際慣例」凌駕、取代、取消或否定上述這些條約或現行法律。

於是，就有必要進一步探討如何促使「有法必依」與「適用

國際慣例」高度統一，以及如何理解這種高度統一的問題。在這方面，謹粗略概述管見如下：

1. 就中國所締結或參加的國際經貿條約而言，其具體內容大多是原先已存在多時的國際經貿慣例。但是，它既已被確立為中國締結或參加的國際條約，那麼，對於中國說來，它就不再停留在國際慣例的原有位階，而是上升到法律地位（即屬於國際公法層次）的行為規範。中國國內法中的某些規定如果與這些國際條約有所不同，除原先已經聲明保留的條款外，應優先適用這些國際條約的規定。[19] 因此，對於這些原先的國際慣例，已經不再是「參照適用」，而是必須遵守了。換言之，它已不屬於「按國際慣例辦事」的範疇，而是已被提高到「有約必守[20]（*pacta sunt sevanda*）的層次，同時已經屬於「有法（國際法）必依」的範疇了。

2. 就中國現行的國家經濟立法而言，其中涉外的許多內容，都是在改革開放基本國策的指引下，既立足於中國的國情，又盡量參照國際慣例，在廣泛吸取國外先進經驗的基礎上制定出來的。在這個意義上，遵守中國現行法律的有關規定與按國際慣例辦事應當是完全一致的，並無互相排斥之處。但是，這部分國際慣例既已通過中國國家的立法，被吸收和融化於中國的法律，成為其中不可分割的、有機的組成部分，於是，對於它們應當採取的態度，就不再停留在「參照適用」的位階和層次，而也已上升到「有法必依」的範疇，必須遵守和執行了。

3. 前文業已提及：除了上述兩類法律規範之外，舉凡中國並未締結或參加的國際條約、一切外國立法機關制定的法律、一

切國際民間團體編纂的規則，其中所包含的行為規範，在中國這個主權國家看來，都屬於並無法律約束力的一般國際慣例之列。通常人們所說的「按國際慣例辦事」「與國際慣例接軌」，嚴格說來，就是指的這一類。

作為一個主權國家，中國對於這些形形色色的國際慣例，理應在充分調查研究、了解全貌後，以本國的現行法律作為準繩，以國家利益和社會公共利益作為根據，**逐一地、仔細地全面衡量利弊，決定取捨**：或聽其自然，參照適用，擇其佳者逐步吸收上升為中國法律；或堅決抵制和斷然排斥。決不能不分青紅皂白，不辨精華與糟粕，對所有的「舶來品」，來一個「照單全收」！

有些在西方國家盛行的「國際慣例」，如出版發行淫穢的書刊和視聽作品、賣淫和嫖娼、開設賭場等等，在當地是合法的，在中國則是違法的或犯罪的行為。對於此類「國際慣例」，自應依據中國的現行法律，予以抵制和排斥；對於按此類國際慣例行事的當事人，則予以制裁和懲罰。顯然，這就是「有法必依」的結果，也是「有法必依」的另一種表現形式。

有些西方發達國家堅持的國際慣例，例如要求東道國對於財產被徵用的外商，「按照國際法上的公平標準」，給予「迅速及時、充分足夠、切實有效」的賠償，索價極高，幾近敲詐勒索，實際上大大限制，甚至無異於根本剝奪了貧弱的發展中國家徵用境內外資的主權權利。[21] 這一國際慣例，由於帶有濃烈的殖民主義宗主國氣息，霸氣甚重，歷來為廣大發展中國家所抵制和抨擊。經過長期的鬥爭和論戰，至二十世紀七〇年代中期，通過聯合國大會釐定的《各國經濟權利和義務憲章》等基本法律文獻，

逐漸形成了新生的、符合時代潮流的國際慣例：對於因社會公共利益而被徵用的外商資產，可依東道國的法律規定給予「適當的補償」。作為第三世界的一員，中國積極參與了國際經濟秩序破舊立新的聯合鬥爭。相應地，在有關外商投資的國內立法中，在締結的國際條約中，都抵制了「傳統的」、不合時宜的前一種國際慣例，參照和吸收了新生的、符合時代潮流的後一種國際慣例，從而使它上升為正式的法律規範。在這裡，再次體現了「適用國際慣例」與「有法必依」的高度統一。如果有誰硬要以過時的、陳舊的國際慣例作為標準，責難中國「不按國際慣例辦事」或「不願與國際慣例接軌」，那至少說明他對當今世界上仍然存在的殖民主義霸氣嗅覺不靈，對國際經濟秩序新舊更替的進程和總趨勢，缺乏應有的敏感。

4. 隨著改革開放的進一步深化，中國現有的涉外經濟立法體系當然會有某些內容逐步不能適應新形勢發展的需要，有必要採取措施，加以修訂、補充和更新。諸如：締結某些新的國際條約，參加某些尚未參加的國際條約，接納或吸收某些已經存在的國際慣例，調整或改變國內立法中的某些規定，等等。但是，在這個過程中，依然應當強調法制觀念，把「有法必依」放在首要地位。此時的「有法必依」，包含著兩個要點：第一，對於被認為不能適應形勢發展新需要或「不合時宜」的某些法規內容，對於某些被認為應參照吸收的某些國際慣例，務必進行認真細緻的調查研究和全面深入的比較分析，對前者之是否真正不合時宜以及後者之是否真正值得吸收，進行反覆的論證，得出科學的結論。在得出科學結論之前，對於現行法規中的明確規定，仍然必

須嚴格遵守，依法辦事。第二，任何一個法治國家，法律法規之制定、修改或廢除，都必須經過法定的程序。在參照和吸收適合我國需要的國際慣例，進一步改善我國涉外經濟法律體系的過程中，對於法定的**立法程序**，務必嚴格遵守，做到依法「變法」或依法立法，有法必依。絕不能以違法的手段來「立法」或「以言代法」，[22] 造成新的混亂。

四、結語

中國建立社會主義市場經濟體制、實行全方位對外開放的客觀形勢，要求中國在對外經貿交往實踐及其行為規範方面，更多、更快、更好地與國際經貿慣例接軌。因此，應當「適時修改和廢止與建立社會主義市場經濟體制不相適應的法律和法規。加強黨對立法工作的領導，完善立法體制，改進立法程序，加快立法步伐，為社會主義市場經濟提供法律規範。[23]

近幾年來，在經濟全球化加速發展的趨勢下，在中國即將和已經加入世界貿易組織的條件下，中國的立法機關根據上述原則，一直在加強調查研究，加快必要的法律更新，並力求進一步完善中國的法制體系。這是問題的一個方面。

另一方面，對於一個主權國家來說，一切國際經貿慣例在法律上的約束力，來源於該主權國家的依法認可和參照執行。因此，這些國際經貿慣例在該主權國家的涉外經濟法律體系中，其法定的規範位階和約束力層次，應在該國參加或締結的國際條約和制定的國內立法之下，而不應凌駕於這兩者之上。因此，在

「適用國際慣例」與「有法必依」兩者之間，如果存在著某種「矛盾」，則在立法上，應及時加強調查研究，慎重考慮是否可以或應該「變法」；即使可以或應該「變法」，也必須「依法變法」，不應提倡亂闖法律禁區，以免貽患無窮；在法律尚未改變之前，在執法、司法上，仍應有法必依。換言之，「各級政府都要依法行政，依法辦事。堅決糾正經濟活動以及其他活動中有法不依，執法不嚴，違法不究，濫用職權，以及為謀求部門和地區利益而違反法律等現象。」〔24〕

中國作為社會主義國家，作為努力建立社會主義市場經濟體制的國家，作為發展中國家和第三世界的一員，具有自己獨特的綜合性的國情。面對形形色色的國際經貿慣例，在深入研究和認真鑑別的基礎上，只要它確實有利於促進中國社會主義市場經濟體制的建立，就應當奉行「拿來主義」，盡可能地博采眾長，大膽採用。

有利而不「拿來」，屬於因循守舊，故步自封；反之，一知半解，「信手拈來」，奉為最高圭臬，則難免流於盲目輕率，後果堪虞。在這方面，應防止的是「一個傾向掩蓋另一個傾向」！拿來之前要鑑別，拿來之後要消化，因此，**「拿來主義」**應當與**「鑑別主義」「消化主義」**三結合。

鑑別→拿來→消化的基本原則應當是：**立足國情、以我為主、趨利避害、為我所用**。相應地，其基本方法則理應是：開闊視野、博集廣收、深入調研、仔細鑑別、去粗取精、吐故納新、攝其精華、棄其糟粕。

在鑑別→拿來→消化的全過程中，我們的基本信念和基本守

則依然是：務必做到「有法可依，有法必依，執法必嚴，違法必究」。只有這樣，才能切實做到「**適用國際慣例**」「**與國際慣例接軌**」和「**有法必依**」的高度統一。

注釋

* 本文原載於《中國社會科學》1994年第4期。

〔1〕 參見《涉外經濟合同法》第5條第3款、《民法通則》第142條第3款、《海商法》第268條第2款。《涉外經濟合同法》頒行以來曾經發揮了重大的積極作用。其基本內容現已被吸收融合於一九九九年十月一日起施行的《中華人民共和國合同法》中。《涉外經濟合同法》《經濟合同法》《技術合同法》均於同日廢止。

〔2〕 英文原文為："international custom, as evidence of a general practice accepted as law"。See Statute of The International Court of Justice, in Louis Henkin e tal.(eds.), *Basic Documents Supplement to International Law*, West Publishing, 1987, p.2.國內中文本通常譯為「國際習慣，作為通例之證明而經接受為法律者」，讀來拗口，且語意不明。茲改譯如正文，供參考和討論。

〔3〕 〔英〕勞特派特修訂：《奧本海國際法》（上卷第1分冊）王鐵崖、陳體強譯，商務印書館1971年版，第18-19頁。並參見同書英文版：H. Lauterpacht, *Oppeheim's International Law*, 6th Edition, Longman, Green and Co., 940, p 25.

〔4〕 同上書，第19頁：英文第6版，第26頁。

〔5〕 《布萊克法學辭典》，1979年英文第5版，第347頁，並參見第1381頁「usage」條目中的「custom distinguished」段。這本辭典的特色之一是：把學術界對同一辭目的不同理解和不同解釋，兼收並蓄，並一一註明釋義的出處，以供讀者進一步查索和對照比較。上述既合併立目又補充辨義和詮釋的方法，正是這種編纂體例的一種體現。由此可見，在美國法學界，對於慣例與習慣的理解，向來是眾說紛紜的。

〔6〕 日本國際法學會編：《國際法辭典》，世界知識出版社1985年版，第

603頁。

〔7〕 林紀東、鄭玉波等編纂：《新編六法參照法令判解全書》，臺灣五南圖書出版公司1986年版，第63頁。

〔8〕 同上書，第63-65頁。

〔9〕 轉引自何孝元主編：《雲五社會科學大辭典》（第6冊），載《法律學》，臺灣1971年版，第302頁。強調是引者所加。

〔10〕 王鐵崖主編：《國際法》，法律出版社1981年版，第29頁。十四年之後，王先生的具體提法雖有所發展更新，**認為「狹義的『慣例』專指『習慣』」**，即專指具有法律拘束力的習慣，但他所率先提出的關於「廣義的慣例」之說，則始終如一。參見王鐵崖主編：《國際法》，法律出版社1995年版，第13頁。

〔11〕 韓德培主編：《國際私法》（修訂本），武漢大學出版社1989年修訂版，第27-28頁。

〔12〕 朱學山先生的上述見解，收輯於陳安主編：《國際經濟法總論》，法律出版社1991年版，第136頁。

〔13〕 參見《韋氏新大學辭典》（1990年第9版）、《布萊克法學辭典》（1979年版）以及《新英漢詞典》等書的有關辭目。

〔14〕 參見〔英〕勞特派特修訂：《奧本海國際法》（上卷第1分冊），王鐵崖、陳體強譯，商務印書館1971年版，第18頁。

〔15〕 參見《辭海》，上海辭書出版社1979年縮印本，第238頁；漢語大詞典》（第1卷），上海辭書出版社1986年版，第1334-1335頁。

〔16〕 這裡暫且不討論為了撈錢受賄而濫用權力、胡亂批地的違法犯罪行為。

〔17〕 參見《國務院批轉國家土地管理局關於部分地方政府越權批地情況報告的通知》，載《中華人民共和國房地產法規彙編》，中國檢察出版社1992年版，第563頁。

〔18〕 列寧：《共產主義運動中的「左派」幼稚病》，載《列寧選集》第4卷，人民出版社1995年版，第211頁。

〔19〕 參見《民法通則》第142條第2款、《海商法》第268條第1款、《民事訴訟法》第238條。

〔20〕 參見《維也納條約法公約》序言第26、27條，載王鐵崖、田如萱編：《國際法資料選編》，法律出版社1982年版，第699、708頁。

〔21〕 參見陳安：《美國對海外私人投資的法律保護及典型案例分析》，鷺

江出版社1985年版，第50-122頁；陳安：《我國涉外經濟立法中可否規定對外資不實行國有化》，載《廈門大學學報》1986年第1期。

〔22〕鄧小平同志早在一九七八年就嚴肅批評了「以言代法」的現象，指出，有人「往往把領導人說的話當作『法』，不贊成領導人說的話就叫做『違法』，領導人的話改變了，『法』也就跟著改變」。參見鄧小平：《解放思想，實事求是，團結一致向前看》，載《鄧小平文選》第2卷，人民出版社1994年版，第146頁。

〔23〕《中共中央關於建立社會主義市場經濟體制若干問題的決定》，載《人民日報》（海外版）1993年11月17日。

〔24〕同上。

第二章

中國涉外仲裁監督機制評析*

❧ 內容提要

《仲裁法》。頒行，標誌著中國仲裁制度的進一步完善。但是，這部《仲裁法》。於仲裁監督機制的具體規定卻存在著較為明顯的缺失。它規定內國仲裁監督與涉外仲裁監督實行「分軌制」，對於涉外仲裁裁決，只允許審查和監督其程序運作，不允許審查和監督其實體內容。這種做法並不符合中國現實國情——不利於反腐倡廉，不利於維護法律的尊嚴。另外，這種做法也不符合中國參加的有關國際條約的規定，不符合當代各國仲裁立法的先進通例。為了改變這種狀況，有必要對《仲裁法》進行某些修訂，將內國仲裁監督與涉外仲裁監督完全並軌，同時加強涉外仲裁領導機構的建設。

❧ 目次

例有關規定的接軌

四、中國涉外仲裁監督問題的「特殊性」及其有關機制與國際條
約、國際慣例接軌的必要性

《中華人民共和國仲裁法》（以下簡稱《仲裁法》於一九九
四年八月三十一日由全國人民代表大會常務委員會通過，並自一
九九五年九月一日起實施。這標誌著中國仲裁制度的進一步健全
和完善，是中國仲裁制度走向現代化和國際化的一項重大舉措。
同時，也應當看到，《仲裁法》。個別環節，不論是在行文措辭
上，還是在實體規定上，都存在著可以商榷和需要改進之處。本
文擬針對《仲裁法》。有關涉外仲裁監督機制的具體規定加以評
析，並就其進一步與國際先進慣例接軌的問題提出若干建議和設
想。

中國《仲裁法》。所規定的仲裁監督，指的是對已經發生法
律效力的「一裁終局」裁決，如發現確有錯誤或違法，有關當事
人可依法定程序向有管轄權的人民法院（以下簡稱「管轄法院」）
申請撤銷裁決，或申請不予執行。[1] 但是，對於內國仲裁與涉
外仲裁，該法所規定的監督範圍卻很不一樣。它所規定的內國仲
裁監督，其範圍包括了程序上和實體上這兩個基本方面。這與我
國現行的民事審判監督範圍基本一致，也與當代各國的立法通例
相吻合。然而，它所規定的涉外仲裁監督，則只限於對涉外終局
裁決中程序上的錯誤或違法實行監督和糾正，而更為重要的涉外
終局裁決中實體上的錯誤或違法則不在監督之列。[2]

具體地講，管轄法院有權對涉外終局裁決實行仲裁監督的，

僅限於在程序上錯誤或違法的以下四種情況：當事人在合同中沒有訂立仲裁條款或者事後沒有達成書面仲裁協議；被申請人（即仲裁程序中的被訴人）沒有得到指定仲裁員或進行仲裁程序的通知，或者由於其他不屬於應由被申請人負責的原因而未能陳述意見；仲裁庭的組成或仲裁的程序與仲裁規則不符；裁決的事項不屬於仲裁協議的範圍或者仲裁機構無權仲裁。但是，遇有在實體上錯誤或違法的以下五種情況之一，縱使一方當事人已經提出確鑿證據，證明其完全屬實，管轄法院也無法、無權援用涉外仲裁監督程序對它們進行監督和糾正。這些情況是：原涉外裁決認定事實的主要證據不足；原涉外裁決根據的證據是偽造的；對方當事人隱瞞了足以影響公正裁決的證據；原涉外裁決在適用法律方面確有錯誤；涉外仲裁員在仲裁該案時有貪污、索賄、受賄、徇私枉法等行為。

不難看出，《仲裁法》。內國仲裁監督和涉外仲裁監督實行的是分別立法，致使涉外仲裁接受監督的範圍遠遠小於內國仲裁。對於《仲裁法》。所以採取上述這種做法的原因，大致有這樣幾種解釋：《仲裁法》。規定必須與法律位階高於它的《民事訴訟法》。關於涉外仲裁監督的規定保持一致；《仲裁法》。規定必須與中國締結或參加的國際條約中的有關規定接軌；《仲裁法》。規定符合當代各國仲裁立法通例；《仲裁法》。規定符合中國國情——中國的涉外仲裁員素質極高，毋須過分強調監督，且裁決的實體內容易受地方保護主義阻礙而不能得到很好的執行，故不宜向管轄法院授予審查涉外仲裁裁決實體內容的權力；等等。實際上，這幾種意見都是值得商榷的。

一、中國《仲裁法》的涉外仲裁監督規定與《民事訴訟法》有關規定的接軌

　　《仲裁法》的法律位階究竟如何？《仲裁法》的規定是否可以突破《民事訴訟法》現行的相應規定？眾所周知，對於當事人之間的經濟爭端，向來就有「司法解決」和「仲裁解決」兩種解決途徑。《民事訴訟法》是專為司法解決而制定的程序法，《仲裁法》則是專為仲裁解決而制定的程序法，兩者分工明確，各有專司。只是由於仲裁裁決的強制執行與撤銷，須由擁有管轄權的法院來處理，所以在總共二百七十條的《民事訴訟法》中才出現了關於仲裁方面的寥寥幾條原則性規定。我們並不能據此推斷整個《仲裁法》就是從《民事訴訟法》這一「母法」派生出來的「子法」。相反，這兩種程序法，都是由全國人大這一最高立法機關制定的法律，兩者的法律位階應當是相等的，並無主從關係。關於這一點，可以從《仲裁法》本身的規定中找到有力的根據。例如，《仲裁法》第十五條第三款以及第七十五條分別明文規定：中國仲裁協會制定可供具體操作的《仲裁規則》或各類仲裁委員會制定《仲裁暫行規則》時，應當「依照本法和民事訴訟法的有關規定」。在這裡，顯然是把《仲裁法》與《民事訴訟法》相併列，作為制定仲裁規則所必須遵循的法律基礎和法律依據，而且在排列的順序上，把《仲裁法》列在《民事訴訟法》的前面。

　　尤其值得注意的是，《仲裁法》第七十八條明文規定：「本法實施前制定的有關仲裁的規定與本法的規定相牴觸的，以本法為準。」這就毫不含糊地表明：就「有關仲裁的規定」而言，《仲

裁法》的規定具有法定的、絕對的優越權和優先適用地位。此前各種法律（包括《民事訴訟法》、法規、規章）中針對仲裁的一切規定，都必須與《仲裁法》的規定保持協調一致，不得違反；如有違反，概屬無效。

由此可見，在仲裁程序問題上，《仲裁法》處在「特別法」的地位；其他一切法律，包括《民事訴訟法》，均處在「普通法」的地位。按照「特別法優先於普通法」的基本法理原則，《仲裁法》中有關仲裁的規定理所當然地可以突破《民事訴訟法》中有關仲裁的現行規定。前舉《仲裁法》第七十八條就充分地體現了這種突破。

同時，還應當充分注意到，試行自一九八二年、修訂於一九九一年、適用於計劃經濟體制的《民事訴訟法》。包括其中關於仲裁監督機制的規定），完全應當根據中共十四屆三中全會《關於建立社會主義市場經濟體制的決定》。第九部分所指明的立法工作基本方向加以修訂。就仲裁領域的立法而言，也必須適應全國人大於一九九三年三月正式通過的修訂後的《憲法》。於「實行社會主義市場經濟」的要求，以深化改革、擴大開放的眼光，考慮中國社會主義市場經濟與世界市場經濟的接軌問題，使中國的仲裁立法（包括有關涉外仲裁監督機制的立法）能夠立足於中國當前國情的需要，並恰如其分地與國際立法慣例接軌。

從總體上看，《仲裁法》是符合上述立法方向的。《仲裁法》。於內國仲裁監督機制的新規定，確實已經突破《民事訴訟法》。同一問題上的現有規定，體現了向國際立法慣例靠攏並與之「接軌」的精神。例如，《民事訴訟法》第二一七條規定：被

申請人提出證據證明仲裁裁決有該條文所列舉的六種錯誤或違法情事之一，經法院審查核實，應裁定「不予執行」；而對此類錯誤的或違法的原裁決，卻並無依法予以撤銷的任何規定。現在，《仲裁法》第五十八條的規定則與此不同。它參照和吸收了世界各國仲裁立法的有益經驗，規定：當事人（包括仲裁案件中的申請人和被申請人）提出證據證明仲裁裁決有該條文所列舉的六種錯誤或違法情事之一，經法院審查核實，即「應當裁定撤銷」。與《民事訴訟法》相比，《仲裁法》中這一突破性規定的法律效力、社會影響乃至一般公眾觀感是大不相同的。它有利於明辨是非、澄清模糊認識，有利於維護有法必依、違法必究的基本法理原則，有利於維護中國法律和中國法院的尊嚴。關於這一點，後文還將述及。

　　但是，如前所述，《仲裁法》對於「內國仲裁監督」和「涉外仲裁監督」實行「內外有別」的分軌制，把對涉外仲裁裁決的監督（包括裁定撤銷）僅僅限制在《民事訴訟法》第二六〇條第一款所規定的四種程序運作上的錯誤或違法這樣一個小範圍內，而不過問涉外仲裁裁決的實體內容，從而在實踐上勢必造成這樣的效果：管轄法院對於前文所舉實體內容上的五類錯誤裁決或違法裁決，包括憑偽證作出的裁決或仲裁員貪污受賄枉法作出的裁決，竟然無權監督、無法監督、無計可施：既不能裁定不予執行，更不能裁定應予撤銷。此外，《民事訴訟法》第二六〇條第二款原有規定，「人民法院認定執行該（涉外）裁決違背社會公共利益的，裁定不予執行」，對於這一極其重要的國際立法慣例 ——「公共秩序保留條款」（the reservation clause of public order），《仲裁法》在規定涉外仲裁監督機制時，竟然全未提及，這不能不說是立法上的一大疏漏甚至倒退。

二、中國《仲裁法》的涉外仲裁監督規定與國際條約有關規定的接軌

《仲裁法》與中國締結或參加的國際條約中有關涉外仲裁監督的規定是否已經確實互相接軌和完全一致？對於這個問題，我們不妨以一九五八年在紐約訂立的《承認及執行外國仲裁裁決公約》（以下簡稱《1958年紐約公約》）[3] 以及一九六五年在華盛頓訂立的《解決國家與他國國民間投資爭端公約》（以下簡稱《1965年華盛頓公約》）[4] 為例，進行剖析。

一九八六年十二月二日，全國人民代表大會常務委員會決定中國加入《1958年紐約公約》。該公約第三條規定：各締約國應當互相承認外國仲裁裁決具有約束力，並按法定程序予以執行。不言而喻，這正是締結該公約的主旨所在。但是，公約第五條第一款卻規定了幾種例外，即原裁決在程序上存在錯誤或違法的五種情況（限於篇幅，不一一列出），只要具備其中之一，經受害當事人一方之請求和舉證證實，有關締約國之主管機關對於該項來自外國的仲裁裁決，就有權拒絕承認且不予執行。這實際上就意味著，作為東道國的締約國對於已經發生法律效力並將在本國境內執行的外國裁決，有權加以必要的審查和監督，並保留否認其約束力和拒絕執行的權利。公約第五條第二款又進一步規定：外國仲裁裁決執行地所在國（東道國）之主管機關，如果認定：

（1）按照東道國本國的法律，該項爭端不能以仲裁解決；或（2）承認或執行某項外國仲裁裁決有違東道國本國的公共政策（public policy）則有權拒不承認和執行該項外國仲裁裁決。這種規定，乃是「公共秩序保留」這一原則的具體運用。它的實質，就是授權上述東道國主管機關對來自外國的仲裁裁決除了可以進行程序方面的審查和監督之外，也可以進行實體內容上的審查和監督。

《1958年紐約公約》上述條文中使用了英美法系所慣用的「公共政策」一詞，其含義相當於大陸法系中的「公共秩序」（public order）或中國法律用語中的「社會公共利益」（social public interests）這些同義語的共同內涵，通常指的是一個國家的重大國家利益、重大社會利益、基本法律原則和基本道德原則。就筆者所見，眾多法典條文、法學專著和工具書對此均無歧解。遺憾的是，中國《仲裁法》對於《1958年紐約公約》所賦予締約國的上述「公共秩序保留」權利，對於中國《民事訴訟法》第二六〇條第二款所明確規定的中國擁有的同一權利，即拒不承認、拒不執行具有錯誤內容或違法內容的外國仲裁裁決，以免損害本國社會公共利益的權利，竟然略而不提。儘管有人認為中國管轄法院在實踐中可以援引《民法通則》第一四二條第二款前半段的規定來彌補這一缺失，但畢竟失於間接且有賴於解釋、推理。

在仲裁領域實行國際協作方面，中國除了在一九八六年參加了《1958年紐約公約》之外，還在一九九二年參加了《1965年華盛頓公約》。後者的主旨，在於通過國際仲裁，解決東道國政府與外國投資者之間的爭端。為了處理仲裁裁決的「終局性」與

「公正性」這一對矛盾，《1965年華盛頓公約》作出了這樣的規定：一方面，強調仲裁裁決具有與終局司法判決一樣的約束力，不但當事人必須遵守和履行，除公約另有規定外，不得進行上訴或申訴，而且公約的各締約國都應尊重仲裁裁決，並在其本國領土內履行該裁決所課予的與金錢有關的各種義務；另一方面，又專設一條，允許當事人的任何一方有權根據下列五種理由之一，向依據《1965年華盛頓公約》設立的「解決投資爭端國際中心」（International Centre for Settlement of Investment Disputes，ICSID）申請撤銷原定的仲裁裁決，這五種理由是：（1）仲裁庭的組成不適當；（2）仲裁庭顯然有越權行為；（3）仲裁庭的一名成員有受賄行為；（4）仲裁過程中嚴重違反仲裁程序基本規則；（5）仲裁裁決未陳述其所依據的理由。

這一專條的規定具有重大的意義，它比較妥善地處理了仲裁裁決之「終局性」與「公正性」之間的矛盾和在對跨國投資爭端實行國際仲裁過程中存在著的「南、北」之間的矛盾。從ICSID各年度的報告來看，在提交該組織仲裁的跨國投資爭端案件中，吸收外資的發展中國家（東道國）幾乎全部處在被訴人（被告）的地位。在這種情況下，如果國際仲裁庭的裁決大體上公平合理，則強調裁決的約束力並強化其執行制度當然無可厚非；反之，如果裁決本身在程序上或實體上確有錯誤或違法之處，以致處斷不公，造成對發展中國家（被訴人）的無端損害，則裁決之約束力愈大，執行制度愈嚴格，其危害性也愈強烈。正是基於此種考慮，經過發展中國家的共同力爭，《1965年華盛頓公約》才設有上述監督機制專條的明文規定。

誠然，在上述跨國投資爭端的國際仲裁中，其中一方當事人是外國投資者，另一方則是吸收外資的東道國。從表面上看，後者與一般的商事糾紛當事人有所不同。但是，在上述這種國際仲裁中，後者的法律身分並非國際公法上的主體，而已「降格」為國際商法上的主體，即無異於一般國際商事糾紛中的另一方當事人，雙方當事人在仲裁庭中的法律地位完全「平起平坐」統計資料表明，在此類仲裁實踐中，ICSID仲裁員和實際斷案的專家們絕大多數來自發達國家或經受過發達國家的法學教育訓練，這就不可能不影響到他們在「南北矛盾」中的傾向和態度。不難看出，《1965年華盛頓公約》第五十二條有關仲裁監督機制的規定（包括對仲裁裁決實體內容的監督），實際上是一種保護弱者以維護仲裁裁決公正性的必要措施。

同樣令人感到遺憾的是，《仲裁法》中有關涉外仲裁裁決監督機制的規定，也未能充分借鑑和吸收中國已經參加的《1965年華盛頓公約》在仲裁監督機制方面適當地扶持弱者以保證仲裁裁決公正性的有益經驗。

總之，所謂「中國《仲裁法》中關於涉外仲裁監督的現有規定與中國締結或參加的國際條約互相接軌和完全一致」的論斷，顯然缺乏足夠的事實根據。

三、中國《仲裁法》的涉外仲裁監督規定與當代各國仲裁立法通例有關規定的接軌

《仲裁法》關於涉外仲裁監督的規定是否符合當代各國仲裁

立法的通例？答案是否定的。現列舉有關資料如下：^{〔5〕}

美國 美國仲裁立法中對於在本國境內作出的仲裁裁決，不論其為內國裁決或為涉外裁決，都採取同樣的監督機制。監督的對象、項目或要點，既有程序方面的，又有實體方面的。根據當事人的請求，仲裁裁決地所屬地區內的管轄法院除了有權審查一般仲裁程序上的錯誤和違法情事之外，還重視審查仲裁裁決是否「以賄賂、欺詐或者不正當方法取得」，仲裁庭各成員是否「顯然有偏袒或貪污情事」。一旦認定確有上述情事之一，管轄法院即可作出裁定，撤銷原仲裁裁決。

德國 在《德國民事訴訟法》中設有「仲裁程序」專編（第10編），^{〔6〕}其中對在本國境內作出的仲裁裁決實行監督的規定，也本著「一視同仁」的原則，不區分其為內國裁決或涉外裁決。監督的對象或要點，既涉及裁決的程序運作，也涉及裁決的實體內容。就對於裁決內容方面的監督而言，具有下列七種情況之一，當事人即可申請撤銷原裁決：

（1）承認裁決，顯然違背德國法律的基本原則，特別是不符合德國的基本法；

（2）對方當事人宣誓作證而又犯有故意或過失偽證的罪行，裁決卻以其虛假證言作為根據；

（3）作為裁決基礎的證書是偽造或變造的；

（4）證人或鑑定人犯偽證罪行，裁決卻以其虛假證言或鑑定作為根據；

（5）當事人的代理人或對方當事人（或其代理人）犯有與本仲裁案件有關的罪行，而裁決即是基於該行為而作出的；

（6）仲裁員犯有與本仲裁案件有關的、不利於當事人的瀆職罪行；

（7）裁決是以某項法院判決為基礎，而該項判決已被依法撤銷。

管轄法院認定確有上述情況之一，即應撤銷原仲裁裁決並駁回執行該裁決的申請。

可見，德國法律既規定仲裁裁決對於當事人具有與法院終局判決同等的法律效力，同時，又對裁決的程序，特別是對裁決的實體內容，實行十分嚴格和相當具體的監督。對於在仲裁過程中當事人等實行偽證或仲裁員瀆職因而勢必影響裁決公正性的場合，尤其強調從嚴監督，堅決糾正。

值得附帶提及的是：德國對於來自外國的仲裁裁決，除了在其《民事訴訟法》第一〇四四條中吸收《1958年紐約公約》第五條有關監督機制的規定，授權本國的管轄法院可以裁定「不予承認和不予執行」之外，還專門立法，授權本國的管轄法院在特定情況下可以對來自外國的仲裁裁決作出「應予撤銷」的裁定。足見德國的法律的確是把任何仲裁裁決的公正性放在首要地位而從嚴監督的。

日本　《日本民事訴訟法》對於在本國境內作出的內國仲裁裁決和涉外仲裁裁決，也採取「統一立法、同等監督」的原則。對於在日本本國境內作出的上述兩類仲裁裁決，除了實行程序方面的監督之外，也相當強調實行實體方面的監督。就後者而言，凡具備該法所舉六項條件（與前文德國法之「七種情況」極近似）之一，當事人即可申請撤銷原仲裁裁決；而管轄法院一旦認

定申請者舉證屬實，即應作出裁定，撤銷該仲裁裁決。

可見，日本對於在本國作出的涉外仲裁裁決，也與對待內國仲裁裁決一樣，針對其實體內容的公正性，實行相當嚴格與具體的監督。

澳大利亞 澳大利亞實行聯邦制，六個州各有自己的憲法、法律和最高法院。一九八四年以來各州法律實行「統一化」改革，基本上採用同一模式，大同小異。茲以經濟和法律發展水平最高、轄區最大的新南威爾士州一九八四年的《商事仲裁法》為代表，摘述其中對仲裁裁決的監督規定。

這部仲裁法對於在本州作出的一切仲裁裁決，包括內國裁決和涉外裁決，實行統一的司法審查和監督。其特色有二：第一，對於終局性仲裁裁決，原則上一般不允許上訴，但如該州最高法院認為因裁決產生的法律問題可能對爭端當事人的權益產生重大影響，則作為例外情況，在經過嚴格審查和適當限制的條件下，允許當事人向最高法院提起上訴，經過後者審定，可視情況分別作出裁定，維持、變更或撤銷原仲裁裁決，或就有關法律問題提出意見，發回重審（重裁）；第二，對於終局性仲裁裁決，如發現其「仲裁員或公斷人本身行為不軌，或對程序處理不當」，或「裁決不當」，則作為一般原則，法院可以應仲裁協議一方當事人的申請，全部或部分撤銷該仲裁裁決。

在仲裁裁決監督機制上採取這種做法，既對「內國」與「涉外」兩類裁決實行「合流」和統一的監督，又按仲裁裁決本身所存在的程序或實體問題的輕重大小實行適當的「分流」監督，靈活掌握，同時提高實行監督的司法機關的層次以昭慎重，可謂獨

樹一幟。

　　在發達國家的行列中，除了上述美、德、日、澳諸國之外，法國、義大利、加拿大、英國、比利時、荷蘭、瑞士、奧地利等許多國家，對於在本國作出的涉外仲裁裁決，也都設有比較健全的監督機制。它們的共同特點是：第一，對於在本國作出的涉外仲裁裁決，與本國作出的內國仲裁裁決，實行統一的同一標準及同等要求的監督；第二，監督和糾正的範圍和要點，既包含兩大類仲裁裁決在程序方面的錯誤或違法，又包括它們在實體方面的錯誤或違法；第三，管轄法院用以糾正這些錯誤或違法裁決的具體措施，並不侷限於裁定「不予執行」，而且有權裁定「應予撤銷」。

　　在當代，許多發展中國家的仲裁立法都借鑑和吸收了發達國家的有益經驗，在充分肯定仲裁裁決之終局性和約束力的同時，十分強調仲裁裁決的公正性，並為此建立了同樣具備上述三項共同特點的監督機制。如印尼、泰國、埃及、阿根廷、祕魯、韓國、南斯拉夫等國，其仲裁立法中關於審查和監督的條文雖有「列舉」「概括」「綜合」等不同的表述方式，但基本精神卻是一致的。

　　綜觀當代世界各國仲裁立法的通行做法，不論是發達國家還是發展中國家，都對在其本國境內作出的內國仲裁裁決與涉外仲裁裁決實行「一視同仁」的監督，而不實行「內外有別」的分流機制；都對兩大類裁決實行程序運作上和實體內容上的雙重監督，而不實行「只管程序運作，不管實體內容」的單薄監督。

　　可以說，正是有鑑於當代各國仲裁立法的通例，總結了各國

仲裁實務的有益經驗，聯合國國際貿易法委員會（UNCITRAL）一九八五年六月通過的《國際商事仲裁示範法》對於仲裁監督機制才作出了相應的規定，即：一個國家的管轄法院對於在本國境內作出的一切仲裁裁決實行審查和監督時，不分其為內國裁決或是涉外裁決，都采取同樣的審查標準和補救措施；對於經過管轄法院審查認定其在程序操作上確有錯誤或違法，或在實體內容上確與本國公共政策相牴觸者，則均在「可予撤銷」之列，而不侷限於「不予承認」和「不予執行」（這一點突破了《1958年紐約公約》的有關規定）。作為各國仲裁立法的重要參考，這部示範法受到了聯合國大會的鄭重推薦。

　　如前所述，中國《仲裁法》第五十八條對於在程序上或實體上確有錯誤或違法之處的內國仲裁裁決，明文規定「應當裁定撤銷」從而突破了中國《民事訴訟法》第二一七條僅限於「裁定不予執行」的原有規定。這種突破，顯然與借鑑和吸收當代世界各國仲裁立法的先進通例以及《國際商事仲裁示範法》的積極內容不無關係，並且已與國際仲裁立法通例接軌。但是，根據中國《仲裁法》第六十五條、第七十條、第七十一條的規定，同法第五十八條所規定的審查標準和補救措施，卻不能一體適用於在中國作出的涉外仲裁裁決。換言之，對於在中國作出的涉外仲裁裁決，只能就其程序運作進行司法審查和監督，而不能審查和監督（包括必要的糾正）其實體內容。這種「只管程序運作，不管實體內容」的監督規定，顯然與國際仲裁立法的通例以及《國際商事仲裁示範法》的範例相左。

四、中國涉外仲裁監督問題的「特殊性」及其有關機制與國際條約、國際慣例接軌的必要性

中國的涉外仲裁界是否是無須嚴格監督的「一片淨土」以「防止司法執行上的地方保護主義」作為將地方管轄法院對涉外仲裁裁決的審查和監督限制在其運作程序方面的理由是否站得住腳？對此需要作具體的分析。

從整體上看，中國涉外仲裁隊伍的品德素質和業務素質比較高。他們所作出的涉外裁決，在國內外獲得了不少讚譽，至今尚未發現在程序上或實體上有嚴重的錯誤。但是，據此否定建立嚴格監督機制的必要性則是錯誤的，因為我們必須清醒地意識到以下幾點：

第一，「至今尚未發現」並不等於至今絕對沒有。況且，眾所周知，在一九八二年三月至一九九一年四月實施的《中華人民共和國民事訴訟法（試行）》中，本身就缺乏有關涉外仲裁監督的規定，致使法院對於涉外仲裁裁決的程序運作和實體內容，一概無權過問或監督。一九九一年四月修訂頒布《民事訴訟法》以後，情況有所改善，但是管轄法院對於前文所列舉的屬於實體內容上的五類錯誤裁決或違法裁決，包括憑偽證作出裁決或仲裁員貪污受賄枉法裁決等等，仍然無從監督，受害當事人向管轄法院投訴以及管轄法院實行監督（包括受理、審查、發現和糾正）的法律渠道實際上被堵塞住了。在這種情況下，錯誤或違法的裁決當然就難以被發現。

第二，毋庸諱言，伴隨著改革開放和市場經濟的發展，各種

各樣的腐敗現象已經滲透到社會生活的廣泛領域之中，中國的涉外仲裁界並非生活在隔絕塵寰的「世外桃源」裡，對於在改革開放和市場經濟條件下帶有一定規律性的陰暗事物沒有理由不保持足夠的警惕，沒有理由陶醉於「一片淨土」的自我評判中而拒絕接受實體監督。

第三，健全、有效的監督機制是從根本上防止腐敗現象產生的一個必要條件。中國的涉外仲裁機構近年來先後製定和修訂了《仲裁員須知》《仲裁員守則》。強調仲裁員應當依法公正裁斷、廉潔自律、珍惜榮譽、自我監督；《仲裁法》。了規定應當組建「中國仲裁協會」這一自律性組織之外，還明文規定了要依法追究仲裁員枉法裁決行為的法律責任。[7] 這些舉措無疑是有益的，但卻很不夠。理由很簡單：自我監督任何時候都不能代替廣泛的社會監督、完善的制度監督和嚴格的法律監督；對於涉外仲裁員個人的法律監督也代替不了對涉外仲裁裁決的法律監督。即使仲裁員個人因實施枉法裁決行為而受到查處，但在由《民事訴訟法》第二六〇條第一款和《仲裁法》第六十五、七十、七十一條所規定的現有監督機制下，受害當事人仍然不可能依法向管轄法院投訴，管轄法院要受理、審查乃至裁定「不予執行」或「應予撤銷」，也仍然是無法可依。總之，我國的涉外仲裁監督機制亟待進一步健全。

至於以中國現實國情「特殊」，必須在仲裁立法中注意預防仲裁裁決執行中的「地方保護主義」和有關審判人員「業務素質和能力水平不夠理想」為理由，主張地方管轄法院對涉外仲裁裁決的司法審查和監督，只宜限制在其程序運作方面，不應擴及其

實體內容方面的見解，也是難以自圓其說的。這是因為：

第一，隨著我國法律的進一步健全，「地方保護主義」對基層及中級司法界的某些影響必將逐步減弱。我們不能以局部的、暫時的消極現象作為全國性立法的主要依據。對於那種確因地方保護主義作祟而阻礙正確涉外仲裁裁決執行的司法裁定，則完全可以運用現有司法體制中的上訴程序和審判監督程序予以糾正，而不應在仲裁立法中因噎廢食，留下漏洞。只要把實施於一九八二年三月至一九九一年三月間的《民事訴訟法（試行）》第一五七、一五八條和修訂後的《民事訴訟法》第一四〇、一七七、一七八、一七九、一八四、一八五、一八六條相對照，就不難看出，我們實際上已經在通過健全法制來克服「地方保護主義」等消極因素方面作出了卓有成效的努力。可惜的是，這種積極的立法精神在《仲裁法》關於涉外仲裁監督機制的規定中沒有得到充分的貫徹和體現。

第二，一般說來，涉外民商事案件比內國民商事案件複雜，審理和處斷難度較高，而處斷的公正與否、得當與否都將涉及國際影響或國際形象問題。為慎重計，在我國改革開放初期，即一九八二年三月間，曾試行把管轄和受理一切涉外案件的第一審法院定為各地的中級人民法院。隨著基層人民法院組織機構的逐步健全、審判人員經驗的不斷積累和業務水平的逐步提高，自一九九一年四月九日起，除重大涉外案件第一審的管轄權不變之外，大量一般涉外案件的第一審，已經依法改由基層人民法院管轄受理。[8] 同時，大量的司法實踐也已經證明基層人民法院和中級人民法院在審理涉外案件時是勝任的，它們完全能夠對涉外案件

實體內容的是非曲直作出正確的審理和判決。可是，按《仲裁法》。於涉外仲裁監督機制的現有規定，不僅基層人民法院和中級人民法院，甚至連各省的高級人民法院和中國的最高人民法院也都無權對任何涉外仲裁裁決的實體內容進行司法審查、監督和糾正。這是對整個中國法院系統的「業務素質」「能力水平」缺乏信任，還是人為的法律障礙？筆者認為，這個立法缺失是不能不予彌補的。

第三，我國現行民事審判監督制度是內國與涉外實行並軌。誠然，對仲裁裁決的監督不宜完全等同於對司法裁判的監督。前者基於當事人的自願選擇，講求效率，「一裁終局」。但是，絕不能由此推導說，有關當事人已經因此全盤放棄了向管轄法院提出申訴，請求對錯誤或違法的仲裁裁決加以監督和糾正的權利。綜觀當代各國仲裁立法的趨向，有一種現象是值得注意的：為了更加有力地防止「地方保護主義」等消極因素對執行正確仲裁裁決可能產生的不利影響，為了更加有效地防止基層或中級人民法院部分審判人員可能因業務水平不高而在對仲裁裁決實行司法審查和監督中發生失誤，把對於內國和涉外兩類仲裁裁決實行程序運作審查和實體內容審查的監督權，一概授予擁有高水平審判人員的高層次法院，以昭慎重，並確保監督的公正、正確和準確，而又不影響效率。例如，在英國，把此種監督權授予高等法院；在印度尼西亞和澳大利亞，把此種監督權授予最高法院；在瑞士，原則上由聯邦最高法院行使此種監督權，但是當事人可以協議以仲裁庭所在地特定的州法院代替聯邦最高法院行使此權。筆者認為，結合我國幅員遼闊、各省發展不平衡等國情特點，在深

入調查研究的基礎上，可以考慮借鑑或移植上述經驗。

綜上所述，不難看出，中國《仲裁法》。內國仲裁監督與涉外仲裁監督實行「內外有別」的分軌制，不允許對涉外仲裁裁決的實體內容也實行必要的司法審查和監督，不符合中國現實國情，也不符合中國參加的有關國際條約以及當代各國仲裁立法的先進通例。它不利於促進中國涉外仲裁制度與有關的國際慣例相接軌，也不利於中國涉外仲裁體制迅速走向現代化和國際化。為了改變這種狀況，筆者特提出下列設想：

第一，參照當代國際仲裁立法的先進通例，將內國仲裁監督與涉外仲裁監督完全並軌。為此，必須完全刪除《仲裁法》第七十、七十一條，並將同法第五十八條關於對內國仲裁裁決的程序運作和實體內容實行全面監督的規定推廣適用於一切涉外仲裁裁決，毫無例外地實行「違法必究」和「違法必糾」。此外，《仲裁法》還可以作出規定，由最高人民法院組建專庭，或授權某些省分的高級人民法院，負責受理針對重大涉外仲裁裁決的投訴，對此類裁決的程序運作和實體內容實行全面監督；對於一般涉外仲裁裁決，則由有管轄權的基層人民法院或中級人民法院行使兼及程序、實體的全面監督權。

第二，在涉外仲裁體系的領導機構中，設立「自律委員會」或「懲戒委員會」之類的組織，以全國涉外仲裁人員（包括分散在全國各地、各部門的仲裁員）為檢查、監督的對象，專門受理對於涉外仲裁人員違紀行為、對於涉外仲裁裁決實體內容錯誤或違法的有關投訴。對於經過認真查證核實者，視其違紀行為、裁決實體內容錯誤或違法的具體情節，分別給予有關人員以勸告、

警告、嚴重警告、記過直到除名的處分。日後，在「中國仲裁協會」這一全國仲裁界自律性組織正式依《仲裁法》第十五條第二款組建成立之後，上述「自律委員會」「懲戒委員會」之類的組織可以作為它的一個分支機構或互相配合的職能部門，繼續發揮其應有作用。

第三，在涉外仲裁體系的領導機構中，擴大現有「研究所」或其他研究機構的作用。對於有關涉外仲裁裁決實體內容錯誤或違法的投訴，凡是情節較為複雜、是非較難判明者，可由上述「自律委員會」「懲戒委員會」委託此類研究機構立項研究，並將研討結論向涉外仲裁機構的領導人員提出書面報告，便於後者充分了解情況，果斷判明是非，對有關投訴作出正確的回答和必要的處理。

第四，在涉外仲裁體系的領導機構中，加強現有「專家委員會」的作用。專家委員會不但可以在涉外裁決作出之前，針對仲裁過程中出現的疑難或分歧進行研究和提出諮詢意見，以供有關案件的仲裁庭參考；而且可以在涉外裁決已經作出並已發生法律效力之後，接受涉外仲裁領導機構的委託，就有關裁決實體內容錯誤或違法提出的投訴立項研究，並將研究結論報送有關主管領導，俾便後者酌情正確處斷。在這方面，應當切實保證專家委員會確有認真研究的足夠時間，並給予應有的諮詢研究勞務報酬。

第五，修訂並健全首席仲裁員的指定體制，從嚴選定首席仲裁員。《中國國際經濟貿易仲裁委員會仲裁規則》第五十五、五十六條規定了首席仲裁員在由三人組成的仲裁庭中的特殊地位，相應地，對首席仲裁員的品德和業務水準的要求也就應該比一般

仲裁員要高。《仲裁法》第三十一條規定，在由三人組成仲裁庭的場合，雙方當事人除應各自選定一名仲裁員之外，「第三名仲裁員由當事人共同選定或共同委託仲裁委員會主任指定。第三名仲裁員是首席仲裁員」。這種規定充分尊重當事人共同的自願選擇，顯然是很合理的，也符合當代國際仲裁立法的先進通例。不過，按現行的《中國國際經濟貿易仲裁委員會仲裁規則》第二十四條的規定，這第三名仲裁員首席仲裁員，卻只能由仲裁委員會主席自行指定，無須以雙方當事人的「共同委託」為前提，更不允許雙方當事人「共同選定」。這種規定與《仲裁法》第三十一條直接相牴觸，且在實踐中未必有利無弊。據《仲裁法》第七十三、七十八條，該規定勢在必改，而在尚未修改時，對於首席仲裁員的指定自應慎之又慎。對於前述第三點、第四點中提到的當事人投訴較多，且有關仲裁裁決經立項研究核實其程序運作或實體內容確有錯誤或違法情事的仲裁員，縱使未必就有貪贓受賄、徇私舞弊行為，也不宜再在其他案件中被指定為首席仲裁員。上述規定修訂之後，如果雙方當事人沒有共同選定擔任首席仲裁員的第三名仲裁員，則涉外仲裁委員會主任仍有接受當事人的「共同委託」而代為選擇和指定首席仲裁員的權力和職責。對於這種權、責的運用和履行，也必須伴有一套合理科學的規章制度，以昭慎重，從而不辜負當事人的信賴和委託，有效地維護涉外仲裁委員會的良好形象。

（本文部分資料由博士研究生單文華幫助收集，特致謝忱。）

注釋

* 本文原載於《中國社會科學》1995年第4期。原稿含有大量資料出處註解，發表時因限於篇幅，均被刪節。其後在拙作《論中國的涉外仲裁監督機制及其與國際慣例的接軌》中，所有相關資料的原始出處，均予一一列明，可供對照查索（詳見本書本編第3章）。本書本編之第二、三、四、五章四篇專論，先後經多次增訂，以中、英兩種文字相繼發表於中外數家權威性學刊，在肯定中國現行《仲裁法》基本優點的同時，也坦誠地揭示其中關於涉外仲裁監督機制方面的明顯缺失和不足，提出進一步改進現行立法的合理建言，形成專題系列學術論文，在國內外引起廣泛關注和共鳴。本系列論文共約十八萬字，二〇〇二年獲得第三屆「全國高校人文社會科學研究成果獎」一等獎。現將上述四篇中文本專論輯入本書的第二編。

〔1〕 參見《仲裁法》第58、63、70、71條。

〔2〕 參見《仲裁法》第65、70、71條；《民事訴訟法》第260條。

〔3〕 參見陳安等：《國際經濟法資料選編》，法律出版社1991年版，第71-76頁。

〔4〕 同上書，第684-704頁；陳安等：《「解決投資爭端國際中心」述評》，鷺江出版社1989年版，附錄第162-184頁。

〔5〕 本文所引各國仲裁立法資料，除另注出處者外，均參見程德鈞和王生長主編：《涉外仲裁與法律》（第二輯），中國統計出版社1994年版；姚梅鎮主編：《國際經濟法教學參考資料選編》（下冊），武漢大學出版社1992年版；《德意志聯邦共和國民事訴訟法》，謝杯栻譯，法律出版社1984年版。

〔6〕 本文發表於一九九五年。其後，《德國民事訴訟法》第10編經過修訂並自一九九八年一月一日起開始實施。詳見本書第二編第五章「再論中國涉外仲裁的監督機制及其與國際慣例的接軌」第三部分之（二）。

〔7〕 參見《仲裁法》第15、38條。

〔8〕 參見《民事訴訟法（試行）》第17條、《民事訴訟法》第19條。

第三章

論中國的涉外仲裁監督機制及其與國際慣例的接軌[*]

↘ 內容提要

　　《仲裁法》的頒行，標誌著中國仲裁制度的進一步完善。但是，這部《仲裁法》。於仲裁監督機制的具體規定卻存在著較為明顯的缺失。它規定內國仲裁監督與涉外仲裁監督實行「分軌制」，對於涉外仲裁裁決，只允許審查和監督其程序運作，不允許審查和監督其實體內容。這種做法並不符合中國現實國情——不利於反腐倡廉，不利於維護法律的尊嚴。另外，這種做法也不符合中國參加的有關國際條約的規定，不符合當代各國仲裁立法的先進通例。為了改變這種狀況，有必要對《仲裁法》進行某些修訂，將內國仲裁監督與涉外仲裁監督完全並軌，同時加強涉外仲裁領導機構的建設。

↘ 目次

有關規定的接軌問題

（二）中國《仲裁法》的涉外仲裁監督規定與國際條約有關
　　規定的接軌問題

（三）中國《仲裁法》的涉外仲裁監督規定與當代各國仲裁
　　立法通例有關規定的接軌問題

（四）中國國情的「特殊性」與涉外仲裁監督「從寬」的必
　　要性問題

（五）當事人選擇仲裁時「更注重效益」而非「更注重公平」
　　問題

三、加強現行中國涉外仲裁監督機制的幾點設想

　　權力不加監督，勢必產生腐敗。健全立法，加強法律監督，
是預防腐敗、制止腐敗、糾正腐敗和懲治腐敗的必要手段之一。
為此，有必要把預防腐敗的精神和原則，貫徹於各項重要立法之
中。換言之，「制定法律、法規和規章，都要把反腐倡廉作為有
機組成部分考慮進去，做到存利去弊，完善決策，未雨綢繆，預
防在先。要依靠發展民主、健全法制來預防和治理腐敗現象」；
特別要注意從立法上針對容易產生腐敗現象的薄弱環節，通過體
制創新，「建立結構合理、配置科學、程序嚴密、相互制約的權
力運行機制」[1]

　　這一基本精神和基本原則，適用於中國現行的和日後的各種
重要立法，當然也適用於中國的仲裁立法。本節所述，就是根據
這種精神和原則，探討中國現行仲裁立法進一步走向健全和完善
的問題。

《中華人民共和國仲裁法》（以下簡稱《仲裁法》於一九九四年八月三十一日由全國人民代表大會常務委員會通過，並自一九九五年九月一日起施行。它包含八章八十條，分別就仲裁範圍、仲裁組織、仲裁協議、仲裁程序、仲裁裁決、仲裁監督、涉外仲裁等基本方面，作出了原則性的規定。它是繼《中華人民共和國刑事訴訟法》（以下簡稱《刑事訴訟法》）、《中華人民共和國民事訴訟法》（以下簡稱《民事訴訟法》）、《中華人民共和國行政訴訟法》（以下簡稱《行政訴訟法》）之後，我國又一部重要的程序法。

　　應當看到：《仲裁法》的頒行，標誌著中國仲裁制度的進一步改善。但是，也應當看到：這部《仲裁法》關於仲裁監督機制的具體規定卻存在著較為明顯的缺失。它規定內國仲裁監督與涉外仲裁監督實行「分軌制」，對於涉外仲裁裁決，只允許審查和監督其程序運作，不允許審查和監督其實體內容。這種做法並不符合中國現實國情——不利於反腐倡廉，不利於維護法律的尊嚴。另外，這種做法也不符合中國參加的有關國際條約的規定，不符合當代各國仲裁立法的先進通例。為了改變這種狀況，有必要對《仲裁法》進行某些修訂，將內國仲裁監督與涉外仲裁監督完全並軌，實行一視同仁的、兼及程序運作和實體內容的雙重監督。

　　據不完全統計，在《仲裁法》頒布以前，我國有關仲裁行為規範的規定，散見於十四種法律、八十二種行政法規以及一百九十種地方性法規之中。[2] 這些規定，分散而不統一；其中有些做法（例如對內國經濟合同糾紛的仲裁，曾經長期採取「一裁兩

審終局」[3]的制度），顯然已經不能適應我國經濟形勢發展的需要。因此，我國立法機關在全面總結內國仲裁和涉外仲裁工作實踐經驗的基礎上，根據建立社會主義市場經濟體制和進一步開展國際經貿往來的要求，借鑑世界各國仲裁制度的有益經驗和國際通行做法，制定了這部統一的《仲裁法》，成為規範我國一切仲裁行為的基礎法律。它的制定和頒行，是中國仲裁制度走向現代化和國際化的一項重大舉措，標誌著中國仲裁體制進一步走向健全和完善。

《仲裁法》對於內國仲裁和涉外仲裁統一採用了國際上通行的「或審或裁和一裁終局」制度，[4]以提高仲裁工作的效率；規定了設立仲裁機構的必備條件，以促使其組織健全化；強調了選擇和聘任仲裁員必備的品德操守、專業水平和工作紀律，以提高仲裁員隊伍整體的綜合素質；確立了當事人「意思自治」（autonomy of will）原則，在仲裁方式、仲裁機構、仲裁地點、仲裁規則以及仲裁員的選擇上，充分尊重當事人的協商意願，以切實保障其自主權利；釐定了對仲裁裁決的監督和糾正措施，以補救、防止或杜絕不當裁決和不法裁決所可能造成的損害或惡果，等等。此類規定，都是符合中國的國情需要的，也都是與當代各國仲裁立法的先進經驗和國際慣例，互相「接軌」的。它們必將有效地促使中國的仲裁制度加速走向現代化與國際化，不但為國內人民所由衷歡迎，而且為國際社會所樂意接受。因此，從整體上說，這部《仲裁法》。很值得稱道的。

但是，《仲裁法》的個別環節，不論是在行文措辭上，還是在實體規定上，仍有值得商榷和有待進一步改善之處。本文擬針

對《仲裁法》。有關涉外仲裁監督機制的具體規定，加以評析，並就其進一步與國際先進慣例接軌問題，提出若干建議和設想，旨在拋磚引玉，以引起學術界同行更深入的探討和評論。

一、中國的審判監督、內國仲裁監督與涉外仲裁監督的同異及其待決問題

審判監督，指的是對於已經發生法律效力的終審判決或裁定（以下簡稱「終審裁判」），發現確有錯誤，可依法定程序，予以提審或再審，重新作出判決或裁定。審判監督程序，是從近現代世界各國司法工作實踐中總結出來的一種先進機制，它的主要功能在於防止或糾正法院作出的違法的終審裁判，切實保證司法裁判的公正性，以維護法律的尊嚴，保障當事人的合法權益。此種先進機制，已為當代各國法律所普遍吸收和採用。中國的《刑事訴訟法》《民事訴訟法》《行政訴訟法》。也都對審判監督程序作出了明確的原則規定。[5]

有人可能提出這樣的問題：法院審判人員作出的終審裁判，既然已經發生法律效力，何以又允許在一定條件下予以提審或再審，即「推倒重來」？這種機制是否會損害法律的尊嚴和降低法院的權威？答案是否定的。

審判監督機制的理論基礎可以大體歸納為以下兩個要點：

（1）對於任何權力（當然也包括法官作出終審裁判的權力），都有必要加以一定的監督。不受任何監督的權力，勢必會導致權力的濫用，就容易產生腐敗。中外古今，概莫能外。對於

人類社會發展過程中的這一普遍現象，早在十八世紀中期，就由當時傑出的進步思想先驅孟德斯鳩在《論法的精神》一世界名著中加以明確的總結。他認為：一切有權力的人都容易濫用權力，這是萬古不易的一條經驗。……要防止濫用權力，就必須以權力約束權力」[6]。列寧也曾指出，要保證法律的實施和執行，就必須：第一，對法律的實行加以監督。第二，對不執行法律的加以懲辦。」[7]鄧小平同志以更為明快的語言，表述和豐富了這一思想，強調務必「做到有法可依，有法必依，執法必嚴，違法必究」[8]。據此，對於已經發生法律效力的終審裁判，一旦發現其確有違法之處，包括在實體內容上的違法或在程序運作上的違法，當然都應在「必究」和「必糾」之列。

（2）法律的尊嚴，首要關鍵在於它的公正，即秉公執法。對已經發生效力的終審裁判，如果事後發現其確有違法和錯誤（或執法不公，或枉法裁判，或違反法定程序），卻又片面強調其「終局性」，不允許通過特定的監督程序重新予以審查、審理和作出必要的糾正，則不但不能積極維護法律的尊嚴，反而會嚴重損害法律的威信。換言之，裁判的終局性與裁判的合法性和公正性對比起來，終局性應當居於第二位，它必須以合法性和公正性為前提，並且必須服從於合法性和公正性。

（3）審判監督機制本身，也受某些法律規定的約束。實施審判監督，必須具備特定的條件，通過特定的程序；這就足以防止審判監督機制的濫用。因此，它所「克」的，只是那些錯誤的、違法的終審裁判，而不對那些正確的、合法的終審裁判產生任何消極影響。有如良好的農藥，「只除害蟲雜草，不傷糧禾棉

株」。特別是在當事人對已經發生法律效力的裁判認為有錯誤的場合，他固然可以向原審法院或上一級法院申請再審，但該項判決、裁定並不停止執行。[9]

中國審判監督的對象、宗旨和理論基礎，大體如上。

中國《仲裁法》。所規定的仲裁監督，指的是對已經發生法律效力的「一裁終局」仲裁裁決，如發現確有錯誤或違法，有關當事人可依法定程序向有管轄權的人民法院（以下簡稱「管轄法院」）申請撤銷裁決，或申請不予執行。[10]仲裁監督的宗旨和理論基礎，與前述審判監督的宗旨和理論基礎，是基本相同的。

按照各國立法的通例，實行仲裁監督的範圍或條件與實行民事審判監督的範圍或條件，也是基本相同的。具體而言，它們包含兩個基本方面。其一是，在司法的終審裁判或仲裁的終局裁決中，確實存在程序上的錯誤或違法情事；其二是，在司法的終審裁判或仲裁的終局裁決中，確實存在實體上的錯誤或違法情事。屬於這兩個基本方面的各種錯誤或違法，通常由法律明文具體列舉。只要具備其中之一，就應當按照法定程序，對有關的司法終審裁判或仲裁終局裁決，加以審查、監督和糾正。

就中國而言，《仲裁法》。所規定的內國仲裁監督（不包括涉外仲裁監督），其範圍或條件，也包含上述程序上和實體上這兩個基本方面。這是與中國現行的民事審判監督的範圍或條件基本一致的，也是與當代各國的立法通例互相接軌的。

然而，審判程序畢竟有異於仲裁程序。前者是全過程均由國家司法機關實行的，後者則一般是全過程由非國家機關實行的，其中一部分案件也僅在其末期執行階段可能有國家司法機關的介

入。[11] 相應地，審判監督程序與仲裁監督程序也有一些重大不同。其最明顯的差異之一就在於，實行審判監督的法定渠道較為多樣，而實行仲裁監督的法定渠道只限於一途。

　　試以中國為例，在實行審判監督的場合，如果發現（或認為）已經發生法律效力的終局裁判中確有錯誤或違法之處，則可以援用法定審判監督程序加以監督和糾正者，多達七種人員或機關，[12] 即：（1）原審人民法院的院長和審判委員會（自行再審）；（2）上級人民法院（自行提審或指令再審）；（3）最高人民法院（自行提審或指令再審）（4）與原審人民法院同級的人民檢察院（自行提請上級檢察院提出抗訴）（5）上級人民檢察院（自行提出抗訴）（6）最高人民檢察院（自行提出抗訴）；（7）當事人（申請再審）。簡言之，上述（1）至（6）所列的六種人員或機關都有權不經當事人的申請逕自主動對上述終審裁判施加監督，從而使它得到必要的糾正（經法院再審或提審後重新裁判）。

　　相形之下，在實行仲裁監督的場合，如果發現（或認為）已經發生法律效力的終局裁決中確有錯誤或違法之處，則可以援用法定仲裁監督程序申請加以監督和糾正者，只限於原案的當事人向特定的法院提出請求一途。換言之，以上（1）至（6）種人員或機關都根本無權對仲裁的終局裁決主動加以干預、監督或糾正；而且，即使經過原案當事人提出實行仲裁監督的申請，其中有權受理的，也僅限於特定的一家管轄法院，而其他各級法院（包括最高人民法院）以及各級檢察院（包括最高人民檢察院）一概無權加以受理、干預、監督或糾正。

　　這種規定，是符合各國立法通例的，也是很合理的。因為：

雙方當事人為解決爭端而自願選擇仲裁方式，其法律效果，實際上就是自願放棄了向法院訴訟的權利，並以此作為「代價」，換得比較「乾脆」的「一裁終局」，儘早解決爭端；既避免了法院訴訟審判程序上的「兩審結案」，曠日持久，也避免了審判監督程序上的「多頭干預」，降低效率。基於這一點，就不妨推定：在仲裁監督程序中，施加監督的途徑（渠道）如此狹窄和單一，也正是充分尊重當事人的自願選擇。

但是，絕不應由此推導出：當事人一旦選擇仲裁方式之後，即使面臨錯誤的或違法的涉外終局裁決，也自願全盤放棄了向管轄法院提出申訴和請求加以監督和糾正的權利。恰恰相反，無論從「違法必究」這一基本法理準則來衡量，這是從當代各國仲裁立法通例來考察，對於已經發生法律效力的涉外終局裁決，只要當事人提出確鑿證據足以證明該裁決確有前述法定的各類錯誤或違法情事，則不論其為程序上的錯誤或違法，抑或是實體上的錯誤或違法，都屬於管轄法院應當依法實行仲裁監督之列，即應當在仲裁領域嚴肅認真地、全面地貫徹「違法必究」和「違法必糾」的基本方針。

反觀中國的《仲裁法》。其中規定的內國仲裁監督機制的監督範圍，確是全面的、符合上述基本法理準則的，也是符合當代國際仲裁立法通例的。但是，《仲裁法》。規定的涉外仲裁監督機制，則只限於對涉外終局裁決中程序上的錯誤或違法實行監督和糾正，而對於更為重要的、涉外仲裁終局裁決中實體上的錯誤或違法，則不在實行監督之列。[13]

具體說來，管轄法院有權對涉外終局裁決實行仲裁監督的，

僅限於在程序上錯誤或違法的以下四種情況之一：

（1）當事人在合同中沒有訂立仲裁條款或者事後沒有達成書面仲裁協議；

（2）被申請人（即仲裁程序中的被訴人）沒有得到指定仲裁員或進行仲裁程序的通知，或者由於其他不屬於被申請人負責的原因未能陳述意見；

（3）仲裁庭的組成或仲裁的程序與仲裁規則不符；

（4）裁決的事項不屬於仲裁協議的範圍或者仲裁機構無權仲裁。

反之，遇有在實體上錯誤或違法的以下五種情況之一，縱使一方當事人已經提出確鑿證據，證明其完全屬實，管轄法院也無法、無權對它們援用涉外仲裁監督程序予以監督和必要的糾正。這些情況是：

（1）原涉外裁決認定事實的主要證據不足；

（2）原涉外裁決所根據的證據是偽造的；

（3）對方當事人隱瞞了足以影響公正裁決的證據；

（4）原涉外裁決在適用法律上確有錯誤；

（5）涉外仲裁員在仲裁該案時有貪污、索賄、受賄、徇私舞弊、枉法裁決行為。

質言之，這五種情事歸根結底都屬於涉外裁決書內容上或實體上的錯誤或違法。但是，按《仲裁法》。於涉外仲裁監督機制的規定，管轄法院即使在當事人舉證之後初步認定確有其事，意欲進一步弄個「水落石出」，俾便主持法律公道和祛邪扶正，也仍因「於法無據」，礙難過問，而束手無策！這就難免給人形成

這樣一種印象：第一，在中國，對於具有上述五種情事之一的涉外仲裁裁決，竟然可以「違法不究」，或竟因沒有法律根據而無法追究和糾正，難免令人感到法律或法院的「軟弱」或「無奈」；第二，受到仲裁員憑偽證裁決損害或枉法裁決坑害的一方當事人，既不能向管轄法院申請撤銷原裁決，也不能向它申請裁定不予執行，從而陷入「投訴無門」的絕境！

試問，這樣的執法實踐效果豈是《仲裁法》。立法本意？

這豈能維護中國法律的應有尊嚴？

這豈能有利於中國在國際社會中樹立起法治國家的形象？

這豈能符合中國國際貿促會（中國國際商會）近年來所致力追求的促使中國涉外仲裁體制現代化和國際化的宗旨和目標？

以上這幾個問題，是很值得人們認真深入思考和鄭重回答的。看來，全部問題的核心就在於中國《仲裁法》。「內國仲裁監督」與「涉外仲裁監督」實行「內外有別」的「分軌制」，即區別對待、分別立法，使後者接受監督的範圍遠遠小於前者，即僅限於仲裁的程序運作，而不涉及裁決的實體內容，以致某些涉外仲裁裁決，縱有嚴重謬誤或嚴重違法的實體內容，仍然可以「逍遙法外」，不受任何法律監督和糾正，從而造成兩類仲裁裁決在法律效果和法律形象上的強烈反差。上述這種「分軌監督」的做法，究竟是否絕對必要？是否完全合理？──這是有待商榷的。

二、中國兩類仲裁監督「分軌」立法之合理性問題

據筆者所知，當前國內法學界對於《仲裁法》。所以把兩類仲裁監督分別立法並就涉外仲裁監督機制作出上述規定的原因，有著各種不同的解釋和理解。歸納起來，約有如下五種：

第一種意見認為：中國《仲裁法》。關於涉外仲裁監督的上述現有規定，是與中國《民事訴訟法》。關於涉外仲裁監督的規定一致的和「互相接軌」的。鑒於《民事訴訟法》。當前中國法院處理一切民事商事訴訟的一大基礎法，其法律位階應當高於《仲裁法》。因此，儘管《民事訴訟法》。有關涉外仲裁監督機制的現有規定可能存在某些有待修訂之處，但在對它進行修訂以前，《仲裁法》。同類規定必須與它完全保持一致，不宜有差異，更不容有突破，以免被認為中國的這兩部程序法有「自相矛盾」之處，而且是以位階較低的「從法」或「子法」，否定了「位階較高」的「主法」或「母法」，從而有損於中國法律的「國際觀感」，被認為是缺乏足夠的穩定性和一致性。

第二種意見認為：中國《仲裁法》中關於涉外仲裁監督的上述現有規定，是與中國締結或者參加的國際條約（特別是1958年的《紐約公約》互相接軌和完全一致的，中國不能一邊締結或參加有關涉外仲裁的國際條約，一邊在國內仲裁立法中卻自行其是，不遵守或背離這些條約中的明確規定。

第三種意見認為：中國《仲裁法》中關於涉外仲裁監督的現有規定，即實行內國仲裁監督與涉外仲裁監督的「分軌制」是完全必要的，也符合國際上的通行做法。[14] 換言之，中國《仲裁

法》中這種「內外有別、分軌監督、嚴寬不一」的現行規定，是與當代各國仲裁立法的通行做法即國際立法慣例互相接軌的，這些現有規定正是中國涉外仲裁體制走向現代化與國際化的具體體現之一。

第四種意見認為：中國涉外仲裁體制的現狀及其所處周邊環境條件具有一定的「特殊性」，其主要體現是：（1）中國的涉外仲裁員隊伍的品德素質和業務素質都是相當高水平的，他們所作出的涉外裁決，至今尚未發現有嚴重錯誤、索賄受賄、徇私舞弊、枉法裁斷等情事，可以譽之為「一片淨土」，因此，無須過分強調涉外仲裁的監督；（2）當前中國基層和中級人民法院某些審判人員的業務素質和能力水平不夠理想，且在不同程度上受「地方保護主義」觀念的影響，少數審判機關中甚至還存在著司法腐敗現象。這些因素，往往造成一些涉外仲裁裁決的執法往往難以順利實現。在這種條件下，如果法律授權管轄法院可以對涉外仲裁裁決的**實體內容**的合法性和公正性予以審查，並作出必要的糾正（不予執行或予以撤銷），則勢必嚴重影響涉外仲裁裁決的及時和正確的執行，不利於提高中國涉外仲裁機構及其裁決的「國際威信」。因此，《仲裁法》中關於涉外仲裁監督機制的現有規定，正是充分考慮到當前中國現實國情的上述「特殊性」而作出的正確立法，是一種必要的「預防」措施。

第五種意見認為：當事人選擇仲裁解決爭議，最主要的就是期望獲得一份終局裁決；仲裁裁決的終局性能給當事人帶來巨大的**潛在利益**，它顯然比上訴程序帶來的利益大得多。在商人們看來，**以放棄上訴權利為代價**而獲得裁決的終局性是完全值得的；

當事人在選擇仲裁時更**注重效益**，而**不是公平**。[15] 既然如此，則依據「當事人意思自治」原則，即使仲裁庭作出顯失公平，甚至違法的裁決，有關當事人也應樂意接受，自覺履行，而不該再有任何異議或怨言，因為，這是他自願選擇的結果。

對於以上五種意見，乍看乍聽，似均不無道理，但細加推敲思考，卻都是難以自圓其說、難以令人信服的。本節以下各目擬針對這些見解，逐一加以剖析。

（一）中國《仲裁法》的涉外仲裁監督規定與《民事訴訟法》有關規定的接軌問題

就前述第一種意見而言，首先應當探討的是《仲裁法》的法律位階問題以及《仲裁法》的規定是否可以突破《民事訴訟法》現行的相應規定。

眾所周知，對當事人之間的經濟爭端，向來就有「司法解決」和「仲裁解決」兩種途徑或兩種方式。《民事訴訟法》是專為「司法解決」而制定的程序法；而《仲裁法》則是專為「仲裁解決」而制定的程序法，兩者分工明確，各有專司。只是由於仲裁裁決的強制執行與撤銷，須由有管轄權的法院來處理和定奪，所以，在總共二百七十條的《民事訴訟法》中就只有寥寥幾條條文是**專門針對仲裁問題**的原則規定。但並不能據此推斷認為整個《仲裁法》就是從《民事訴訟法》這一「母法」派生或衍生出來的「子法」。相反，這兩種程序法，都是由全國人大這一最高立法機關制定的法律，兩者的法律位階應當屬於同一個層次，「平起平坐」，只有分工的不同，而沒有主從的區別。質言之，兩法

之間只是「兄弟關係」和「互補關係」，而非「母子關係」或「父子關係」。關於這一點，可以從《仲裁法》本身的規定中找到有力的根據。例如，《仲裁法》第十五條第三款以及第七十五條分別明文規定：中國仲裁協會制定可供具體操作的《仲裁規則》或各類仲裁委員會制定《仲裁暫行規則》時，應當「依照本法和民事訴訟法的有關規定」。在這裡，顯然是把《仲裁法》與《民事訴訟法》並列，作為制定仲裁規則所必須遵循的法律基礎和法律依據，而且在排列的順序上，把《仲裁法》列在《民事訴訟法》的前面。

尤其值得注意的是，《仲裁法》第七十八條明文規定：本法實施前制定的有關仲裁的規定與本法的規定相牴觸的，以本法為準」。這就毫不含糊地表明：就「有關仲裁的規定」而言，《仲裁法》的規定具有法定的、絕對的優越權和優先適用地位。此前各種法律（包括《民事訴訟法》）、法規、規章中針對仲裁的一切規定，都必須與《仲裁法》的規定保持協調一致，而不得違反。如有違反，概屬無效。

由此可見，在仲裁程序問題上，《仲裁法》處在「特別法」的地位，其他一切法律，包括《民事訴訟法》，均處在「普通法」的地位，按照「特別法優先於普通法」基本法理原則具體法律規定，[16]《仲裁法》中有關仲裁的規定理所當然地可以突破《民事訴訟法》中有關仲裁的現行規定。《仲裁法》第七十八條的上述明文，就充分地體現了這種突破；而同法第五十八條以及第七十條的規定也具體地突破了《民事訴訟法》的原有規定（詳見下文）。

同時，還應當充分注意到，《民事訴訟法（試行）制定於一九八二年，修訂於一九九一年。按照當時《憲法》第十五條關於中國經濟體制的規定：國家在社會主義公有制基礎上實行計劃經濟」但是，適應形勢的發展，全國人民代表大會於一九九三年三月正式通過了《中華人民共和國憲法修正案》，將《憲法》第十五條的原文修改為「國家實行社會主義**市場經濟**」。接著，一九九三年十一月中共十四屆三中全會正式作出關於在中國建立社會主義市場經濟體制的決定。其中第九部分為今後的立法工作指明了基本方向，包括：必須努力逐步建立適應社會主義市場經濟的法律體系；改革、完善司法和行政執法機制；建立健全**執法監督機制**；適時修改和廢止與建立社會主義市場經濟體制不相適應的法律和法規，等等。

這一決定，完全切合中國的現實迫切需要。顯然，對於修訂於一九九一年、適用於**計劃經濟**條件下的《民事訴訟法》（包括其中關於仲裁監督機制的規定），也必須根據上述立法基本方向加以認真的思考、審議和必要的修訂。就仲裁領域的立法而言，也必須適應修訂後的憲法關於「實行社會主義市場經濟」的要求，以深化改革、擴大開放的眼光，考慮社會主義市場經濟與世界市場經濟的接軌，使中國的仲裁立法（包括有關涉外仲裁監督機制的立法），立足於中國當前國情的需要，並恰如其分地與國際立法慣例接軌。

應當說，一九九四年八月底通過的《仲裁法》，就其總體觀察，是符合上述立法方向的一大舉措，其中關於內國仲裁監督機制的新規定，確實已經突破《民事訴訟法》中在同一問題上的現

有規定，體現了向國際立法慣例靠攏並與之「接軌」的精神。例如，《民事訴訟法》第二一七條規定：被申請人提出證據證明仲裁裁決有該條文列舉的六種錯誤或違法情事之一，經法院審查核實，應裁定**不予執行**。而對此類錯誤的或違法的原裁決，卻並無依法予以撤銷的任何規定。現在，《仲裁法》第五十八條的規定則與此不同。它參照和吸收了世界各國仲裁立法的有益經驗，規定：當事人（包括仲裁案件中的申請人和被申請人）提出證據證明仲裁裁決有該條文所列的六種錯誤或違法情事之一，經法院審查核實，即應當裁定**撤銷**。

　　對《民事訴訟法》上述規定的這一突破，可以說是中國內國仲裁監督機制的一大進步，令人耳目一新。因為，對於在程序上或實體上確有錯誤或違法因素的終局裁決，管轄法院在審查核實後究竟是裁定「**不予執行**」，還是裁定「**應予撤銷**」，其法律效力、社會效應和公眾觀感，是大不相同的。如果法院只裁定「不予執行」，其在法理邏輯上的可能解釋有二：（1）原仲裁裁決依舊合法、有效，只是不予強制執行，從而導致「在法律上有效，在事實上無效」（*valid de jure, but invalid de facto*）的結局；（2）原仲裁裁決之合法與否、有效與否，尚未定論，也不作定論，使其處在一種「懸而未決、含糊、模棱」的狀態，有如一個未知數或一首「朦朧詩」。以上兩者之中，不論作何種解釋，其社會效應勢必是令公眾感到此種「不予執行」的裁定缺乏是非上的**鮮明性**和**透明度**。反之，如果法院裁定「應予撤銷」，則表明法院已經旗幟鮮明地確認原仲裁裁決在法律上是無效的，而且是自始無效（*void ab initio*）。因此，面對一項已經發現其確有錯誤或違法因素

的仲裁裁決，如果法院的法定權力僅僅限於裁定「不予執行」，而根本無權裁定「應予撤銷」，這樣的法定授權界限，實在很不利於維護有法必依、**違法必究**的基本法理原則，有損於中國法律的嚴肅性，有損於中國法律和中國法院在國內外公眾中的尊嚴形象！現在《仲裁法》。經把管轄法院對內國仲裁裁決的監督權力進一步擴大到必要時可以裁定「應予撤銷」，這就有效地消除了《民事訴訟法》。述現有規定所勢必產生的負面社會效應，也是完全符合當代各國仲裁立法的慣例的。關於這一點，本文第二部分之（三）將作進一步分析。

　　但是，如前所述，《仲裁法》對於「內國仲裁監督」和「涉外仲裁監督」實行「內外有別」的分軌制，把對涉外仲裁裁決的監督範圍依舊僅僅限於《民事訴訟法》第二六〇條第一款所規定的四種程序運作上的錯誤或違法，[17] 而不過問涉外仲裁裁決的實體內容，從而在實踐上勢必造成這樣的效果：管轄法院對於本文第一部分末所列舉的實體內容上的五類錯誤裁決或違法裁決，包括憑偽證作出裁決或仲裁員貪污受賄枉法裁決，竟然無權監督、無法監督、無計可施：既不能裁定不予執行，更不能裁定應予撤銷，只能「乾瞪眼」！

　　更有甚者，《民事訴訟法》第二六〇條第二款明文規定：人民法院認定執行該（涉外）裁決違背社會公共利益的，裁定不予執行；然而，對於這一極其重要的國際立法慣例──「公共秩序保留條款」（the reservation clause of public order），《仲裁法》在規定涉外仲裁監督機制時，竟然毫未提及，這不能不說是立法上的一大疏漏。如果是有意刪去，那就是更加令人難以理解和難以接

受的倒退了。至於上述「公共秩序保留條款」的內容和實質，下文將另作述評。

（二）中國《仲裁法》的涉外仲裁監督規定與國際條約有關規定的接軌問題

就本文第二部分開頭所引述的第二種意見而言，應當著重深入探討的是：中國《仲裁法》。有關涉外仲裁監督的現有規定，與中國參加締結的國際條約的有關規定，究竟是否已經確實互相接軌和完全一致。

在這個問題上，可以用一九五八年在紐約訂立的《承認及執行外國仲裁裁決公約》（以下簡稱《1958年紐約公約》）[18] 以及一九六五年在華盛頓訂立的《解決國家與他國國民間投資爭端公約》（以下簡稱《1965年華盛頓公約》）[19] 為例，進行剖析。

一九八六年十二月二日，中國全國人民代表大會常務委員會決定加入《1958年紐約公約》。該公約第三條規定：各締約國應當互相承認外國仲裁裁決具有約束力，並按法定程序予以執行。不言而喻，這正是締結本公約的主旨所在。但是，公約第五條第一款卻規定了幾種例外，即原裁決在程序上存在錯誤或違法的五種情況，[20] 只要具備其中之一，經受害當事人一方之請求和舉證證實，有關締約國之主管機關對於該項來自外國的仲裁裁決，就有權拒絕承認，也不予執行。這實質上就意味著作為東道國的締約國對於已經發生法律效力並預期在本國境內執行的外國裁決，有權加以必要的審查和監督，並保留否認其約束力和拒絕執行的權利。有人據此斷言，《1958年紐約公約》也只是允許作為

裁決執行地的東道國的主管機關對**程序**上有錯誤或違法之處的外國仲裁裁決實行必要的審查和監督，而並未授權此類主管機關對外國的仲裁裁決是否在**實體**內容上存在錯誤或違法之處，也進行審查和監督。

筆者認為，這種理解是不夠全面的。因為，緊接著上述規定之後，該公約第五條第二款又進一步規定：外國仲裁裁決執行地所在國（東道國）之主管機關，如果認定：（1）按照東道國本國的法律，該項爭端不能以仲裁解決；或（2）承認或執行某項外國仲裁裁決有違東道國本國的**公共政策**（public policy）則有權拒不承認和執行該項外國仲裁裁決。這種規定，乃是「公共秩序保留」這一原則的具體運用，它的實質，就是授權上述東道國主管機關對來自外國的仲裁裁決，在進行程序方面的審查和監督之外，也進行**實體內容上**的審查和**監督**。

《1958年紐約公約》上述條文中使用了英美法系所慣用的「公共政策」一詞，其含義相當於大陸法系中的「公共秩序」（pubic order）或中國法律用語中的「社會公共利益」（social public interests）。[21] 這些同義語的共同內涵，通常指的是一個國家的**重大國家利益、重大社會利益、基本法律原則和基本道德原則**。[22] 換言之，根據《1958年紐約公約》第五條第二款的規定，外國仲裁裁決執行地所在國（東道國）的主管機關，經過審查，一旦認定某項外國仲裁裁決的實體內容確有違反東道國國家或社會的重大利益、違反東道國法律或道德的基本規範之處，如果加以承認和執行，勢必嚴重損害本國社會的正常秩序，褻瀆本國固有法律和道德的尊嚴，在這種情況下，該東道國就有權以該項外

國仲裁裁決的實體內容存在錯誤和違法情事為由,不予承認和執行。對外國仲裁裁決採取這樣的審查標準和判斷角度,顯然不屬於程序運作上的審查與監督,而是實體內容上的審查與監督。

遺憾的是:中國《仲裁法》對於《1958年紐約公約》所賦予締約國的上述「公共秩序保留」權利,對於中國《民事訴訟法》第二六〇條第二款所明確規定中國擁有的同一權利,即拒不承認、拒不執行具有錯誤內容或違法內容的外國仲裁裁決,以免損害本國社會公共利益的權利,竟然略而不提。讓我們再次強調:這顯然至少是不應有的疏漏,有待日後補訂。[23]

在仲裁領域實行國際協作方面,中國除了在一九八六年參加了《1958年紐約公約》之外,還在一九九二年參加了《1965年華盛頓公約》。

《1965年華盛頓公約》的主旨,在於通過國際仲裁,解決東道國政府與外國投資者之間的爭端。為了處理仲裁裁決的「終局性」與「公正性」這一對矛盾,公約作出了這樣的規定:一方面,強調仲裁裁決具有與終局司法判決一樣的約束力,不但當事人(含東道國)必須遵守和履行,除公約另有規定外,不得進行上訴或申訴,而且公約的各締約國都應尊重仲裁裁決,並在其本國領土內履行該裁決所課予的與金錢有關的各種義務。[24]另一方面,又專設一條,允許當事人(含東道國)的任何一方有權根據下列五種理由之一,向依據《1965年華盛頓公約》設立的「解決投資爭端國際中心」(International Centre for Settlement of Investment Disputes,ICSID)申請**撤銷**原定的仲裁裁決,這五種理由是:(1)仲裁庭的組成不適當;(2)仲裁庭顯然有越權行為;(3)仲

裁庭的一名成員有受賄行為；（4）仲裁過程中嚴重違反仲裁程序基本規則；（5）仲裁裁決未陳述其所依據的理由。[25]

這條規定具有重大的意義：第一，它比較妥善地處理了仲裁裁決之「終局性」與「公正性」之間的矛盾，在強調其「終局性」的同時，又對其可能存在的程序上和實體上的錯誤或違法情事，通過公約規定的監督機制，實行應有的審查和監督，一旦認定其確有重大問題，就對原裁決予以撤銷，從而有力地維護了仲裁裁決的公正性。第二，它比較妥善地處理了對跨國投資爭端實行國際仲裁過程存在於「南、北」之間的矛盾。一般而論，在提交ICSID仲裁的跨國投資爭端案件中，吸收外資的發展中國家（東道國）幾乎全部是處在被訴人（被告）的地位。[26]在這種情況下，如果國際仲裁庭的裁決大體上公平合理，則強調裁決的約束力並強化其執行制度當然無可厚非；反之，如果裁決本身在程序上或實體上確有錯誤或違法之處，以致處斷不公，造成對發展中國家（被訴人）的無端損害，則裁決之約束力愈大，執行制度愈嚴格，其危害性也愈強烈。正是基於此種考慮，經過發展中國家的共同力爭，《1965年華盛頓公約》才設有上述監督機制專條的明文規定。[27]

誠然，在上述跨國投資爭端的國際仲裁中，其中的一方當事人是外國投資者，另一方則是吸收外資的東道國。從表面上看，後者是與一般的商事糾紛當事人有所不同的。但是，在上述這種國際仲裁中，後者的**法律身分**並非國際公法上的主體，而只是國際商法上的主體，即無異於一般國際商事糾紛中的另一方當事人。雙方當事人在仲裁庭中的法律地位完全「平起平坐」，並無

軒輊之分，就此點而言，吸收外資的東道國實際上已在參加《1965年華盛頓公約》之初，就已經自願「降格」為國際商事仲裁過程中的一般當事人，而並無任何特權可言。相反，統計資料表明：在此類仲裁實踐中，ICSID仲裁員和實際斷案的專家們絕大多數來自發達國家或經受過發達國家的法學教育訓練，[28] 這就不可能不影響到他們在「南北矛盾」中的傾向和態度，從而很難完全避免在處斷體現著「南北矛盾」的跨國投資爭端中，自覺地或不自覺地向發達國家有所「傾斜」或偏倚。因此，在此種國際仲裁中，作為吸收外資東道國的發展中國家往往是處在一種弱者的地位。相應地，上述《1965年華盛頓公約》第五十二條有關仲裁監督機制的規定（包括對仲裁裁決實體內容的監督），究其實質，就是一種保護弱者以維護仲裁裁決公正性的必要措施。

可惜的是，中國《仲裁法》中有關涉外仲裁裁決監督機制的規定，也未能充分借鑑和充分吸收中國已經參加的《1965年華盛頓公約》在仲裁監督機制方面適當地扶持弱者以保證仲裁裁決公正性的有益經驗。

如所周知，《1958年紐約公約》和《1965年華盛頓公約》乃是中國已經參加的、涉及國際仲裁問題的最重要的兩項公約。從上述剖析中不難看出：前述所謂「中國《仲裁法》中關於涉外仲裁監督的現有規定是與中國締結或參加的國際條約互相接軌和完全一致」的說法或論斷，顯然缺乏足夠的事實根據。

（三）中國《仲裁法》的涉外仲裁監督規定與當代各國仲裁立法通例有關規定的接軌問題

就本文第二部分開頭所引述的第三種意見而言，應當深入探討、查核和具體澄清的是：當代各國仲裁立法在涉外仲裁監督問題上通常作何規定，中國《仲裁法》在同一問題上的現有規定與國際社會中仲裁立法的有關通例究竟是否能妥帖地互相接軌。

就筆者初步查證所知，答案是否定的。茲試列舉有關資料信息如下：

美國　美國仲裁立法中對於在本國境內作出的仲裁裁決，不論其為**內國**裁決或為**涉外**裁決，都採取同樣的監督機制。監督的對象、項目或要點，既有**程序**方面的，又有**實體**方面的。根據當事人的請求，仲裁裁決地所屬地區內的管轄法院除了有權審查一般仲裁程序上的錯誤或違法情事之外，還重視審查仲裁裁決是否「以賄賂、欺詐或者不正當方法取得」，仲裁庭各成員是否「顯然有偏袒或貪污情事」。一旦認定確有上述情事之一，管轄法院即可作出裁定，撤銷原仲裁裁決。[29]

德國　在《德國民事訴訟法》中設有「仲裁程序」專編（第十編），其中對在本國境內作出的仲裁裁決實行監督的規定，也本著「一視同仁」的原則，不區分其為內國裁決或涉外裁決。監督的對象或要點，既涉及裁決的程序運作，也涉及裁決的實體內容。就對於裁決實體內容方面的監督而言，具有下列七種情況之一，當事人即可申請撤銷原裁決：[30]

（1）承認裁決，顯然違背德國法律的基本原則，特別是不符合德國的基本法；

（2）對方當事人宣誓作證而又犯有故意或過失偽證的罪行，裁決卻以其虛假證言作為根據；

（3）作為裁決基礎的證書是偽造或變造的；

（4）證人或鑑定人犯偽證罪行，裁決卻以其虛假證言或鑑定作為根據；

（5）當事人的代理人或對方當事人（或其代理人）犯有與本仲裁案件有關的罪行，而裁決即是基於該行為而作出的；

（6）仲裁員犯有與本仲裁案件有關的、不利於當事人的瀆職罪行；

（7）裁決是以某項法院判決為基礎，而該項判決已被依法撤銷。

管轄法院認定確有上述情況之一，即應**撤銷**原仲裁裁決並駁回執行該裁決的申請。[31]

可見，德國法律既規定仲裁裁決對於當事人具有與法院終局判決同等的法律效力，[32] 同時，又對裁決的程序，特別是對裁決的實體內容，實行十分**嚴格**和相當**具體**的監督。對於在仲裁過程中當事人等實行偽證或仲裁員瀆職因而勢必影響裁決公正性的場合，尤其強調從嚴監督，堅決糾正。

值得附帶一提的是：德國對於來自外國的仲裁裁決，除了在其《民事訴訟法》第一〇四四條中吸收《1958年紐約公約》第五條有關監督機制的規定，授權本國的管轄法院可以裁定「不予承認和不予執行」之外，還專門立法，授權本國的管轄法院在特定情況下[33]可以對來自外國的仲裁裁決作出「應予撤銷」的裁定。足見德國的法律確是把任何仲裁裁決（包括在本國作出的內

國仲裁裁決和涉外仲裁裁決以及在外國作出的仲裁裁決）的公正性，放在首要地位，監督從嚴。

日本　《日本民事訴訟法》對於在本國境內作出的內國仲裁裁決和涉外仲裁裁決，也採取「**統一立法、同等監督**」的原則，而且多處與德國法律的有關規定十分近似。對於在日本本國境內作出的上述兩類仲裁裁決，除了實行程序方面的監督之外，也相當強調實行實體方面的監督。就後者而言，凡具備以下六項條件之一，當事人即可申請撤銷原仲裁裁決；而管轄法院一旦認定申請者舉證屬實，即應作出裁定，**撤銷**該仲裁裁決。[34]這六項條件是：

（1）仲裁裁決命令一方當事人實施法律禁止的行為；

（2）仲裁員對本仲裁案件犯有瀆職罪行；

（3）當事人的指控或答辯受到阻礙，以致影響公正裁決；

（4）作為裁決證據的文書及其他物證是偽造或變造的；

（5）證人、鑑定人、翻譯人員、當事人或其代理人作出的虛假陳述被援引作為裁決的證據；

（6）作為裁決基礎的某項其他判決或行政裁定已被變更。

可見，日本對於在本國作出的涉外仲裁裁決，也與對待內國仲裁裁決一樣，對其實體內容的公正性，實行相當嚴格與具體的監督。

澳大利亞　澳大利亞實行聯邦制，六個州各有自己的憲法、法律和最高法院。一九八四年以來各州法律實行「統一化」改革，基本上採用同一模式，大同小異。茲以經濟和法律發展水平最高、轄區最大的新南威爾士州一九八四年的《商事仲裁法》為

代表，摘述其中對仲裁裁決的監督規定。

這部仲裁法對於在本州作出的一切仲裁裁決，包括內國裁決和涉外裁決，實行統一的司法審查和監督。其特色有二：第一，對於終局性仲裁裁決，原則上一般不允許上訴，但如該州**最高法院**認為因裁決產生的法律問題可能對爭端當事人的權益產生重大影響，則作為例外情況，在經過嚴格審查和適當限制的條件下，允許當事人向最高法院提起上訴，經過後者審查，可視情況分別作出裁定，維持、變更或**撤銷**原仲裁裁決，或就有關法律問題提出意見，發回重審（重裁）；第二，對於終局性仲裁裁決，如發現其「仲裁員或公斷人本身行為不軌，或對程序處理不當」，或「裁決不當」，則作為一般原則，法院可以應仲裁協議一方當事人的申請，全部或部分**撤銷**該仲裁裁決。[35]

在仲裁裁決監督機制上採取這種做法，即對「內國」與「涉外」兩類裁決實行「合流」和統一的監督，而又按仲裁裁決本身存在程序上或實體上問題的輕重大小實行適當的「分流」監督，「寬嚴有別」，靈活掌握；同時，提高實行監督的司法機關的層次，以昭慎重：此種機制，可謂獨樹一幟。

在當代發達國家的行列中，除了上述美、德、日、澳諸國之外，**法國、義大利、加拿大、英國、比利時、荷蘭、瑞士、奧地利**等許多國家，對於在本國作出的涉外仲裁裁決，也都設有比較健全的監督機制。它們的**共同特點**也是：**第一**，對於在本國作出的涉外仲裁裁決，與本國作出的內國仲裁裁決，實行統一的、**同一標準**、同等要求的監督；**第二**，監督和糾正的範圍和要點，既包含兩大類仲裁裁決在程序方面的錯誤或違法，又包括它們在**實**

體方面的錯誤或違法；**第三**，管轄法院用以糾正這些錯誤或違法裁決的具體措施，並不侷限於裁定「不予執行」而且有權裁定「**應予撤銷**」。[36]

在當代發展中國家的行列裡，有許多國家的仲裁立法借鑑和吸收了發達國家的有益經驗，在充分肯定仲裁裁決之終局性和約束力的同時，十分強調仲裁裁決的公正性，並為此建立了同樣具備上述三項共同特點的監督機制。

就發展中國家仲裁立法針對仲裁裁決的實體內容進行司法審查和監督而言，各有關法律條文的表述方式，大體上可分為三種：（1）「列舉式」即逐項列舉審查和監督的要點，諸如：仲裁員有不法行為、瀆職行為，當事人從事偽證、欺詐或隱瞞真相，裁決內容違法或違反公共政策等。採取此種方式的有**印尼、泰國**等。[37]（2）「概括式」，即從總體上規定對仲裁裁決的監督可比照對司法審判監督的程序辦理，諸如：明文指出「對仲裁員的裁決，可根據與撤銷司法判決同樣的規則，申請予以撤銷」。採取此種方式的有**埃及、阿根廷、祕魯**等國。[38]（3）「綜合式」即將列舉和概括式兩者相加，既列舉仲裁裁決監督的某幾項要點，又概括規定應比照適用司法審判監督中的若干項具體規定。採取此種方式的有**韓國、南斯拉夫**等。[39]

綜上所述，不難看出：當代世界各國的仲裁立法的通行做法，不論其為發達國家或發展中國家，都對在其本國境內作出的內國仲裁裁決與涉外仲裁裁決實行「**一視同仁**」的監督，而不實行「**內外有別**」的分流機制；都對兩大類裁決實行程序運作上和實體內容上的雙重監督，而不實行「**只管程序運作，不管實體內**

容」的單薄監督。

可以說，正是有鑒於當代各國仲裁立法的通例，總結了各國仲裁實務的有益經驗，聯合國國際貿易法委員會（UNCITRAL）一九八五年六月通過的《國際商事仲裁示範法》對於仲裁監督機制也作了相應的規定。即一個國家的管轄法院對於在本國境內作出的一切仲裁裁決實行審查和監督時，不分其為內國裁決或是涉外裁決，都採取同樣的審定標準和同樣的補救措施，而並不採取「內外有別、區別對待」的做法。而且進一步規定：對於經過管轄法院審查確認其在程序操作上確有錯誤或違法，或在實體內容上確與本國公共政策相牴觸者，則均在「可予撤銷」之列，而不侷限於可「不予承認」或「不予執行」。[40] 在這一點上，顯然是對《1958年紐約公約》有關規定的一大突破。

為了促使世界各國在商事仲裁立法方面盡快趨向統一化，從而進一步增強國際經濟交往，聯合國大會於一九八五年十二月十一日通過專門決議，向整個國際社會鄭重推介這部《國際商事仲裁示範法》，建議「全體會員國對這部《示範法》給予應有的考慮」以作為各國國內仲裁立法的重要參考和借鑑。[41] 這種鄭重推介，客觀上無異於承認了和進一步加強了示範法各有關條款作為國際通行做法（通例）的應有地位。

如前文所述，中國《仲裁法》第五十八條對於在程序上或實體上確有錯誤或違法之處的內國仲裁裁決，明文規定「應當裁定撤銷」從而突破了中國《民事訴訟法》第二一七條僅限於「裁定不予執行」的原有規定。這種突破，顯然與借鑑和吸收當代世界各國仲裁立法的先進通例以及聯合國大會推介的《國際商事仲裁

示範法》的積極內容，不無關係，並且已與國際仲裁立法通例互相接軌。但是，根據中國《仲裁法》第六十五、七十、七十一條的規定，同法第五十八條所規定的審查標準和補救措施，卻不能一體適用於在中國作出的涉外仲裁裁決。換言之，對於在中國作出的涉外仲裁裁決，只能就其程序運作進行司法審查和監督，而不能審查和監督（包括必要的糾正）其實體內容。這種「**只管程序運作，不管實體內容**」的監督規定，顯然與國際仲裁立法的通例以及聯合國大會鄭重推介的上述《國際商事仲裁示範法》的範例相左。

　　前文提到，有一種觀點斷言：中國現在實行內國仲裁監督與涉外仲裁監督的「分軌制」是完全必要的，也符合國際上的通行做法。[42]且是，迄今為止，尚未見有人能夠舉出中國以外的任何一個國家實行像中國這種仲裁監督「分軌制」的實例；換言之，至今似乎仍然無人能夠舉例證明：當今世界上，除中國之外，究竟還有哪一個國家在哪一部法律的哪些條文中，明文規定這樣的「分軌制」：對於本國境內仲裁員憑偽證作出的或基於貪贓枉法作出的**內國**裁決，依法應予撤銷；而與此同時，對於本國境內仲裁員作出的含有同類錯誤或違法內容的**涉外**裁決，卻規定不得依法撤銷，而應當繼續承認其法律上的合法地位和法定的約束力，依然必須堅決執行。這樣的「分軌制」，難道果真是「國際上的通行做法」？這是否中國現行立法上的一種缺失？在涉外仲裁法律監督機制上，這裡是否存在著應予堵塞的「漏洞」？這些問題，都是值得反覆思考和認真探討的。

（四）中國國情的「特殊性」與涉外仲裁監督「從寬」的必要性問題

就本節第二目所引述的第四種意見而言，中國現有國情是否十分「特殊」，而且「特殊」到足以促使中國仲裁立法無須借鑑國際上「兩類仲裁、同等監督」的先進通例，「特殊」到對涉外仲裁監督必須特別從寬？這顯然是有待認真研究的。其中尤其值得深入探討的，是前文提及的「仲裁一片淨土」論、「預防地方保護主義」論以及「抵制司法腐敗」論。茲試逐一評析如下：

1. 「仲裁一片淨土」論評析

如前所述，此論的主要論據是：中國涉外仲裁界的綜合素質具有很高水平，至今尚未發現有裁決嚴重錯誤或枉法裁斷情事，故可譽為「一片淨土」，無須過分強調法律監督。

以「淨土」這一佛教名詞[43]喻中國的涉外仲裁界，有其勉勵潔身自愛、說法比較形象的一面，又有其溢美過譽、不合邏輯的一面。

誠然，從整體上看，中國涉外仲裁界隊伍的品德素質和業務素質具有較高水平；多年以來他們所作出的涉外裁決，在國內外獲得較高的讚譽；至今尚未發現在程序上或實體上有嚴重的錯誤、貪污，或受賄、徇私舞弊、枉法裁決等行為。但是，即使成績昭著，在人們的讚譽聲中，沾沾自喜或陶然自滿也是無益的；而據此否定建立嚴格監督機制的必要性，則是錯誤的。因為，必須清醒地意識到以下幾點：

第一，「至今尚未發現」並不等於至今絕對沒有。況且，眾所周知，在一九八二年三月至一九九一年四月施行的《民事訴訟

法（試行）》中，本身就缺乏有關涉外仲裁監督的規定，以致法院對於涉外仲裁裁決的程序運作和實體內容，一概無權過問或監督。一九九一年四月修訂頒行《民事訴訟法》以後，情況有所改善，但是十七年以來，在《民事訴訟法》第二六〇條規定的涉外仲裁監督現行機制之下，管轄法院對於本文第一部分末所列舉的屬於實體內容上的「五濁」──五類錯誤裁決或違法裁決，包括憑偽證作出裁決或仲裁員貪污受賄枉法裁決等等，都無從依法監督，無計可施。這就把受害當事人向管轄法院投訴以及管轄法院實行監督（包括受理、審查、發現和糾正）的法律渠道給堵塞住了。對於因**法律渠道堵塞**、無從依法監督，從而**難以發現**或尚未發現的惡行，顯然沒有理由掉以輕心，高枕無憂。

第二，中國實行改革開放的基本國策已經有二十多年了。近幾年來，計劃經濟體制正在逐步向社會主義市場經濟體制過渡。緊閉的門窗打開之後，導入許多有益健康的新鮮空氣，難免也混進一些蚊蠅之類。而在市場經濟與商品經濟的大潮之中，也難免泥沙俱下，魚龍混雜，沉滓泛起。人們在為中國經濟的迅猛發展而歡欣鼓舞之際，又不免為貪污腐敗現象之層出不窮而深感憂慮和憤慨。黨和國家領導人早就對此提出了鄭重、痛切的告誡。[44]中共中央總書記、國家主席江澤民同志曾在部署全國反腐敗鬥爭的一次重要會議上明確地指出：「揭露出來的問題是嚴重的。腐敗現象已經滲透到社會生活的廣泛領域，尤其是侵蝕到我們的黨政機關和幹部隊伍。利用職權營私舞弊、貪贓枉法、索賄受賄等犯罪行為，達到了驚人的程度。這些情況說明，我們如果不堅決打好反腐敗這個硬仗，確實有亡黨亡國的危險。」[45]這一段精

辟言論，科學地概括了當前中國社會的心腹巨患和一大隱憂，有如警鐘長鳴，振聾發聵，催人深省。它既道出了廣大人民的共同心聲，也是引導人們清醒地認識當前「社會生活廣泛領域」的陰暗面從而與之作不懈鬥爭的正確指針，具有廣泛的、普遍的指導意義。中國的涉外仲裁界並非生活在超凡脫俗、隔絕塵寰的「世外桃源」，而是生活在中國社會這個現實的大環境、大氣候中，因此，對於在塵世市場經濟、商品經濟中帶有一定規律性的陰暗面現象，也沒有理由不保持足夠的警惕。滿足於「一片淨土」論，正是反映了缺乏應有的清醒和足夠的警惕。

第三，在分析和總結上述腐敗現象時，江澤民同志指出：「已經揭露出來的問題說明，我們在管理上、制度上存在不少漏洞，在領導作風上存在嚴重問題，使犯罪分子、腐敗分子有機可乘。」他提出：應當「認真總結經驗教訓，堵塞漏洞，健全制度，加強管理，堅決克服官僚主義。」[46] 黨中央的其他領導同志也從不同的角度強調了同樣的思想。主管政府工作的李鵬同志指出：「同各種腐敗現象作鬥爭，是政權建設的一項基本任務，也是改革與發展順利推進的重要保證……要通過深化改革，健全法制，建立有效的監督機制和制約機制，從制度上防範和消除腐敗現象。」[47] 主管政法工作的喬石同志也反覆強調：「加強反腐敗鬥爭，還必須進一步健全黨和國家的監督機制」；必須「建立起對權力的有效制約和監督機制。缺乏制約的權力很容易產生腐敗。在建立社會主義市場經濟體制的過程中，必須加強對權力的制約和監督」。必須建立和完善社會主義市場經濟法律體系，以便「有助於從根本上防範腐敗現象的產生」[48] 數月前，黨中央

在關於黨建重大問題的新決定中，也號召全國「把反腐敗鬥爭深入持久地進行下去」，為此，必須「逐步建立健全有效的監督約束機制」；「逐步形成強有力的監督體系」[49]。

黨中央的這些號召和指示，提醒人們：為了在社會生活的各個領域防腐反腐，不但要有一般的監督機制，而且要有**健全、有效**的監督機制。這些號召和指示，對於全中國的一切領域、一切機構，都具有普遍的指導意義。不言而喻，它對於中國的涉外仲裁領域及其有關機構，也是完全適用的。中國涉外仲裁界顯然不宜滿足於「一片淨土」的溢美之詞而稍有懈怠，片面強調自身的「特殊性」，忽視現行監督機制與國際先進立法通例之間、與中國現實國情需要之間的差距，從而忽視在涉外仲裁領域也建立起健全、有效的監督機制，以杜絕不利於防腐反腐的任何漏洞。恰恰相反，應當深入體會黨中央上述指示的精神，認真研究中國現行涉外仲裁監督機制方面的上述兩種差距，積極支持和配合中國的立法機構，為進一步完善中國的涉外仲裁監督機制、**堵塞**任何**漏洞**，為中國的涉外仲裁體制加速實現現代化與國際化，作出應有的貢獻。

第四，中國的涉外仲裁機構近年來先後製定和修訂了《仲裁員須知》。《仲裁員守則》，其中強調仲裁員應當依法公正裁斷、廉潔自律；在工作會議中也強調仲裁員應當珍惜自己的榮譽，努力**自我監督**、自我完善。這當然是很好的，但卻是不足的。因為，自我監督在任何時候都不能取代廣泛的社會監督和嚴密的**制度監督**，更不能取代嚴格的**法律監督**。

中國的《仲裁法》頒行之後可以在一定程度上彌補這方面的

不足，它除了規定應當組建「中國仲裁協會」這一自律性組織，對中國各類仲裁機構人員、仲裁員的違紀行為進行組織監督之外，還明文規定：仲裁員如私自會見當事人或接受其請客送禮，情節嚴重者，或有索賄受賄、徇私舞弊、枉法裁決行為者，不但應予以除名處分，而且還應依法追究其法律責任。[50]

然而，對於涉外仲裁員個人的法律監督無論如何嚴格、嚴厲，都仍然無法代替對涉外仲裁**裁決**的法律監督，理由很簡單，縱使仲裁員個人有上述不法行為且證據確鑿因而受到紀律、行政處分，甚至受到刑事懲罰而鋃鐺入獄，他所製作的涉外仲裁裁決，縱使在實體內容上彰明昭著地含有枉法裁決或憑偽證裁決等重大謬誤之一，而且鐵證如山，但是，在現行的《民事訴訟法》第二六〇條第一款規定以及由此推衍而來的《仲裁法》第六十五、七十、七十一條規定的現有監督機制之下，受害當事人仍然無從**依法**向管轄法院投訴，管轄法院也仍然無從依法受理、審查有關涉外裁決書的實體內容，也更無從依法裁定「不予執行」，更不必說依法裁定「應予撤銷」了。換言之，這種在實體內容上確有嚴重錯誤或違法的涉外仲裁裁決，在法律上仍然是有效的，誰也動它不得！而且必須予以執行！這就有如摻入甲醇的假茅臺酒的製造者已定案入獄服刑，而其偽劣產品卻仍作為「特級國優名酒」在一流大商店中公開展銷，無法撤除和銷毀。一旦果真出現這種情況，實在是對現行涉外仲裁監督機制的一種強烈諷刺，也是對中國法律尊嚴的一種嚴重褻瀆！這樣的規定，顯然不符合黨中央關於在社會生活各個領域建立健全、有效、嚴密的監督體制，逐步形成強有力的監督體系這一指示的基本精神。

由此可見，片面強調「一片淨土」的「特殊性」，其實踐效果是有害無益的，它很不利於發現和清除過去、現在和將來可能潛在的污濁，污濁就會獲得藏身之所，美譽就會向怨言轉化；反之，在美譽之下，仍然保持清醒的頭腦和警惕的眼光、遵循中央上述指示的精神，從立法上、制度上使涉外仲裁監督機制進一步健全化、嚴密化和有效化，這才是防污去濁、保持乾淨的不二法門。生活的辯證法，歷來如此！

2. 「預防地方保護主義」論評析

如前所述，此論的主要論據是：當前中國基層和中級人民法院某些審判人員的綜合素質水平不夠理想，且在不同程度上受地方保護主義觀念或力量的影響，致使涉外仲裁裁決的執行往往難以順利實現，從而影響國際威信。《仲裁法》。關於涉外仲裁監督機制的現有規定，即不允許法院對涉外仲裁裁決的實體內容進行任何審查監督，正是充分考慮到當前中國現實國情的上述特殊性而作出的正確立法，是一種必要的「預防」措施。

這種見解，貌似有理，但稍加推敲，就不難發現它也是難以自圓其說和令人信服的。因為：

第一，「地方保護主義」對基層甚至中級人民法院雖有一定影響，從而使某些仲裁裁決的執行遇到障礙或困難，但這並不是全國性的普遍現象，更不會是長期存在的現象。隨著中國法制的進一步改善和健全，它必將逐步消失。不能以這種個別的、局部性和短暫性的現象，作為全國性立法的主要依據。一般而論，對於在程序上和實體上完全正確無誤的涉外仲裁裁決，主管的基層或中級人民法院是會依法予以尊重和執行的。這無疑是現實生活

中的主流。對於那種確因地方保護主義作祟而阻礙正確涉外仲裁裁決執行的司法裁定，則完全可以運用現有司法體制中的上訴程序和審判監督程序予以糾正，[51] 而不應在仲裁立法中「因噎廢食」留下漏洞。

第二，一般說來，涉外民商事案件比之內國民商事案件較為複雜；在審理和處斷上，難度較高；而處斷的公正與否、得當與否，都涉及國際影響或國際形象問題。為慎重計，在我國改革開放初期，即一九八二年三月間，曾試行把管轄和受理一切涉外案件的第一審法院定為各地的中級人民法院。隨著基層人民法院組織機構的逐漸健全、審判人員經驗的不斷積累和業務水平的逐步提高，自一九九一年四月九日起，除重大涉外案件第一審的管轄權不變之外，大量一般涉外案件的第一審，已經依法改由基層人民法院管轄受理。[52] 既然現行法律承認和肯定基層法院和中級人民法院已經分別成熟到可以管轄受理一般涉外案件和重大涉外案件的程度，足以就涉外案件是非曲直的**實體內容**，作出正確的審理和公正的判決，而且大量事實已經證明它們在審理涉外案件中是勝任愉快的，那麼，顯然就沒有理由硬說這兩級的管轄法院現在還沒有能力、沒有水平對涉外仲裁裁決**實體內容**上的是非曲直及其合法與否，而加以必要的司法審查和監督。否則，就難以自圓其說，更無法解釋當初《民事訴訟法（試行）》第十七條以及現行《民事訴訟法》第十八、十九條的規定，即：何以早在一九八二年或至遲在一九九一年就已經存在並經法律肯定的同一種業務能力和水平，到了一九九四至一九九五年，卻突然喪失了呢？

更有甚者，按《仲裁法》關於涉外仲裁監督機制的現有規

定，甚至連各省的高級人民法院和中國的最高人民法院，依法也都無權對任何涉外仲裁裁決的實體內容進行必要的司法審查、監督並加以必要的糾正，這就顯然不是「沒有能力」「沒有水平」的問題，而是「不但沒有法律授權，反而有法律障礙」的問題了。看來，這個立法缺失、不足或漏洞，是不能不予彌補的。

第三，在涉外仲裁裁決執行問題上，對於在少量個案中出現的局部或暫時的「地方保護主義」所造成的障礙，應當採取進一步健全法制、加強審判監督的辦法去抵制、克服和排除，而不應當採取在立法上「削足適履」或「因噎廢食」的辦法去規避它。

中國《民事訴訟法》在一九九一年四月對原有的審判監督規定作了大幅度的修訂和補充，就是通過健全法制來克服「地方保護主義」等消極因素的良好範例。

在一九八二年三月至一九九一年三月中國《民事訴訟法（試行）實施期間，在先後九年的司法實踐中，雖然在某些案件上，確有因局部或暫時存在的地方保護主義作祟，以致地方法院審判人員曲意袒護本地當事人，作出無理損害外地當事人或外國當事人權益的不公裁判，或者對已經發生法律效力的外地法院判決、裁定在本地的順利執行，設置了某種障礙。但是，面對這種消極現象，在一九九一年四月有關審判監督的新的立法中，不但沒有因此取消對已經發生法律效力的司法判決或裁定實行實體內容上的監督，反而大大加強了對已生效裁判之實體內容上的監督。這主要體現在以下兩點上，即：（1）逐一列舉了已生效的裁判在實體內容上含有錯誤或違法的五到七種情節（包括認定事實主要證據不足、適用法律確有錯誤、審判人員貪贓枉法等），明確規定

對此類裁判依法「應當再審」或「有權提審」；（2）增加和擴大了對此類裁判實體內容實行審查和監督的渠道和職能機關：除了法院系統自行實施的審判監督之外，還增加了最高人民檢察院、上級人民檢察院依法提出抗訴以及同級人民檢察院提請上級人民檢察院依法提出抗訴這三條新渠道或三種受權職能機關。[53]

可惜的是，這種通過加強和健全法制以克服「地方保護主義」等消極因素的立法精神，在《仲裁法》。於涉外仲裁監督機制的立法中，卻沒有得到應有的貫徹和體現。

誠然，對仲裁裁決的監督不宜完全等同於對司法裁判的監督。前者基於當事人自願選擇，講求效率，因而實行「一裁終局」制度。但是，絕不能由此推導說：有關當事人已經因此全盤放棄了向管轄法院提出申訴，請求對錯誤或違法的仲裁裁決加以監督和糾正的權利。關於這一點，在本文第一部分剖析仲裁監督和審判監督的異同時，已作論述，茲不另贅。不過，綜觀當代各國仲裁立法的趨向，有一種現象是值得注意的：為了更加強有力地防止「地方保護主義」等消極因素對執行正確仲裁裁決可能產生的不利影響，為了更加有效地防止基層或中級人民法院部分審判人員可能因業務水平不高而在對仲裁裁決實行司法審查和監督中發生失誤，國際仲裁立法實踐中已有某些可資參考借鑑的先進經驗，即：把對於內國和涉外兩類仲裁裁決實行程序運作審查和實體內容審查的監督權，一概授予擁有高水平審判人員的高層次法院，以昭慎重，並確保監督的公正、正確和準確，而又不影響效率。例如，在英國，把此種監督權授予高等法院（High Court）；[54]在印度尼西亞和澳大利亞，都把此種監督權授予最高法院；[55]

在瑞士，則原則上應由聯邦最高法院行使此種監督權，但是當事人可以協議以仲裁庭所在地特定的州法院代替聯邦最高法院行使此權。[56]

　　結合中國幅員遼闊、各省發展不平衡等國情特點，在深入調查研究的基礎上，如認為確有必要移植上述經驗時，似可考慮在中國的仲裁立法中作出規定，由最高人民法院組建專庭，或授權某些省分的高級人民法院負責受理針對特大或重大涉外仲裁裁決的投訴，對此類裁決的程序運作以及實體內容，實行全面的監督。至於對一般涉外仲裁裁決實行兼及程序、實體的全面監督權，則歸由有管轄權的基層法院或中級人民法院掌握和行使。

　　近幾年來，中國在司法實踐中也採取了若干新的有效措施，以防範和制止地方保護主義發生的消極作用。這些措施，與上述諸國的立法相較，似有異曲同工、不謀而合之處，而又帶有中國的特色，值得注意。

　　例如，最高人民法院曾在一九九五年八月間下達文件，[57]明確規定：凡一方當事人向人民法院申請執行我國涉外仲裁機構的裁決，如果人民法院認為該項裁決具有《民事訴訟法》第二六〇條規定情況之一，則在裁定不予執行之前，必須報請本轄區所屬高級人民法院進行審查；如果高級人民法院同意不予執行，則應將其審查意見呈報最高人民法院。待最高人民法院答覆後，方可裁定不予執行。其後，又在一九九八年四月間下達另一份文件，[58]進一步明確規定：凡一方當事人按照《仲裁法》的規定向人民法院申請撤銷我國涉外仲裁裁決，如果人民法院經審查認為涉外仲裁裁決具有《民事訴訟法》第二六〇條第一款規定的情

形之一的，在裁定撤銷裁決或通知仲裁庭重新仲裁之前，須報請本轄區所屬高級人民法院進行審查。如果高級人民法院同意撤銷裁決或通知仲裁庭重新仲裁，應將其審查意見呈報最高人民法院。待最高人民法院答覆後，方可裁定撤銷裁決或通知仲裁庭重新仲裁。

這兩份文件，看來其主旨均在於通過法院系統內部建立**事先報批**制度，對地方管轄法院裁定不予執行、予以撤銷或發回重裁的權力，加以必要的規範、限制和給予必要的指導，以防止某些地區的地方保護主義妨礙終局涉外裁決的順利執行。這些規定，既保留了地方各級管轄法院對涉外仲裁裁決的程序運作進行審查監督的權力，又在這些權力具體行使過程中的某些方面，設立了實質上的**兩級覆審**制度。看來，這些規定比較符合中國幅員遼闊、各省發展不平衡等國情特點。因此，如果日後依中國國情的實際需要，修訂《仲裁法》，把對涉外仲裁裁決的司法審查監督，擴大到兼及其實體內容，則由高級人民法院和最高人民法院針對下級法院上報的有關不執行或撤銷涉外仲裁裁決的意見加以兩級覆審的機制，也同樣可以有效地預防地方保護主義，切實地保障正確的涉外仲裁裁決得以順利執行。

由此可見，維護涉外仲裁裁決終局性和高效率的途徑很多，無論如何，都不應以「預防地方保護主義」作為藉口，在仲裁立法中完全放棄或取消對涉外仲裁裁決也實行實體內容上的司法審查和監督，以致形成涉外仲裁監督機制上的漏洞，留下「違法不究」的隱患。

由此可見，本文第二部分開端所引述的第四種見解，其所強

調的中國當前國情的「特殊性」，乍一看似乎在某種程度上可謂「持之有故」，但細一分析，就顯見純屬言之乏理，其思想方法上的毛病就在於以點代面，以偏概全，以事物之次要的、表面的「特殊性」否定其主要的、本質的普遍性。

（五）當事人選擇仲裁時「更注重效益」而非「更注重公平」問題

就本節第二目所引述的第五種意見而言，有待認真探討的是：當事人選擇仲裁方式時，是否意味著以放棄上訴權利為代價而獲得終局裁決？是否意味著「更注重效益，而不注重公平」？[59]

1. 「放棄上訴權利」論評析

強調當事人在選擇仲裁時即已自願放棄上訴權利，這種論斷，看來是缺乏足夠的法理根據和事實根據的。因為：

第一，誠然，當事人為解決爭端而自願選擇仲裁方式，實際上就是自願放棄了**向法院提起訴訟**的權利，並以此作為代價，換得比較乾脆的一裁終局，盡早解決爭端，避免了法院訴訟程序上的兩審結案，曠日持久，降低效率。但是，應當指出，此時此際當事人所放棄的僅僅是向**初審法院**提起訴訟的權利，而絕不是所謂的以放棄上訴權利為代價。在這裡，向初審法院的起訴權利與向管轄法院的**上訴權利**兩詞，只有一字之差，其本質、含義卻大不相同。換言之，絕不應任意推斷：當事人一旦選擇仲裁方式之後，即使面臨錯誤的或違法的涉外終局裁決，也自願全盤放棄了向**管轄法院**提出申訴和請求加以監督和糾正的權利。恰恰相反，無論從「**違法必究**」這一基本法理準則來衡量，還是從當代各國

先進的仲裁立法通例來考察，對於已經發生法律效力的涉外終局裁決，只要當事人提出確鑿證據足以證明該裁決確有前述各類重大錯誤或重大違法情形，則不論其為**程序上**的錯誤或違法，抑或是**實體上**的錯誤或違法，都屬於管轄法院應當依法實行仲裁監督之列，即應當在仲裁領域嚴肅認真地、全面地貫徹「違法必究」和「違法必糾」的基本方針。

第二，法律的尊嚴，首要關鍵在於它的公正，即秉公執法。對已經發生效力的終局裁決，如果事後發現其確有重大違法和錯誤（或執法不公，或枉法裁判，或違反法定程序），卻又片面強調其「終局性」，不允許通過特定的仲裁監督程序重新予以審查、審理和作出必要的糾正，其社會效果不但不能積極維護法律的尊嚴，反而會嚴重損害法律的威信。換言之，裁決的**終局性**與裁決的**合法性和公正性**相比，**終局性**應當屬於**第二位**，它必須以合法性和公正性為前提，並且必須服從於合法性和公正性。應當說，這就是對終局性的裁決設立仲裁監督機制的**立法本旨**。中國一九九五年九月開始實施的《仲裁法》以及英國一九九七年一月開始實施的一九九六年《仲裁法》，其開宗明義第一條，都不約而同地把「公正」或「公平」一詞置於「及時」或「避免拖延」之前，作為仲裁立法或仲裁裁決的首要宗旨和第一要求，[60] 這就是上述立法宗旨或基本法理的最新證明。

第三，再從當事人的**正常心態**分析：任何正派、誠實的當事人，選擇仲裁解決爭議，其所殷切期盼的理應是既公正公平又相對簡便快捷的終局解決。對於守法的當事人說來，裁決的公正性和公平性，較之裁決的便捷性和終局性，有如**熊掌與魚**。兩者孰

重軛輕、孰珍孰廉，是洞若觀火的。兩者可以得兼，自是理想追求，一旦兩者不可得兼，正常人恐怕**誰也不會舍熊掌而取魚**。試設身處地地想一想：一個正派誠實的涉外商人，當其合法權益受到對方侵害而訴諸仲裁之後，耗時、耗資、耗精力之餘，最終收到的卻是一份仲裁員憑偽證作出或基於貪贓枉法作出的錯誤的或違法的終局裁決，這難道是他選擇仲裁的初衷和最主要的期望？他難道無權依法向上申訴，討回公道？古往今來，深受冤假錯案之害而又心甘情願、不極力謀求申訴平反者，應當是極為罕見的。

反過來，通過偽證、行賄等不法手段而取得含有重大錯誤或違法實體內容的終局裁決，卻又因其是涉外仲裁裁決便可以「依法」把裁決受害人向上申訴討回公道的途徑完全堵塞，使其「永世不得翻身」，這才是不法奸商（對方當事人）參加仲裁的最主要的期望；而且，正是這樣荒唐、違法而又不容許依法推翻的終局裁決，能夠給他「帶來巨大的潛在利益」和實在利益。

可見問題就是這樣擺著：對於一份憑偽證作出的或基於貪贓枉法作出的涉外終局裁決，片面強調其絕對的、至高無上的「終局性」，卻不允許裁決受害人依法向上申訴，請求對裁決的實體內容予以審查、監督，作出必要的撥亂反正，這樣的仲裁監督體制，歸根結底，究竟是保護了正派、守法的商人，還是縱容了不法奸商？

第四，更有甚者，不妨再深入地設想一下：一個守法的在華外商，正好是這種憑偽證作出的或基於貪贓枉法作出的裁決的一方當事人和直接受害者，卻又因在中國訴請對涉外裁決實行實體

內容監督的法律途徑已被**依法堵塞**，因而投訴無門，只能忍氣吞聲，束手「挨宰」，或「引頸待戮」，試問：這樣的法律設計及其存在的漏洞，是如人們所善意預期的「增強對外國當事人的吸引力，改善本國的投資環境」？還是背道而馳，適得其反？

第五，從中國《仲裁法》的現行規定看，當事人選擇仲裁方式解決涉外爭議之際，並未承擔任何法定義務，必須放棄上訴權利，或竟然可以推定其放棄上訴權利。恰恰相反，《仲裁法》第七十、七十一條以及《民事訴訟法》第二六〇條的有關規定，正是為確保當事人在收到終局的涉外裁決之後，仍可依法訴請就有關裁決實行程序運作方面的司法監督。令人遺憾的是，這些現行的法律規定不允許此種司法監督也擴及涉外裁決的實體內容，因而存在漏洞和可能發生弊端。可見，如果不細加分析，對於選擇仲裁方式解決涉外爭端的所有當事人，不問青紅皂白，一概推定其已經「自願放棄上訴權利」，則此種見解，不但沒有法律根據，而且不符合現行法律的明文規定。它不但根本無法解釋這些在程序運作方面確保當事人向上申訴權利的現行規定，而且背離了「當事人意思自治」這一基本法理原則。因為這種推斷，完全是強加於當事人的，它違背了當事人選擇仲裁時的真實意思表示。

2. 「應更注重效益」論評析

此論斷言：當事人在選擇仲裁時**更注重效益**，而不是公平；並主張為了提高效率，就不能允許法院對仲裁的監督涉及實體問題。「如果我國法律允許法院對仲裁進行實質審查，無異於使仲裁程序從屬於法院的訴訟程序」。[61]

這種主張，看來也是有欠周全、有失偏頗的。因為：

第一，事實上，為了「**注重效益**」和維護涉外仲裁「**裁決的終局性**」，並**不應當也不必要以犧牲其公正性和合法性作為代價**。環顧當今世界許多國家先進的仲裁立法，一般都首先堅持公正與合法，同時兼顧效益，因而都允許針對涉外仲裁裁決，提出兼及其程序運作缺陷或實體內容謬誤的撤銷之訴。其申訴期限，在作出或送達有關仲裁裁決之後，有的長達一年，如美國；[62] 有的定為三個月，如德國；[63] 有的定為一個月，如法國；[64] 有的則定為二十八天，如英國。[65] 各國仲裁立法中有關提起撤銷之訴的具體時限，固有或長或短之分，但在兩個基本點上則是相同的，即：（1）都明確地保留、保護當事人在一定條件下和一定期限內，針對內國仲裁裁決和涉外仲裁裁決提起撤銷之訴的權利，而不因推崇任何仲裁裁決的「終局性」或「注重效益」而從根本上取消申訴期；（2）都明確地允許當事人針對上述兩大類裁決的程序缺陷和實體謬誤，提起撤銷之訴，而不因特別推崇涉外裁決的「終局性」或「注重效益」，以此作為藉口，禁止受害當事人針對涉外裁決中實體內容上的謬誤，提起撤銷之訴，從而不但剝奪了受害當事人的申訴權，而且嚴重損害了仲裁制度的公正性和合法性，甚至褻瀆了法律的尊嚴。

第二，中國《仲裁法》。前規定對仲裁裁決提起撤銷之訴的期限為收到裁決書之後的六個月以內，這一期限，短於美國，長於德、法、英等國，它是否長短適度，自應在經歷數年實踐之後，總結經驗教訓，立足中國國情，參照他國立法的先進通例，予以必要的調整。但也應當重視：中國自身在法院審判監督體制

方面，也已積累了一些有益的經驗，可以作為進一步改善、健全中國現行仲裁監督體制的參考或借鑑。例如，中國現行的審判監督程序規定：當事人對於已經發生效力的判決或裁定，認為有錯誤的，可以依法申請再審。[66] 其實質，就是允許當事人針對終局性判決或裁定中存在的重大程序缺陷或實體謬誤，提出撤銷原判或原裁之訴。對終局性司法裁判提起再審之訴（撤銷之訴）的期限，定為原裁判發生法律效力之後的兩年以內，[67] 較之對終局性仲裁裁決提起撤銷之訴的六個月期限，長達四倍。就此點而言，現行法律對終局性司法裁判之絕對定案和不可推翻，其保證的強度和力度，似均遜於對終局性仲裁裁決所給予的保證。因為前者在生效後的兩年之內仍屬於尚可「依法翻案」之列；後者則在生效之後再經半年，就屬於「鐵案如山」，根本無法撼動，依法不許推翻了！

但是，另一方面，在司法審判監督程序中，當事人對終局性司法裁判申請再審或提起撤銷之訴，一般並不能阻止、停止終局裁判的強制執行。[68] 只有在有關再審的申請或有關撤銷的訴求經過法定程序的嚴格審查，並由主管法院**決定予以再審**之後，才能作出裁定，中止原終審裁判的執行。[69] 就此點而言，現行法律對終局性司法裁判給予保證的強度和力度，似均勝於對終局性仲裁裁決所給予的保證。因為審判監督的運作程式是：

當事人申請再審→法院立案受理，原終局司法裁判應**繼續執行，不得中止**→法院決定再審，原終局司法裁判方可中止，暫停執行。

但**仲裁監督**的運作程式則是：

當事人申請撤銷→法院立案受理，原終局仲裁裁決立即**不得繼續執行，應予中止**。[70]

兩相比較，顯然可以看出：前者的運作程式，在當事人申請與中止執行之間，多設了一道嚴格審查、不容矇混踰越的「關口」，這對於當事人濫用申訴權、無理取鬧以阻礙終局司法裁判執行的行為，無疑能夠起到有效的預防和制止作用。對於在現行司法審判監督體制中行之有效的這一道「關口」，似可以**移植到**仲裁監督體制中。即在仲裁當事人申請撤銷終局仲裁裁決與仲裁裁決中止執行之間，也另設一道關口，命名為「法院決定審查」，即在當事人申請、法院立案受理之後，**法院決定審查**之前，原仲裁裁決**應繼續執行，不得中止**。藉助於這一新設「關口」，以預防和制止仲裁當事人濫用申請撤銷仲裁裁決的程序，從而確保正確的仲裁裁決得以順利執行。這一立法建議，在日後修訂《仲裁法》。改進仲裁監督機制時，不妨加以考慮。

由此可見，為了注重效益和維護涉外仲裁裁決的終局性，完全可以採取其他有效的措施，以預防和制止申訴權被濫用，而不應不分青紅皂白，絕對排斥對涉外仲裁裁決實行兼及其實體內容的司法審查。

第三，所謂「允許法院對仲裁進行實質審查，無異於使仲裁程序**從屬於**法院的訴訟程序」，並由此推導出結論：「所以，我國法院對仲裁的監督是不應該涉及實體問題的」這種斷言和推導，顯然是對當代中外**法治國家**通行的**權力制衡**原則[71]有所誤解。當代許多法治國家普遍允許法院對終局性的行政決定，依法進行實質審查，決定予以維持或予以撤銷；允許法院對終局性的

公訴決定，依法進行實質審查，決定予以肯定或予以否定；又允許檢察院對終局性的**司法判決**，依法進行實質審查，決定予以支持或予以「抗訴」。這些規定，乃是對幾種不同的權力，實行互相制衡、互相監督和互相糾偏改錯，以確保權力不被濫用，從而維護社會的公正，保持法律的尊嚴。難道可以從這些規定中分別推導出：「這無疑是使行政程序從屬於法院的訴訟程序」，「這無疑是使檢察程序從屬於法院的審判程序」，或「這無疑是使法院的審判程序從屬於檢察院的檢察程序」？人們顯然不能作如此推導和如此判斷。換言之，行政機關與行政權力、法院與審判權力、檢察院與檢察權力，三者之間是互相制衡的，又是互相平等的，並不存在誰高誰低、誰「從屬」於誰的問題。如果一定要從這種法治體制中找出某種「從屬」關係，那麼，不妨說，這三種機關或三種權力，都應當從屬於法律，**從屬於依法治國，從屬於防止權力腐敗**，從屬於維護社會公正。

「舉三可以反一」，由此足以證明：在「或審或裁、一裁終局」的現行體制下，同時設置對終局裁決實行兼及其實體內容的司法審查機制，這同樣是出於權力制衡、防止腐敗、維護公正的需要，而不應誤解為「使仲裁程序從屬於法院的訴訟程序」。

何況，如上所述，在我國現行法制下，無論行政權力、檢察權力，還是審判權力，其運作結果和終局決定，都毫無例外，一律要依法接受針對其實體內容的審查監督。作為「準司法權力」或「準審判權力」的仲裁權力，其內國仲裁運作的終局決定（即內國仲裁裁決），也要依法接受針對其實體內容的審查監督。可是，唯獨對於其涉外仲裁運作的終局決定（即涉外仲裁裁決），

卻絕對排斥、絕對不許依法（更準確些說，是「無法可依」或「依法無權」）對其實體內容，也實行必要的審查監督，從而有可能讓某些在實體內容上含有重大缺陷或違法謬誤的涉外仲裁裁決，得以**長期「逍遙法外」**，誰也奈何不得。無論從理論角度還是從實務角度來看，都毋庸諱言：這乃是中國現行涉外仲裁監督機制的一大漏洞，有待於認真予以堵塞。

　　綜上所述，不難看出：中國《仲裁法》對內國仲裁監督與涉外仲裁監督實行「內外有別」的分軌制，不允許對涉外仲裁裁決的實體內容也實行必要的司法審查和監督，這種立法，實在並不符合中國現實國情本質上的迫切需要，也不符合中國參加的有關國際條約以及當代各國仲裁立法先進通例的基本精神；從而相當不利於促進中國涉外仲裁體制與有關的國際慣例互相接軌，相當不利於中國涉外仲裁體制迅速走向現代化和國際化。

　　有鑒於此，看來很有必要鼓勵中國法學界、司法界、仲裁界以及商界有關人士，針對將在一九九五年九月一日開始施行的《仲裁法》所規定的涉外仲裁監督機制，就其合理性問題進行較為系統的調查研究和深入的探討，藉以集思廣益，供立法部門決策參考。筆者認為：為了全面貫徹黨中央反覆強調的防腐反腐基本方針，為了在涉外仲裁領域中也建立起健全有效的監督機制，以維護法律的應有尊嚴，使中國在國際社會中進一步樹立起法治的形象，日後在修訂仲裁立法時，其可行方案之一是：參照當代國際仲裁立法的先進通例，將「**內國仲裁監督**」與「**涉外仲裁監督**」完全並軌合流，一視同仁；把對涉外仲裁裁決的監督，也擴大到其實體內容方面，為此，將《仲裁法》第七十、七十一條完

全刪除，並將同法第五十八條關於對內國仲裁裁決的程序運作和實體內容實行**全面監督**的規定，推廣適用於中國的**一切**涉外仲裁裁決，從而對一切已經發生法律效力的涉外仲裁裁決，也毫無例外地實行「**違法必究**」和「**違法必糾**」！

三、加強現行中國涉外仲裁監督機制的幾點設想

在對中國《仲裁法》有關涉外仲裁監督的規定進行必要的修訂，使它進一步健全化以前，似乎可以設想：不妨在中國現有的涉外仲裁機構體系內，採取若干措施，以彌補現行監督機制之不足。

第一，在中國涉外仲裁體系的領導機構中，設立「自律委員會」或「懲戒委員會」之類的組織，以全國涉外仲裁人員（包括分散在全國各地、各部門的仲裁員）作為檢查、監督的對象，專門受理對於涉外仲裁人員違紀行為、對於涉外仲裁裁決實體內容錯誤或違法的有關投訴，對於經過認真查證核實者，視其違紀行為、裁決實體內容錯誤或違法的具體情節，對有關人員分別給予勸告、警告、嚴重警告、記過直到除名的處分。日後，在「中國仲裁協會」這一全國仲裁界自律性組織正式依法[72]且建成立之後，上述「自律委員會」或「懲戒委員會」之類的組織可以作為它的一個分支機構或互相配合的職能部門，繼續發揮其應有作用。

第二，在中國涉外仲裁體系的領導機構中，加強和擴大其現有「研究所」或其他研究機構的作用和功能。對於有關涉外仲裁

裁決實體內容錯誤或違法的投訴，凡是情節較為複雜、是非較難判明者，可由上述「自律委員會」「懲戒委員會」委託上述研究機構立項進行深入的專題研究，並將研討結論向涉外仲裁機構的領導人員提出書面報告，便於後者充分了解情況，果斷判明是非，對有關投訴作出正確的回答和必要的處理。

第三，在中國涉外仲裁體系的領導機構中，加強和擴大其現有「專家委員會」的作用與功能。專家委員會不但可以在涉外裁決作出之前，針對仲裁過程中出現的疑難問題或分歧見解，進行研究和提出諮詢意見，以供有關案件的仲裁庭參考；而且可以在涉外裁決已經作出並已發生法律效力之後，接受涉外仲裁領導機構的委託，對涉外仲裁裁決實體內容錯誤或違法提出的有關投訴，立項進行認真的研究，並將研究結論報送有關主管領導，俾便後者酌情正確處斷。在這方面，應當切實保證專家委員會確有認真研究的足夠時間，並給予應有的諮詢研究勞務報酬。

第四，健全或修訂首席仲裁員的指定體制，從嚴選定首席仲裁員。首席仲裁員在由三人組成的仲裁庭中，雖然在最終裁決時也只有一票表決權，但他畢竟是仲裁庭的主幹或核心，自始至終主持全案的仲裁運作過程，對仲裁裁決的正確與否和公正與否，起著舉足輕重的作用。特別是按照中國現行的涉外仲裁程序規則，在三名仲裁員各持己見、不能就裁決形成多數意見時，仲裁裁決即依首席仲裁員的意見作出。[73] 在這種場合，首席仲裁員的意見就比「舉足輕重」更進一步，成為「一錘定音」決定一切了。由此可見，在遴選和指定首席仲裁員時，對其品德素質和業務水平，都應有比一般仲裁員更高、更嚴格的要求。根據中國

《仲裁法》第三十一條的規定，在由三人組成仲裁庭的場合，雙方當事人除應各自選定一名仲裁員之外，「第三名仲裁員由當事人共同選定或共同委託仲裁委員會主任指定。第三名仲裁員是首席仲裁員。」《仲裁法》中的這種規定，充分尊重當事人共同的自願選擇，顯然是很合理的，也符合當代國際仲裁立法的先進通例。不過，按現行的《中國國際經濟貿易仲裁委員會仲裁規則》第二十四條的規定，這第三名仲裁員首席仲裁員，卻純由仲裁委員會主席自行指定，無須以雙方當事人的「共同委託」為前提，更不允許雙方當事人「共同選定」。現行涉外仲裁規則的這種規定，與《仲裁法》第三十一條的規定顯有牴觸，且在實踐中未必有利無弊。按《仲裁法》第七十三、七十八條的規定，上述仲裁規則的這種現行規定勢在必改。[74] 在現行仲裁規則的這種規定尚未修訂之前，對於首席仲裁員的指定，自應慎之又慎。對於前述第二、第三點中提到的當事人投訴較多，且有關仲裁裁決經立項研究核實其程序運作或實體內容確有錯誤或違法情事的仲裁員，縱使未必就有貪贓受賄、徇私舞弊情節，也不宜再在其他案件中被指定為首席仲裁員。在上述仲裁規則第二十四條的現行規定按《仲裁法》第三十一條的規定修訂之後，如果雙方當事人沒有共同選定擔任首席仲裁員的第三名仲裁員，則涉外仲裁委員會主任仍有接受當事人的「共同委託」而代為選擇和指定首席仲裁員的權力和職責。對於這種權、責的運用和履行，似也必須有一套比較縝密和科學的規章制度，以昭慎重，從而不辜負當事人的信賴和委託，並且有利於維護和增強涉外仲裁委員會的良好形象和國際威信。

以上各點管見，均屬引玉之磚。期待這個主題能引起廣泛的注意和深入的討論。不妥之處，歡迎批評指正。

一九九四年十月初草

一九九五年二月改訂

注釋

* 本文全稿約三點二萬字，其中部分內容（約1.5萬字，下稱「縮略稿」）曾以《中國涉外仲裁監督機制評析》為題，發表於《中國社會科學》1995年第4期。隨後，全稿收輯於《比較法研究》1995年第4期。「縮略稿」簡明易讀，但註解不足。全文稿論證更加透徹，資料更加豐富翔實。輯入本書時，為便於讀者對照正文和註解，查索資料原始出處，全文稿正文未加刪節。其後，全稿又經增補修訂，並譯成英文，刊載於《國際仲裁學刊》（International Arbitration Jurnal）1997年第14卷第3期。含本文在內的本系列專題學術論文於2002年獲得第三屆「全國高校人文社會科學研究成果獎」一等獎。

〔1〕 江澤民：在《中央紀委第五次全體會議上的講話：總結黨風廉政建設和反腐敗鬥爭經驗，加大從源頭上預防和治理腐敗的力度》，載《人民日報》2000年12月27日。

〔2〕 參見顧昂然（全國人大常委會法制工作委員會主任）：關於《中華人民共和國仲裁法（草案）》的説明，人民出版社1994年6月27日單行本，第2頁。

〔3〕 一九八一年十二月十三日通過、一九八二年七月一日起實施的《中華人民共和國經濟合同法》第48-49條規定：經濟合同發生糾紛，當事人無法協商解決時，任何一方均可向國家規定的合同管理機關（通常為工商行政管理局）申請調解或仲裁，也可徑向人民法院起訴。在當事人申請仲裁而上述合同管理機關已製作仲裁決定書之後，如當事人一方或雙方對仲裁不服，可在法定期限內向人民法院起訴。這樣，仲裁程序就轉化為訴訟程序，按《民事訴訟法》第147

條、第158條的規定，當事人有權請求法院相繼採取第一審程序和第二審程序，予以審理和作出終審裁判。以上法定程序，通常綜合簡稱「一裁兩審終局」制。經過十幾年的實施，經驗證明此制層次過多，程序繁瑣，曠日持久，不利於當事人早日解決爭端，不能適應市場經濟體制的要求。有鑒於此，全國人大常委會於一九九三年九月二日在修改《經濟合同法》時，將上述「一裁兩審終局」制改定為「或審或裁和一裁終局」制，即：經濟合同發生糾紛，當事人無法協商解決時，可依據合同中的仲裁條款或事後達成的書面仲裁協議，向仲裁機構申請仲裁。當事人未在經濟合同中訂立仲裁條款，事後又未能達成書面仲裁協議的，可以向人民法院起訴。當事人協議選擇仲裁程序解決爭端，則一經裁決，即成為已經發生法律效力的終局決定。對此「一裁終局」的決定，如當事人一方不肯履行，另一方可以申請人民法院強制執行。參見楊景宇（國務院法制局局長）：關於《中華人民共和國經濟合同法修正案（草案）的說明》http://www. npc. gov. cn/wxzl/gongbao/2000-12/28/content_5002997. htm。

〔4〕 《仲裁法》第五條規定：當事人達成仲裁協議，一方向人民法院起訴，人民法院不予受理，但仲裁協議無效的除外。換言之，對於經濟爭端，當事人可以在「審判解決」和「仲裁解決」兩種途徑之中任擇其一，一旦雙方議定選擇仲裁解決途徑，法院即無權受理單方的起訴。第九條及第六十二條則進一進規定：仲裁裁決是終局的，當事人應予履行。一方不履行的，另一方可向法院申請強制執行。

〔5〕 參見《刑事訴訟法》第148-150條；民事訴訟法》第177-188條；行政訴訟法》第62-64條

〔6〕 〔法〕孟德斯鳩：《論法的精神》（中譯本），張雁深譯，商務印書館1982年版，第154頁。

〔7〕 列寧：《新工廠法》，載《列寧全集》第2卷，人民出版社1984年版，第358頁。

〔8〕 鄧小平：《解放思想，實事求是，團結一致向前看》，載《鄧小平文選》第2卷，人民出版社1994年版，第146-147頁。強調是引者所加。

〔9〕 參見《刑事訴訟法》第148條；《民事訴訟法》第178條；《行政訴訟法》第62條。

〔10〕參見《仲裁法》第58、63、70、71條。

〔11〕按《仲裁法》的規定，仲裁機構（仲裁委員會）既不是司法機關，也不是行政機關，它與司法機關以及行政機關都沒有隸屬關係。同時，仲裁機構對於自己作出的終局裁決，並無予以強制執行的權力。從這種意義上說，仲裁機構並非國家權力機關而只是獨立的事業單位法人。但是，仲裁機構作出的裁決，具有很強的法律效力或法律約束力。如一方當事人不履行仲裁裁決，經另一方當事人向管轄法院申請執行，法院即應當予以強制執行。從這個意義上說，有人認為，仲裁機構就不是一個純粹的「民間組織」它帶有「準司法機構」（quasi-judicial organ）的性質和「官民結合」的特點。此外，就仲裁程序而言，受理—開庭—裁決—執行，在當事人完全服從仲裁裁決的場合，可以認為仲裁機構實施了仲裁程序的全過程。反之，在當事人一方不服仲裁裁決並向法院申請「予以撤銷」或「不予執行」，或另一方申請予以執行，此時，仲裁裁決的執行階段就由國家司法權力機關——法院全面介入並由後者全權決定了（參見《仲裁法》第14、58、62、63、70、71條）。不過，也有人認為：仲裁程序的全過程在作出裁決之後即告終止。裁決之後的執行問題，並不屬於仲裁程序本身，即並非仲裁程序的有機組成部分。以上這些看法，學者們見仁見智，有待進一步探討。

〔12〕參見《民事訴訟法》第177-179、185-186條。

〔13〕參見《仲裁法》第65、70、71條；《民事訴訟法》第260條。

〔14〕參見陳安：《中國涉外仲裁監督機制申論》，載《中國社會科學》1998年第2期，第97頁。

〔15〕同上文，第95、97頁。

〔16〕《中華人民共和國立法法》第83條規定：在同一機關制定的各種法律中，特別規定與一般規定不一致的，適用特別規定。

〔17〕按《仲裁法》第70條的規定，對於這四種程序上有錯誤或違法的涉外仲裁裁決，管轄法院根據當事人的確鑿舉證和申請，有權裁定予以撤銷，而不是只限於裁定「不予執行」。就這一點而言，也對《民事訴訟法》第260條的原有規定（僅限於有權「裁定不予執行」）有所突破。

〔18〕See S. Zamora & R. A. Brand (eds.), Basic Documents of International Economic law, *CCH International* VOl. 2，1991, pp.975-984. 中譯文載

陳安、劉智中主編：《國際經濟法資料選編》，法律出版社1991年版，第71-76頁。

〔19〕Ibid., pp. 947-973. 或參見陳安主編：《「解決投資爭端國際中心」述評》，鷺江出版社1989年版，附錄第162-184頁。

〔20〕這五種情況是：（1）原仲裁協議的當事人無行為能力或原協議依法屬於無效協議者；（2）當事人一方未獲關於指派仲裁員或仲裁程序之適當通知，或因他故，致未能申辯者；（3）裁決所處理的爭議不屬原仲裁條款規定範圍者；（4）仲裁機構之組成或仲裁程序與當事人間仲裁協議不符者，或無協議而與仲裁地所在國法律不符者；（5）原裁決尚未發生約束力或已被撤銷或停止執行者。《1958年紐約公約》第3條和第5條的英文原文均參見S. Zamora & R. A. Brand (eds.), Basic Documents of International Economic Law, *CCH International*, Vol. 2，1991。

〔21〕參見日本國際法學會編：《國際法辭典》（中譯本），世界知識出版社1985年版，第110-111頁（公共秩序）條目並參見《法國民法典》第6條；中國《民法通則》第150條；《涉外經濟合同法》第4條、第9條第1款；《中華人民共和國合同法》第7、52條。

〔22〕參見李浩培：「保留條款」條目，載《中國大百科全書・法學卷》，中國大百科全書出版社1984年版，第10-11頁；韓德培主編：《國際私法》，武漢大學出版社1985年版，第70-79頁；李雙元主編：《國際私法》，北京大學出版社1991年版，第135-137頁。

〔23〕在學術討論中，有的學者認為：在《仲裁法》未對國際通行的「公共秩序保留」條款作出具體規定的情況下，中國的管轄法院在實踐中可以援引《民法通則》第142條第2款前半段的規定，以彌補此種疏漏或缺失，即主張「中華人民共和國締結或者參加的國際條約同中華人民共和國民事法律有不同規定的，適用國際條約的規定」，從而保有《1958年紐約公約》所承認的各締約國的「公共秩序保留」權利。此議有理，錄以備考。不過，此種「彌補」方式，有待於法律上的解釋推理，流於間接，自不如在《仲裁法》本身中直截了當地、明確地予以補訂為好。

〔24〕參見《1965年華盛頓公約》第53、54條和第52條。

〔25〕同上公約，第53、54條和第52條。

〔26〕See ICSID Annual Reports (1988-2000), ICSID List of Concluded Cases,

ICSID List of Pending Cases, http://www. worldbank. org/icsid/cases/conclude htm.

〔27〕參見陳安主編：《國際投資爭端仲裁──「解決投資爭端國際中心」機制研究》，復旦大學出版社2001年版，第32-41頁。

〔28〕See Composition of ICSID Tribunals, *News from ICSID*, Vol. 4，No 2，1987, pp. 3，5-7.並參見陳安主編：《國際投資爭端仲裁──「解決投資爭端國際中心」機制研究》，復旦大學出版社2001年版，第41-42頁。

〔29〕參見《美利堅合眾國仲裁法》第10條，載《國際商務仲裁》（Internaimal Commercial Arbitration，以下簡稱《ICA》）第七編：「各國仲裁立法」，（活頁）文件編號：VII. L. 1，第4頁，美國奧西阿納出版社（Oceana Publications），1985年英文版；朱建林中譯文載程德鈞、王生長主編：《涉外仲裁與法律》（第二輯，資料編譯），中國統計出版社1994年版，第295頁。

〔30〕參見《德意志聯邦共和國民事訴訟法》第1041、1042條、第580條，載《ICA》，文件編號：VII. C/1. 1，第10-11頁，1986年英文版；中譯文見謝懷栻譯：《德意志聯邦共和國民事訴訟法》，法律出版社1984年版，第337-338頁、第166-167頁。〔本文發表於1995年。其後，《德國民事訴訟法》第十編經過修訂，並自一九九八年一月一日開始實施。詳見本書第二編第五章「再論中國涉外仲裁的監督機制及其與國際慣例的接軌」第三部分之（二）。〕

〔31〕參見同上法律，第1042條第2款，載同上《ICA》彙編文件，第10頁；同上謝懷栻譯書，第338頁。

〔32〕參見同上法律，第1040條，載同上《ICA》彙編文件，第10條；同上謝懷栻譯書，第337頁。

〔33〕「特定情況」指的是：如果屬於《1958年紐約公約》範圍的外國仲裁裁決是在德國以外的另一締約國依據德國的程序法作出的，則可以在德國境內向管轄法院提起撤銷原仲裁裁決之訴，而一旦德國管轄法院認定該項外國裁決確有前述《德國民事訴訟法》第1041條所規定的七種撤銷原因之一，即應裁定予以撤銷。參見《德國關於實施1958年〈承認及執行外國仲裁裁決公約〉的法律》（1961年3月15日），載同上謝懷栻譯書，第342頁，註解之〔10〕。

〔34〕參見《日本民事訴訟法》第801-804條、第420條，載《日本模範六

法》，三省堂1991年日文版，第1162頁、第1154-1155頁。英譯文載
《國際商務仲裁・亞太地區商務仲裁立法》（International Commercial
Arbitration Commercial Arbitration Law in Asia and the Pacific）以下
簡稱，《ICA・CALAP》），文件編號：7，第3-6頁，美國奧西阿納出
版社1990年版；張玉林中譯文載程德鈞、王生長主編：《涉外仲裁
與法律》（第二輯，資料編譯），中國統計出版社1994年版，第217-
218頁。

〔35〕參見《澳大利亞新南威爾士1984年商事仲裁法》第38-42條，載
《ICA》，文件編號：VII. A. 3，1988年英文版；朱建林中譯文載同上
資料編譯，第231-233頁、第255-258頁。

〔36〕參見《法國民事訴訟法》第1482-1485條，王生長中譯文載同上資料
編譯，第32-33頁；《義大利民事訴訟法》第828-831條，載《ICA》
文件編號：VI F/1/A. 1，1986年英文版，第8-10頁；王松中譯文載同
上資料編譯，第133-134頁；《加拿大不列顛哥倫比亞1986年國際商
事仲裁法》第34條，載《ICA》文件編號：VI A/2. 1，1987年英文
版，第25-26頁；王生長中譯文載同上資料編譯，第350-351頁；《英
國仲裁法》第1-2條，載《ICA》文件編號：VI K. 3，1985年英文版，
第35-37頁：陳魯明中譯文載同上資料編譯，第134-137頁。〔本文發
表於1995年。其後《英國仲裁法》經過修訂，並自一九九七年一月
三十一日開始實施。詳見本書第二編第五章「再論中國的涉外仲裁
的監督機制及其與國際慣例的接軌」。〕《比利時司法法典（節
選）》。1704條，王生長中譯文載同上資料編譯，第44-45頁；《荷蘭
民事訴訟法》，第1065、1068條，載《ICA》文件編號：VI F/2/A. 1，
1987年英文版，第13-15頁；王生長中譯文載同上資料編譯，第
66-68頁；《瑞士國際私法法案》。190-191條，王生長中譯文載同上
資料編譯，第75頁；《奧地利民事訴訟法》。595-597條，王生長中
譯文載同上資料編譯，第82-83頁。

〔37〕參見《印度尼西亞民事訴訟法》第643條，載《ICA・CALAP》文件
編號：6，第12-13頁，1987年英文版；許耀忠中譯文載同上資料編
譯，第148-149頁。《泰國仲裁法》第24、26條，載《ICA・CALAP》，文
件編號：6.1，陳魯明中譯文載同上資料編譯，第193-194頁。

〔38〕參見《埃及民事和商事訴訟法》第511條，宋貝貝中譯文載同上資料
編譯，第356頁；阿根廷國家民商事訴訟法》第758、61條，許耀忠

中譯文載同上資料編譯，第304頁；《祕魯民事訴訟法（節選）第570條，許耀忠中譯文載同上資料編譯，第314頁。

〔39〕參見《韓國仲裁法》第13條，載《ICA‧CALAP》文件編號：8，第5頁，1987年英文版；宋貝貝中譯文載同上資料編譯，第186頁。可以看出，韓國本條的文字表述方式是參照和吸收了德國和日本的類似表述方式。參見注〔30〕、〔34〕引書；《南斯拉夫民事訴訟法》第484、485條，載《ICA》，文件編號：Ⅵ M. I，第9-10，1986年英文版；劉京中譯文載同上資料編譯，第20頁。

〔40〕See UNCITRAL Model Law on International Commercial Arbitration. Arts. 1(1), 2(1), 34, S. Zamora & R. A. Brand (eds.). Basic Documents of International Economic Law, *CCH International*, Vol. 2, 1991, pp. 999-1000, 1011-1012；中譯本見胡康生主編：《中華人民共和國仲裁法全書》，法律出版社1995年版，第616-621頁。

〔41〕See UNCITRAL Model Law on International Commercial Arbitration. Arts. 1(1), 2(1), 34, supra 44, *Basic Documents of International Economic Law*, Vol.2, 1991, p.993.

〔42〕參見肖永平：《內國、涉外仲裁監督機制之我見》（「讀者評論」），載《中國社會科學》1998年第2期，第94-97頁。陳安：《中國涉外仲裁監督機制申論》（「作者答辯」），載《中國社會科學》1998年第2期，第97-105頁。

〔43〕參見《辭海》，上海辭書出版社1979年版縮印本，第368頁（「淨土」條目）；《漢語大詞典》（第5卷），漢語大詞典出版社1990年版，第1178頁。這個佛教名詞，指的是沒有三毒四惡五濁、沒有塵世穢垢污染的清淨佛境，是西天諸佛聚居的極樂世界。

〔44〕參見江澤民：《在中央紀委第三次全體會議上的講話》（1994年2月28日），載《人民日報》（海外版）1994年3月7日第1版。在這次講話中，江澤民同志鄭重提醒全國人民注意：腐敗現象已經滲透到社會生活的廣泛領域，利用職權貪贓枉法等犯罪行為，達到了驚人的程度；號召堅決開展反腐敗鬥爭。

〔45〕參見江澤民：《在中央紀委第三次全體會議上的講話》（1994年2月28日），載《人民日報》海外版）1994年3月7日第1版。

〔46〕同上。

〔47〕李鵬：《政府工作報告》（1994年3月10日），載《人民日報》（海外版）

1994年3月24日第1-2版。

〔48〕喬石：《建立完善社會主義市場經濟體制，必須有完備的法律規範和保障》，載《法制日報》1994年1月5日第1-2版。

〔49〕《中央中央關於加強黨的建設幾個重大問題的決定》，載《人民日報》（海外版）1994年10月7日第1、3版。

〔50〕參見《仲裁法》第15條第2款、第38條。

〔51〕《民事訴訟法》第140條規定：對於管轄法院作出的「不予受理」「對管轄權有異議」或「駁回起訴」的裁定，可以上訴。對於仲裁裁決「不予執行」的裁定，雖不能直接上訴，但可援引同法第177-179條、第184-186條的規定，通過七種渠道，予以再審或提審，重新作出裁定。

〔52〕參見《民事訴訟法》（試行）（1982年3月8日）第17條；《民事訴訟法》（1991年4月9日）第19條。

〔53〕參見《民事訴訟法》第177-179條、第185-186條；並對照《民事訴訟法》（試行）第157-158條。

〔54〕參見英國1996年《仲裁法》第105條。

〔55〕參見《印度尼西亞民事訴訟法》第641條，許耀忠中譯文，載程德鈞、王生長主編：《涉外仲裁與法律》（第二輯，資料編譯），中國統計出版社1994年版，第148頁；《澳大利亞新南威爾士1984年商事仲裁法》第38條，載胡康生主編：《中華人民共和國仲裁法全書》，法律出版社1995年版，第676頁。

〔56〕參見《瑞士國際私法法案》第191條，載胡康生主編：《中華人民共和國仲裁法全書》，法律出版社1995年版，第635頁。

〔57〕參見最高人民法院《關於人民法院處理與涉外仲裁及外國仲裁事項有關問題的通知》，1995年8月28日法發〔1995〕18號文件。

〔58〕參見最高人民法院《關於人民法院撤銷涉外仲裁裁決有關事項的通知》，1998年4月23日法發〔1998〕40號文件。

〔59〕參見陳安：《中國涉外仲裁監督機制申論》，載《中國社會科學》1998年第2期，第95、97頁。

〔60〕中國《仲裁法》第1條規定：為保證公正、及時地仲裁經濟糾紛……制定本法」；英國1996年《仲裁法》第1條規定：「仲裁的目的在於通過公正的仲裁庭使爭端獲得公平的解決，避免不必要的拖延或不必要的費用。」

〔61〕參見肖永平：《也談我國法院對仲裁的監督範圍》，載《仲裁與法律通訊》（中國國際經貿委員會主辦內刊）1997年第6期，第8、12頁；肖永平：《內國、涉外仲裁監督之我見》，載《法學評論》1998年第1期，第45、49頁；陳安：《英、美、德、法等國涉外仲裁監督機制辨析》（對肖文的異議），載《法學評論》1998年第5期：陳安：《再論中國涉外仲裁的監督機制及其與國際慣例的接軌》（對肖文的異議），載《國際經濟法論叢》（第2卷），法律出版社1999年版，第201-206頁。

〔62〕參見美國《仲裁法》第9條。

〔63〕參見德國《民事訴訟法》第1059條第3款。

〔64〕參見法國《新民事訴訟法》第1484、1503、1505條。

〔65〕參見英國《1996年仲裁法》第70條第3款。

〔66〕分別參見中國《民事訴訟法》第178、179、182、183條。

〔67〕同上。

〔68〕同上。

〔69〕同上。

〔70〕參見中國《仲裁法》第64條。

〔71〕參見江澤民：《在中央紀委第五次全體會議上的講話》，載《人民日報》2000年12月27日。在這篇講話中，強調要加大力度，從源頭上預防和治理腐敗；要通過健全法制和體制創新，建立起合理、科學和嚴密的「相互制約的權力運行機制」。

〔72〕參見《仲裁法》第15條第2款。

〔73〕參見《中國國際經濟貿易仲裁委員會仲裁規則》第55、56條。

〔74〕《仲裁法》第73條規定：「涉外仲裁規則可以由中國國際商會依照本法和民事訴訟法的有關規定制定」；第78條進一步規定：「本法施行前制定的有關仲裁的規定與本法的規定相牴觸的，以本法為準」

第四章

中國涉外仲裁監督機制申論[*]

↘ 內容提要

　　針對筆者關於中國現行的涉外仲裁監督機制應予改進的見解，肖永平教授提出四點商榷意見，認為：中國對國際仲裁監督和內國仲裁監督實行內外有別的「分軌制」是完全必要的，也符合國際上的通行做法；英國的仲裁監督就是實行內外有別的「分軌制」，在大陸法系國家，即使仲裁裁決有明顯錯誤，法院也不能予以推翻；當事人選擇仲裁，最主要的是期望盡快獲得一份終局裁決，故常常更注意效益，而不是更注意公平；中國現行的仲裁立法對涉外仲裁裁決的內容並非無權監督。對於這些商榷意見，筆者逐一作了回應，指出：根據已經查索到的大量有關資料，事實證明內國仲裁監督與涉外仲裁監督的「分軌制」並非國際社會的普遍做法，許多國家都對在其本國境內作出的內國仲裁裁決與涉外仲裁裁決實行「一視同仁」的監督，而不實行「內外有別」的分流機制；都對兩大類裁決實行程序運作上和實體內容上的雙重監督，而不實行「只管程序運作，不管實體內容」的單薄監督。事實上，英國的仲裁監督並未實行「分軌制」，其涉外仲裁監督兼及於兩類裁決的程序與實體，並非只管程序運作，不管實體內容。當事人選擇仲裁，是在力爭公平的前提下追求效

率，較之裁決的合法性和公正性，裁決的效率性和終局性應當退居第二位。中國現行《仲裁法》對涉外仲裁員個人的監督無法代替對涉外仲裁裁決內容本身的法律監督，無法堵塞現行法律監督體制上的漏洞，不利於反腐倡廉，不利於維護法律的尊嚴，亟宜修訂改進。

➷ 目次

拙作《中國涉外仲裁監督機制評析》。（以下簡稱「拙作」）一文在《中國社會科學》一九九五年第四期發表後，贊同者固多，持異議者亦不罕見。據筆者所知，持異議者的批評意見大同小異，其中肖永平教授提出的四點商榷意見（以下簡稱「肖文」）具有一定的代表性。現將筆者進一步查證、研究和思考所得概述如下：

一、內國仲裁監督與涉外仲裁監督「分軌制」，並非「國際社會的普遍做法」

肖文認為，對國際仲裁和國內仲裁作出區分是國際社會的普遍做法，中國在現階段實行國內仲裁監督與涉外仲裁監督的分軌制是完全必要的，也符合國際上的通行做法，進而批評筆者僅僅考察了幾個國家的立法就得出結論，是「不夠妥當的」和「不全面的」。

不難看出，拙作是專就中國涉外仲裁的「監督」機制作出評析，而不是泛論內國仲裁與涉外仲裁（以下簡稱「兩大類仲裁」）的一般「區分」或區別。如果援引個別國家（例如肖文所引的英國）對待兩大類仲裁在非監督機制方面某些細節操作上的一般區分，來論證中國對待兩大類仲裁在監督機制方面嚴格分軌之合理性，實際上轉換了論題。這就違反了邏輯學上「同一律」的基本要求。

筆者在撰寫《中國涉外仲裁監督機制評析》一文時，查核了當代各國有關仲裁監督機制的立法。限於條件，筆者當時未能逐一鑽研全世界所有國家（單是聯合國成員國當時就多達185個）的仲裁立法，但確實查索了收集當代各國仲裁立法原始資料較為齊全的《國際商務仲裁》（International Commercial Arbitration）、《國際商務仲裁‧亞太地區商務仲裁立法》（International Commercial Arbitration / Commercial Arbitration Law in Asia and the Pacific）[1] 數卷，以及若干中文書籍，選出其中具有代表性的十九個國家（12個是發達國家，7個是發展中國家）關於仲裁監督機制的現

行立法，在該文中作了扼要論述。[2] 出自版面的考慮，《中國社會科學》一九九五年第四期在發表拙作時，刪去了詳細註解，同時增加了一條綜合性註解，集中說明了有關資料的來源。因此，對於所謂拙作只依據幾個國家的資料就得出全局性結論的批評，恐怕是出自一種誤解。拙作所徵引的十九個國家有關仲裁監督機制的現行立法，有一個主要的共同點，即都對在其本國境內作出的內國仲裁裁決與涉外仲裁裁決實行「一視同仁」的監督，而不實行「內外有別」的分流機制；都對兩大類裁決實行程序運作上和實體內容上的雙重監督，而不實行「只管程序運作，不管實體內容」的單薄監督。「一視同仁」「雙重監督」的做法有廣泛的適應性。正是有鑒於當代各國仲裁立法的通例，總結了各國仲裁實務的有益經驗，聯合國國際貿易法委員會（UNCITRAL）一九八五年六月通過、聯合國大會同年十二月通過決議向國際社會推薦的《國際商事仲裁示範法》對於仲裁監督機制才作了相應的規定，即：一個國家的管轄法院對於在本國境內作出的一切仲裁裁決實行審查和監督時，不分其為內國裁決或是涉外裁決，都採取同樣的審定標準和同樣的補救措施；對於經過管轄法院審查認定其在程序操作上確有錯誤或違法，或在實體內容上確與本國公共政策相牴觸者，則均在「可予撤銷」之列，而不侷限於可「不予承認」和「不予執行」。[3] 這一點顯然是對《1958年紐約公約》有關規定的一大突破。

　　但是，根據中國《仲裁法》第六十五條、第七十條、第七十一條的規定，同法第五十八條所規定的審查標準和補救措施，對於在中國作出的涉外仲裁裁決，只能就其程序運作進行司法審查

和監督，而不能審查和監督（包括必要的糾正）其實體內容。這種「只管程序運作，不管實體內容」的監督規定，顯然與國際仲裁立法的通例以及聯合國大會鄭重推介的上述《國際商事仲裁示範法》的範例相左。

肖文強調：中國實行國內仲裁監督與涉外仲裁監督的分軌制「符合國際上的通行做法」。遺憾的是肖文中竟未舉出中國以外的任何一個國家推行這種仲裁監督「分軌制」的實例。譬如，能否舉例證明，當今世界上究竟有哪一個國家在哪一部法律的哪些條文中明文規定，對於本國境內仲裁員憑偽證作出的或基於貪贓枉法作出的內國裁決，依法應予撤銷；而在這同時，對於含有同類錯誤或違法內容的涉外裁決，卻規定不得依法撤銷，而應當繼續承認其法律上的合法地位和法定的約束力，依然必須堅決執行？

二、英國的仲裁監督並未實行「分軌制」，其涉外仲裁監督並非「只管程序運作，不管實體內容」

誠如肖文所指，單就相隔約三十年的兩部英國《仲裁法》而言，一九七九年立法規定的有關法院對仲裁實行監督的範圍確較一九五〇年立法規定的監督範圍有所縮小。實際上，無論法院對仲裁的監督怎樣「縮小」和「弱化」，英國仲裁法始終仍然堅持對英國本國作出的包括涉外裁決在內的一切裁決，實行兼及程序運作和實體內容的同等監督和雙重監督，這應當是無可置疑和無法否定的事實。特別應當注意的是，《1950年仲裁法》第二十二至二十七條關於仲裁監督機制的規定，在一九七九年之後，仍然

第二編・國際經濟法基本理論（二）

117

作為英國仲裁體制「主法」的一部分，持續生效，直至一九九七年一月三十一日，才被《1996年仲裁法》的相關規定所取代。按照《1950年仲裁法》第二十三條的明文規定，凡是仲裁員本身有瀆職行為或錯誤處置程序（has misconducted himself or the proceedings）高等法院（High Court）有權將該仲裁員中途撤換（remove）；凡是仲裁員本身有瀆職行為或錯誤處置程序，或當事人以不正當的手段取得仲裁裁決，高等法院有權撤銷該項裁決。

一九九六年六月十七日，英國《1996年仲裁法》（Arbitration Act1996）正式通過，並自一九九七年一月三十一日開始施行。細察其中有關仲裁監督的規定，除了對兩大類仲裁裁決仍然堅持「一視同仁、雙重監督」這一基本特點和國際通行做法之外，其監督範圍、監督力度及其有關表述，與《1950年仲裁法》以及《1979年仲裁法》相比，也更加具體和嚴謹。

《1996年仲裁法》第六十八條第一款規定：仲裁程序中的一方當事人，可以在通知對方當事人以及仲裁庭的條件下，以存在重大不法行為，影響仲裁庭、仲裁程序或仲裁裁決作為理由，向法院申請，對仲裁裁決提出異議。」同條第二款對「重大不法行為」（serious irregularity）加以解釋，列舉了九種具體情況，只要出現其中之一，經一方當事人依法提出申請，法院認為它對申請人已經造成或將會造成實質性的不公正或不公平（substantial injustice）即應立案受理。其中所列的第（1）（7）（9）這三種情況尤其值得重視：「（1）仲裁庭未能遵守和履行本法第三十三條規定的基本職責（general duty）」，即未能公正、公平地斷案，在實施仲裁過程中不偏袒任何一方等；「（7）以欺詐手段取得仲

裁裁決；裁決本身或取得裁決的手段違反公共政策」；「（9）在實施仲裁程序中或在仲裁裁決中存在任何不法行為，對於這種不法行為，已由仲裁庭，或由經當事人授權與實行仲裁程序或作出裁決有關的任何仲裁機構、其他機構或個人，加以承認。」[4]

除此之外，《1996年仲裁法》又另立專條，進一步明確規定對兩大類仲裁裁決都實行實體內容方面的監督：「除非當事人另有協議，仲裁程序中的一方當事人可以在通知對方當事人以及仲裁庭的條件下，就仲裁裁決書中出現的法律問題，向法院提出上訴。」（第69條第1款）儘管設有各種條件限制（見該法第69條第2、3款），但該法對仲裁程序中和仲裁裁決書中存在的各種重大不法行為和枉法裁斷，始終敞開著投訴之門。

當事人基於上述各種實體性或程序性理由提出的上訴，經管轄法院受理並查證核實，法院可根據具體情況，分別作出裁定：（a）維持原裁決；（b）變更原裁決；（c）發回原仲裁庭重新審理（全部或部分）；（d）撤銷原裁決（全部或部分）；（e）宣布原裁決無效（全部或部分）見該法第六十八條第三款、第六十九條第七款）。與此同時，該法第二十四條還允許當事人依據事實，合理地懷疑仲裁員不公正，從而按照法定程序，向管轄法院申請中途撤換該仲裁員。

此外，《1996年仲裁法》。暫時保留若干細節操作上的原有規定，對內國仲裁和涉外仲裁稍作區分，但鑒於國際上「一視同仁，並軌合流」的通行做法，卻又另立專條，授權英國國務大臣（Secretary of State）可以製作行政命令，經國會兩院批准，隨時取消或廢除上述僅存的細節區分規定，以免與英國所承擔的國際

條約義務相牴觸。[5]

　　如所周知，英國採用商事仲裁體制，有悠久的歷史。根據英國本國專家的評析，其一九九六年的最新仲裁立法，是在系統地總結了英國本國長期實踐的經驗教訓，參考和吸收了當代世界各國先進的仲裁立法通例，並在很大程度上以聯合國鄭重推薦的《國際商事仲裁示範法》作為起草指南（framers' guide）經過長達七年多的國會辯論和廣泛徵求意見，數易其稿，才達成共識，正式通過與頒行。可以說，這一套包含一百一十條、正文達六十頁左右的《1996年仲裁法》，是相當縝密細緻的。它是英國仲裁立法走向統一化、國際化和現代化的重大改革和重要體現，在當代世界各國現行的同類立法中居於比較領先的地位，其中的許多規定，包括有關仲裁監督機制的規定，體現了當代仲裁立法的新走向，值得重視和參考。[6]它告訴我們，「分軌制」並不是什麼「發展趨勢」或「通行做法」。

三、終局而不公、終局而違法的裁決不是受害一方 「當事人最主要的期望」

　　肖文強調：當事人選擇仲裁解決爭議，……最主要的就是期望獲得一份終局裁決」；「仲裁裁決的終局性能給當事人帶來巨大的潛在利益，它顯然比上訴程序帶來的利益大得多。在商人們看來，以放棄上訴權利為代價而獲得裁決的終局性是完全值得的」；「當事人選擇仲裁常常更注意效益，而不是公平。」這種論斷恐怕是缺乏足夠的法理根據和事實根據的。

誠然，當事人為解決爭端而自願選擇仲裁方式，實際上就是自願放棄了向法院提起訴訟的權利，並以此作為「代價」，換得比較「乾脆」的「一裁終局」，儘早解決爭端；且避免了法院訴訟程序上的「二審結案」，曠日持久，降低效率。但是，應當指出，此時當事人所放棄的僅僅是向第一審法院提起訴訟的權利，而絕不是肖文所指稱的「以放棄上訴權利為代價」。這裡，「訴訟權利」與「上訴權利」兩詞的含義並不相同。換言之，除非當事人間另有明文協議「各方自願放棄任何上訴權利」，否則，絕不應任意推斷：當事人一旦選擇仲裁方式之後，即使面臨錯誤的或違法的涉外終局裁決，也自願全盤放棄了向管轄法院提出申訴和請求加以監督和糾正的權利。恰恰相反，無論從「違法必究」這一基本法理準則來衡量，還是從當代各國先進的仲裁立法通例來考察，對於已經發生法律效力的涉外終局裁決，只要當事人提出確鑿證據足以證明該裁決確有重大錯誤或重大違法情事，則不論其為程序上的錯誤或違法，抑或是實體上的錯誤或違法，都屬於管轄法院應當依法實行仲裁監督之列，即應當在仲裁領域嚴肅認真地、全面地貫徹「違法必究」和「違法必糾」的基本方針。顯而易見，與裁決的合法性和公正性相比，裁決的終局性應當居於第二位，它必須服從於合法性和公正性。正因為如此，中國一九九五年九月開始實施的《仲裁法》以及英國一九九七年一月開始實施的《1996年仲裁法》，其開宗明義第一條，不約而同地把「公正」或「公平」一詞置於「及時」或「避免拖延」之前，作為仲裁立法或仲裁裁決的首要宗旨和第一要求。而從當事人的心態看，一個正派誠實的涉外商人，當其合法權益受到對方侵害而

訴諸仲裁之後，耗時、耗資、耗精力之餘，最終收到的卻是一份仲裁員憑偽證作出或基於貪贓枉法作出的錯誤的或違法的終局裁決，這顯然並非他選擇仲裁的初衷和「最主要的期望」。如果一個守法的在華外商，正好是憑偽證作出的或基於貪贓枉法作出的裁決的一方當事人和直接受害者，卻又因在中國訴請對涉外裁決實行實體內容監督的法律途徑已被「依法」堵塞，因而投訴無門，只能束手「挨宰」，這樣的法律設計與肖文所善意預期的「增強」涉外仲裁「對外國當事人的吸引力，改善本國投資環境」的目標完全是背道而馳的。

此外，從中國《仲裁法》的現行規定看，當事人選擇仲裁方式解決涉外爭議之際，並未承擔任何法定義務，必須「放棄上訴權利」，或竟然可以推定其「放棄上訴權利」。恰恰相反，《仲裁法》第七十、七十一條以及《民事訴訟法》第二六〇條的有關規定，正是為確保當事人在收到終局的涉外裁決之後，仍可依法訴請就有關裁決實行程序運作方面的司法監督。所憾者，這些現行的法律規定不允許此種司法監督也擴及涉外裁決的實體內容，因而可能發生弊端。如果不細加分析，一概推定當事人完全自願地放棄了上訴權利，則不但不符合法律規定，也違背當事人「意思自治」原則或「真實意思表示」。

至於肖文提及的《仲裁法》第五十九條和第六十四條允許當事人在收到裁決書之日起六個月內提出撤銷裁決申請的規定在實踐上的缺陷，並不能因其限制擴及涉外裁決的實體內容而得到彌補。要糾正它，完全可以「對症下藥」，參照我國《民事訴訟法》第一七八和一八三條、英國《1996年仲裁法》第七十條第三款以

及最高人民法院一九九五年八月下達的一項執法通知加以必要的
修訂。

四、「無權監督、無計可施」的擔心不是「多餘的」

　　肖文列舉《仲裁法》第三十四、三十八條的規定，包括實行
仲裁員迴避制度、禁止仲裁員私自會見當事人或吃請收禮、依法
追究和懲辦貪贓枉法的仲裁員等，來論證中國目前的立法對涉外
仲裁裁決並非「無權監督」。然而，拙作探討的主題是對涉外仲
裁裁決書本身實體內容的法律監督（包括受理受害當事人的投
訴，對該涉外裁決的實體內容進行審查核實，進行必要的補救和
糾正），而不是對涉外仲裁員個人行為的監督。誠然，涉外仲裁
員的個人行為、品德操守以及業務水平都與他所製作的涉外裁決
的實體內容有著密切的聯繫；迴避制度之類的措施，也略有助於
預防涉外仲裁員枉法裁斷。但是，第一，對於裁決書內容中憑偽
證作出的處斷或枉法裁斷，當事人一般須待裁決書正式簽發和送
達之後，才能得悉。在此以前，既然無法未卜先知，又豈能有足
夠的理由援用迴避制度以預防錯誤處斷或枉法裁決？一旦裁決已
經簽發，其中錯誤的或違法的實體內容，即已發生法律效力，採
取其他措施則為時已晚。第二，對於涉外仲裁員個人的法律監督
無論如何嚴格、嚴厲，都無法代替對涉外仲裁裁決本身的法律監
督。理由很簡單：縱使仲裁員個人有上述不法行為且證據確鑿因
而受到紀律、行政處分，甚至受到刑事懲罰，他所作出的涉外仲
裁裁決，縱使在實體內容上彰明昭著地含有枉法裁決或憑偽證裁

第二編・國際經濟法基本理論（二）

決等重大謬誤之一，而且鐵證如山，但是，在現行的《民事訴訟法》第二六〇條第一款以及由此推衍而來的《仲裁法》第六十五、七十、七十一條規定的現有監督機制之下，受害當事人仍然無權依法向管轄法院投訴，管轄法院也仍然無權依法受理，審查有關涉外裁決書的實體內容，更無權依法裁定「不予執行」，更不必說依法裁定「應予撤銷」了，這種涉外裁決書在法律上仍然是有效的。這就有如摻入甲醇的偽劣「名酒」製造者已被判刑，而他所製造，勾兌出的含毒假酒卻仍被允許公開銷售，實在是很荒唐的。

肖文介紹了《仲裁法》第五十六條規定原草案的審議修改過程，說是「多數人」認為「人民法院對仲裁裁決只應審查程序問題，不應審查實體問題」，因此，經過刪改，形成了第五十八條的現行規定，並認為「這樣規定是比較適當的」肖文對第五十八條規定本身的總評並無不當，但它似乎忽略了三項不容忽視的關鍵問題：

第一，《仲裁法》第五十八條的監督規定不適用於涉外裁決。《仲裁法》第七章是針對涉外仲裁作出的一系列「特別規定」，其中包括專門用以監督涉外裁決的特別規定，即第七十條「裁定撤銷」及第七十一條「裁決不予執行」。第七章第六十五條明文規定了兩大類仲裁「分軌」和區別對待的基本原則，即「本章沒有規定的，適用本法其他規定」。據此，從該法的整體結構和各個條文間的相互關係上說，本法第六十三條是針對內國裁決不予執行的一般規定，第七十一條則是針對涉外裁決不予執行的特別規定，兩者分工明確，各有專司；第五十八條是針對內

國裁決予以撤銷的一般規定，第七十條才是針對涉外裁決予以撤銷的特別規定，兩者涇渭分明，不容混淆。第五十八條規定「比較適當」，並不等於第七十、七十一條規定也適當。

第二，《仲裁法》第五十八條中的三項監督規定，貌似程序監督，實為實體監督。第五十八條第一款第（1）（2）（3）諸項所列的監督要點，當然是屬於仲裁程序範圍；但同條同款第（4）（5）（6）諸項所列的監督要點，則貌似屬於程序問題，實則屬於實體範疇。它們指的是：憑偽證作出裁決；對方當事人隱瞞證據，足以影響公正裁決；仲裁員貪贓舞弊枉法裁決。不難看出，仲裁員根據偽證或在對方當事人隱瞞重要證據的情況下作出的裁決，勢必反映為裁決書在認定事實方面的重大錯誤；仲裁員在貪贓枉法基礎上作出的裁決，勢必反映為裁決書在適用法律方面的任意曲解。管轄法院對於這些在認定事實和適用法律上確有謬誤的裁決加以監督和糾正，顯然屬於實體監督。可惜的是，按《仲裁法》的現有規定，這三類具體監督不能適用於涉外裁決。在這裡，肖文對《仲裁法》第五十八條審議修改過程所作的情況介紹似乎不完全準確。限於篇幅，此處無法詳細說明，查王叔文《全國人大法律委員會關於〈中華人民共和國仲裁法（草案）〉審議結果的報告》（見《全國人大常委會公報》1994年，第414頁）可知。

為了更便於對照比較，判明法定「界限」，茲試列出簡表，以說明中國當前對兩大類裁決的實體內容實行「內外有別、分軌監督」的法律依據及其在法律效果上的重大反差（見下表）。該表告訴我們：

（1）仲裁裁決的實體內容上存在上述五種錯誤或違法情節

之一，如果是包含在或體現在內國裁決之中，則毫無例外地一概不予執行；序號一、二、三三種情節之一出現在**內國裁決**之中，則不但不予執行，且應進一步依法予以撤銷。這確實是大有利於維護中國法律的應有尊嚴，大有利於促進中國長期艱巨的反貪、反腐鬥爭，大有利於維護中國在國際社會中的法治國家形象。

表2-4-1　中國對兩大類仲裁裁決實體內容實行「內外有別、分軌監督」的法律效果重大反差一覽表

序號	監督項目（實體內容）	裁決類別	應否執行	應否撤銷	法律依據
1	裁決所根據的證據是偽造的	內國裁決	不予執行	應予撤銷	《仲裁法》第58條第1款第4項
		涉外裁決	應予執行	不得撤銷	《仲裁法》第65、70、71條；民事訴訟法第260條第1款
2	對方當事人隱瞞了足以影響公正裁決的證據	內國裁決	不予執行	應予撤銷	《仲裁法》第58條第1款第5項
		涉外裁決	應予執行	不得撤銷	《仲裁法》第65、70、71條；民事訴訟法第260條第1款
3	仲裁員在仲裁該案時有貪污、索賄、受賄、徇私舞弊、枉法裁決行為	內國裁決	不予執行	應予撤銷	《仲裁法》第58條第1款第6項，第63條；民事訴訟法》第217條第2款第6項
		涉外裁決	應予執行	不得撤銷	《仲裁法》第65、70、71條；民事訴訟法第260條第1款
4	認定事實的主要證據不足	內國裁決	不予執行	不得撤銷	《仲裁法》第63條；民事訴訟法第217條第2款第4項
		涉外裁決	應予執行	不得撤銷	《仲裁法》第65、70、71條；《民事訴訟法》第260條第1款

序號	監督項目（實體內容）	裁決類別	應否執行	應否撤銷	法律依據
5	適用法律確有錯誤	內國裁決	不予執行	不得撤銷	《仲裁法》第63條；民事訴訟法》第217條第2款第5項
		涉外裁決	應予執行	不得撤銷	《仲裁法》第65、70、71條；民事訴訟法》第260條第1款

（2）上述五種錯誤或違法情節之一（甚至五種情節「齊備俱全」），如果出現在涉外裁決之中，則「依法」毫無例外地一概必須執行，一概不許撤銷。換言之，現行的涉外仲裁監督機制對涉外裁決實體內容中存在的上述五種重大錯誤或違法情節，竟然全盤放棄了應有的、起碼的法律監督。這種「差別」待遇或「特惠」待遇在社會效應和國際形象上的負面作用將是巨大的。立足於當前國情，筆者的擔心絕不是「多餘的」。[7]

第三，《仲裁法》第五十八條第三款的「公共秩序保留」規定並不能涵蓋和適用於涉外裁決。這是因為：（1）前已述及，從該法整體結構看，第五十八條與第七十條，是一對互相對應、互相搭配的規定，前者專管內國裁決的撤銷，後者專管涉外裁決的撤銷，其法定的分工界限十分鮮明，不宜隨便解釋，任意「張冠李戴」；（2）從第五十八條三款的上下文銜接看，第一款所指稱的「有下列情況之一的」裁決」第二款所指稱的「有前款規定情況之一的」「裁決」，以及第三款所指稱的「該裁決」，顯然是前後聯貫、具有同等內涵和同等外延的同一概念，即均是專指「內國裁決」，而不能涵蓋涉外裁決；（3）從第五十八條與《民事訴訟法》（以下簡稱《民訴法》）第二一七條的關聯看，前者

顯然是從後者直接移植和適當修訂而來的。具體而言，《民訴法》第二一七條第二款的六點監督規定，經移植和修訂，形成了《仲裁法》第五十八條第三款的同類規定，兩者之間的源流關係不言自明。關於這一點，可以從肖文所引述的《仲裁法草案》修訂文字中看清，即原草案第五十六條第一款第七項關於「違背社會公共利益的」這一規定，經修訂後作為單獨一款，被吸收為現行《仲裁法》五十八條第三款，這樣，就與《民訴法》第二一七條第三款的原有規定，在作為獨立一款的層次上，完全互相銜接了（只是在監督力度上從「裁定不予執行」提高為「應當裁定撤銷」），這不是又一個有力的佐證嗎？

有人認為，《仲裁法》五十八條第三款關於「公共秩序保留條款」的規定，可以解釋為同樣適用於涉外裁決，因而「無須」在《仲裁法》第七十條中另作特別規定；遇有涉外裁決違背公共利益的，「法院自然有權援用第五十八條的規定撤銷該裁決，否則豈不重復」。這種理解頗為牽強。專門監督內國裁決的《民訴法》第二一七條第三款，明文規定和強調了國際通行的「公共秩序保留」這一重大法律原則，而專門監督涉外裁決的《民訴法》第二六〇條第二款，也一字不差地規定和強調了「公共秩序保留」這同一原則，這是完全正確和必不可少的「重複」；而《仲裁法》中專門監督涉外裁決的第七十條和第七十一條規定，竟然隻字不提國際通行的「公共秩序保留」這一重大原則，確實是仲裁立法的一個明顯缺陷。總之，「無權監督」「無計可施」，並不是筆者的危言聳聽或杞人之憂。

五、結束語

自商務仲裁制度與民商事訴訟制度並存以來，仲裁裁決之公正性與終局性，即公平與效率如何兼顧的問題，一直是個老舊而又常新的話題。假定仲裁與訴訟能夠同樣地保證公平，則當事人當然會傾向於講求效率，即選定仲裁。但是，如果不講究公平，把「終局性」強調到至高無上的地位，那也是不妥當的。當守法的當事人獲得了雖屬高效卻很不公平的仲裁裁決時，他當然有強烈的願望和法定的權利向上申訴。筆者認為，對於仲裁的終局性與高效性應當作辯證的理解，而不能片面地強調效率而忽略公平。

注釋

* 本文原載於《中國社會科學》1998年第2期，旨在回應載於同刊同期的肖永平教授的評議文章《國內、涉外仲裁監督機制之我見》。含本文在內的本系列專題學術論文於二○○二年獲得第三屆「全國高校人文社會科學研究成果獎」一等獎。

〔1〕 兩書均由美國奧西阿納出版社（Oceana Publications）出版，前者出版於1985年，後者出版於1990年。

〔2〕 參見拙作《論中國涉外仲裁的監督機制及其與國際慣例的接軌》，載《比較法研究》1995年第4期。該文詳細地註明了這十九個國家有關仲裁監督機制的法律名稱及具體條文序號。

〔3〕 參見《國際商事仲裁示範法》第1條第2款、第2條第1款和第2款、第34條；〔美〕扎莫拉等主編：《國際經濟法基本文獻彙編》（第2卷），1990年英文版，第999-1000、1011-1012頁。（Stephen Zamora & Ronald A. Brand(eds.), Basic Documents of International Economic Law. *CCH Intenainal*, Vol. II, 1990, U. S. A.）

〔4〕　除了這三種「重大不法行為」之外，第68條第2款所列舉的其他六種重大不法行為是：仲裁庭有越權行為；仲裁庭未能按照當事人商定的程序實行審理；仲裁庭未能處斷當事人提交的一切爭端；經當事人授權與實行仲裁程序或作出裁決有關的任何仲裁機構、其他機構或個人，有越權行為；對裁決書效力的表述含糊不清或模棱兩可；裁決書的格式不符合要求。參見英國《1996年仲裁法》（註釋本）1997年英文版，第45頁（Arbitration Act 1996, Annotations by A. W. Sheppard, 1997, U. K.）。

〔5〕　參見該法第85-88條。由英國樞密院顧問、資深大法官薩維爾（Rt. Hon. Lord Justice Saville）主持的「仲裁法起草諮詢委員會」在其法案報告中曾建議將這些僅存的細節區分予以刪除，以免與英國參加締結的《歐洲經濟共同體條約》（即《羅馬條約》）第6、7條相牴觸，因為其中規定各締約國相互之間不得基於國籍不同而對外商採取差別待遇，如果英國繼續區分內國仲裁與涉外仲裁，勢必對歐共體（歐盟）其他國家的國民給予差別待遇。故這些僅存的細節差別和區分規定，勢必在近期內予以廢除。按《1996年仲裁法》第88條的規定，英國國務大臣竟可以用行政命令的方式隨時取消《1996年仲裁法》第85-87條的法律規定，僅此一端，也足見這些法律規定的短暫性和不穩定性。參見《1996年仲裁法》（註釋本），1997年英文版，第56、57、58頁的註釋。

〔6〕　參見〔英〕托貝·朗道（Toby Landau）《論英國新仲裁法對協會機構仲裁的影響》，載《國際仲裁學刊》（日內瓦，1996年12月英文版）第13卷第4期，第113-114頁（該文作者曾經參與英國《1996年仲裁法》的起草工作）〔英〕A. W.夏帕德（Sheppard）：《1996年仲裁法評介和註釋》，載《1996年仲裁法》（註釋本），1997年英文版，第3-6頁。

〔7〕　參見拙作《論中國涉外仲裁的監督機制及其與國際慣例的接軌》中所摘引的各項重要文獻，載《比較法研究》1995年第4期；江澤民：《在中央紀委第八次全會上講話的摘要》，載《人民日報》（海外版）1997年5月16日。

第五章

再論中國涉外仲裁的監督機制及其與國際慣例的接軌*
——兼答肖永平先生等

➘ 內容提要

　　肖永平教授撰寫的《也談我國法院對仲裁的監督範圍》及其「縮寫本」《內國、涉外仲裁監督機制之我見——對〈中國涉外仲裁監督機制評析〉一文的商榷》，在短期內先後連續三度分別發表於《仲裁與法律通訊》一九九七年第六期、《法學評論》一九九八年第一期、《中國社會科學》一九九八年第二期，逐步「升級」形成一定的「聲勢」對此，筆者先後在同一刊物上（《仲裁與法律通訊》1998年第2期、《中國社會科學》1998年第2期和《法學評論》1998年第5期）分別作了回應。本文是筆者先後回應諸文的綜合整理，其基本內容參見本書第二編第四章「中國涉外仲裁監督機制申論」題下之「內容提要」，茲不另贅。

對於涉外仲裁的監督是否「只管程序運作，不管實體內容」？

（一）英國《1950年仲裁法》和《1979年仲裁法》

（二）英國《1996年仲裁法》

（三）英國《1996年仲裁法》之「塵封」年半及其「原貌」辨識

三、美、德、法諸國的仲裁監督，聯合國《仲裁示範法》的有關規定，是否實行「內外有別」的「分軌制」？對於涉外仲裁的監督是否「只管程序運作，不管實體內容」？

（一）美國的仲裁監督機制辨析

（二）德國的仲裁監督機制辨析

（三）法國的仲裁監督機制辨析

（四）聯合國《國際商事仲裁示範法》

四、當事人選擇仲裁解決爭議，「最主要的就是期望獲得一份終局裁決」嗎？終局而不公、終局而違法的裁決，是受害一方當事人「最主要」的期望嗎？

五、「應更注重效益」論、「預防保護主義」論、「抵制司法腐敗」論、「仲裁一片淨土」論能否成為涉外仲裁排除實體監督的正當「理由」？

（一）「應更注重效益」論評析

（二）「預防保護主義」論評析

（三）「抵制司法腐敗」論評析

（四）「仲裁一片淨土」論評析

六、依照現行的涉外仲裁監督機制，對於實體內容上錯誤或違法

的涉外裁決，包括憑偽證作出或基於貪贓枉法作出的涉外裁決，任何權威機關都無權監督，無計可施。「這種擔心是多餘的」嗎？

（一）對仲裁員的監督無法取代對裁決書的監督

（二）《仲裁法》第五十八條的監督規定不適用於涉外裁決

七、結束語

拙作《中國涉外仲裁監督機制評析》（以下簡稱「拙作」）一文在《中國社會科學》一九九五年第四期發表後，贊同者固多，也不無持異議者。據筆者所知，異議者的批評意見，大同小異。其中，肖永平先生對拙作提出的意見[1]（以下簡稱「肖文」），具有一定的代表性。筆者很欽佩肖先生的鑽研精神，但對肖文的基本觀點、立論依據以及論證方法，卻不敢苟同。為便於對照，茲謹按肖文所列順序，就近來進一步查證、研究和思考所得，逐一縷述管見如下，以就教於肖先生以及其他同行學人。

一、對內國仲裁監督與涉外仲裁監督實行「分軌」，這是國際社會的普遍做法或「符合國際上的通行做法」嗎？有何依據？

肖文認為：對國際仲裁和國內仲裁作出**區分**是國際社會的**普遍做法**（強調是引者所加，下同），主張中國在現階段，實行國內仲裁監督與涉外仲裁監督的分軌制是完全必要的，「也符合國際上的**通行做法**」，並據此進而批評筆者「在考察幾個國家的立

法後」就得出結論的「**不周全性**」。

　　拙作所探討的主題和中心，顯然是專就中國涉外仲裁的監督機制作出評析，而不是泛論內國仲裁與涉外仲裁（以下簡稱「兩大類仲裁」）的一般「區分」或區別。這從拙作的標題和內容上看，都是不說自明和不容誤解的。因此，似不宜援引個別國家（例如肖文所引的英國）對待兩大類仲裁在**非監督機制**方面某些細節操作上的一般區分，來論證中國對待兩大類仲裁在監督機制方面嚴格分軌之合理性及其「符合國際上的通行做法」，並據以批評拙作的基本觀點。否則，這就是轉換了論題，從而違反了邏輯學上「同一律系」的基本要求。[2]

　　筆者在查核當代各國有關仲裁監督機制的立法時，限於資料，未能把全世界所有國家（單是聯合國當時的成員國就多達185個）的仲裁立法毫無遺漏地逐一鑽研，但確實曾就力所能及，認真查索了收集當代各國仲裁立法原始資料較為齊全的《國際商務仲裁》（International Commercial Arbitration）、《國際商務仲裁‧亞太地區商務仲裁立法》（International Commercial Arbitration/ Commercial Arbitration Law in Asia and the Pacific）[3]數厚卷，以及若干中文資料書籍，選出其中具有代表性的十九個國家（十二個是散處歐、北美、亞、澳四大洲的發達國家，七個是散處亞、非、南美、歐四大洲的發展中國家）關於仲裁監督機制的現行立法，或詳或簡，或在正文或在注解，列舉在拙作之中。[4]其間，扼要地概述了《美國仲裁法》（1970年修訂）第十條，一九九五年《德意志聯邦共和國民事訴訟法》第一〇四〇、一〇四一、一〇四二條及第五八〇條，日本民事訴訟法》第八〇一至八〇四條

及第四二〇條，以及《澳大利亞新南威爾士商事仲裁法》（1984年修訂）第三十八至四十二條；逐一指明並歸納了《法國民事訴訟法》第一四八二至一四八五條，《英國1950年仲裁法》第二十二至二十七條以及《英國1979年仲裁法》第一至二條，《義大利民事訴訟法》第八二八至八三一條，《加拿大不列顛哥倫比亞國際商事仲裁法》（1986年修訂）第三十四條，《比利時司法法典》第一七〇四條，《荷蘭民事訴訟法》第一〇六五、一〇六八條，《瑞士國際私法法案》第一九〇至一九一條以及《奧地利民事訴訟法》第五九五至五九七條的具體條文序號及其內容上的主要共同點；同時，又逐一指明和綜述了《印度尼西亞民事訴訟法》第六四三條，《泰國仲裁法》第二十四、二十六條，《埃及民事和商事訴訟法》第五一一條，《阿根廷國家民商事訴訟法》第七五八、七六一條，《祕魯民事訴訟法》第五七〇條，《韓國仲裁法》第十三條，以及《南斯拉夫民事訴訟法》第四八四、四八五條的具體條文序號及其三種表述方式。

把這些原始資料加以分析和歸納，顯然可以看出這十九個國家有關仲裁監督機制的現行立法，都有一個主要的共同之點，即都對在其本國境內作出的內國仲裁裁決與涉外仲裁裁決實行「**一視同仁**」的監督（以下簡稱「同等監督」），而**不實行「內外有別」**的分流機制；都對兩大類裁決實行兼及程序運作上和實體內容上的雙重監督（以下簡稱「雙重監督」），而**不實行「只管程序運作，不管實體內容」**的單一監督。

應當說，這十九個國家有關仲裁監督機制的這種立法，在很大程度上反映了當代世界各國在同一問題上的通行做法，具有很

第二編・國際經濟法基本理論（二）

135

大的**代表性**。因為：

第一，在所列舉的這十九個國家中，包含不同地域和多種類型，它們散處歐，北美，亞，非，南美，澳六大洲，不但地域差異很大，而且經濟發展水平也頗有不同：既有發達國家，又有發展中國家；既有全球經濟發展水平最高的發達國家（如屬於原「七國」集團的美，德，日，英，法，加，義），又有經濟發展水平次高的一般發達國家；既有經濟「起飛」取得突出成就的發展中國家，又有經濟發展較為落後或業績平平的發展中國家。它們分別具有各自類型的典型性。

第二，儘管這些國家地域差異甚大，發展水平不一，但卻在仲裁監督機制立法方面具有上述突出的共同點，這就有力地說明它們對兩大類仲裁裁決實行「一視同仁、雙重監督」機制，確是切合於不同地域，不同發展水平國家的共同需要，是建立現代化仲裁監督機制過程中帶有規律性的客觀現象，值得認真思考和借鏡。把這種在國際社會中多處，多次重複出現的現象稱為「國際上的通行做法」，看來是可以允許的，大體上不會犯「不周全性」的嚴重錯誤。

第三，可以說，正是有鑒於當代各國仲裁立法的通例，總結了各國仲裁實務的有益經驗，聯合國國際貿易法委員會（UNCITRAL）一九八五年六月通過的《國際商事仲裁示範法》對於仲裁監督機制才作了相應的規定，即：一個國家的管轄法院對於在本國境內作出的一切仲裁裁決實行審查和監督時，不分其為內國裁決或是涉外裁決，都採取同樣的審定標準和同樣的補救措施，對於經過管轄法院審查認定其在程序操作上確有錯誤或違

法，或在實體內容上確與本國公共政策相牴觸者，則均在「可予撤銷」之列，而不侷限於可「不予承認」和「不予執行」。[5] 在這一點上，顯然是對《1958年紐約公約》有關規定的一大發展。

為了促使世界各國在商事仲裁立法方面盡快趨向統一化，從而進一步增強國際經濟交往，聯合國大會於一九八五年十二月十一日通過專門決議，向整個國際社會鄭重推薦這部《國際商事仲裁示範法》，建議「全體會員國對這部示範法給予應有的考慮」，以作為各國國內仲裁立法的重要參考和借鑑。[6] 這種鄭重推介，客觀上無異於承認了和進一步加強了《國際商事仲裁示範法》各有關條款作為**國際通行做法（通例）**的應有地位。

但是，根據中國《仲裁法》第六十五、七十、七十一條的規定，同法第五十八條所規定的審查標準和補救措施，卻**不能一體適用**於在中國作出的涉外仲裁裁決。換言之，對於在中國作出的涉外仲裁裁決，只能就其程序運作進行司法審查和監督，而不能審查和監督（包括必要的糾正）其實體內容。這種對涉外裁決實行嚴格分軌監督以及「**只管程序運作，不管實體內容**」的監督規定，顯然與國際仲裁立法的**通例**以及聯合國大會鄭重推介的上述《國際商事仲裁示範法》的範例**相左**。[7]

肖文強調：中國實行國內仲裁監督與涉外仲裁**監督**的分軌制「符合國際上的**通行做法**」。既曰「國際上的通行做法」，諒必有許多實例。而且，按肖文所立的「不周全」與「周全」的判斷標準，其考察的範圍和掌握的有關實例，諒必是遠遠超過「幾個國家」，當然也不止於一二十個國家。遺憾的是肖文中竟未舉出**中國以外的任何一個國家**推行這種仲裁監督「**分軌制**」的實例。譬

如，能否舉例證明，當今世界上，除中國之外，究竟還有哪一個國家在哪一部法律的哪些條文中，明文規定這樣的「分軌制」：對於本國境內仲裁員憑**偽證**作出的或基於**貪贓枉法**作出的內國裁決，依法應予撤銷；而在這同時，對於含有同類錯誤或違法內容的涉外裁決，卻規定不得依法撤銷，而應當繼續承認其法律上的合法地位和法定的約束力，依然必須堅決執行？

筆者囿於見聞，懇切期待著能獲得這方面的答案、論據、信息或資料，肖文的其他讀者們想必也有同樣的期待。

二、英國的仲裁監督，是否實行「內外有別」的「分軌制」？它對於涉外仲裁的監督是否「只管程序運作，不管實體內容」？

（一）英國《1950 年仲裁法》和《1979 年仲裁法》

肖文認為：對某一特定國家仲裁法制的總結也應從其歷史發展的角度來歸納，單憑某一具體的立法文件是不全面的」該文「以英國為例」列舉英國《1950年仲裁法》（Arbitration Act1950）和《1979年仲裁法》（Arbitration Act1979）對仲裁監督機制規定的差異，論證其「歷史發展」軌跡：從「對仲裁監督最為嚴格」到「削弱了法院對仲裁的監督和干預」；並以此作為主要論據，斷言「各國仲裁立法的**通行做法**不是擴大法院的監督範圍，而是**縮小**司法覆審的範圍，弱化法院對仲裁的監督」。

誠然，單就英國這兩部先後相隔約三十年的《仲裁法》[8] 而言，一九七九年立法規定的有關法院對仲裁實行監督的範圍確較

一九五〇年立法規定的監督範圍有所縮小。但是，肖文據此提出的關於「不全面的」的批評，卻是難以令人信服的。因為：

第一，歷史是歷史，現狀是現狀，不能用歷史的某種發展否定現狀的**現實存在**。一九九五年，拙作在引述英國的仲裁機制時，探討和論證的是當時英國仲裁監督機制的現狀，即**當時**英國根據《1950年仲裁法》以及《1979年仲裁法》對其本國製作的兩大類仲裁裁決實行內外合軌、一視同仁，並且兼及裁決程序運作與裁決實體內容的全面監督；拙作同時指出英國當時的這些**現狀**，與其他許多發達國家的現行同類立法，具有共同的特點。如果拙作的這些觀點不符合**一九九五年當時的英國現狀**，當然理應心悅誠服地接受批評指正。可惜的是肖文在批評拙作「單憑某一具體的立法文件」之「不全面」時，完全避而不談該「具體立法文件」（即當時現行有效的法律）的具體內容，不敢直接面對爭論的焦點，也未能提出任何確鑿具體的論據證明：英國在一九九五年當時或其稍後，對兩大類仲裁裁決的監督實行「內外有別」的分軌制，而且「只管程序運作，不管實體內容」。相反，卻顧左右而言他，旁徵博引「歷史發展」之由嚴到寬、由強到弱。當問題是「現狀是否實行一視同仁、雙重監督」時，答案卻是「現狀的監督比歷史上縮小、弱化」，這種答非所問、文不對題的現象，究其實質，仍然是未能遵守討論學術問題時必須共同遵守的邏輯學「同一律」的基本要求。

第二，英國《1979年仲裁法》關於仲裁監督的規定較之《1950年仲裁法》的有關規定，雖有「縮小」和「弱化」，但無論怎樣「縮小」和「弱化」，它**始終仍然堅持**對英國本國製作的

包括涉外裁決在內的一切裁決，實行兼及程序運作和實體內容的**同等監督**和**雙重監督**，這應當是無可置疑和無法否定的事實。其鐵證之一便是英國《1979年仲裁法》第一至二條明文規定：如果裁決書中存在法律問題，而且對該法律問題的認定會在實體上影響（substantially affect）當事人的權益，則當事人經高等法院批准，可以向該院上訴，要求將上述裁決變更、撤銷，或發回重審。[9]

特別應當注意的是：《1950年仲裁法》第二十二至二十七條關於仲裁監督機制的規定，在一九七九年之後，仍然作為英國仲裁體制「主法」的一部分，持續生效；直至一九九七年一月三十一日，才被《1996年仲裁法》的相關規定所取代。按照《1950年仲裁法》第二十三條的明文規定，凡是仲裁員本身有瀆職行為或錯誤處置程序（has misconducted himself or the proceedings），高等法院有權將該仲裁員中途撤換（remove）；凡是仲裁員本身有瀆職行為或錯誤處置程序，或當事人以不正當的手段取得仲裁裁決，高等法院有權撤銷該項裁決。[10] 本條規定，可謂斬釘截鐵，毫不含糊，而且同等適用於在英國境內作出的一切仲裁裁決（包括內國裁決和涉外裁決）。

由此可見，自一九五○年九月一日迄一九九七年一月三十一日，根據英國當時兩部現行仲裁法的綜合規定，即《1950年仲裁法》中持續生效的大部分規定以及《1979年仲裁法》新增訂的規定，英國法院對在本國境內作出的一切裁決，包括內國裁決和涉外裁決，只要其中確實存在重大的法律問題，或仲裁員本身有貪贓枉法等瀆職行為，或當事人以不正當手段（包括提供偽證以歪

曲事實或向仲裁員行賄等）取得仲裁裁決，則經過一定法定程序查證屬實，概在可予撤銷之列。這些法律條文的明確規定足以證明：在上述這段長達四十七年左右的時期裡，英國始終對本國作出的內國和涉外這兩大類仲裁裁決採取「一視同仁、雙重監督」的監督體制，而並不實行「內外有別」的分軌監督體制。**一九九七年十二月**，肖文在轉述他人編著時，認定了「英國**現在**（原文如此，詳見以下第三點分析）的仲裁法是**一九五〇**年仲裁法和**一九七九**年仲裁法**並存**，只是**一九五〇**年仲裁法的一部分作廢而已。」但是，在其據此進一步論證和發揮時，卻忽視了或迴避了《1950年仲裁法》中在上述那段期間內仍然長期「並存」並未「作廢」的關鍵部分，即對兩大類仲裁裁決仍然長期繼續實行「一視同仁、雙重監督」的關鍵性規定，並遽下斷語稱：「英國仲裁法對國際仲裁和國內仲裁的監督實行的是『內外有別』的分流機制」。[11] 衡諸上述兩法「並存」的綜合規定和具體法條，這種斷語顯然並不符合事實，也難以自圓其說。

由此可見，肖文在其第一部分之中長篇轉述他人的第二手資料及有關論斷時，並不完全準確，也並未全面反映當時英國有關法制的客觀事實。作為鄭重的學術批評，似**不宜停止在轉述、轉引**之上，而不去進一步仔細查證上述**法律條文**的**第一手**（原始）規定。

（二）英國《1996 年仲裁法》

英國《1996年仲裁法》（Arbitration Act1996）於一九九六年六月十七日正式通過並自一九九七年一月三十一日開始施行。這

是最新的現狀，當然也是最新的「歷史發展」應當給予充分的注意。細察其中有關仲裁監督的規定，除了對兩大類仲裁裁決仍然堅持「一視同仁、雙重監督」這一基本特點和國際通行做法之外，其監督範圍、監督力度及其有關表述，與《1950年仲裁法》以及《1979年仲裁法》相比，也更加具體和嚴謹。

《1996年仲裁法》第六十八條第一款規定：仲裁程序中的一方當事人，可以在通知對方當事人以及仲裁庭的條件下，以存在重大不法行為[12]影響仲裁庭、仲裁程序或仲裁裁決作為理由，向法院申請，對仲裁裁決提出抗辯。」同條第二款對「重大不法行為」加以解釋，列舉了九種具體情況，只要出現其中之一，經一方當事人依法提出申請，法院認為它對申請人已經造成或將會造成實質性的不公正或不公平（substantial injustice），即應立案受理。其中所列的第（1）（7）（9）這三種情況尤其值得重視：「（1）仲裁庭未能遵守和履行本法第三十三條規定的基本職責（general duty)」即未能公正、公平地斷案，未能在實施仲裁過程中不偏袒任何一方等；「（7）以**欺詐手段**取得仲裁裁決；裁決本身或取得裁決的手段**違反公共政策**」；「（9）在實施仲裁程序中或在仲裁裁決中存在**任何不法行為**，對於這種不法行為，已由仲裁庭，或由經當事人授權與實行仲裁程序或作出裁決有關的任何仲裁機構、其他機構或個人，**加以承認。**」[13]（強調是引者所加，下同）

除此之外，《1996年仲裁法》又另立專條，進一步明確規定對兩大類仲裁裁決都實行**實體內容**方面的監督：「除非當事人另有協議，仲裁程序中的一方當事人可以在通知對方當事人以及仲

裁庭的條件下，就仲裁裁決書中出現的**法律問題**，向法院提出上訴。」[14] 當然，當事人一方就裁決書中出現的法律問題向法院上訴，並非漫無限制，而應當符合一定條件，即法院認為：對該項法律問題的認定會在實體上影響噹事人一方或多方的權益（the determination of the question will substantially affect the rights of one or more of the parties）；根據裁決書認定的事實，仲裁庭對有關問題作出的決定顯然是錯誤的；或此項問題具有「普遍的公共重要性」（general public importance）而仲裁庭對此問題作出的決定至少有重大疑問等等，因而准予上訴。[15] 可見，儘管設有各種條件限制，但對仲裁程序中和仲裁裁決書中存在的各種重大**不法行為**和**枉法裁斷**，始終是**敞開投訴之門**的。

當事人基於上述各種實體性或程序性理由提出的上訴，經管轄法院受理並查證核實，法院可根據具體情況，分別作出裁定：(a) 維持原裁決；(b) 變更原裁決；(c) 發回原仲裁庭重新審理（全部或部分）；(d) 撤銷原裁決（全部或部分）；(e) 宣布原裁決無效（全部或部分）。[16]

此外，《1996年仲裁法》雖**暫時**保留若干細節操作上的原有規定，對內國仲裁和涉外仲裁稍作區分，但鑒於國際上「一視同仁，並軌合流」的通行做法和大勢所趨，卻又另立專條，授權英國國務大臣（Secretary of State）可以製作行政命令，經國會兩院批准，**隨時取消**或廢除上述僅存的細節區分規定，以免與英國所承擔的國際條約義務相牴觸。[17] 其後不久，英國當局隨即取消了內國仲裁與涉外仲裁的操作差別，完全並軌合流。[18]

如所周知，英國採用商事仲裁體制，有悠久的歷史。根據英

國本國專家的評析，其一九九六年的最新仲裁立法，系統地總結了英國本國長期實踐的經驗教訓，參考和吸收了當代世界各國先進的仲裁立法通例，並在很大程度上以聯合國鄭重推薦的《國際商事仲裁示範法》作為起草指南（framers' guide）經過長達七年多的國會辯論和廣泛徵求意見，數易其稿，才達成共識，正式通過與頒行。可以說，這一套包含一百一十條、正文長達六十頁左右的《1996年仲裁法》，是相當縝密細緻的。它是英國仲裁立法走向統一化、國際化和現代化的重大改革和重要體現；在當代世界各國現行的同類立法中，居於比較領先的地位；其中的許多規定，包括有關仲裁監督機制的規定，體現了當代仲裁立法的**新的走向**，值得重視和參考。[19] 它告訴我們：「分軌制」並不是什麼「發展趨勢」或「通行做法」。

綜上事實，不難看出：英國最新仲裁立法中關於仲裁監督機制的現行規定，即英國仲裁監督機制最新的「歷史發展」，也實在很不利於作為論據，據以論證所謂對兩大類仲裁的監督「實行分軌制符合國際上的通行做法」或符合「國際社會的普遍做法」的見解；尤其不利於據以論證所謂英國對涉外仲裁的監督已經或即將「縮小」或「弱化」到「只管程序運作，不管實體內容」的臆測。更何況，單就英國仲裁監督機制之寬、嚴變遷而言，當歷史發展已經開始進入「否定之否定」階段時，仍囿於轉述他人對「肯定之否定」階段的並不全面的第二手評析，並據此立論和發揮，這是否有點「**不合時宜**」呢？

（三）英國《1996 年仲裁法》之「塵封」年半及其「原貌」辨識

值得注意的是：肖文首先發表於一九九七年十二月出版的《仲裁與法律通訊》。此時距英國《1996年仲裁法》正式通過並頒布的日期（1996年6月17日）已歷時十八個月，但其有關立法內容在肖文中未見有任何反映或轉述。肖文的「縮寫本」發表於一九九八年第二期的《中國社會科學》，其中仍無片言隻字提及英國《1996年仲裁法》。故其立論似顯對英國立法最新的「歷史發展」注意不夠，從而不大符合肖文提出的原則或主張，即「對某一特定國家仲裁法制的總結也應從其**歷史發展**的角度來總結。」一九九八年一月重複發表於《法學評論》上的肖文，終於注意到並轉述了英國《1996年仲裁法》的某些新規定，這當然是一大進步，但可惜的是：如將其轉述和任意「發揮」的內容與該法原文作一對照，卻又與後者的原貌和真義「顯然有較大差異」，多處**不實、失真、訛傳**，甚至完全背離，因而其立論的「根基」就發生了重大的動搖。

肖文稱：

它〔指英國《1996年仲裁法》〕規定，在**國際仲裁**中，當事人可以在任何時間內協議排除法院的司法覆審權，換言之，**只要當事人同意**，法院不得以法律或事實認定上的錯誤為由撤銷仲裁裁決。而在**國內仲裁**中，要排除這種干預只有在仲裁程序開始後才能進行，且對上訴有**更為嚴格**的條件，主要是：（1）仲裁庭對爭議事項無實體管轄權（第67條）；（2）仲裁程序嚴重有誤（第

68條）；（3）在某些情況下，如**中間裁決**中的法律問題，必須經雙方當事人同意或法院同意方可上訴（第69條）。當事人上訴時必須首先採用**法律用盡**原則，且在裁決作出後二十八天內提出。**由此可見**，英國仲裁法對國際仲裁和國內仲裁的監督實行的是「內外有別」的分流機制，而監督的範圍也是越來越小，**限於程序問題**。

為便於讀者查核、對照、鑑別和判斷，茲謹將英國《1996年仲裁法》的相關原文摘引和辨析如下：

第一，關於該法第六十八條和第三十三條：

Challenging the award: serious irregularity

68.—(1) A Party to arbitral proceedings may (upon notice to the other parties and to the tribunal) apply to the court challenging an award in the proceedings on the ground of serious irregularity affecting the tribunal, the proceedings or the award.

A party may lose the right to object (see section 73) and the right to apply is subject to the restrictions in section70 (2) and (3) .

(2) Serious irregularity means an irregularity of one or more of the following kinds which the court considers has caused or will cause substantial injustice to the applicant—

(a) failure by the tribunal to comply with section33 (general duty of tribunal);

(b) the tribunal exceeding its powers (otherwise than by exceeding its substantive jurisdiction: see section 67);

(c) failure by the tribunal to conduct the proceedings in accordance with the procedure agreed by the parties;

(d) failure by the tribunal to deal with all the issues that were put to it;

(e) any arbitral or other institution or person vested by the parties with powers in relation to the proceedings or the award exceeding its powers;

(f) uncertainty of ambiguity as to the effect of the award;

(g) the award being obtained by fraud or the award or the way in which it was procured being contrary to public policy;

(h) failure to comply with the requirements as to the form of the award; or

(i) any irregularity in the conduct of the proceedings or in the award which is admited by the tribunal or by any arbitral or other institution orperson vested by the parties with powers in relation to the proceedings or the award.

(3) If there is shown to be serious irregularity affecting the tribunal, the proceedings or the award, the court may—

(a) remit the award to the tribunal, in whole or in part,for reconsideration;

(d) set the award aside in whole or in part; or

(c) declare the award to be of no effect, in whole or in part.

…

第33條〔第68條（2）（a）所概括轉引的具體規定〕：

General duty of the tribunal

33.—(1) The tribunal shall—

(a) act fairly and impartialy as between the parties, giving each party a reasonable opportunity of puting his case and dealing with that of his opponent, and

(b) adopt procedures suitable to the circumstances of the particular case, avoiding unnecessary delay or expense, so as to provide a fair means for the resolution of the maters falling to be determined.

(2) The tribunal shall comply with that general duty in conducting the arbitral proceedings, in its decisionson maters of procedure and evidence and in the exercise of all other powers conferred on it.

第六十八條的標題是「**對裁決提出抗辯：存在重大不法行為**」第三十三條的標題是「**仲裁庭的基本職責**」這兩條條文有關大意的中譯文可參見前注〔13〕及有關正文。

通過對照，讀者不難看出：《1996年仲裁法》第六十八條規定的監督對象，是含有九種不法情節的仲裁裁決，其監督範圍兼及程序錯誤和實體錯誤，而絕非侷限於肖文所稱的「仲裁程序嚴重有誤」具體而言，第六十八條第二款所列舉的九種情節中，第（2）（3）（4）（5）（6）（8）〔即上引英文原文中的（2）之（b）（c）（d）（e）（f）（g）〕這六種，屬於程序上的不法行為，而（1）（7）（9）〔即原文中（2）之（a）（g）（i）〕這三種中，第（1）種所監督的，是仲裁員不履行基本職責，以致斷案偏袒和執法不公，這顯然是兼及實體內容和程序運作；第（7）（9）兩種所監督的，包含了依靠偽證等欺詐手段取得的錯誤裁決和依靠行賄等不法手

段取得的枉法裁決，實質上是針對實體內容的。顯然，正因為本條規定的監督範圍兼及程序和實體兩者，故在條文的標題上概括為「對裁決提出抗辯：存在重大不法行為」，以便從概念的內涵和外延上能夠兼容和涵蓋程序和實體這兩大方面。肖文將此九種不法情節概括為「仲裁程序嚴重有誤」，從而在本條中完全摒除了對裁決「實體嚴重有誤」的監督，如此轉述，不知是否另有其他英國法律條文根據？縱使果真另有其他法律條文依據，則似亦不宜在括號中又標明為「第68條」，因為該「第68條」並無此種摒除規定。

第二，關於該法第六十九條：

Appeal on point of law

69. — (1) Unless otherwise agreed by the parties,a party to arbitral proceedings may (upon notice to the other parties and to the tribunal) appeal to the court on aquestion of law arising out of an award made in the proceedings.

…

(2) An appeal shall not be brought under this section except—

(a) with the agreement of all the other parties to the proceedings, or

(b) with the leave of the court.

The right to appeal is also subject to the restrictions in section 70(2) and

(3) …

本條標題是「**針對法律要點提起上訴**」條文第一款大意是：除非各方當事人另有約定，仲裁案件的一方當事人，經通知對方

當事人和仲裁庭，可以針對仲裁案件裁決中存在的法律問題，向法院提起上訴。同條第二款的大意是：除非仲裁案件中其他當事人一致同意，或者經過法院批准，一方當事人不得根據本條提起上訴。

　　通過對照，讀者不難看出：《1996年仲裁法》第六十九條規定的監督對象，是指實體內容上存在**重大法律問題**的**一切仲裁裁決**，包括中間裁決（interlocutory award）部分裁決（partial award）以及終局裁決（final award）而**絕非侷限於**肖文所稱的「**中間裁決**」。在仲裁案件中的所謂「中間裁決」，通常指的是仲裁庭認為有必要時，或者當事人提出經仲裁庭同意，可以在全案終局裁決作出之前，在仲裁過程中的任何時候，就案件中的任何部分問題先行作出「中途」性的裁決。其英文表述通常是「interlocutory award」或「interim award」。[20]但是，通讀《1996年仲裁法》第六十九條的英文原文，仍不能發現有任何相當於肖文所稱「中間裁決」的英文表述。如果將原文中的「an award made in the proceedings」硬譯為「中間裁決」，則顯屬常識性錯誤或不當。不知肖文所述是否另有其他英國法律條文根據？縱使果真另有其他法律條文根據，則似亦不宜在括號中標明為「第69條」，因為該「第69條」中並無此項所謂「中間裁決」的規定。

　　第三，關於該法第七十條：

Challenge or appeal: supplementary provisions

70.— (1) The following provisions apply to an application or appeal under section 67, 68 or 69.

(2) An application or appeal may not be brought if the applicant or

appellant has not first exhausted—

(a) any available arbitral process of appeal or review, and

(b) any available recourse under section57（correction of award or additional award）.

(3) Any application or appeal must be brought within 28 days of the date of the award or, if there has been any arbitral process of appeal or review, of the date when the applicant or appellant was notified of the result of that process.

…

　　本條標題是「**抗辯或上訴：補充規定**」條文第一款大意是：以下各項規定，適用於根據本法第六十七、六十八或六十九條提出的申請或上訴。第二款的大意是：申請人或上訴人**未經首先用盡**以下**兩項措施**，不得提出申請或上訴：（a）採取仲裁中可以援用的申訴程序或復議程序；（b）採取本法第五十七條規定可以援用的補救辦法（更正裁決或作出補充裁決）。第三款則是有關上訴應在裁決後二十八天以內提出的有關規定。

　　通過對照，讀者不難看出：《1996年仲裁法》第七十條規定的上訴步驟，似只是要求當事人首先盡量採取（或「用盡」）上面**兩項程序性**措施，而並不存在肖文所稱的「**法律用盡**」原則如所周知，常見的法學專業術語中有「用盡當地救濟」（exhaust local remedies）一詞，指的是在採取「非當地救濟」外國救濟或國際救濟）以前必須首先盡量採用東道國當地的司法、行政或仲裁等救濟措施。[21] 可見，依邏輯常理，**當地**救濟「用盡」之後，所採取的就應當是，也必然是**非當地**救濟。參照此類互相對應的

法律術語，如果像肖文所稱，當事人在針對仲裁裁決向法院提出抗辯或上訴之前必須首先做到「用盡」法律，那麼，就會把當事人向法院提出抗辯或上訴這一舉措，排除在法律救濟之外，並把當事人採取此種鄭重的、地地道道的法律行動，視為採取了非法律的救濟措施。這是不是有點違背法學常識？不知肖文所稱的「法律用盡」原則，究何所指？有何英國法律根據？

第四，關於該法第六十八、六十九、七十條的適用範圍：

細讀《1996年仲裁法》上述各條的原文，讀者不難看出《其中關於當事人不服仲裁裁決向管轄法院提出抗辯或上訴的各項監督規定，不但兼及仲裁程序運作和裁決實體內容兩大方面，而且完全同等適用於英國作出的內國裁決和涉外裁決，足證英國現行的仲裁立法確是對上述兩大類仲裁裁決實行「合流並軌、一視同仁」的同等監督和雙重監督。

但是，前引肖文對這些條文適用範圍的轉述和發揮，與原條文的實際規定卻大相逕庭。肖文把兩大類仲裁稱為「國際仲裁」（指涉外仲裁）和「國內仲裁」（指內國仲裁），強調兩類仲裁的當事人在協議排除司法覆審干預的**時間**條件上有先後之分，緊接著就論證說：「在**國內仲裁**中，要排除這種干預只有在仲裁程序開始後才能進行，**且**對上訴有**更為嚴格**的條件，主要是……」在「主要是」三字以下，逐一轉述了《1996年仲裁法》第六十七、六十八、六十九條的規定（均具體標明條文序號），也轉述了該法第七十條的相關規定（未標明條文序號）。這顯然是認定：這些有關「上訴」的「**更為嚴格的條件**」，**僅僅適用於「國內仲裁」**（指內國仲裁），而不適用於「**國際仲裁**」（指涉外仲裁），從而

完全排除了第六十七、六十八、六十九、七十條對涉外仲裁裁決的同等適用。這種轉述和「發揮」，不能不讓細心的讀者提出這樣的問題：根據何在？究竟是否真正符合英國《1996年仲裁法》的原來面貌？何以如此面目全非，南轅北轍？

第五，關於該法第八十五至八十七條的存廢問題：

如前所述，《1996年仲裁法》第八十五至八十七條雖在若干程序操作細節上對內國仲裁和涉外仲裁仍然稍作區分（例如，關於一方當事人申請中止法律訴訟的條件，兩類仲裁略有不同；雙方當事人協議排斥法院管轄權的時機先後，兩類仲裁稍有差異），但是，第八十八條隨即授權英國國務大臣可以通過行政命令隨時取消、廢除這些暫時僅存的細節區分規定（參見前注〔17〕及其有關正文）。

根據中國國際經濟貿易仲裁委員會仲裁研究所研究人員一九九六年底在有關刊物上提供的來自英國的信息：這些細節區分早已不復存在：在英國，「在歷史上，存在著國際仲裁與國內仲裁的區別……然而，經採納了廣泛的社會公眾之意見，顧問委員會在一九九六年九月三十日的會議上決定取消二者的區別。如今，在新的仲裁法中國際仲裁與國內仲裁已別無二致」；「現在取消國際與國內仲裁的差別，意謂〔味〕著仲裁法對兩種形式的仲裁協議一視同仁。」[22]

經過「互聯網」（internet）查證，得悉此項信息是確鑿可信的：早在一九九六年十二月十六日，英國國務大臣即根據《1996年仲裁法》第一〇九條的授權，正式發布行政命令，規定該《仲裁法》自一九九七年一月三十一日起開始實施；但是，其中的第八十五

至八十七條（即內國仲裁與涉外仲裁在程序操作細節上稍有區別的三條規定）則作為例外，**不予開始實施**（are not commenced）。同時，有關進一步**廢除**（repeal）這三條規定的另一項行政命令草案，即將盡快提交英國議會兩院（both Houses）審批後正式發布。[23]

對於上述信息，舉凡關注國際（尤其英國）仲裁立法最新「歷史發展」動態的學人，似均宜及時予以注意。如果意欲以「英國對兩類仲裁的監督實行『內外有別』的分流機制」作為立論的**事實依據**，藉以「證明」中國現今對兩類仲裁監督的分流機制符合當代「國際上的通行做法」，並藉以批評他人之不懂英國仲裁立法的「歷史發展」，則對於此種與「分流機制」主張截然相反的新信息，即英國早已將兩大類仲裁完全合流並軌的新信息和最新的「歷史發展」，尤其不宜不予以應有的重視，並著力於自我的知識更新。

第六，關於當事人協議排除法院的司法覆審權問題：

肖文稱，英國《1996年仲裁法》規定，「在國際仲裁中，當事人可以在任何時間內協議排除法院的司法覆審權」；「只要當事人同意，法院不得以法律或事實認定上的錯誤為由撤銷仲裁裁決。」肖文之意顯然在於強調和論證「當事人意思自治」原則在英國涉外仲裁程序中處於至高無上地位。但是，如果未注意到，或雖已注意到卻不同時向讀者推介該法第四條對「當事人意思自治原則」的**限制性規定**，就難免使讀者獲得「不周全」的概念。因為第四條第一款明文規定：本法本篇的各項強制性規定，列明於「附表一」之中，無論當事人達成何種相反的協議，這些強制

性的規定仍然有效」[24]。而「附表一」所逐一列出的強制性規定中，就赫然包含本法第六十七、六十八、七十一條。[25]換言之，第六十七條規定法院有權受理仲裁當事人對仲裁庭管轄權提出的抗辯，第六十八條規定當事人有權對存在九種重大不法行為之一的仲裁裁決提出抗辯，法院有權對存在**九種不法行為之一**的仲裁裁決實行監督和糾正，以及第七十一條規定法院有權對仲裁裁決作出裁定予以變更、發回重審、撤銷或宣布無效，這些規定，都是強制性的，不是任意性的。對於這些規定，當事人只有遵守、服從的義務，**沒有自由「排除」的權利**。因此，即使仲裁當事人事先訂有仲裁協議，約定排除上述這些司法覆審、干預和監督，這種「排除協議」也是無效的，沒有約束力的，它絲毫不能削弱，更不能取消這些強制性規定的法律效力。[26]由此可見，在仲裁協議中的「當事人意思自治」，並不能不受任何限制，也不能凌駕於各項強制性法律規定之上，更不能在任何程序運作和實體內容上都絕對排除法院對仲裁的必要監督。一言以蔽之，此時此際，當事人的「意思自治」不等於當事人的「隨心所欲」，更不是**非當事人**的隨意推斷。這種強制性的司法監督規定，顯然是保障裁決公正、防止不法裁決和維護法律尊嚴所不可或缺的。

第七，關於《1996年仲裁法》監督機制的綜合判斷：

通過以上各點的對照和比較，不難發現：肖文對英國《1996年仲裁法》有關仲裁監督機制各條條文的轉述和「發揮」並**不符合該法各條的本來面貌**。因此，根據這些轉述和「發揮」對英國現行仲裁監督機制整體作出的綜合判斷，也就**嚴重地背離了事**

實。換句話說，所稱「英國仲裁法對國際仲裁和國內仲裁的監督實行的是『內外有別』的**分流機制**，而監督的範圍也是越來越小，**限於程序問題**」云云，**既無事實根據，更無法律根據**。進而言之，就在上引的同一段文字中，既說仲裁的當事人在一定條件下可以就仲裁裁決中存在的**法律問題**向法院上訴，由法院予以覆審，又說法院對仲裁的監督「**限於程序**問題」，在這裡，又一次出現了論據與論點的顯著齟齬和重大背離。看來，出現上述各種背離現象的原因之一，似在於肖文在批評拙作並連續在三種不同刊物上重復發表內容大體雷同的大作之際，**還未曾花時間**或**暫且來不及**對英國《1996年仲裁法》的原文全文予以必要的**通讀**，更不必說認真予以**精讀**了。在這種基礎上作出這樣的學術批評，對於被批評者說來，自難令人信服；而對於尚無機會親自閱讀該法原文全文的一般讀者說來，是否難免起著某種**誤導**的作用呢？

三、美、德、法諸國的仲裁監督，聯合國《仲裁示範法》的有關規定，是否實行「內外有別」的「分軌制」？對於涉外仲裁的監督是否「只管程序運作，不管實體內容」？

肖文在其第二部分中，再次長篇轉述他人評介美、德、法等國有關仲裁監督的第二手資料，並據此立論和進一步發揮，作出自己的判斷。讀者如果細心地將肖文所作的判斷與被轉述的原有文字作一對照，特別是與被轉述的有關國家仲裁立法**條文本身**作一對照，就不難發現肖文所作的判斷，有的並非被轉述的評介資

料的原意，有的甚至還背離了有關立法條文的原有內涵。

（一）美國的仲裁監督機制辨析

肖文援引他人編著中轉述的、由美國民間團體草擬的《美利堅合眾國統一仲裁法》，作出自己的推論和判斷，斷言：美國法院對仲裁的監督「主要是從程序角度來進行的」[27]

對照美國聯邦立法機關（美國國會）正式制定和頒行的《美利堅合眾國聯邦仲裁法》（以下簡稱「美國《仲裁法》」），肖文所作的上述論斷顯然是**失實、失真**的，並存在若干不宜存在的**訛誤**。

美國《仲裁法》制定於一九二五年二月，其後經一九五四年、一九七〇年、一九八八年、一九九〇年以及一九九二年數度修訂增補，共三章三十一條。[28] 這是對美國各州均有約束力的聯邦立法，[29] 它既是全國性的、「嚴格意義上的法律」，又是美國仲裁體制（包括仲裁監督機制）方面的基本法和特別法，故在評介美國**法定的**仲裁監督機制時，顯然不能任意忽略或避而不談。

現行的美國《仲裁法》第一章題為「總則」（General Provisions）含第一至十六條，對在美國境內實施仲裁的基本法律原則或一般行為準則，作了總體的規定；第二章題為「承認及執行外國仲裁裁決公約」，含第二〇一至二〇六條，專門針對題述公約（即《1958年紐約公約》）在美國境內的實施問題，作出原則規定；第三章題為「美洲間國際商務仲裁公約」，含第三〇一至三〇七條，專門針對題述的另一公約（即1975年由北美、南美各國締結

的商務仲裁公約）在美國境內的實施問題，作出原則規定。

美國《仲裁法》第一章第十三條，確認和強調了仲裁裁決具有很強的法律拘束力。仲裁裁決如未獲自願執行，一方當事人可依法向管轄法院申請對仲裁裁決予以確認和強制執行。法院受理和審查後，對程序運作和實體內容均符合法律規定的仲裁裁決，應予確認，並作出判決，強制執行。這是問題的一個方面。[30]

問題的另一個方面是：管轄法院經審查後，如果認定仲裁裁決具有《仲裁法》第一章第10條（a）（b）兩款所列舉的情節之一，即裁決的**程序運作**或**實體內容**存在重大的瑕疵，則可由法院作出裁定，撤銷該仲裁裁決。茲將這兩款的各項具體規定，分別介紹和闡述如下：

甲、美國《仲裁法》第10條（a）款的規定

美國《仲裁法》第一章第十條的英文原文，照錄附後，[31]以備讀者對照查考。這裡先將其中的（a）款規定，試為中譯如下：

第十條仲裁員的決定；撤銷；裡由；重新審理

（a）仲裁裁決具有下述情況之一的，仲裁裁決地所屬地區的美國法院可以根據任何一方仲裁當事人的申請，作出裁定，撤銷仲裁裁決：

（1）裁決以**賄賂**、**欺詐**或者其他不正當方法取得；

（2）仲裁員全體或者其中任何一人顯然偏袒一方或者有**貪污受賄**行為；

（3）仲裁員錯誤地拒絕理由充分的延期審理請求，錯誤地拒絕審核與爭端相關的實質證據，或者有損害當事人權利的其他錯誤行為；

（4）仲裁員超越權限，或者沒有充分運用權力，以致對仲裁事件沒有作出共同的、終局的、確定的裁決。

（5）裁決已經撤銷，但仲裁協議規定的裁決期限尚未終止，法院可以酌情指示仲裁員重新審理。

第10條（a）款所列的以上五項中，第（1）至（4）諸項之一，是仲裁當事人向管轄法院申請撤銷仲裁裁決的必備條件；第（5）項則是管轄法院在撤銷仲裁裁決之後的特定處理，它本身並不是撤銷仲裁裁決的必備條件之一，因其不屬於本文探討範圍，可暫不置論。

如果對以上第（1）至（4）項所列，聯繫生活現實，加以考察分析，就不難理解：其中第（3）（4）兩項，乃是對仲裁裁決的運作程序實行監督；而其中第（1）（2）兩項，則是對仲裁裁決的實體內容實行監督。

實踐表明：以提供偽證等欺詐手段取得的判決或裁決，勢必在認定事實方面產生重大的謬誤或扭曲；在行賄、受賄等條件下製作出來的判決或裁決，即在法官或仲裁員貪贓枉法基礎上作出的裁斷，也勢必在認定事實或適用法律方面產生重大的謬誤或扭曲。因此，美國《仲裁法》第10條（a）款第（1）（2）兩項關於撤銷仲裁裁決的上述規定，顯然屬於對仲裁裁決實行實體內容上的嚴格監督。這兩項規定，占四項之半，而且列在第10條（a）

款的前面一半，足見其重要性超過或至少並不亞於（a）款後兩項〔即（3）（4）兩項〕有關程序運作上的監督。任何謹慎些的法律學人，怎能無視這條有關仲裁裁決監督的專門的、最基本的法律規定，隨意作出這樣的論斷：美國法院在仲裁監督問題上「**主要是**從程序的角度來進行的」？

誠然，肖文轉述了他人編著中提到的《美利堅合眾國統一仲裁法案》，提到其中規定具有所列五種情況之一，經一方當事人申請，法院可以撤銷有關的仲裁裁決，其中（1）（2）兩種情況，與美國《仲裁法》第10條（a）款第（1）（2）兩項的上述規定基本相同；（3）（4）兩種情況則與《仲裁法》同條同款第（3）（4）兩項基本相同，只是多列了一種「沒有仲裁協議」云云的程序性監督。表面上看，程序監督條款與實體監督條款的「比例」是3：2。但是，不能不指出：

第一，這個《統一仲裁法案》。是民間人士草擬的供各州地方性立法參考的一項建議性草案，它本身毫無法律約束力。

第二，儘管它「目前已有二十多個州採用」[32] 但在美國的五十個州中，至少也還有另外「二十多個州」不予採用；而且就是已予採用的二十多個州中，實際上也並非全盤照搬，而是「稍有增刪和修改」，「各州的仲裁法還有自己的獨立性，它們與該法案並不完全相同」。[33] 僅僅根據這樣的民間人士建議性草案，美國各州只有半數左右經過修訂增刪才加以採用的規則以及含糊不清的局部性統計數字，怎能從中得出有關美國在仲裁監督體制上的全局性的結論，認為在美國全國通行的仲裁監督「主要是從程序的角度來進行的」？這樣的推斷是否略嫌「大膽」了些？

第三，退一步而言，縱使姑且認可美國對仲裁裁決的監督「主要是從程序的角度來進行」云云的論斷，那麼，有「主要」就必有「次要」（或「非主要」），然則就「次要」（或「非主要」）而言，不就是「從實體的角度」來進行監督嗎？既然同時還要對仲裁裁決的實體內容進行監督，那麼，無論它多麼「次要」或多麼「非主要」，美國對仲裁裁決難道不就是實行兼及程序運作和實體內容的雙重監督嗎？

乙、美國《仲裁法》第10條（b）款的規定

作為美國《仲裁法》第10條（a）款的重要補充，同法第10條（b）款從另一個方面對仲裁監督機制，作出概括性的規定，[34]其內容，大體上相當於大陸法系國家仲裁立法中關於「公共秩序保留」或「公共政策保留」的規定。與第10條（a）款相較，第10條（b）款更加集中、更為直截了當地規定了對在美國境內製作的一切仲裁裁決實行兼及程序運作和實體內容的雙重監督。

美國《仲裁法》第10條原無（b）款規定。現行的第10條（b）款規定，是在一九九○年十一月十五日修訂立法增補而成的。茲試為中譯如下：

第10條　仲裁員的裁決；撤銷；裡由；重新審理

（a）……

（b）採取仲裁方式或執行仲裁裁決，顯然違背〔美國法律〕第五編第五七二條[35]列舉的各項因素，致使仲裁當事人以外的第三人受到損害或侵害，經受害人申請，可由依據〔美國法典〕

第五編第五八〇條[36]作出仲裁裁決所在地的美國地區法院，裁定撤銷該項裁決。

經查核，美國《仲裁法》第10條（b）款中所轉指的《美國法典》第五編第五七二條，是這樣規定的：

（a）經當事人協商同意，政府機構可以採取某種爭端解決程序，解決涉及某種行政管理事項的爭議問題。

（b）遇有下列各項情況，政府機構應當考慮不採取此種爭端解決程序：

（1）要求對案件作出終局性或權威性決定，使其具有先例價值，但採取此種解決程序就難以構成公認的權威性先例；

（2）案件涉及或可能影響到**政府政策**（government policy）的重大問題，必須經過另外幾道程序才能作出最後決定，但採取此種解決程序，就難以發展成為政府機構**可取的政策**（recommended policy）；

（3）維護某些**既定的政策**（established policies）具有特別重要的意義，因而不應在各種個案決定中增加各種變動，但採取此種解決程序，就難以在各種個案決定中保持協調一致；

（4）案件對於程序當事人以外的其他個人或組織產生重大的不利影響；

（5）有關程序的完全公開的記錄具有重大意義，但採取此種爭端解決程序，就不能形成這樣的公開記錄；

（6）政府機構必須對有關事項繼續保持管轄權，從而有權

根據形勢的變化，更改對有關事項的處置，但採取此種爭端解決程序，就會妨礙政府機構實現上述要求。

（c）本節（subchapter）授權採取的各種替代性爭端解決方式，都是自願選擇的程序，它們只是補充而並不限制政府機構採取其他可行的爭端解決方法。

把美國《仲裁法》第10條（b）款的概括規定與該款所轉指的《美國法典》第五編（即《政府組織與僱員法》）第五七二條的上述具體規定聯繫起來，綜合考察，就不難看出：

第一，在美國的現行法制中，對仲裁實行的審查和監督，是比較全面的和雙重的，是兼及仲裁方式的程序運作和仲裁裁決的實體內容的。對於本國製作的內國仲裁裁決和涉外仲裁裁決，其監督範圍和監督力度，是一視同仁的，即均兼及程序運作和實體內容兩個方面，並無從嚴、從寬之分。

就（a）款而言，其中第（3）（4）兩項，乃是對仲裁裁決的運作程序實行監督；而其中第（1）2）兩項，則是對仲裁裁決的實體內容實行監督。

實踐表明：以提供偽證等欺詐手段取得的裁決，勢必在認定事實方面產生重大的謬誤或扭曲；在行賄、受賄等條件下製作出來的裁決，即在仲裁員貪贓枉法基礎上作出的裁斷，也勢必在認定事實或適用法律方面產生重大的謬誤或扭曲。因此，美國《仲裁法》第10條（a）款第（1）（2）兩項關於撤銷仲裁裁決的上述規定，顯然屬於對仲裁裁決實行**實體內容**上的嚴格監督。

第二，單就對仲裁裁決的實體內容實行審查和監督而言，不

但可因《仲裁法》第10條（a）款第（1）（2）兩項所列的欺詐、偽證、行賄、受賄等情節，由管轄法院對有關的仲裁裁決，作出裁定，予以撤銷；而且可因同法第10條（b）款所列的違反「政府政策」等情節，由管轄法院對有關的仲裁裁決，裁定予以撤銷。

第三，美國《仲裁法》第10條（b）款針對確認與執行仲裁裁決問題規定的「政府政策」保留，在一定程度上相當於大陸法系國家同類立法中的「公共秩序」保留或「公共政策」保留。所不同的是：（1）在術語上，美國使用「政府政策」「既定政策」「可取政策」等詞，略異於其他國家通常使用的「公共秩序」或「公共政策」；（2）其他國家關於「公共秩序」或「公共政策」保留條款的確認和實施，可由管轄法院主動地自行採取相應的法定措施，而無須經過仲裁程序當事人一方提出撤銷裁決的申請；但在美國，管轄法院如以違背「政府政策」等作為理由，對有關的仲裁裁決予以撤銷，則依法必須以仲裁程序當事人以外的其他受害人（第三人）提出撤銷申請，作為前提條件。

由此可見，美國《仲裁法》第10條（b）款針對確認與執行仲裁裁決問題作出的概括性規定及其轉指的有關「政府政策」保留的具體內涵，乃是對仲裁裁決實施兼及實體內容監督的另一個重要方面，不可忽視，不容漠視，更不應避而不談。

肖文在引據和論述美國對仲裁裁決的監督機制時，對上述兼及**實體內容**監督的重要法律規定，不予重視，也不予正視，未置片言隻語作出評析，便遽爾斷言：美國法院對仲裁的監督「**主要是從程序**的角度來進行的」。這種失實論斷，顯然有欠「周全」

或「理解有所偏差」。不論是出於有意規避，還是由於尚未認真查索和通讀最基本的法律條文，這種批評方法，似都是學術爭鳴中不宜提倡的。

丙、美國《仲裁法》是否也規定了「內外有別」 或「內外分軌」的監督機制？

上述甲、乙兩節剖析了肖文對美國現行的仲裁監督機制作出的失實論斷，除此之外，值得注意的是：肖文中還對另一關鍵問題保持了「緘默」，即根本未提及，更無法援引任何具體法律條文來證明美國對仲裁裁決的監督體制，竟然也是實行「內外大有別」的分軌制，竟然也對本國製作的涉外仲裁裁決特別「優待」：即不許適用《美利堅合眾國聯邦仲裁法》第十條關於一視同仁、雙重監督的規定，而只許監督其程序運作，不許監督其實體內容，一如中國今日《仲裁法》規定的那樣。這種「緘默」實在無助於證明肖文所力圖論證的核心觀點，即現階段中國實行內國仲裁監督和涉外仲裁監督「內外大有別」的分軌制「符合國際上的通行做法」。

（二）德國的仲裁監督機制辨析

當代德國的仲裁立法，可以大體劃分為兩個階段，即一九九七年十二月三十一日以前施行多年的原有仲裁立法，以及經過修訂增補並於一九九八年一月一日開始實施的現行仲裁立法。茲分別簡介和評析如下：

甲、德國行之多年的原有仲裁立法

德國一向沒有獨立的、單行的「仲裁法」。在一九九七年十二月三十一日以前，德國的立法機構把有關仲裁的法律規定，作為民事訴訟法有機組成的一部分，納入《德意志聯邦共和國民事訴訟法》（以下簡稱《德國民事訴訟法》），列為其中的最後一編，即「第十編：仲裁程序」，並經過多次補充和修訂，形成為包含三十一條條文的立法單元。

《德國民事訴訟法》第十編修訂增補以前的原第一四○一條，規定了德國主管法院有權對仲裁裁決依法予以撤銷的六種情況。肖文在轉述他人編著中介紹的第二手資料時，也列舉了有關的六種情況，並評論說，該法第一四○一條所列舉的理由「與陳文中所列舉的理由**顯然有較大差異**」。其意似在暗示或隱指前述拙作中所列舉的關於德國法院有權對仲裁裁決的**實體內容**進行監督並在必要時依法予以撤銷的**另外六種**具體情況，在德國的立法中並無根據。但是，讀者如將肖文的轉述、被轉述的《實用手冊》內容以及《德國民事訴訟法》原第**一四○一**條的**原文全譯**作一仔細比較對照，就不難發現：肖文所作的轉述雖是忠實於被引述的《實用手冊》的，但卻似有兩點重大疏忽：第一，該法原第一四○一條第一款第一項規定了可予撤銷的第一種仲裁裁決：「仲裁裁決不是根據有效的仲裁協議作成的，或者仲裁裁決是依其他不合法的程序作成的。」[37]《實用手冊》在介紹有關資料時表述為：仲裁裁決不是根據有效的仲裁協議作成的，或者是依其他不合法的協議作成的，或者是依其他不合法的程序作成的」[38]

其中「或者是依其他不合法的協議作成的」一語，很可能是「衍詞」或「筆誤」，因為在原法律條文中並無此句。肖文在轉述時，卻把在原法律條文中並未出現的這句話也照樣轉抄了。第二，該法原第一四○一條第一款第六項**概括式地**、**間接地**規定了**另外六種**可予撤銷的仲裁裁決，即有關仲裁裁決中「**具備《德國民事訴訟法》第五八○條第一項至第六項的回覆原狀之訴的要件**」[39]《實用手冊》在介紹這一條款時，為節省文字，簡略地表述為：「具備《民事訴訟法》規定的恢復原狀訴訟的要件」[40]，這當然是完全**可以**的。肖文在加以轉述時，照樣抄錄，當然也是完全可以的。但是，如果不花時間、下功夫進一步查清究竟什麼是《德國民事訴訟法》中所規定的有關「恢復原狀訴訟的要件」，就**遽爾判斷**：德國的立法中對仲裁裁決的監督只限於程序運作範圍，它並不對仲裁裁決實行兼及程序運作和實體內容的監督，或也「主要是從程序的角度來進行的」；那就難免違背事實，進入判斷的誤區或盲區，因而就有所欠妥和有所不可了。事實是這樣的：《德國民事訴訟法》第五八○條明文規定如下：[41]

有下列各種情形之一的，可以提起回覆原狀之訴（Restitutionsklage）：

（1）對方當事人宣誓作證而又犯有故意或過失偽證的罪行，判決卻以其虛假證言作為根據；

（2）作為判決基礎的證書是偽造或變造的；

（3）證人或鑑定人犯了偽證罪行，判決卻以其虛假證言或鑑定作為根據；

（4）當事人的代理人或對方當事人（或其代理人）犯有與本訴訟案件有關的罪行，而判決即是基於該行為而作出的；

（5）參與判決的法官犯有與本訴訟案件有關的、不利於當事人的瀆職罪行；

（6）判決是以某一普通法院、特別法院或行政法院的判決為基礎，而該判決已由另一確定判決所撤銷；

………

由此可見，《德國民事訴訟法》原一四〇一條第一款第六項的概括性文字表述，實際上就是明確規定：舉凡同法第五八〇條第1項至第六項所列舉的當事人可以針對既定判決的實體內容上的謬誤，提起「回覆原狀之訴」，以求撤銷既定裁判的六種具體條件，不但適用於**司法**過程，也適用於**仲裁**過程；不但適用於法官作出的法院**判決**，也適用於仲裁員作出的仲裁**裁決**。

由此可見，肖文所評論的「顯然有較大差異」，實際上乃是一種誤解或錯覺，其緣由蓋在於未對他人編著中提供的信息線索進一步尋淵探源，「跟蹤追擊」或按圖索驥，以致根本未能發現與第一四〇一條「**血肉相連、不可分割**」的第五八〇條的一系列規定。

由此可見，肖文在援引德國的例子來論證其核心觀點，強調中國對兩大類仲裁的監督必須實行「內外有別」的分流機制，強調中國對涉外仲裁裁決只實行程序監督而不實行實體監督的有關規定「符合國際上的通行做法」時，恰恰就是忽略了或無意中迴避了《德國民事訴訟法》原第一四〇一條第一款第六項所特地指

明的、該法第五八〇條逐一列舉的、同樣適用於兩大類仲裁裁決的六種**實體監督**。

除此之外，肖文在援引德國的例子來論證其核心觀點時，也毫未提及或引證任何一條德國法律條文藉以證明德國對兩大類仲裁裁決的監督的確也是實行「分流機制」的，這就更難令人信服其「國際上的通行做法」之說了。

乙、德國新近制定的現行仲裁立法

前述《德國民事訴訟法》。有關仲裁的規定，新近作了若干重大的修改和補充。

為了適應形勢發展的需要，經過各有關部門和學術界長達七八年的醞釀、討論和審議，德國聯邦議院在一九九七年十一月至十二月間通過和頒布了《仲裁程序修訂法》，自一九九八年一月一日起開始實施。此項修訂法的主體內容，就是對《德國民事訴訟法》第十編的原有法律條文加以修改，並將原有的三十一條擴充為四十二條，分列為十章，依次為總則、仲裁協議、仲裁庭的組成、仲裁庭的管轄權、仲裁程序的實施、作出仲裁裁決和結束仲裁程序、申請撤銷仲裁裁決、承認與執行仲裁裁決、法院程序以及非協議性仲裁庭。本編這十章四十二條，既自成體系，又仍然納入《德國民事訴訟法》，作為其有機構成的一部分，而並未分離出來，另外採取「仲裁法」的名義，成為獨立的、單行的另一種特別法律。[42] 這樣的仲裁立法體例，有異於中國的現行做法，卻大體相同於下述法國的仲裁立法。

就德國現行的仲裁監督機制而言，上述新近立法中最值得注

意的是：A. 第一〇二五條第一款、第四款關於本編仲裁立法適用範圍的規定，以及B第一〇五九條關於申請撤銷仲裁裁決的規定。茲分述如下：

A. 關於本編仲裁立法的適用範圍

第一〇二五條的德文原文[43]如下：

§ 1025

Anwendungsbereich

(1) Die Vorschriften dieses Buches sind anzuwenden, wenn der Ort des schiedsrichterlichen Verfahrens im Sinne des § 1043 Abs. 1 in Deutschland liegt.

(2) Die Bestimmungen der § § 1032, 1033 und 1050 sind auch dann anzuwenden, wenn der Ort des schiedsrichterlichen Verfahrens im Ausland liegt.

(3) Solange der Ort des schiedsrichterlichen Verfahrens noch nicht bestimmt ist, sind die deutschen Gerichte für die Ausübung der in den § § 1034, 1035, 1037 und 1038 bezeichneten gerichtlichen Aufgaben zus ndig, wenn der Beklagte oder der Kläger seinen Sitz oder seinen gewöhnlichen Aufenthalt in Deutschland hat.

(4) Für die Anerkennung und Vollstrechung ausländischer Schidssprüche gelten die § § 1061 bis 1065.

茲根據本條的德文原文，並對照其英文譯文，[44]試為中譯如下：

第一〇二五條

適用範圍

（1）本編各條規定適用於本法第一〇四三條第一款[45] 所規定的仲裁地點在德國境內的仲裁。

（2）本法第一〇三二、一〇三三條以及一〇五〇條的規定，[46] 也適用於仲裁地點在德國境外或地點尚未確定的仲裁。

（3）仲裁地點尚未確定，但被申請人或申請人的營業地或習慣住所在德國境內，則德國法院有權實施本法第一〇三四、一〇三五、一〇三七條以及第一〇三八條規定的各項法院職能。[47]

（4）本法第一〇六一條至第一〇六四條適用於對外國仲裁裁決的承認和執行。[48]

本條是現行《德國民事訴訟法》第十編第一章的第一條，它實質上也就是德國現行仲裁立法的第一條。在這第一條的第一款中，開宗明義地規定了本法適用的範圍，即舉凡在德國境內進行的仲裁程序並在德國境內作出的仲裁裁決，不論其為內國仲裁抑或是涉外仲裁，均應適用本法的各項規定。本條的第二、三、四款則規定：仲裁地點在德國境外或仲裁地點未定的仲裁以及外國仲裁裁決的承認與執行，在特定情況下，也適用本法某幾條的規定（主要是德國法院對有關仲裁程序特定的司法協助功能和司法管轄功能）。

特別值得注意的是：通觀新近修訂頒行的《德國民事訴訟法》第十編，其所含十章四十二條之中，並無任何專章專條，另對涉外仲裁作出「特別規定」像中國現行的《仲裁法》那樣。

由此可見，德國現行的仲裁立法，對於在**德國境內**的內國仲裁程序和涉外仲裁程序，**仍然保持**了其歷史上慣行的「**一視同仁，同等對待**」的傳統，適用完全相同的法律，加以規範和調整。換言之，它在仲裁程序進行的全過程中，對內國仲裁和涉外仲裁實行的是「**內外合流**」的「**單軌制**」或「**並軌制**」，而不是「**內外有別**」的「**分流制**」「**分軌制**」或「**雙軌制**」。

由此可見，所謂「對國際仲裁和國內仲裁作出區分是國際社會的普遍做法」[49]云云，此種論斷，無論在德國的原有仲裁立法中還是在一九九八年一月一日以後實施的德國現行仲裁立法中，都是找不到任何法律根據的。

B.關於對仲裁裁決的監督

德國現行仲裁立法中對仲裁裁決的監督，主要體現在一九九八年一月一日開始實施的《德國民事訴訟法》第一〇五九條關於撤銷仲裁裁決的規定之中。本條的德文原文[50]如下：

§1059

Aufhebungsantrag

1. Gegen einen Schiedsspruch kann nur der Antrag auf gerichtliche Aufhebung nach den Absatzen 2 und 3 gestellt werden.

2. Ein Schiedsspruch kann nur aufgehoben werden,

(1) wenn der Antragsteller begründet geltend macht, daB

a) eine der Parteien, die eine Schiedsvereinbarung nuach den §§1029, 1031 geschlossen haben, nach dem Recht, das für sie persönlich maBgebend ist, hierzu nicht f hig war, oder daB die Schiedsvereinbarung nach dem Recht, dem die Parteien sie unterstellt haben oder, falls die parteien hierüber nichts bestimmt haben, nach deutschem Recht ungultig ist; oder

b) er von der Bestellung eines Schiedsrichters oder von dem schiedsrichterlichen Verfahren nicht gehörig in Kenntnis gesetzt worden ist oder daß er aus einem anderen Grund seine Angriffs oder Verteidigungsmittel nicht hat geltend machenök neen; oder

c) der Schiedsspruch eine Streitigkeit betrifft, die in der Schiedsabrede nicht erwähnt ist oder nicht unter die Bestimmungen der Schiedsklausel fällt, oder daß er Entscheidungen enthält, welche die Grenzen der Schiedsvereinbarung überschereiten; kann jedoch der Teil des Schiedsspruchs, der sich auf Streitpunkte bezieht,die dem schiedsrichterlichen Verfahren unterworfen waren, von dem Teil,der Streitpunkte betrift,die ihm nicht unterworfen waren,getrennt werden,so kann nur der letztgenannte Teil des Schiedsspruchs aufgehoben werden; oder

d) die Bildung des Schiedsgerichts oder das schiedsrichterliche Verfahren einer Bestimmung dieses Buches oder einer zulässigen Vereinbarung der Parteien nicht entsprochen hat und anzunehmen ist, daß sich dies auf den Schiedsspruch ausgewirkt hat; oder

(2) wenn das Gericht feststellt, daß

a) der Gegenstand des Streites nach deutschem Recht nicht schiedsfähig ist; oder

b) die Anerkennung oder Vollstreckung des Schiedsspruchs zu einem Ergebnis fünrt, das der öffentlichen Ordnung (ordre public) widerspreicht.

3. Sofern, die Parteien nichts anderes vereinbaren, muB der Aufhebungsantrag innerhalb einer Frist von drei Monaten bei Gericht eingereicht werden. Die Frist beginnt mit dem Tag, an dem der Antragsteller den Schiedsspruch empfangen hat.lst ein Antrag nach § 1058 gestellt worden, verlängert sich ide Frist um hŏchstens einen Monat nach Empfang der Entscheidung über diesen Antrag. Der Antrag auf Aufhebung des Schiedsspruchs kann nicht mehr gestelt werden, wenn der Schiedsspruch von einem deutschen Grericht für vollstreckbar erklăt worden ist

4. lst die Aufhebung beantragt worden, so kann das Gericht in geeigneten Făllen auf Antrag einer Partei unter Aufhebung des Schiedsspruchs die Sache an das Schiedsgericht zuruckverweisen.

5. Die Aufhebung des Schiedsspruchs hat im Zweifel zur Folge. daB wegen des Streitgegenstrandes die Schiedwvereinbarung wiederauflebt.

茲根據本條的德文原文，並參照其英文譯本，[51] 試為中譯如下：

第一〇五九條

申請撤銷仲裁裁決

1. 只有符合本條第二款和第三款的規定，才可以向法院申請撤銷仲裁裁決。

2. 具備下列情形之一，才可以申請撤銷仲裁裁決：

（1）申請人提出證據證明：

a）本法第一〇二九條和第一〇三一條規定的仲裁協議的一方當事人，依據對他適用的法律，缺乏行為能力；或依據各方當事人議定遵守的法律，上述仲裁協議是無效的；或未有明確議定，依據德國的法律，上述仲裁協議是無效的；

b）該申請人沒有獲得關於指定一名仲裁員或關於仲裁程序的適當通知，或因其他原因，未能陳述意見進行申辯；

c）裁決所處理的爭議，並非提交仲裁的事項；或者不屬於提交仲裁的範圍；或裁決中含有對提交仲裁的爭端以外的事項作出決定；但是，如果針對提交仲裁的事項作出的決定能夠與未提交仲裁的事項區分開來，則只可以撤銷針對未提交仲裁的事項作出的那一部分裁決；

d）仲裁庭的組成或仲裁的程序不符合本法本編的規定，或者不符合各方當事人的約定，從而可能影響公正裁決；或者

（2）法院認定：

a）依據德國的法律，爭議事項不能以仲裁解決；或

b）承認和執行該裁決，會導致違反公共秩序（ordre public）。

3. 除非當事人另有約定，提出申請的一方當事人在收到仲裁裁決之日起滿三個月後，不得向法院申請撤銷裁決。如果已經依據本法第一〇五八條[52]提出請求，則限於在收到針對該項請求的決定後一個月以內，提出撤銷裁決的申請。在德國法院宣布裁決准予執行之後，不得再申請撤銷該項裁決。

4. 如果符合條件，法院可以依據申請，撤銷有關裁決，並將它發回仲裁庭重新審理。

5. 裁決撤銷後，如無相反規定，有關爭議事項的原有仲裁協議重新生效。

本條規定，是專為當事人向法院申請撤銷仲裁裁決而設。綜觀本條以及《德國民事訴訟法》。十編（即德國現行的主要仲裁立法）其他各條各款的整體內容，可以看出以下幾個關鍵之點：

第一，本條各款所列的可據以向主管法院申請撤銷仲裁裁決的各項條件，**均一體**適用於、同等適用於在德國境內作出的內國仲裁裁決和涉外仲裁裁決。對待這兩類裁決實行監督的**範圍、條件**和**力度**，完全一視同仁，並無任何**寬、嚴、厚、薄**之分。對於涉外仲裁裁決的監督，並沒有任何「特惠待遇」，只要它確實符合與內國仲裁裁決相同的**法定撤銷條件**，就應當依法予以撤銷。換言之，在德國現行的這部最新仲裁立法中，對於涉外仲裁裁決，沒有任何可以「監督從寬」和曲意庇護的明文規定或暗示含意。

第二，本條第二款第2項（b）點關於「違反公共秩序」的規定，值得特別注意。

如所周知，德國屬於大陸法系。法、德等大陸法系國家法律用語中的「公共秩序」（ordre public或öffentlichen ordnung）一詞，其含義相當於英美法系國家法律用語中的「公共政策」（public policy）或中國法律用語中的「社會公共利益」（通常英譯為「social public interests」）。[53]這些同義語的共同內涵，通常指的是一個國家的重大國家利益、重大社會利益、基本法律原則和基本道德原則。[54]

德國現行仲裁立法中本條本款本項（b）點有關「違反公共秩序」的規定，顯然是指：仲裁裁決執行地的德國主管法院，經過審查，一旦認定某項仲裁裁決的實體內容確有違反德國國家或社會的重大利益、違反德國法律或道德的基本規範之處，如果加以承認和執行，勢必損害本國社會的正常秩序，褻瀆本國固有法律和道德的尊嚴，在這種情況下，德國主管法院就有權以該項仲裁裁決的實體內容存在錯誤和違法情事為由，不但不予承認和執行，而且可以依法逕予撤銷。對於在德國境內作出的一切仲裁裁決，包括內國仲裁裁決和涉外仲裁裁決，採取這樣的審查標準和判斷角度，顯然不屬於一般程序運作上的審查與監督，而是**實體內容**上的審查與監督。

第三，本條第二款第2項（b）點關於「違反公共秩序」的規定，不妨說，實質上乃是對前述《德國民事訴訟法》原第一〇四一條第一款第六項間接地轉引的第五八〇條所列有關申請司法再審（「恢復原狀之訴」）諸項條件的概括和移植，即繼續把這些在司法程序中申請審判監督、撤銷終局判決的條件，推廣適用於在仲裁程序中申請仲裁監督、撤銷仲裁裁決。眾所周知，遇有仲裁員索賄、受賄、徇私舞弊、嚴重瀆職、枉法裁決，或者當事人（或其代理人）以行賄、欺詐、提供偽證等不法手段取得仲裁裁決，則一般而論，這些行徑勢必導致裁決內容在事實認定或法律適用上產生重大謬誤，從而產生顛倒黑白、扶邪壓正的客觀後果和社會危害。對於此種裁決，受害一方的當事人理所當然地有權援引本條關於「承認和執行該裁決會導致違反公共秩序」的規定，向主管法院申請予以撤銷。

特別值得注意的是，起草德國仲裁新立法的法學專家們針對有關法律條文中「公共秩序」一詞所作的權威性的詮釋。一九九七年，德國聯邦政府將《仲裁程序修訂法草案》（Entwurf eines Gesetzes zur Neuregelung des Schiedsverfahrensrechts）提交聯邦議院審議時，曾經附有一份《仲裁程序修訂法草案理由說明》，其中針對《德國民事訴訟法》**原第一〇四一條**第一款第六項轉引的關於撤銷仲裁裁決的各點理由（要件），與同法**新訂的第一〇五九條**第二款規定的關於撤銷仲裁裁決的各點理由（要件），兩者之間的**銜接**關係，作了專門的、毫不含糊的說明與交代：[55]

《德國民事訴訟法》原第一〇四一條第一款第六項規定的提起「恢復原狀之訴」的各點理由（Restitutionsgründe）在同法新修訂的第一〇五九條第二款第一項中並未列入，這意味著：提起「恢復原狀之訴」的這些理由，今後將被**納入**同條第二款第二項關於**違反公共秩序**這一**條款**（ordre public Klausel）的範疇，加以掌握援用。

各項**基本法律**，乃是**公共秩序**的核心，這是不言而喻和毫無疑義的。

上述草案於一九九七年獲得德國聯邦議院通過和公布。由此可見，德國的仲裁立法專家和立法機關對於仲裁新訂法律條文中「公共秩序」一詞的詮解和掌握，其內涵和適用範圍，是並不狹窄和較為寬泛的。由此可見，凡是以行賄、欺詐、偽證等**不法手段**取得從而在**實體內容**上有重大謬誤的仲裁裁決，德國法院都有

權以違反德國基本法律作為理由，援引《德國民事訴訟法》第一〇五九條第二款關於「公共秩序」的規定，予以撤銷。

關於對「違反公共秩序」這一規定的理解，本文第三部分之（四）以及第六部分，將作進一步的分析。

第四，本條各款的有關規定，乃是德國現行仲裁立法中針對仲裁裁決實行監督的主要內容。這種監督機制，基本上是以一九八五年聯合國鄭重推薦的《國際商事仲裁示範法》第三十四條[56]作為藍本，結合德國本國的國情，加以修訂和移植，從而也體現了《國際商事仲裁示範法》中有關仲裁監督機制的基本原則，即：一個國家的管轄法院對於在本國境內作出的一切仲裁裁決實行審查和監督時，不分其為內國裁決或是涉外裁決，都採取同樣的審定標準和同樣的補救措施，而並不採取「內外有別、區別對待」的做法；而且規定：對於經過管轄法院審查確認其在程序運作上確有錯誤或違法，或在實體內容上確與本國公共政策相牴觸者，則均在「可予撤銷」之列，而不侷限於「不予承認」和「不予執行」。

由此可見，所謂「實行國內仲裁監督與涉外仲裁監督的分軌制是完全必要的，也符合國際上的通行做法」[57]云云，這種論斷，無論在德國的原有仲裁立法中，還是在一九九八年一月一日以後實施的德國現行仲裁立法中，也都是找不到任何法律根據的。

（三）法國的仲裁監督機制辨析

就法國的仲裁立法而言，肖文轉述了施米托夫所列舉的五種

「特定情況」的仲裁監督，緊接著筆鋒一轉，就判斷說：「因此，法國法院對仲裁的監督也是**控制**在**程序**問題上的。」[58]可是就在肖文所轉述的五種「特定情況」的監督之中，竟赫然列明包含這樣兩種在內，即仲裁裁決「違背了公正原則」；「執行裁決與法國的公共秩序相抵觸」[59]。既然法國法院對仲裁的監督也包含這樣兩種顯然是同時針對裁決**實體**內容的監督，那又怎能做到把對仲裁的監督「控制在**程序**問題上」呢？果真加以此種「**控制**」，則豈不是有法不依或違法操作？簡言之，這樣論證問題，豈不是出現了論點與論據之間的齟齬與背離？

經查證核實：法國並無獨立的「仲裁法」，而是將仲裁程序的有關規定納入本國的民事訴訟法之中，列為其中的若干編章。此種仲裁立法體例，大體相同於德國，卻有異於中國現行的做法。二十世紀八〇年代初，法國曾連續兩度對有關仲裁的立法作了重要的更新和補充：一九八〇年五月十四日，頒布了關於仲裁的第八〇至三五四號法令，刊載於一九八〇年五月十八日出版的《官方議事錄》（*Journal of ficial*）第一二三八頁；一九八一年五月十二日，又頒布了關於國際仲裁的第八一至五〇〇號法令，刊載於一九八一年五月十四日出版的《官方議事錄》第一四〇二頁。這兩項法令的內容，隨即被輯入《法國新民事訴訟法》，共同構成它的第四編，列為該法的第一四四二至一五〇七條。[60]按這些現行法條的規定，法國把在本國境內進行的仲裁區分為內國仲裁和涉外仲裁（即「國際仲裁」）兩種，並對兩者的仲裁員指定、仲裁規則選擇、準據法選擇等具體操作規則作了若干區分。

就法國現行的仲裁監督機制而言，上述立法中最值得注意的

是第一四八四條關於內國仲裁監督的規定以及第一五〇二條和第一五〇四條關於外國仲裁和國際仲裁監督的規定。茲分述如下：

甲、對內國仲裁裁決的監督

按照《法國新民事訴訟法》第一四八四條的規定，當事人對於具有下列六種情形之一的內國仲裁裁決，可以向有管轄權的法院申請予以撤銷。本條的法文原文為：[61]

Art. 1484 Lorsuqe, suivant les distinctions faites à l'aticle 1482, les parties ont renoncé à l'appel, ou qu'elles ne se sont pas exressément réservé cette faculté dans la convention d'arbitrage, un recours en annulation de l'acte qualifié sentence arbitrale peut néanmoins être formé malgré toute stipulation contraire.

Il n'est ouvert que dans les cas suivants:

1. Si l'arbitre a statué sans convention d'arbitrage ou sur convention nulle ou expirée;

2. Si le tribunal arbitral a été irrégulièrement composé ou l'arbitre unique irrégulièrement désigné;

3. Si l'arbitre a statué sans se conformer à la mission qui lui avait été conférée;

4. Lorsque le principe de la contradiction n'a pas été respecté;

5. Dans tous les cas de nullité prévus à l'aticle1480;

6. Si l'arbitre a violé une règie d'ordre public.

茲根據對於本條的法文原文，並參照英文[62]、日文[63]畢文，試為中譯如下：

第一四八四條　依第一四八二條的區分，當事人放棄了上訴權或在仲裁協議中沒有明確地保留上訴權的，不論有任何相反的規定，當事人仍可申請撤銷具有仲裁裁決性質的文件。

僅限於下列情形，可以申請撤銷：

1. 仲裁員作出裁決時，沒有仲裁協議，仲裁協議無效，或仲裁協議已經失效；

2. 仲裁庭的組成失當，或獨任仲裁員的指定失當；

3. 仲裁員作出裁決時，**違背了**他承擔的**職責**[64]

4. 仲裁中不遵守兩造充分辯駁對質的原則；[65]

5. 裁決中存在本法第一四八〇條規定的無效情況之一；[66]

6. 仲裁員觸犯了公共秩序的準則。[67]

上述第三點和第六點的規定，顯然都涉及仲裁裁決的程序運作，也都涉及仲裁裁決的實體內容，換言之，在作出仲裁裁決過程中，舉凡仲裁員有瀆職、失職、玩忽職守，乃至於利用職便或濫用職權，貪污受賄，徇私舞弊，枉法裁決，觸犯基本的法律規範和道德規範（公序良俗）等行為，則不論其後果是體現在仲裁裁決的程序運作錯誤上，抑或是體現在仲裁裁決的實體內容錯誤上，均可依法申請管轄法院予以審查、糾正，甚至全盤撤銷。

乙、對國際仲裁裁決的監督

按照《法國新民事訴訟法》第一五〇二條的規定，當事人對於具有下列五種情形之一的外國仲裁裁決以及在法國境內作出的國際仲裁裁決，縱使已獲法院准予承認或准予執行，仍可依法向

有管轄權的上訴法院提起上訴，申請不予承認或不予執行。同
時，根據同法第一〇五四條第一款的規定，對於在法國境內作出
的國際仲裁裁決，[68] 則還可根據同樣的理由，進一步申請予以
撤銷。這兩條有關的法文原文為：[69]

At. 1502 L'appel de la décision qui accorde la reconnaissance ou
l'exécution n'est ouvert que dans les cas suivants:

1. Si l'arbitre a statué sans convention d'arbitrage ou sur convention
nulle ou expirée;

2. Si le tribunal arbitral a été irrégulièrement composé ou l'arbitre
unique irrégulièremen désigné;

3. Si l'arbitre a statué sans se conformer à la mission qui lui avait
été conférée;

4. Lorsque le principe de la contradiction na pas été respecté;

5. Si la reconnaissance ou l'exécution sont contraires à l'order
public international.

Art. 1504 La sentence arbitrale rendue en France en matière
d'arbitrage international peut faire l'objet d'un recours en annulation
dans les cas prèvus à l'aticle 1502.

茲根據這兩條的法文原文，並參照其英文[70]、日文[71] 的
譯文，試為中譯如下：

第一五〇二條　只有在下列情形下，才可以對準予承認或准
予執行的決定提起上訴：

1. 仲裁員作出裁決時，沒有仲裁協議，仲裁協議無效，或仲

裁協議已經失效；

　　2. 仲裁庭的組成失當，或獨任仲裁員的指定失當；

　　3. 仲裁員作出裁決時，違背了他承擔的職責；

　　4. 仲裁中不遵守兩造充分辯駁對質的原則；

　　5. 承認或執行仲裁裁決違背國際公共秩序。

　　第一五〇四條　對於在法國境內作出的國際仲裁裁決，具有第一五〇二條所列的理由，可以申請予以撤銷。

　　筆者之所以不厭其詳地將《法國新民事訴訟法》第一四八四、一五〇二和一五〇四條的原文本、英文譯本、日文譯本以及中文譯文逐一列出，目的端在提供**第一手的法律條文本身**，作為論據，據以**論證**：法國的有關法律雖然將內國仲裁和在法國境內作出的涉外仲裁分為兩類，並對各類的若干操作規則作了區分，但是，就針對兩類仲裁裁決的**監督機制**和**撤銷條件**而言，卻是基本相同的。

　　讀者只要較為細心和認真地對上述四種文本中的任何一種文本（即法文原本、中文譯本、英文譯本或日文譯本）中第一四八四條關於內國仲裁裁決的六種撤銷條件與第一五〇二條關於**涉外仲裁裁決**的五種撤銷條件，逐一加以對照比較，即不難發現後者所列的五種撤銷條件，從用詞遣句到實際內容，幾乎完全**雷同於前者**，即幾乎完全是逐字逐句地重複前者並從前者移植而來；所不同的只是對前者之中關於裁決書未闡述裁決理由或仲裁員未正式簽署等純程序性失誤這一種撤銷條件（即1484條第5款所指），未加移植而已。

由此可見，法國對於內國仲裁和涉外仲裁兩者的監督範圍，雖略有小異，但在監督的原則和監督的力度上，則基本相同，即對這兩大類仲裁裁決都實行**一視同仁的、兼及程序**運作和實體內容的**雙重監督**。

由此可見，肖文援引法國的例子似也無助於論證前述所謂「國際上的通行做法」之說。[72]

（四）聯合國《國際商事仲裁示範法》

為了論證前述所謂「國際上的通行做法」之說，肖文進一步對一九八五年的聯合國《國際商事仲裁示範法》（以下簡稱《示範法》）加以轉述和推論：

例如，《示範法》第三十四條規定，一方當事人要求撤銷裁決時，必須能夠證明：

（1）訂立仲裁協議的一方缺乏行為能力，或根據法律仲裁協議無效；或

（2）有關當事人未能得到指定仲裁員或進行仲裁程序的適當通知，或因其他理由未能陳述其案情；或

（3）裁決處理的是不屬於仲裁協議規定提交仲裁的爭議；或

（4）仲裁庭的組成或仲裁程序違反當事人事先達成的協議。

法院認為有下列情況之一時，也可撤銷仲裁裁決：

（1）按照本國法律，爭議的標的不能通過仲裁解決；

（2）該裁決與本國的公共政策相牴觸。

陳文認為，上述公約設置的公共政策條款的實質「就是授權

上述東道國主管機關對來自外國的仲裁裁決除了可以進行程序方面的審查和監督之外，也可以進行實體內容上的審查和監督。」筆者認為，這種理解顯然過分擴大了公共政策的含義。公共政策作為國際私法上拒絕適用外國法的一種理由，其實際內容的不確定性和含糊性是一個顯著特點，但大多數國家的司法實踐和多數學者均主張，公共政策所針對的並不是外國法內容本身，而是其適用結果。因此，法院在審查仲裁裁決時，並不涉及仲裁員如何適用法律以及適用法律是否恰當，而只考慮承認和執行裁決的結果是否會與本國的公共政策相牴觸。從實踐來看，各國法院在仲裁案中均對公共政策作了狹義的嚴格解釋。……因此，在目前的仲裁案中，以公共政策作為抗辯理由而取得成功的可能性愈來愈小。有位學者曾統計，在一百四十項拒絕執行仲裁裁決和仲裁協議的判決中，僅有五項是基於公共政策作出的。而這五項又都是屬於程序上的問題。例如，德國漢堡上訴法院拒絕執行一項在紐約作出的仲裁裁決，原因是仲裁員沒有把申訴人提交仲裁員的信件轉給被訴人。德國科隆上訴法院也拒絕執行一項在哥本哈根作出的仲裁裁決，原因是仲裁員的姓名未讓當事人得知。因此，各國對仲裁中的公共政策都作了狹義的嚴格解釋，且其一般涉及程序上的問題。[73]

這段轉述和推論，乍一讀，似乎是「言之鑿鑿」；細加推敲，卻令人疑竇叢生：

第一，眾所周知，一九八五年由聯合國大會加以推薦的《示範法》，從來就不是什麼「國際條約」或「國際公約」，十幾年

來，它一直只是一種「僅供各國參考」的國內立法建議。肖文在引述《示範法》第三十四條的具體規定之後，將其稱為「上述公約設置的公共政策條款」，並進而把拙作中專門評論《1958年紐約公約》的一段話，即「授權上述東道國主管機關對來自外國的仲裁裁決除了可以進行程序方面的審查和監督之外，也可以進行實體內容上的審查和監督」[74]「嫁接」到《示範法》頭上，再次「張冠李戴」，從而產生了這樣的問題：《示範法》並非國際公約，何能對東道國「授權」？這樣的「嫁接」術，是邏輯學「同一律」所允許的嗎？（參見前注〔2〕）

第二，《示範法》既是專供各國在制定有關仲裁事宜的國內法時作為參考，故拙作對它作出評論時，認為其中有關仲裁監督的建議，乃是總結和概括了當代各國國內仲裁立法的通例，即：「一個國家的管轄法院對於在本國境內作出的一切仲裁裁決實行審查和監督時，不分其為內國裁決或是涉外裁決，都採取同樣的審定標準和補救措施；對於經過管轄法院審查認定其在程序操作上確有錯誤或違法，或在實體內容上確與本國公共政策相牴觸者，則均在『可予撤銷』之列」[75]拙作並據此進一步認為，中國對在本國境內作出的涉外仲裁裁決實行監督的現行規定，顯然與當代各國仲裁立法對兩大類裁決實行「一視同仁、雙重監督」的通例以及聯合國《示範法》的範例相左。面對拙作的這一重要論據和論點，肖文避而不予置評，既不能證明《示範法》提倡對兩大類裁決實行「內外有別」的「分軌監督制」，又不能證明它反對兼及程序與實體的「雙重監督制」，卻又一次「顧左右而言他」，花了不少筆墨論證「公共政策」含義的寬狹，不正面回答

有關「公共政策」的監督究竟是不是實體內容的監督。這是否有意無意地避開了問題的焦點、難點和「要害」呢？

第三，肖文承認，法院在審查仲裁裁決時，必須「看承認與執行裁決的結果是否與本國的公共政策相牴觸」，既然如此，對執行裁決的結果進行審查時，可以完全不審查該裁決的實體內容嗎？

第四，據肖文稱「各國法院在仲裁案中對公共政策均作了狹義的嚴格解釋」，然則這些解釋是否已「狹」到肖文所強調的這種地步：完全「**否定法院對實體問題進行監督**」？[76]**有何具體證據？何不認真列舉？**

第五，據肖文稱「以公共政策作為抗辯理由取得成功的可能性愈來愈小」，然則已經「小」到何種程度？誰曾作過科學的衡量，可以斷定其可能性已經「小」到等於零？有何具體證據？據稱「有位學者」曾經對一百四十項有關的判決作過「統計」成功率僅為5：140，而這僅有的「5」又全部「都是屬於程序上的問題」云云。然而，令讀者納悶的是：在「140」這個基數中何以竟然摻有數量不明的、並非仲裁裁決的「仲裁協議」在專門探討「牛」的「發病率」時可以摻入「羊」的數字嗎？「70頭牛＋70隻羊＝140頭牛」——這樣的基數，可憑以立論麼？如果這樣的統計數字果真確鑿可信，而且具有普遍的、國際性的重大意義，則在轉述時何以竟如此「惜墨如金」，語焉不詳，含糊不清？在這裡，是否略有一點「大膽假設，粗心求證」呢？[77]

第六，肖文所列舉的兩項德國判決，據稱德國法院拒絕執行外國仲裁裁決的「原因」均在於仲裁庭未將有關信件或信息通知

有關當事人，這顯然純屬違反了《紐約公約》第五條第一款第二項的禁止規定，即「受裁決援用之一造未接獲關於指派仲裁員或仲裁程序之適當通知，或因他故，致未能申辯者」[78]因而與該公約同條第二款第二項關於「公共政策」的禁止規定毫不相干，即德國法院拒絕執行根本不是由於執行這些裁決有違德國的公共政策。以與公共政策無關的判例來論證公共政策的「狹義解釋」，這樣的「求證」，是否稍嫌「大膽有餘，小心不足」？

第七，肖文提道：在一百四十項拒絕執行仲裁裁決和仲裁協議的判決中，僅有五項是基於公共政策作出的。」其所列舉的「五項」中的二項德國判決，屬於「文不對題」，已如上述；其所未予列舉的其餘三項他國判決，經查對肖文所稱那個「有位學者」的英文原著，原來竟也是「文不對題」的。該學者對其餘三項他國判決的要點簡介如下：

第三個案例，是美國紐約地區法院作出的一項判決，判決認定：根據《美國公共船舶法》，有關海上救助美國軍艦的爭議，不得提交仲裁（在倫敦仲裁）。[79]

第四個案例，是比利時最高法院作出的一項判決，判決認定：根據《1961年比利法時》（Belgian Law of 1961），有關單方面終止特許比利時某商行獨家經銷協議的爭議，不得按照該協議的規定提交（瑞士）蘇黎世仲裁解決，而只應由比利時法院專屬管轄。[80]

第五個案例，是美國哥倫比亞特區法院作出的一項判決，判決認定：利比亞採取的國有化措施構成了一種不能仲裁的國家行

為，因此，根據一九五八年《紐約公約》第五條第二款第一項，應當拒絕執行有關裁決。[81]

《1958年紐約公約》第五條第二款第一項規定：對於當事人一方申請執行之外國裁決，舉凡申請執行地所在國之主管法院認定「依該國法律，爭議系不能以仲裁解決者」即可拒絕承認，不予執行。第五節第二款第二項則規定：舉凡申請執行地所在國之主管法院認定「承認或執行裁決有違該國公共政策者」，亦可拒絕承認，不予執行。[82] 把《1958年紐約公約》的這兩項規定對照美國和比利時上述三案例的具體情節，顯然可以看出：申請執行地所在國的主管法院拒絕執行有關外國裁決所依據的法定理由，均屬《1958年紐約公約》第五節第二款的第一項，而均非同條同款的第二項，即都是因為有關爭議依執行地所在國法律根本不能提交仲裁，而都不是出於如予執行便會違背執行地所在國的公共政策。肖文無視於上述三案例的具體情節，抽象地援引這些與「公共政策」無關的判例，來論證「各國法院在仲裁案中均對公共政策作了狹義的嚴格解釋」，致使「論據」不能為「論點」服務，兩者之間，有如風馬牛之不相及。而且，把依據《1958年紐約公約》第五節第二款第一項作出的判決，用來論證或詮釋該公約第五節第二款第二項的內容，這是否類似於「認定事實不當」以及「適用法律錯誤」呢？

第八，其實，各國法學界對「公共秩序」「公共政策」或「社會公共利益」的理解和詮釋，儘管見仁見智，「廣」「狹」「寬」「嚴」不盡一致，但從基本法理上說，對於仲裁員在貪贓枉法基

礎上作出的仲裁裁決，或在適用法律上或認定事實上有重大錯誤的仲裁裁決，或對於當事人以提供偽證等欺詐手段取得仲裁裁決，如果立法者和執法者明知其違法卻不許追究、不許糾正，不但不否定其法律效力，反而憑藉法律的威力，仍予強制執行，則如此立法、如此執法，其客觀後果和社會影響，就不可能不是對法律尊嚴的強烈諷刺和嚴重褻瀆，就不可能不是直接違反社會公共秩序或社會公共利益。在這方面，作為近、現代民法和民事訴訟法發源地的法國，其法學界對「公共秩序」一詞所持的見解是值得重視的。例如，針對前引《法國新民事訴訟法》第一五〇二條第五款所列的仲裁裁決撤銷條件之一——「違反國際公共秩序」，法國的學者們就曾作出這樣的詮釋：

E.違反國際公共秩序

…………

16. 一九八二年六月十四日的政府法令強制性地規定應當給予進口商補償金。擅自更改這種法令規定的仲裁裁決是違反國際公共秩序的。[83]

17. 法律規定對外國投資的公共權利應予以監督控制。仲裁裁決卻認可了違反這種法律規定的行為，此項裁決是違反國際公共秩序的。[84]

18. 以欺詐手段取得的仲裁裁決，其有關處斷是違反國際公共秩序的。[85]

法國法學界的這些主張，似可歸納為：在法國境內作出的涉

191

外仲裁裁決，如果其實體內容違反了法國現行法律的規定，或因當事人以提供偽證等欺詐手段取得涉外仲裁裁決，從而使該裁決在認定事實上發生重大錯誤，則均應認定為違反了國際公共秩序，法國的主管法院可依法予以撤銷。

筆者認為：根據「有法必依、違法必究」這一最基本的法理原則來判斷，法國學者們對「違反公共秩序」一詞的上述理解和詮釋，可以說是「不枉不縱」、寬嚴適度、恰如其分、十分合理的。因而應當認真地予以借鑑。

四、當事人選擇仲裁解決爭議，「最主要的就是期望獲得一份終局裁決」嗎？終局而不公、終局而違法的裁決，是受害一方當事人「最主要」的期望嗎？

肖文強調：當事人選擇仲裁解決爭議，……最主要的就是期望獲得一份終局裁決」；「仲裁裁決的終局性能給當事人帶來巨大的**潛在利益**，它顯然比上訴程序帶來的利益大得多。在商人們看來，以**放棄上訴權利**為代價而獲得裁決的終局性是完全值得的」「當事人在選擇仲裁時更注重**效益**，而不是**公平**。」[86]

這種論斷，看來是缺乏足夠的法理根據和事實根據的。

第一，誠然，當事人為解決爭端而自願選擇仲裁方式，實際上就是自願放棄了**向法院訴訟**的權利，並以此作為「代價」，換得比較「乾脆」的「一裁終局」，儘早解決爭端；避免了法院訴訟程序上的「二審結案」，曠日持久，降低效率。但是，應當指

出，此時此際，當事人所放棄的僅僅是向**第一審法院**提起訴訟的權利，而絕不是肖文所指稱的「以放棄**上訴權利**為代價」。在這裡，向初審法院的「起訴權利」與向管轄法院的「上訴權利」兩詞，只有一字之差，其本質含義卻大不相同。換言之，除非當事人間另有明文協議「各方自願放棄任何上訴權利」，否則，絕不應任意推斷：當事人一旦選擇仲裁方式之後，即使面臨錯誤的或違法的涉外終局裁決，也自願全盤放棄了向**管轄**法院提出申訴和請求加以監督和糾正的權利。恰恰相反，無論從「違法必究」這一基本法理準則來衡量，還是從當代各國先進的仲裁立法通例來考察，對於已經發生法律效力的涉外終局裁決，只要當事人提出確鑿證據足以證明該裁決確有前述各類重大錯誤或重大違法情事，則不論其為程序上的錯誤或違法，抑或是實體上的錯誤或違法，都屬於管轄法院應當依法實行仲裁監督之列，即應當在仲裁領域嚴肅認真地、全面地貫徹「違法必究」和「違法必糾」的基本方針。

第二，法律的尊嚴，首要關鍵在於它的公正，即秉公執法。對已經發生效力的終局裁決，如果事後發現其確有重大違法和錯誤（或執法不公，或枉法裁判，或違反法定程序），卻又片面強調其「終局性」，不允許通過特定的仲裁監督程序重新予以審查、審理和作出必要的糾正，其社會效果不但不能積極維護法律的尊嚴，反而會嚴重損害法院的威信。換言之，裁決的**終局性**與裁決的合法性和公正性相比，終局性應當屬於第二位，它必須以**合法性和公正性**為前提，並且必須服從於**合法性**和**公正性**。應當說，這就是對終局性的裁決設立仲裁監督機制的立法本旨。中國

一九九五年九月開始實施的《仲裁法》以及英國一九九七年一月開始實施的《1996年仲裁法》，其開宗明義第一條，都不約而同地把「公正」或「公平」一詞置於「及時」或「避免拖延」之前，作為仲裁立法或仲裁裁決的首要宗旨和第一要求，[87] 這就是上述立法宗旨或基本法理的最新證明。

第三，再從當事人的**正常心態**分析：任何正派、誠實的當事人，選擇仲裁解決爭議，其所殷切期盼的理應是既公正公平又相對簡便快捷的終局解決。對於守法的當事人說來，裁決的公正性和公平性，較之裁決的便捷性和終局性，有如熊掌與魚。兩者孰輕孰重、孰珍孰廉，是顯而易見的。兩者可以得兼，自是理想追求，一旦兩者不可得兼，正常人恐怕**誰也不會舍熊掌而取魚**。試設身處地地想一想：一個正派誠實的涉外商人，當其合法權益受到對方侵害而訴諸仲裁之後，耗時、耗資、耗精力之餘，最終收到的卻是一份仲裁員憑偽證作出或基於貪贓枉法作出的錯誤的或違法的終局裁決，這難道是他選擇仲裁的初衷和「最主要的期望」？此時此際，他應當「被打落門牙便往肚裡吞」嗎？他難道無權依法向上申訴，討回公道？古往今來，深受冤假錯案之害而又心甘情願、不極力謀求申訴平反者，應當是極為罕見的。

反過來，通過偽證、行賄等不法手段而取得含有重大錯誤或違法實體內容的終局裁決，卻又因其是涉外仲裁裁決從而可以「依法」把裁決受害人向上申訴討回公道的途徑完全堵塞，使其「永世不得翻身」，這才是不法奸商（對方當事人）參加仲裁的「最主要的期望」；而且，正是這樣荒唐、違法而又不容許依法推翻的終局裁決，能夠給他「帶來巨大的潛在利益」和實在利

益。

可見，問題就是這樣擺著：對於一份憑偽證作出的或基於貪贓枉法作出的涉外終局裁決，片面強調其絕對的、至高無上的「終局性」，卻不允許裁決受害人依法向上申訴，請求對裁決的實體內容予以審查、監督，作出必要的撥亂反正，這樣的仲裁監督體制，歸根結底，究竟是保護了正派、守法的商人，還是縱容了不法奸商？

第四，更有甚者，不妨再深入地設想一下：一個守法的在華外商，正好是這種憑偽證作出的或基於貪贓枉法作出的裁決的一方當事人和直接受害者，卻又因在中國訴請對涉外裁決實行實體內容監督的法律途徑已被「依法」堵塞，因而投訴無門，只能忍氣吞聲，束手「挨宰」，或「引頸待戮」，試問：這樣的法律設計及其存在的「漏洞」，是如肖文所善意預期的「增強該國的涉外仲裁對外國當事人的吸引力，改善本國的投資環境」，還是背道而馳，適得其反？

第五，從中國《仲裁法》。現行規定看，當事人選擇仲裁方式解決涉外爭議之際，並未承擔任何**法定義務**，必須「放棄上訴權利」，或竟然可以**推定**其「放棄上訴權利」。恰恰相反，《仲裁法》第七十、七十一條以及《民事訴訟法》第二六〇條的有關規定，正是為確保當事人在收到終局的涉外裁決之後，仍可依法訴請就有關裁決實行程序運作方面的司法監督。令人遺憾的是，這些現行的法律規定不允許此種司法監督也擴及涉外裁決的**實體內容**，因而存在漏洞和可能發生弊端。可見，如果不細加分析，對於選擇仲裁方式解決涉外爭端的所有當事人，不問青紅皂白，一

概推定其已經自願「放棄上訴權利」，則此種見解，不但沒有法律根據，而且不符合現行法律的明文規定。它不但根本無法解釋這些在程序運作方面確保當事人向上申訴權利的現行規定，而且背離了「當事人意思自治」這一基本法理原則。因為這種推斷，完全是**強加於當事人**的，它違背了當事人選擇仲裁時的真實意思表示。

五、「應更注重效益」論、「預防保護主義」論、「抵制司法腐敗」論、「仲裁一片淨土」論能否成為涉外仲裁排除實體監督的正當「理由」？

為了論證對涉外仲裁裁決不應實行兼及其實體內容的司法審查或司法監督，肖文提出了「應更注重效益」論。與此種觀點互相呼應的，還有若干其他人士提出的「預防保護主義」論、「抵制司法腐敗」論以及「仲裁一片淨土」論。茲試予分別評析如下：

（一）「應更注重效益」論評析

肖文極力強調：「當事人在選擇仲裁時**更注重效益，而不是公平**」；主張為了提高「效益」，就不能允許法院對仲裁的監督涉及實體問題。因為：「如果我國法律允許法院對仲裁進行實質審查，無異於使仲裁程序從屬於法院的訴訟程序，任何一方當事人可以在收到裁決書之日起六個月內因程序上或實體上的問題向作出裁決的仲裁委員會所在地中級人民法院申請撤銷裁決，這比

允許向法院上訴更不利於維護仲裁裁決的終局性，因為上訴的期限只是十五天。所以，我國法院對仲裁的監督是不應該涉及實體問題的。」[88]

　　這種論證，看來也是有欠周全、有所偏差的。因為：

　　第一，根據中國現行《仲裁法》第五十九條，「當事人申請撤銷裁決的，應當自收到裁決書之日起六個月內提出」。這六個月的法定期限，是同等適用於內國仲裁裁決和涉外仲裁裁決的。所異者，在適用於內國仲裁裁決的場合，應結合《仲裁法》第五十八條的規定，兼及於對有關裁決的運作程序和實體內容，實行雙重的監督；而在適用於涉外仲裁裁決的場合，則應結合《仲裁法》第七十條的規定，只能對有關裁決的運作程序，實行單重、單薄的監督，而不允許對其實體內容，也實行同等的、雙重的監督。如果認為這六個月的法定期限，為時過長，從而「不利於維護仲裁裁決的終局性」，則在當事人援引《仲裁法》第五十八條和第七十條的規定針對涉外仲裁裁決的程序缺陷提起撤銷之訴時，也同樣依法享有這六個月的申訴期，這難道不是同樣地「不利於維護仲裁裁決的終局性」嗎？如果「當事人在選擇仲裁時更注重效益，而不是公平」因而願意「以放棄上訴權利為代價而獲得裁決的終局性」這一論斷果真是正確的，那麼，為了「更注重效益」，更迅速有效地「獲得裁決的終局性」，豈不是連同當事人針對涉外仲裁裁決的**程序缺陷**提起撤銷之訴的權利，也應當在立法上一併予以否定或予以剝奪？試問：當今世界各國的仲裁立法，有如此極端推崇裁決之「終局性」、不惜犧牲裁決之公正性和合法性的規定嗎？

第二編・國際經濟法基本理論（二）

197

　　第二，事實上，為了「**注重效益**」和維護涉外仲裁「裁決的終局性」，**並不應當也不必要以犧牲其公正性和合法性作為代價**。環顧當今世界許多先進國家的仲裁立法，一般都正是首先堅持公正與合法，同時兼顧效益，因而都允許針對涉外仲裁裁決，提出兼及其程序運作缺陷或實體內容謬誤的撤銷之訴。其申訴期限，在作出或送達有關仲裁裁決之後，有的長達一年，如今日之美國；[89] 有的定為三個月，如今日之德國；[90] 有的定為一個月，如今日之法國；[91] 有的則定為二十八天，如今日之英國。[92] 各國仲裁立法中有關提起撤銷之訴的具體時限，固有或長或短之分，但在兩個基本點上則是相同的，即：（1）都明確地保留、保護當事人在一定條件下和一定期限內針對內國仲裁裁決和涉外仲裁裁決提起撤銷之訴的權利，而不因推崇任何仲裁裁決的「終局性」或「注重效益」而從根本上取消申訴期；（2）都明確地允許當事人針對上述兩大類裁決的程序缺陷和實體謬誤，提起撤銷之訴，而不應特別推崇涉外裁決的「終局性」或「注重效益」，以此作為藉口，禁止受害當事人針對涉外裁決中實體內容上的謬誤，提起撤銷之訴，從而不但剝奪了受害當事人的申訴權，而且嚴重損害了仲裁制度的公正性和合法性，甚至褻瀆了法律的尊嚴。

　　第三，中國《仲裁法》目前規定對仲裁裁決提起撤銷之訴的期限為收到裁決書之後的六個月以內，這一期限，短於美國，長於德、法、英等國，它是否長短適度，自應在經歷數年實踐之後，總結經驗教訓，立足中國國情，參照他國立法的先進通例，予以必要的調整。但也應當重視：中國自身在法院**審判監督**體制

方面，也已積累了一些有益的經驗，可以作為進一步改善、健全中國現行**仲裁監督**體制的參考或借鑑。例如，中國現行的審判監督程序規定：當事人對於已經發生效力的判決或裁定，發現確有錯誤的，可以依法申請再審。[93] 其實質，就是允許當事人針對終局性判決或裁定中存在的重大程序缺陷或實體謬誤，提出撤銷原判或原裁之訴。對終局性司法裁判提起再審之訴（撤銷之訴）的期限，定為原裁判發生法律效力之後的二年以內，[94] 較之對終局性仲裁裁決提起撤銷之訴的六個月期限，長達四倍。就此點而言，現行法律對終局性司法裁判之「絕對定案」和「不可推翻」，其保證的強度和力度，似均遜於對終局性仲裁裁決所給予的保證。因為前者在生效後的二年之內仍屬於尚可「依法翻案」之列；後者則在生效之後再經半年，就屬於「鐵案如山」，根本無法撼動，依法不許推翻了！

但是，另一方面，在司法審判監督程序中，當事人對終局性司法裁判申請再審或提起撤銷之訴，一般並不能阻止、停止終局裁判的強制執行。[95] 只有在有關再審的申請或有關撤銷的訴求經過法定程序的嚴格審查，並由主管法院**決定予以再審**之後，才能作出裁定，中止原終審裁判的執行。[96] 就此點而言，現行法律對終局性司法裁判給予保證的強度和力度，似均勝於對終局性仲裁裁決所給予的保證。因為**前者**的運作程式是：

當事人申請再審→法院立案受理，原終局司法裁判應**繼續執行，不得中止**→法院決定再審，原終局司法裁判方可中止，暫停執行

但**後者**的運作程式則是：

當事人申請撤銷→法院立案受理，原終局仲裁裁決即**不得繼續執行，應予中止**

兩相比較，顯然可以看出：前者的運作程式，在「當事人申請」與「中止執行」之間，多設了一道嚴格審查、不容矇混踰越的「關口」，這對於當事人濫用申訴權、無理取鬧以阻礙終局司法裁判執行的行為，無疑能夠起到有效的預防和制止作用。對於在現行司法審判監督體制中行之有效的這一道「關口」，是否可以移植到仲裁監督體制中，即在仲裁當事人「申請撤銷」終局仲裁裁決與仲裁裁決「中止執行」之間，也另設一道「關口」，命名為「法院決定審查」，即在當事人申請、法院立案受理之後，法院決定審查之前，原仲裁裁決應繼續執行，不得中止。藉助於這一新設「關口」，以預防和制止仲裁當事人濫用申請撤銷仲裁裁決的程序，從而確保正確的仲裁裁決得以順利執行。這一立法建議，是日後修訂《仲裁法》。改進仲裁監督機制時，不妨加以認真考慮的。

由此可見，為了「注重效益」和維護涉外仲裁「裁決的終局性」，完全可以採取其他有效的措施，以預防和制止申訴權之被濫用，而不應不分青紅皂白，絕對排斥對涉外仲裁裁決實行兼及其實體內容的司法審查。

第四，肖文斷言：「允許法院對仲裁進行實質審查，無異於使仲裁程序**從屬於**法院的訴訟程序」，並由此推導出結論：「所以，我國法院對仲裁的監督是不應該涉及實體問題的。」這種斷言和推導，顯然是對當代中外**法治國家**通行的「**權力制衡**」原則[97]有所誤解。當代許多法治國家普遍允許法院對「終局性」的行政

決定，依法進行實質審查，決定予以維持或予以撤銷；允許法院對「終局性」的公訴決定，依法進行實質審查，決定予以肯定或予以否定；又允許檢察院對「終局性」的司法判決，依法進行實質審查，決定予以支持或予以抗訴。這些規定，乃是對幾種不同的權力，實行互相制衡、互相監督和互相糾偏改錯，以確保權力之不被濫用，從而維護社會的公正，保持法律的尊嚴。難道可以從這些規定中分別推導出：「這無疑是使行政程序**從屬於**法院的訴訟程序」，「這無疑是使檢察程序**從屬於**法院的審判程序」或「這無疑是使法院的審判程序**從屬於**檢察院的檢察程序」？衡之於現實，人們顯然不能如此推導和如此判斷。換言之，行政機關與行政權力、法院與審判權力、檢察院與檢察權力，三者之間是互相制衡的，又是互相平等的，並不存在誰高誰低、誰「**從屬於**」誰的問題。如果一定要從這種法治體制中找出某種「從屬」關係，那麼，不妨說，這三種機關或三種權力，都應當「從屬於」法律，「從屬於」**依法治國**，「從屬於」**防止權力腐敗**，「從屬於」維護社會公正。

舉三可以反一。由此可以證明：在「或審或裁、一裁終局」的現行體制下，同時設置對終局裁決實行兼及其實體內容的司法審查機制，這同樣是出於權力制衡、防止腐敗、維護公正的需要，而不應誤解為「使仲裁程序從屬於法院的訴訟程序」。

何況，如上所述，在我國現行法制下，無論行政權力、檢察權力，還是審判權力，其運作結果和「終局決定」，都毫無例外，一律要依法接受針對其實體內容的審查監督；作為「準司法權力」或「準審判權力」的仲裁權力，其內國仲裁運作的終局決

定（即內國仲裁裁決），也要依法接受針對其實體內容的審查監督；可是，唯獨對於其涉外仲裁運作的終局決定（即涉外仲裁裁決），卻絕對排斥、絕對不許依法（更準確些說，是「無法可依」，詳見下文）對其實體內容，也實行必要的審查監督，從而有可能讓某些在實體內容上含有重大缺陷或違法謬誤的涉外仲裁裁決，得以**飄飄然長期「逍遙法外」**，誰也奈何不得。無論從理論角度還是從實務角度來看，都毋庸諱言：這乃是我國現行涉外仲裁監督機制的一大漏洞，有待於認真予以堵塞。關於這一點，下文將進一步加以分析。

（二）「預防保護主義」論評析

「預防保護主義」論是和上述「應更注重效益」論互相呼應的。這種觀點的主要「論據」是：當前中國基層和中級法院某些審判人員的業務素質和能力水平不夠理想，且在不同程度上受**「地方保護主義」**觀念或「力量」的影響，致使涉外仲裁裁決的執行往往難以順利實現，在這種條件下，如果法律授權管轄法院可以對涉外仲裁裁決的實體內容的合法性和公正性予以審查，並作出必要的糾正（不予執行或予以撤銷），則勢必嚴重影響涉外仲裁裁決及時和正確地執行，不利於提高中國涉外仲裁機構及其裁決的「國際威信」。因此，《仲裁法》。關於涉外仲裁監督機制的現有規定，正是充分考慮到當前中國現實國情的上述「特殊性」而作出的正確立法，是一種必要的**「預防」**措施。

這種見解，貌似有理，但稍加推敲，就不難發現它也是難以自圓其說和令人信服的。因為：

第一，「地方保護主義」對基層甚至中級人民法院雖有一定影響，從而使某些仲裁裁決的執行遇到障礙或困難，但這並不是全國性的普遍現象，更不會是長期存在的現象。隨著中國法制的進一步改善和健全，它必將逐步消失。不能以這種個別的、局部性和短暫性的現象，作為全國性立法的主要依據。一般而論，對於在程序上和實體上完全正確無誤的涉外仲裁裁決，主管的基層或中級人民法院是會依法予以尊重和執行的。這無疑是現實生活中的主流。對於那種確因地方保護主義作祟而阻礙正確涉外仲裁裁決執行的司法裁定，則完全可以運用現有司法體制中的上訴程序和審判監督程序予以糾正，[98] 而不應在仲裁立法中「**因噎廢食**」留下漏洞。

第二，一般說來，涉外民商事案件比之內國民商事案件較為複雜；在審理和處斷上，難度較高；而處斷的公正與否、得當與否，都涉及國際影響或國際形象問題。為慎重計，在針對涉外仲裁裁決實體內容進行司法審查監督方面，完全可以設定某些限制條件，從嚴掌握。遺憾的是：按《仲裁法》。於涉外仲裁監督機制的現有規定，甚至連中國的最高人民法院，依法也都無權對任何涉外仲裁裁決的實體內容進行必要的司法審查、監督並加以必要的糾正，這就顯然不是「沒有能力」「沒有水平」的問題，而是「不但沒有法律授權，反而有**法律障礙**」的問題了。看來，這個立法缺失、不足或漏洞，是不能不予彌補的。

第三，中國現行的民事審判監督制度，就是實行內國審判監督與涉外審判監督「並軌」制或「合流」制，不存在「內外有別、區別對待」問題。既然中國各級法院已經逐步成熟，開始具

備必要的能力和水平，可以依法對涉外司法判決或裁定實行兼及程序運作和實體內容的全面監督，何以就沒有同樣的能力與水平，對涉外仲裁裁決實行同樣的全面監督？

第四，在涉外仲裁裁決執行問題上，對於在少量個案中出現的局部或暫時的「地方保護主義」所造成的障礙，應當採取進一步健全法制、加強審判監督的辦法去抵制、克服和排除，而不應當採取在立法上「削足適履」或「因噎廢食」的辦法去規避它。中國《民事訴訟法》在一九九一年四月對原有的審判監督規定作了大幅度的修訂和補充，就是通過健全法制來克服「地方保護主義」等消極因素的良好範例：在一九八二年三月至一九九一年三月中國《民事訴訟法（試行）》實施期間，在先後九年的司法實踐中，雖然在某些案件上，確有因局部或暫時存在的地方保護主義作祟，以致地方法院審判人員曲意祖護本地當事人，作出無理損害外地當事人或外國當事人權益的不公裁判，或者對已經發生法律效力的外地法院判決、裁定在本地的順序執行，設置了某種障礙。但是，面對這種消極現象，在一九九一年四月有關審判監督的新的立法中，不但沒有因此取消對已經發生法律效力的司法判決或裁定實行實體內容上的監督，反而大大加強了對已生效裁判之實體內容上的監督。這主要體現在以下兩點上，即：（1）逐一列舉了已生效的裁判在實體內容上含有錯誤或違法的五到七種情節（包括認定事實主要證據不足、適用法律確有錯誤、審判人員貪贓枉法等），明確規定對此類裁判依法「應當再審」或「有權提審」；（2）增加和擴大了對此類裁判實體內容實行審查和監督的渠道和職能機關：除了法院系統自行實施的審判監督之

外，還增加了最高人民檢察院、上級人民檢察院依法提出抗訴以及同級人民檢察院提請上級人民檢察院依法提出抗訴這三條新渠道或三種受權職能機關。[99]

可惜的是，這種**通過加強和健全法制以克服「地方保護主義」**等消極因素的立法精神，在《仲裁法》關於涉外仲裁監督機制的立法中，卻沒有得到應有的貫徹和體現。

第五，誠然，對仲裁裁決的監督不宜完全等同於對司法裁判的監督。前者基於當事人自願選擇，講求效率，因而實行「一裁終局」制度。但是，絕不能由此推導出：有關當事人已經因此**全盤放棄**了向管轄法院提出申訴，請求對錯誤或違法的仲裁裁決加以監督和糾正的權利。關於這一點，在本文第四部分已作論述，茲不另贅。不過，綜觀當代各國仲裁立法的趨向，有一種現象是值得注意的：為了更加強有力地防止「地方保護主義」等消極因素對執行正確仲裁裁決可能產生的不利影響，為了更加有效地防止基層或中級人民法院部分審判人員可能因業務水平不高而在對仲裁裁決實行司法審查和監督中發生失誤，國際仲裁立法實踐中已有某些可資參考借鑑的先進經驗，即把對於內國和涉外兩類仲裁裁決實行程序運作審查和實體內容審查的監督權，一概授予擁有**高水平**審判人員的**高層次法院**，以昭慎重，並確保監督的公正、正確和準確，而又不影響效率。例如，在英國，把此種監督權授予高等法院；[100]在印度尼西亞和澳大利亞，都把此種監督權授予最高法院；[101]在瑞士，原則上應由聯邦最高法院行使此種監督權，但是當事人可以協議以仲裁庭所在地特定的州法院代替聯邦最高法院行使此權。[102]

　　近幾年來，中國在司法實踐中也採取了若干新的有效措施，以防範和制止地方保護主義發生的消極作用。這些措施，與上述諸國的立法相較，似有異曲同工、不謀而合之處，而又帶有中國的特色，值得注意。例如，最高人民法院曾在一九九五年八月間下達文件，[103]：明確規定：凡一方當事人向人民法院申請執行我國涉外仲裁機構的裁決，如果人民法院認為該項裁決具有《民事訴訟法》第二六〇條規定情況之一，則在裁定「不予執行」之前，必須報請本轄區所屬高級人民法院進行審查；如果高級人民法院同意不予執行，則應將其審查意見報最高人民法院，待最高人民法院答覆後，方可裁定「不予執行」其後，又在一九九八年四月間下達另一份文件，[104]進一步明確規定：凡一方當事人按照《仲裁法》的規定向人民法院申請撤銷我國涉外仲裁裁決，如果人民法院經審查認為涉外仲裁裁決具有《民事訴訟法》第二六〇條第一款規定的情形之一的，在裁定撤銷裁決或通知仲裁庭重新仲裁之前，須報請本轄區所屬高級人民法院進行審查。如果高級人民法院同意撤銷裁決或通知仲裁庭重新仲裁，應將其審查意見報最高人民法院，待最高人民法院答覆後，方可裁定撤銷裁決或通知仲裁庭重新仲裁。這兩份文件，看來其主旨均在於通過法院系統內部建立事先報批制度，對地方管轄法院裁定「不予執行」「予以撤銷」或「發回重裁」的權力，加以必要的規範、限制和給予必要的指導，以防止某些地區的「地方保護主義」妨礙終局涉外裁決的順利執行。這些規定，既保留了地方各級管轄法院對涉外仲裁裁決的程序運作進行審查監督的權力，又在這些權力具體行使過程中的某些方面，設立了實質上的「覆審」制度。

看來，這些規定比較符合中國幅員遼闊、各省發展不平衡等國情特點。因此，如果日後依中國國情的實際需要，修訂《仲裁法》。把對涉外仲裁裁決的司法審查監督，擴大到兼及其實體內容，則由高級人民法院和最高人民法院針對下級法院上報的有關不執行或撤銷涉外仲裁裁決的意見加以「雙層覆審」的機制，也同樣可以有效地預防「地方保護主義」，切實地保障正確的涉外仲裁裁決得以順利執行。

由此可見，維護涉外仲裁裁決終局性和高效率的途徑，所在多有！無論如何，都不應以「預防地方保護主義」作為藉口，在仲裁立法中完全放棄或取消對涉外仲裁裁決也實行實體內容上的司法審查和監督，以致形成涉外仲裁監督機制上的漏洞，留下「違法不究」的隱患。

（三）「抵制司法腐敗」論評析

如果說，近幾年來在一些地區的司法實踐中存在著「地方保護主義」，損害了執法的公正和效率，已經引起人民群眾的不滿和非議；那麼，在少數審判機關中存在的「司法腐敗」現象，尤為人民群眾所深惡痛絕。「官吏的腐敗、司法的腐敗，是最大的腐敗，是滋生和助長其他腐敗的重要原因。」[105]這句話，一語破的，有如警鐘長鳴，振聾發聵；也表明了中央領導抓住要害，根除一切腐敗的堅強決心。

抵制、根除司法腐敗，是全國上下人心所向。但是，決不能以「抵制司法腐敗」作為「理由」或藉口，在仲裁立法中絕對排除或拒絕對涉外仲裁裁決的實體內容也進行必要的司法審查和司

法監督。因為：

第一，中國從遠古時代起，就有關於「獨角神獸」獬豸（廌）的美好傳說：它具有目光如電、善於明辨邪正曲直的天生本領，又疾惡如仇，敢於「觸不直者去之」。這種傳說，反映了人民大眾心目中對司法功能、司法公正的願望與寄託。中華人民共和國成立後，人民司法成為人民民主專政國家機器不可或缺的組成部分，也是中國實行「依法治國」、建設社會主義法治國家必備的強大手段，其祛邪扶正作用，有待加強，不能削弱。因此，各類司法監督的覆蓋面，隨著「依法治國」的強化和深化，勢必視需要而適當擴大；監督的力度也勢必逐步加強。現實中的某些司法腐敗現象，當然不能掉以輕心，必須堅決予以糾正和根除，這是問題的一個方面。另一方面，又不能不看到，強化各類司法監督體制乃是在社會生活各個領域全面糾正腐敗和根除腐敗的利器。**利器**本身的鈍化和發生**鏽蝕**，自應及時加以重新**磨礪**和認真錘鍛，但顯然不能完全**棄置**一旁，否則，就會導致更廣泛、更嚴重的「無法無天」！

第二，某些司法腐敗現象的存在和一定程度的蔓延，這是毋庸諱言的生活現實。但從全國範圍來看，它畢竟只是少數的、局部的、非主流的社會現象，而且正在大力糾正之中，不應以此作為全國性、長期性仲裁立法的主要根據，絕對排除對涉外仲裁裁決實行兼及其實體內容的司法審查和司法監督。否則，對涉外仲裁裁決實體內容上確實存在的重大謬誤或嚴重違法，就無從通過必要的司法監督程序，「觸而去之」！可見，以「抵制司法腐敗」為由，在仲裁立法中絕對排除對涉外裁決實行兼及其實體內容的

司法監督，有如將沾了穢臭的娃娃，不加洗濯，棄之溝壑；或洗濯之後，把洗澡水連同娃娃，一起潑入溝中。

第三，在針對涉外裁決實行兼及其實體內容的司法監督過程中，為了防止某些司法腐敗因素可能發生的消極作用，即防止司法監督之被濫用，從而損及涉外裁決之公正執行和及時執行，不但可以援用《民事訴訟法》。定的現行「審判監督程序」，對被濫用的司法監督本身予以監督和糾正，[106] 而且可以通過貫徹上文列舉的最高人民法院兩份文件規定的「兩級覆審」制，予以切實有效的預防。[107]

總之，在設定涉外仲裁監督機制的過程中，對於可能出現的司法腐敗和司法監督被濫用問題，應積極地正面地對待，通過更嚴密的監督立法和更有效的司法行政「覆審」制，予以防範和制止；而不應消極地退縮、迴避，因「抵制司法腐敗」而從根本上放棄了或廢除了對涉外仲裁裁決也實行兼及其實體內容的司法監督。反之，如果從根本上完全放棄了或廢除了這種必要的司法監督，致使涉外仲裁裁決的實體內容處在**無法可督、無權可督、無人可督的「三無」真空地帶**，則難以保證有朝一日，某些司法腐敗不會「蔓延」為某些「準司法腐敗」，即仲裁腐敗。人類社會的發展歷史已經反覆證明：對於任何權力的任何方面（當然包括法官作出終審裁判的權力，也包括仲裁員作出終局性涉外裁決的「準司法」權力），都有必要加以一定的監督。**不受任何監督的權力**，勢必導致權力的**濫用**，從而產生**腐敗**。這是中外古今概莫能外的規律性現象。對此種現象，早在十八世紀中期，當時傑出的進步思想先驅孟德斯鳩就曾作出明確的總結，[108] 值得後人深思。

（四）「仲裁一片淨土」論評析

這種意見認為：中國涉外仲裁監督體制的現狀及其周邊環境條件具有一定的「**特殊性**」。這種「**特殊性**」不但體現在某些司法監督職能部門存在著一定程度的「地方保護主義」或「司法腐敗」現象，而且主要體現在：當今中國涉外仲裁員隊伍的品德素質和業務素質都是相當高水平的，他們所作出的涉外裁決，至今尚未發現有嚴重錯誤、索賄受賄、徇私舞弊、枉法裁斷等情事，可以譽之為「一片淨土」，因此，無須過分強調對涉外仲裁的監督。

這種觀點，從反面襯託了「預防保護主義」論和「抵制司法腐敗」論，流傳較廣，但卻未必完全正確，因而值得深入思考，認真剖析。

以「淨土」這一佛教名詞[109]喻中國的涉外仲裁界，有其勉勵潔身自愛、說法比較形象的一面，又有其**溢美過譽**、不合邏輯的一面。

誠然，從整體上看，中國涉外仲裁界隊伍的品德素質和業務素質具有較高水平，多年以來他們所作出的涉外裁決，在國內外獲得較高的讚譽，至今尚未發現在程序上或實體上有嚴重的錯誤，或貪污受賄、徇私舞弊、枉法裁決等行為。但是，即使成績昭著，在人們的讚譽聲中，沾沾自喜或陶然自滿也都是無益的，而據此否定建立嚴格監督機制的必要性，則是錯誤的。因為，必須清醒地意識到以下幾點：

第一，「至今尚未發現」並不等於至今絕對沒有。況且，眾所周知，在一九八二年三月至一九九一年四月施行的《民事訴訟

法（試行）》中，本身就缺乏有關涉外仲裁監督的規定，以致法院對於涉外仲裁裁決的程序運作和實體內容，一概無權過問或監督。一九九一年四月修訂頒行《民事訴訟法》以後，情況有所改善，但是十七年以來，在《民事訴訟法》第二六〇條規定的涉外仲裁監督現行機制之下，管轄法院對於本文第六部分「內外有別、分軌監督」的法律效果重大反差一覽表所列舉的屬於實體內容上的五類錯誤裁決或違法裁決，包括憑偽證作出裁決或仲裁員貪污受賄枉法裁決等等，都無從依法監督，無計可施。這就把受害當事人向管轄法院投訴以及管轄法院實行監督（包括受理、審查、發現和糾正）的法律渠道給堵塞住了。對於**因法律渠道堵塞、無從依法監督**，因而**難以發現**或尚未發現的惡行，顯然沒有理由掉以輕心，高枕無憂。

第二，中國實行改革開放的基本國策已經有二十多年了。近幾年來，計劃經濟體制正在逐步向社會主義市場經濟體制過渡。緊閉的門窗打開之後，導入許多有益健康的新鮮空氣，難免也混進一些蚊蠅之類。而在市場經濟與商品經濟的大潮之中，也難免泥沙俱下，魚龍混雜，沉滓泛起。人們在為中國經濟的迅猛發展而歡欣鼓舞之際，又不免為貪污腐敗現象之層出不窮而深感憂慮和憤慨。中共領導人對此有切實而沉痛的告誡。[110] 中國的涉外仲裁界並非生活在超凡脫俗、**隔絕塵寰**的「**世外桃源**」，而是生活在中國社會這個現實的大環境、大氣候中，因此，對於在塵世市場經濟、商品經濟中帶有一定規律性的陰暗面現象，也沒有理由不保持足夠的警惕。滿足於「一片淨土」論，正是反映了缺乏應有的**清醒**和足夠的**警惕**。

第三，在分析和總結上述腐敗現象時，江澤民同志指出：「已經揭露出來的問題說明，我們在管理上、制度上存在不少漏洞，在領導作風上存在嚴重問題，使犯罪分子、腐敗分子有機可乘。」他提出：應當「認真總結經驗教訓，**堵塞漏洞**，健全制度，加強管理，堅決克服官僚主義」〔111〕。黨和國家的其他領導人也反覆強調：務必通過深化改革，**健全法制**，建立有效的監督機制和制約機制，從**制度**上防範和消除腐敗現象。〔112〕黨和國家領導人的這些指示，對於全中國的一切領域、一切機構，都具有普遍的指導意義。不言而喻，它對於中國的涉外仲裁領域及其有關機構，也是完全適用的。中國涉外仲裁界顯然不宜滿足於「一片淨土」的溢美之詞而稍有懈怠，從而忽視在涉外仲裁領域也建立起**健全**、**有效**的監督機制，以**堵塞**不利於防腐、反腐的任何**漏洞**。

第四，中國的涉外仲裁機構近年來先後製定和修訂了《仲裁員須知》。《仲裁員守則》，其中強調仲裁員應當依法公正裁斷、廉潔自律；在其有關的工作會議中也強調仲裁員應當珍惜自己的榮譽，努力自我監督、自我完善。這當然是很好的，但卻是不足的。因為，自我監督在任何時候都不能取代廣泛的社會監督和嚴密的制度監督，更不能取代嚴格的**法律監督**。

中國的《仲裁法》。行之後可以在一定程度上彌補這方面的不足，它除了規定應當組建「中國仲裁協會」這一自律性組織，對中國各類仲裁機構人員、仲裁員的違紀行為進行組織監督之外，還明文規定：仲裁員如私自會見當事人或接受其請客送禮，情節嚴重者，或有索賄受賄、徇私舞弊、枉法裁決行為者，不但

應予除名處分，而且還應依法追究其法律責任。[113] 然而，對於涉外仲裁員**個人**的法律監督卻仍然代替不了對涉外仲裁裁決的法律監督。關於這一點，下文將作進一步分析。

由此可見，片面強調「一片淨土」的「特殊性」，其實踐效果是有害無益的，它很不利於發現和清除過去、現在和將來可能潛在的污濁，污濁就會獲得藏身之所，美譽就會向怨言轉化；反之，在美譽之下，仍然保持清醒的頭腦和警惕的眼光，從立法上、制度上使涉外仲裁監督機制進一步健全化、嚴密化和有效化，這才是防污去濁、保持乾淨的不二法門。生活的辯證法，歷來如此！

六、依照現行的涉外仲裁監督機制，對於實體內容上錯誤或違法的涉外裁決，包括憑偽證作出或基於貪贓枉法作出的涉外裁決，任何權威機關都無權監督，無計可施。「這種擔心是多餘的」嗎？

肖文列舉《仲裁法》第三十四、三十八條的規定，包括實行仲裁員迴避制度，禁止仲裁員私自會見當事人或吃請收禮，依法追究和懲辦貪贓枉法的仲裁員等，論證對涉外仲裁裁決並非無權監督。因此，如果認為現行的涉外仲裁監督機制對於實體內容上含有重大錯誤或違法謬誤的涉外裁決，勢將奈何不得，無計可施，則「這種擔心是多餘的。」[114] 肖文的這種論證方法，是第三次不遵守學術討論中的基本準則：邏輯學上的「同一律」。

（一）對仲裁員的監督無法取代對裁決書的監督

肖文忽略了拙作探討的主題和核心：對涉外仲裁裁決書本身實體內容的法律監督（包括受理受害當事人的投訴、對該涉外裁決的實體內容進行審查核實、進行必要的補救或糾正），而不是對涉外仲裁員個人行為的監督。

誠然，涉外仲裁員的個人行為、品德操守以及業務水平都與他所製作的涉外裁決的實體內容，有著密切的聯繫；迴避制度之類的措施，也略有助於預防涉外仲裁員枉法裁斷。但是，決不能無視以下兩點事實：

首先，肖文強調：「如果仲裁員違法裁判或枉法裁判，當事人當然有權申請其回避。」[115]然而，按仲裁常規，對於裁決書內容中憑偽證作出的處斷或枉法裁斷，當事人一般須待裁決書正式簽發和送達**之後**，才能得悉。在此以前，既然**無法未卜先知**，又豈能有足夠的理由援用迴避制度以預防錯誤處斷或枉法裁決？一旦裁決已經簽發，其中錯誤的或違法的實體內容，即已發生法律效力，則為時已晚，受害的當事人又豈能再「當然有權申請其迴避」，使「**熟飯**」再轉變成為「**生米**」？

其次，對於涉外**仲裁員個人**的法律監督無論如何嚴格、嚴厲，都仍然無法代替對涉外**仲裁裁決**本身的法律監督。理由很簡單：縱使仲裁員個人有上述不法行為且證據確鑿因而受到紀律、行政處分，甚至受到刑事懲罰而鋃鐺入獄，他所製作的涉外仲裁裁決，縱使在實體內容上彰明昭著地含有枉法裁決或憑偽證裁決等重大謬誤之一，而且鐵證如山，但是，在現行的《民事訴訟法》第二六〇條第一款規定以及由此推衍而來的《仲裁法》第六

十五、七十、七十一條規定的現有監督機制之下，受害當事人仍然無權依法向管轄法院投訴，管轄法院也仍然無權依法受理、審查有關涉外裁決書的實體內容，更無權依法裁定「不予執行」，更不必說依法裁定「應予撤銷」了。換言之，這種在實體內容上確有重大錯誤或違法的涉外裁決書本身，在法律上仍然是有效的，誰也動它不得！而且必須予以執行！這就有如摻入甲醇的含毒假「茅臺」的製造者已定案入獄服刑，而其含毒偽劣產品卻仍作為「特級國優名酒」在一流大商店的漂亮櫥窗中公開展銷，不許撤除和銷毀。一旦果真出現這種情況，實在是對現行涉外仲裁監督機制的一種強烈諷刺，也是對中國法律尊嚴的一種嚴重褻瀆！這樣的現行規定，顯然不符合黨中央反覆強調的關於在社會生活各個領域建立健全，有效，嚴密的監督體制，逐步形成強有力的監督體系這一指示的基本精神。

肖文介紹了《仲裁法》第五十六條規定原草案的審議修改過程，說是「多數人」認為，「人民法院對仲裁裁決只應審查程序問題，不應進行實體審查」，因此，經過刪改，形成了第五十八條的現行規定，並評價說，「我認為這樣規定是比較適當的」[116]。肖文對第五十八條規定本身的總評並無不當。但它似乎忽略了三項不容忽視的關鍵問題。

（二）《仲裁法》第五十八條的監督規定不適用於涉外裁決

第一，《仲裁法》第五十八條的監督規定不適用於涉外裁決：《仲裁法》第七章是針對涉外仲裁作出的一系列「特別規定」，其中包括專門用以監督涉外裁決的特別規定，即第七十條

（「裁定撤銷」）和第七十一條（「裁定不予執行」）。第七章第六十五條明文規定了兩大類仲裁「分軌」和區別對待的基本原則，即「本章沒有規定的，適用本法其他規定」據此，從本法的整體結構和各條條文間的相互關係上說，本法第六十三條是針對內國裁定不予執行的一般規定，第七十一條則是針對涉外裁定不予執行的特別規定，兩者分工明確，各有專司；第五十八條是針對內國裁決予以撤銷的一般規定，第七十條才是針對涉外裁決予以撤銷的特別規定，兩者涇渭分明，不容混淆。換言之，《仲裁法》第五十八條規定的六項監督範圍或監督要點，僅僅適用於內國仲裁裁決，而不適用於涉外仲裁裁決。因此，儘管它的規定「是比較適當的」，卻無從推廣適用於理應一體適用的涉外裁決。對後者，只能按第六十五、七十、七十一條的規定，實行「只管程序運作，不管實體內容」的狹窄的、單薄的監督，這就從整體上大大削弱了對涉外裁決的監督。因此，著力論證第五十八條規定的「比較適當」並不能掩蓋或否定第七十、七十一條規定之相當欠妥和頗為失當。

　　第二，《仲裁法》第五十八條中的三項監督規定，貌似程序監督，實為實體監督：第五十八條第一款第（1）（2）（3）諸項所列的監督要點，當然是屬於仲裁程序範圍；且同條同款第（4）（5）（6）諸項所列的監督要點，則**貌似屬於程序**問題，**實則屬於實體**範疇，它們並不因據稱是審議參加者「多數人」的主觀意志就改變了其客觀屬性，迅即從本質上的實體問題轉化成為所謂的「程序問題」。事實上，也正因為它們的實質內涵確實屬於對裁決的**實體內容**實行監督，所以，按當時審議參加者「多數人」

的主張，竟然根本不許把它們（儘管貌似程序監督）推廣適用於涉外裁決，從而取消了對涉外裁決實行同等的必要監督。

觀察事物，不能只著眼於其表面現象，而不探究其內在實質。《仲裁法》第五十八條第一款後半所列的三種監督項目或監督範圍，指的是憑偽證作出裁決；對方當事人隱瞞證據，足以影響公正裁決；以及仲裁員貪贓舞弊枉法裁決。乍一看，這些似乎都只是程序運作中出現的問題，因而對此類問題的監督仍屬於程序範圍，且細察之後，就不難發現這只是表面假象。因為，正如前文已經提到的：仲裁員根據**偽證**作出的裁決或在對方當事人隱瞞重要證據基礎上作出的裁決，勢必反映為裁決書內容中在**認定事實**方面產生**重大**的錯誤；仲裁員在**貪贓枉法**基礎上作出的裁決，勢必反映為裁決書內容中在**適用法律**方面任意曲解和出現**重大**的謬誤。管轄法院對於這些在認定事實上確有重大錯誤、在適用法律上確有重大謬誤的裁決加以監督和糾正，顯然屬於對裁決實體內容實行監督，這是不容置疑的。**可惜**的是，按《仲裁法》的現有規定，這三類具體的監督，竟全然**不許同等適用**於涉外裁決。

在這個問題上，肖文對《仲裁法》第五十八條審議修改過程所作的情況介紹，似有欠準確，或略有誤解。經查對，一九九四年八月間有關主管同志向全國人大常委會正式報告關於該法草案審議結果時，提道：

草案**第五十六條**規定：當事人提出證據證明仲裁有**認定事實**的主要證據不足和**適用法律**確有錯誤的，可以向人民法院申請撤銷裁決。一些委員、法院和仲裁機構提出，要做到一裁終局，避

免又裁又審，不應當對仲裁裁決進行**實體審查，如果需要審查，也應當有明確、嚴格的限制。**建議把草案第五十六條第（四）（五）項「認定事實的主要證據不足的」和「適用法律確有錯誤的」，**修改為「裁決所根據的證據是偽造的；對方當事人隱瞞了足以影響公正裁決的證據的**；有新的證據足以推翻裁決的。」草案修改稿第五十八條）[117]（強調是引者所加）

揣摩本段原文原意，顯然是指原草稿第五十六條關於「認定事實」和「適用法律」方面的原有規定，屬於對內國裁決進行**實體審查**，凡具備上述「證據不足」或「確有錯誤」的法定條件，當事人即「可以向人民法院申請撤銷裁決」。一些審議者認為：此種審查標準和撤銷標準失之過寬；一般而論，不應當對仲裁裁決進行**實體審查**，但如果確實需要進行實體審查，也應當有明確、**嚴格**的限制。因此，建議把第五十六條草案中原有的（四）（五）兩項修改為現行第五十八條第一款中的（四）（五）兩項。經過重新修改和正式通過後，第五十八條中關於「裁決所根據的證據是偽造的」以及「對方當事人隱瞞了足以影響公正裁決的證據的」這兩項審查標準和撤銷條件，顯然仍屬實行實體審查的範疇，只是對草案第五十六條原定的實體審查，設定了「明確、嚴格的限制」。換言之，這種嚴格的限制，只是屬於實體審查範圍寬、嚴程度上的「量」的變化，而不是使原有的實體審查發生「質」的改變，變成了「程序審查」。——這樣理解，是否更符合上引文字的原意呢？

為了更便於對照比較，判明法定「界限」，茲試列出簡表，

以說明中國當前對兩大類仲裁裁決**實體內容**實行「內外有別、分軌監督」的法律依據及其在法律效果上的重大**反差**。

表2-5-1　中國對兩大類仲裁裁決實體內容實行「內外有別、分軌監督」的法律效果重大反差一覽表

序號	監督項目（實體內容）	裁決類別	應否執行	應否撤銷	法律依據
1	裁決所根據的證據是偽造的	內國裁決	不予執行	應予撤銷	《仲裁法》第58條第1款第4項
		涉外裁決	應予執行	不得撤銷	《仲裁法》第65、70、71條；民事訴訟法》第260條第1款
2	對方當事人隱瞞了足以影響公正裁決的證據	內國裁決	不予執行	應予撤銷	《仲裁法》第58條第1款第5項
		涉外裁決	應予執行	不得撤銷	《仲裁法》第65、70、71條；民事訴訟法》第260條第1款
3	仲裁員在仲裁該案時有貪污、索賄、受賄、徇私舞弊、枉法裁決行為	內國裁決	不予執行	應予撤銷	《仲裁法》第58條第1款第6項，第63條；民事訴訟法》第217條第2款第6項
		涉外裁決	應予執行	不得撤銷	《仲裁法》第65、70、71條；民事訴訟法》第260條第1款
4	認定事實的主要證據不足	內國裁決	不予執行	不得撤銷	《仲裁法》第63條；民事訴訟法》第217條第2款第4項
4	認定事實的主要證據不足	涉外裁決	應予執行	不得撤銷	《仲裁法》第65、70、71條；民事訴訟法》第260條第1款
5	適用法律確有錯誤	內國裁決	不予執行	不得撤銷	《仲裁法》第63條；民事訴訟法》第217條第2款第5項
		涉外裁決	應予執行	不得撤銷	《仲裁法》第65、70、71條；民事訴訟法》第260條第1款

從該一覽表的對照中，顯然可以看出：

（1）仲裁裁決的實體內容上存在上述五種錯誤或違法情節之一，如果是包含或體現在**內國裁決**之中，則毫無例外地一概不予執行；序號1、2、3三種情節之一出現在內國裁決之中，則不但不予執行，且應進一步依法予以撤銷。這確實是大有利於維護中國法律的應有尊嚴，大有利於促進中國**長期艱巨**的反貪、反腐鬥爭，大有利於維護中國在國際社會中的法治國家形象。

（2）上述五種錯誤或違法情節之一（甚至五種情節「齊備俱全」），如果出現在**涉外裁決**之中，則「依法」毫無例外地一**概必須執行，一概不許撤銷**。換言之，現行的涉外仲裁監督機制對涉外裁決實體內容中存在的上述五種重大錯誤或違法情節，竟然**全盤放棄**了應有的、起碼的**法律監督**。這種「差別」待遇或「特惠」待遇，其在法律效果上的巨大反差，勢必反映在社會效應和國際形象上的巨大反差和**巨大負面作用**，從上述的「三大有利」，轉化為「**三大不利**」。應當說，這正是立足於當前中國國情的冷靜思考和事物發展的必然，並非什麼「多餘的」擔心。它既不是杞人之憂，更**絕非危言聳聽**！[118]

第三，對於《仲裁法》第五十八條第三款的「公共秩序保留」規定，也不應「想當然」地認為它可以涵蓋和適用於涉外裁決。前述第二點提到：第五十八條第一款的六項監督，包括前三項程序監督和後三項實體監督，均只適用於內國裁決而不適用於涉外裁決。然則，同條第三款關於「公共秩序保留」的規定，即「人民法院認定該裁決違背社會公共利益的，應當裁定撤銷」，是否當然涵蓋和適用於涉外裁決？筆者認為，**答案是否定的**。這

是因為：（1）前面已經提到：從本法整體結構看，第五十八條與第七十條，是一對互相對應、互相搭配的規定，前者專管內國裁決的撤銷，後者專管涉外裁決的撤銷，其法定的分工界限十分鮮明，不宜隨便解釋，任意「內冠外戴」（2）從第五十八條中三款的上下文銜接看，第一款所指稱「有下列情形之一的」「裁決」，第二款所指稱的「有**前款**規定情形之一的」「**裁決**」，以及第三款所指稱的「該裁決」顯然是前後聯貫、具有同等內涵和同等外延的**同一概念**，即均是**專指「內國裁決」**，而不能涵蓋涉外裁決，這是漢語語法和行文邏輯本身的嚴格要求，也是條文本身原有的、應有的含義範圍。（3）從本法第五十八條與《民事訴訟法》（以下簡稱《民訴法》）第二一七條的關聯看，前者顯然是從後者直接移植和適當修訂而來的。具體而言，《民訴法》第二一七條第二款的六點監督規定，經移植和修訂，形成了《仲裁法》第五十八條第一款的同類規定，兩者之間的前源與後流、藍本與新圖的關係，是不說自明的。關於這一點，還可以從肖文所引述的《仲裁法草案》修訂文字中看清兩者間的師承與發展關係，即原草案第五十六條第一款第七項關於「違背社會公共利益的」這一規定，經修訂後作為單獨一款，被吸收為現行《仲裁法》第五十八條第三款，[119] 這樣，就與《民訴法》第二一七條第三款的原有規定，在作為獨立一款的層次上，完全互相銜接了（只是在監督力度上從「裁定不予執行」提高為「應當裁定撤銷」）。這不是又一個有力的佐證嗎？

有人認為：《仲裁法》第五十八條第三款關於「公共秩序保留條款」的規定，可以解釋為同樣適用於涉外裁決，因而「無須

第二編・國際經濟法基本理論（二）

221

在」《仲裁法》第七十條中另作特別規定；遇有涉外裁決違背公共利益的，「**法院自然有權**援用第五十八條的規定撤銷該裁決，否則**豈不重複**」。這種理解，衡諸前引事實，看來是頗為牽強，很難令人信服的；如果再對照一下《民訴法》第二一七條和第二〇六條的「藍本」規定，就益發顯現出這種看法難以自圓其說。因為，如前所述，專門監督內國裁決的《民訴法》第二一七條第三款，明文規定和強調了國際通行的「公共秩序保留」這一重大法律原則，而專門監督涉外裁決的《民訴法》第二六〇條第二款，也一字不差地規定和強調了「公共秩序保留」這同一原則。對於這種在監督兩大裁決時都絕對必須遵守的規範和準則，顯然必須在針對內國裁決監督的**一般規定**中與針對涉外裁決監督的**特別規定**中，同時地和分別地予以強調。豈可以避免「重複」為由，在專管內國裁決的專條中「附帶地」插入一款兼管涉外裁決的規定，從而引起邏輯上的混亂？顯然，《民訴法》中上述兩處關於「公共秩序保留」的明確規定，是完全正確和必不可少的「重複」；而《仲裁法》中專門監督**涉外**裁決的第七十條和第七十一條規定，竟然隻字不提國際通行的「公共秩序保留」這一重大原則，相形之下，確實不能不說是仲裁立法上的一大疏漏甚至倒退。[120] 任何立法者都不可能是神仙和聖人；任何立法經過實踐檢驗和學界討論，適時地加以必要的修訂，這是法制不斷走向健全的必經途徑。對於立法上可能存在的任何疏漏和缺失，似均宜予以正視，而不宜諱疾忌醫，曲為辯解。

七、結束語

自商務仲裁制度與民商事訴訟制度並存以來，仲裁裁決之公正性與終局性或公平性與效率性兩者如何兼顧的問題，一直是個「老舊」而又「常新」的話題。

一般說來，正派、守法的當事人在訴訟與仲裁兩者中之所以選擇仲裁，通常是在假定這兩者都保證**同等公正**的前提下，著眼於後者比前者有較高的效率。在這個意義上，也僅僅是在這個意義上，此時**矛盾的主要方面**是**講求效率**。但選定仲裁之後，除非雙方另有約定，當事人的主要期待理應是得到既公平、又高效的裁決，而從未放棄公平這一首要要求。當兩者不可得兼，守法的當事人獲得雖屬高效率卻十分不公的裁決之際，他當然有強烈的願望和法定的權利向上申訴，請求監督、糾正。此時，**矛盾的主要方面**就從要求效率**轉化**為要求**公正**了。

「**一裁終局**」與在特定條件下「**允許申訴**」同時**並存**，從來就是相反相成的**左右兩腿**，缺一不可。仲裁制度行之多年和行之有效，端賴這兩條腿的密切配合與循序協作。否則，就如單腿瘸子，難以健步行進。中外任何仲裁監督機制之設立，不論其寬嚴、新舊，其主旨都在於當矛盾的主要方面轉化為要求公平時，讓受害當事人投訴有門，討回公道，以滿足其**重新獲得公正**的強烈願望和首要要求。反之，如果推定當事人在選擇仲裁之後就已自動放棄了公正的第一要求，只講效率而不求公正，則**任何仲裁監督機制本身當初就根本沒有產生的基礎**，也**毫無繼續存在的必要**，既然純屬多餘，早就應當全盤取消，或移送到法律博物館中

去。何以至今世界各國從未採取這種荒唐舉措呢？

在保證公正的前提下，強調仲裁之高效便捷的特色，並強調以「一裁終局」求得高效便捷的解決，這當然是正確的判斷。但是這兩種強調，都應當掌握一個「**度**」。片面、過分地強調到踰越了某個應有的「**度**」，則任何正確的判斷就會轉變成它自身的反面。換言之，在對待涉外裁決問題上，如果把「終局性」強調到、推崇到「至高無上」的地位，縱有重大違法或重大謬誤，縱有貪贓枉法裁斷或依據偽證裁斷，也絕對禁止追究，禁止糾正，則儘管作此種強調者的主觀用意頗為良善，其客觀實踐後果卻難免起到「**藏垢納污**」的作用。任何真理，都附有一定的條件，受到一定的侷限。任何真理的存在與確立都不是毫無條件和毫無限度的。一位偉大的先哲曾經諄諄告誡說：「只要再多走一小步，看起來是朝同一方向多走了一小步，**真理便會變成錯誤。**」[121] 這一至理名言，對於辯證地理解仲裁的終局性和高效率，也具有重大的指導意義，值得後人反覆咀嚼和認真品味。

綜上所述，不難看出：中國《仲裁法》。內國仲裁監督與涉外仲裁監督實行「內外有別」的分軌制，不允許對涉外仲裁裁決的實體內容也實行必要的司法審查和監督，這種立法，實在並不符合中國現實國情本質上的迫切需要，也不符合中國參加的有關國際條約以及當代各國仲裁立法先進通例的基本精神；從而相當不利於促進中國涉外仲裁體制與有關的國際慣例互相接軌，相當不利於中國涉外仲裁體制迅速走向現代化和國際化。

有鑒於此，看來很有必要鼓勵中國法學界、司法界、仲裁界以及商界有關人士，針對在一九九五年九月一日開始施行的《仲

裁法》所規定的涉外仲裁監督機制，就其合理性問題進行較為系統的調查研究和深入探討，藉以集思廣益，供立法部門決策參考。筆者認為：為了全面貫徹黨中央反覆強調的防腐、反腐基本方針，為了在涉外仲裁領域中也建立起健全、有效和嚴密的監督機制，以維護法律的應有尊嚴，使中國在國際社會中進一步樹立起**法治**國家的形象，日後在修訂仲裁法時，其可行方案之一是：參照當代國際仲裁立法的先進通例，將「內國仲裁監督」與「涉外仲裁監督」完全**並軌合流**，一視同仁；把**對涉外仲裁裁決的監督**，也**擴大**到其**實體內容**方面，亦即將《仲裁法》第七十、七十一條完全刪除，並將同法第五十八條關於對內國仲裁裁決的程序運作和實體內容實行全面監督的規定，推廣適用於中國的一切涉外仲裁裁決，從而對一切已經發生法律效力的涉外仲裁裁決，也毫無例外地實行**「違法必究」**和**「違法必糾」**！

（**後記** 本文修訂補充過程中，承中國社會科學院法學研究所謝懷栻教授、清華大學法學院張衛平教授、中國國際商會仲裁研究所王生長主任、黎曉光女士、穆子礪先生、中國國際經貿仲裁委員會深圳分會韓健博士、香港城市大學法律學院王貴國教授、林來梵教授、香港商務仲裁專家楊良宜先生、英國倫敦大學訪問學者曾華群教授、劍橋大學訪問學者單文華副研究員、德國Marburg大學法律系博士生孫珺女士等同行學者惠贈了珍貴的第一手外文資料，謹此志謝！）

注釋

* 本文原稿曾發表於梁慧星教授主編的《民商法論叢》1998年第10卷，原稿約三點九萬字。其後，作者經進一步查證和研究，對本文原稿作了重要的修訂，增補了約四萬字新的內容，全稿約八萬字。修訂增補後的新稿發表於《國際經濟法論叢》（第2卷），法律出版社1999年版。較之此前發表的各篇原稿，經過綜合修訂增補後的新稿論證更加透徹，資料更加豐富翔實。為便於讀者對照正文和註解，查索資料原始出處，新稿輯入本書時全部正文和註解未加刪節。含本文在內的本系列專題學術論文於二○○二年獲得第三屆「全國高校人文社會科學研究成果獎」一等獎。

〔1〕 參見肖永平：《也談我國法院對仲裁的監督範圍》及其「縮寫本」《內國、涉外仲裁監督機制之我見——對〈中國涉外仲裁監督機制評析〉一文的商榷》（以下簡稱「肖文」，先後分別發表於《仲裁與法律通訊》1997年第6期，第5-12頁；《法學評論》1998年第1期，第42-49頁；《中國社會科學》1998年第2期，第94-97頁。

〔2〕 「同一律系　形式邏輯的基本規律之一。在同一思維過程中，每個概念、判斷必須具有確定的同一內容。遵守同一律能使思維具有確定性；否則，就會犯『偷換概念』和『偷換論題』等邏輯錯誤。」（參見《辭海》，上海辭書出版社1979年版，第197頁；《漢語大詞典》（第3卷），漢語大詞典出版社1989年版，第101頁。

〔3〕 兩書均由美國奧西阿納出版社（Oceana Publicains）出版，前者出版於一九八五年，後者於一九九○年問世。

〔4〕 關於這十九個國家有關仲裁監督機制的法律名稱及具體條文序號，筆者曾在拙作全文原稿的註解〔25〕至〔35〕中，逐一詳細註明引據資料的出處（約共1800字），以備讀者查證對照。由於全文篇幅較大，《中國社會科學》1995年第4期僅摘要刊登了其中的十五萬字，並刪節了上述註解。但細心的編者除了在正文中全部保留拙作所列的十九個國家的國名以及有關的概括、歸納和綜述文字之外，還在該期第二十四頁末添加了一條頗長的綜合性腳註，交代了本文所列各國仲裁立法資料的主要出處，以便讀者進一步查索和研究。其後不久，拙作全文約三點二萬字在《比較法研究》1995年第4期上發表，題為《論中國涉外仲裁的監督機制及其與國際慣例的接軌》，

與此同時，上述原有十一條註解的一千八百餘字也全文刊出（詳見該刊該期第377-380頁腳註第〔25〕至〔35〕）。看來，肖文的作者在提出只「考察幾個國家的立法後就得出通例」的有關批評時，可能並未注意到《中國社會科學》中上述那條綜合性腳註，也未涉獵到《比較法研究》上的那十幾條長篇註解，因而在撰文批評時，還未曾花時間或暫且來不及予以一一查核澄清。

〔5〕 See UNCITRAL Model Law on International Commercial Arbitration, Arts. 1(1) ,2(1) ,34 ,S. Zamora & R. A. Brand (eds.), Basic Documents of International Economic Law, *CCH International*, Vol. 2, 1991, pp. 999-1000, 1011-1012；中譯本見胡康生主編：《中華人民共和國仲裁法全書》，法律出版社1995年版，第616-621頁。

〔6〕 See UNCITRAL Model Law on International Commercial Arbitration, Arts. 1(1) ,2(1) ,34, supra 5 ,*Basic Documents of International Economic Law*, Vol. 2 ,p. 993.

〔7〕 中國現有國情是否「**十分特殊**」，而且「特殊」到足以促使中國的仲裁立法在這方面**根本無須**或**絕對不宜**與國際仲裁立法的通行做法以及聯合國推薦的《國際商事仲裁示範法》互相接軌，關於這個問題，筆者曾在《論中國涉外仲裁的監督機制及其與國際慣例的接軌》一文中作了探討（詳見《比較法研究》1995年第4期，第381-385頁），茲不另贅。

〔8〕 英國的《1950年仲裁法》制定於一九五〇年七月二十八日，同年九月一日開始施行（見該法第44條第2款）《1979年仲裁法》制定於一九七九年四月四日，並授權英國國務大臣以行政命令的方式隨後指定實施日期（見該法第8條第2款）。《1979年仲裁法》對《1950年仲裁法》進行了重要的修訂和補充，同時繼續保留了後者的大部分內容。前者在其第1條第1款中規定：本法行文中稱《1950年仲裁法》為『主法』（principal law）」以示後者與前者之間有「主從關係」或「主次關係」；同時，前者又在其第8條第1款中規定：「本法可稱為《1979年仲裁法》」，以示它本身又是一項獨立的新的立法。這兩項立法有機地互相結合和互為補充，構成一個整體，持續生效至一九九七年一月三十日。詳見《國際商務仲裁》第七編：「各國仲裁立法」文件編號：VII.K. 1，第1-28頁；VII. K. 3，第35-43頁。

〔9〕 參見《國際商務仲裁》第七編：「各國仲裁立法」文件編號：VII. K.

3，第35-37頁。

〔10〕同上書，文件編號：VII. K. 1，第11頁。

〔11〕肖文，載《仲裁與法律通訊》1997年第6期，第6頁；《法學評論》1998年第1期，第44頁。

〔12〕「serious irregularity」，又譯「重大不軌行為」「重大不正當行為」或「重大違規行為。」See Arbitration Act 1996, Annotated by A. W. Sheppard, *Current Law States*, Vol. 2, 1996, Sweet & Maxwell, London, 1997, p. 45.

〔13〕除了這三種「重大不法行為」之外，第68條第2款所列舉的其他六種重大不法行為是：仲裁庭有越權行為；仲裁庭未能按照當事人商定的程序實行審理；仲裁庭未能處斷當事人提交的一切爭端；經當事人授權與實行仲裁程序或作出裁決有關的任何仲裁機構、其他機構或個人，有越權行為；對裁決書效力的表述含糊不清或模棱兩可；裁決書的格式不符合要求。

新近披露的英國「上訴法院」一九九九年五月十二日作出的一項判例，論及外國的仲裁裁決在英國申請執行的問題，其中提到有關以欺詐、偽證手段取得仲裁裁決的觀點，值得注意，錄以備考：「原則上，如果能夠確認偽造的證據足以影響一項裁決，法院就可以拒絕執行該有關裁決」。See Lloyd's law Reports, Alert Service. No. 41. July 26. 1999.

〔14〕英國《1996年仲裁法》第69條第1款。

〔15〕參見英國《1996年仲裁法》第69條第2款、第3款。

〔16〕參見英國《1996年仲裁法》第69條第7款、第68條第3款。與此同時，談法第24條還允許當事人依據事實、合理地懷疑仲裁員不公正，從而按照法定程序，向管轄法院申請中途撤換該仲裁員。

〔17〕參見英國《1996年仲裁法》，第85-88條。由英國樞密院顧問、資深大法官薩維爾（Rt. Hon. Lord Justice Saville）主持的「仲裁法起草諮詢委員會」在其法案報告中，曾建議將這些僅存的細節區分予以刪除，以免與英國參加締結的《歐洲經濟共同體條約》（即《羅馬條約》）第6條、第7條相牴觸，因為該條約中規定各締約國相互之間不得基於國籍不同而對外商採取差別待遇，如果英國繼續區分內國仲裁與涉外仲裁，勢必對歐共體（歐盟）其他國家的國民給予差別待遇。故這些僅存的細節差別和區分規定，勢必在近期內予以廢

除。按《1996年仲裁法》第88條的規定，英國國務大臣竟可以用行政命令的方式隨時取消仲裁法第85-87條的法律規定，僅此一端，也足見這些法律規定的短暫性和不穩定性。參見《1996年仲裁法》（註釋本），1997年英文版，第5、56-58頁的註釋。（C. 23 Arbitration Act 1996, Annotations by A. W. Sheppard, *Current Law States*, Vol. 2, 1996, Sweet & Maxwell, Landon, 1997.）

〔18〕 See Arbitration Act 1996(Commencement No.1), Order 1996(No. 3146), http://www. arbitrators. org/subweb/nvmay-97/Commene. htm. 並參見陳安：《再論中國涉外仲裁的監督機制及其與國際慣例的接軌》，載《國際經濟法論叢》（第2卷），法律出版社1999年版，第150-153頁。

〔19〕 See Toby Landau, The Effect of The New English Arbitration Act on Institutional Arbitration. *Juunal of International Arbitration*, Vol. 13, No. 4.1996 . pp. 113-114.並參見陳安：《再論中國涉外仲裁的監督機制及其與國際慣例的接軌》，載《國際經濟法論叢》（第2卷），法律出版社1999年版，第153-154頁。

〔20〕 參見《中國國際經濟貿易仲裁委員會仲裁規則》（1995年10月1日起施行）第57條及其英譯文；並參見該《仲裁規則》（1989年1月1日起施行）第35條及其英譯文，載國務院法制局編：《中華人民共和國涉外法規彙編 （1949-1990）》（下卷），中國法制出版社1991年版，第1556、1911、1917頁。一九九八年五月十日，上述規則再度修訂施行，其中第57條的中文、英譯均未作任何更動。

〔21〕 例如，《解決國家與他國國民間投資爭端公約》第26條規定：「締約國可以要求用盡當地各種行政或司法補救辦法，作為其同意根據本公約交付〔國際〕仲裁的一個條件。」(A Contracting State may require the exhaustion of local administraive or judicial remedies as a condition of its consent to [internaional] arbitration under this Convention.)See Stephen Zamora *et al.* (eds.), Basic Documents of International Economic Law, *CCH International*, Vol.2，1991, p.960.

〔22〕 穆子礪編譯：《英國仲裁法（1997）簡介》，載《仲裁與法律通訊》1996年第6期，第55頁；1997年第1期，第47頁。
承穆先生惠贈一份他從英國帶回的資料：Freslf elds: The Arbitration Act 1996—A Client Guide, Oct. 1996.這是倫敦一家著名的國際性律師

事務所（即Feshfields）國際仲裁部專為國際仲裁客戶提供的實用指南，其中第3頁和第13頁一再強調：「顧問委員會」（DAC）已決定建議在英國的《1996年仲裁法》中取消兩類仲裁的差別規定："A distinction has historically been drawn between international and domestic arbitration, ...However, following extensive public consultation, the decision was taken at a meeting of the DAC on 30 September 1996 to abolish this distinction. The Act now treats international and domestic arbitrations alike." "The abolition of the distinction between international and domestic arbitration now means that the Act treats parties to both types of agreements in the same way." 文中的「DAC」全稱是「Departmental Advisory Committee of Department of Trade and Industry」，指的是英國貿易與產業部授權專門負責起草和解釋仲裁法的顧問（諮詢）委員會。

〔23〕參見《1996年仲裁法實施令》〔Arbitration Act 1996 (Commencement No. 1) Order 1996 (No. 3146), http: //www. arbitrators, org/sebweb/ nvniay 97/commence. htm〕；又參見《英國議會下院議事錄》〔House of Commons Hansard Written Answers for 17 Jan 1997 (pt 2), http:// www. parliament the-stationery-offi…9697/…〕.

該實施令的英文原文如下，特錄以備考：

THE ARBITRATION ACT 1996

(COMMENCEMENT NO. 1)ORDER 1996

(S.I.1996 No.3146 (C.96))

The Secretary of State, in exercise of the powers conferred on him by section 109 of the Arbitration Act 1996(c.23), hereby makes the following Order:

1. This Order may be cited as the Arbitration Act 1996 (Commencement No.1) Order 1996.

2. The provisions of the Arbitration Act 1996 ("the Act") listed in Schedule 1 to this Order shall come into force on the day after this Order is made.

3. The rest of the Act, except sections 85 to 87, shall come into force on 31st January 1997.

4. The transitional provisions in Schedule 2 to this Order shall have

effect.

John M.Taylor ,

Parliamentary Under-Secretary of State

for Corporate and Consumer Affairs.

Department of Trade and Industry

16th December 1996

載英國官方出版的《1996年法規文件彙編》1998年版，第9695頁。

（Statutory Instruments 1996, Part III, Section., 1998, p.9695.）

該實施令的英文「詮解」原文如下，亦錄以備考：

ARBITRATION ACT 1996 (COMMENCEMENT No. 1) ORDER 1996 (No. 3146)

The Order was made on 16 December 1996. The explanatory note is set out hereunder:

With one exception, this Order brings into force the provisions of the Arbitration Act 1996. Those provisions necessary to enable the substantive provisions to be brought into force are commenced immediately. The substantive provisions come into force on 31st January 1997. Commencement is subject to transitional provisions designed to ensure continuity of legal proceedings and to preserve the current law on what are known as "honourable engagement" clauses in relation to existing agreements.

Sections 85 to 87, which make special provisions in relation to domestic arbitration agreements, are not commenced.

http:// www. arbitrators.org/sebweb/nvmay97/commence. htm.

〔24〕英文原文為： "The mandatory provisions of this Part are listed in Schedule 1 and have effect notwithstanding any agreement to the contrary."

〔25〕英文原文為 :"Schedule 1 Mandatory provisions of Part 1: ...sections 67 and 68 (challenging the award: substantive jurisdiction and serious irregularity) and sections 70 and 71 (supplementary provisions: effect of order of court) so far as relating to those sections."

〔26〕英國學者夏帕德對《1996年仲裁法》第四條作出這樣的評註：本條明白無誤、毫不含糊地指明了本法附表一中所列舉的各項規定都是「強制性的」，當事人不能予以否定。參見《1996年仲裁法》（註釋

第二編・國際經濟法基本理論（二）

本），1997年英文版，第9頁。

〔27〕參見肖文，載《仲裁與法律通訊》1997年第6期，第9頁；《法學評論》1998年第1期，第46頁。

〔28〕The Federal Arbitration Ac, http://www. adr. org/statutes/federal-act html; U. S. House of Representatives Downloadable U. S. Code, Title q-Arbitration, http://uscode. house. gov/title-09. htm.並參見陳安：《再論中國涉外仲裁的監督機制及其與國際慣例的接軌》，載《國際經濟法論叢》（第2卷），法律出版社1999年版，第157-163頁。

〔29〕在美國，「雖然各州都有自己的仲裁法律，但根據美國憲法中聯邦至上的原則，以及聯邦有利仲裁的政策，如果有關交易及合同涉及海事、州際貿易或對外貿易，無論是聯邦法院還是州法院都應以聯邦仲裁法為準。」參見姜兆東等：《國際商事仲裁裁決在各國國內法中的處理》，載《中國國際法年刊》（1991），中國對外翻譯出版公司1992年版，第296頁。

〔30〕See The Federal Arbitration Act, http://www. adr. org/statutes/federal-act. htmil; U. S. House of Representatives Downloadable U. S. Code, Title q-Arbitration, http://uscode. house. gov/title-09. htm；U. S. Code, Title 5, Chap. 5, Subclap. 4-Alternative Means of Dispute Resolution in the Administrative Process, http:// uscode. house. gov/title-0. 5. htm.參見《美國法典》第五編（即《政府組織與僱員法》）第580條。

〔31〕Sec. 10 Same; vacation; grounds; rehearing

(a) In any of the following cases the United States court in and for the district wherein the award was made may make an order vacating the award upon the application of any party to the arbitration—

(1) Where the award was procured by corruption, fraud, or undue means.

(2) Where there was evident partiality or corruption in the arbitrators, or either of them.

(3) Where the arbitrators were guilty of misconduct in refusing to postpone the hearing, upon sufficient cause shown, or in refusing to hear evidence pertinent and material to the controversy; or of any other misbehavior by which the rights of any party have been prejudiced.

(4) Where the arbitrators exceeded their powers, or so imperfectly executed them that a mutual, final, and definite award upon the subject matter submitted was not made.

(5) Where an award is vacated and the time within which the agreement required the award to be made has not expired the courtmay, in its discretion, direct a rehearing by the arbitrators.

(b) The United States district court for the district wherein an award was made that was issued pursuant to section 580 of title 5 may make an order vacating the award upon the application of a person, other than a party to the arbitration, who is adversely affected or aggrieved by the award, if the use of arbitration or the award is clearly inconsistent with the factors set forth in section 572 of title 5.

〔32〕肖文，載《仲裁與法律通訊》1997年第6期，第9頁；《法學評論》1998年第1期，第45頁。

〔33〕參見王存學主編：《中國經濟仲裁和訴訟實用手冊》（以下簡稱《實用手冊》），中國發展出版社1993年版，第35頁。肖文在轉述《實用手冊》中有關內容時，刪去了這些似不宜刪去的關鍵性語句。

〔34〕參見前注〔31〕引第10條（b）款英文原文。

〔35〕See U. S. Code, Title 5, Clap. 5, Subclap. 4-Alternative Means of Dispute Resolution in the Administrative Process, http: //uscode. house. gov/ title-0. 5. htm.

〔36〕《美國法典》第五編第580條專門規定了仲裁裁決的製作、送達、生效、執行等有關程序。詳見同上注出處。

〔37〕《德意志聯邦共和國民事訴訟法》，載《國際商務仲裁》第七編：「各國仲裁立法」，活頁文件編號：VII. C/ 1. 1，第10頁。並參見謝懷栻譯中文單行本，法律出版社1984年版，第337-338頁。

為便於讀者查考和對照，茲將《德國民事訴訟法》原第1041條的英文譯文以及上述謝譯的中文譯文分別摘錄如下：

1041 Action to set aside the award may be brought:

(1) if the award does not arise out of a valid arbitration agreement or depends in some other manner on an inadmissible procedure;

(2) if recognition of the award would involve an offence against morality or public policy;

(3) if the party was not represented in the proceedings according to provisions of law, unless he agreed either expressly or tacitly to the manner in which the proceedings were conducted;

(4) if the party was not granted a due hearing in the course of the proceedings;

(5) if the grounds for the award are not stated;

(6) if the conditions under which an action for judicial review (Restitutionsklage), in the cases enumerated in Section 580, Paras. 1-6, may be brought are fulfilled.

An award shall not be set aside on the grounds given in No. 5. if the parties have agreed otherwise.

第1041條〔撤銷之訴〕（一）有下列情形時，可以申請撤銷仲裁裁決：

（1）仲裁裁決不是根據有效的仲裁契約作成的，或者仲裁裁決是依其他不合法的程序作成的：

（2）如承認仲裁裁決就違反善良風俗或公共秩序；

（3）當事人在仲裁程序中未經合法代理，但當事人已經明示地或默示地對仲裁的進行予以追認時除外；

（4）當事人在仲裁程序中未經合法訊問；

（5）仲裁裁決未附理由；

（6）具備依第580條第1至第6項的回覆原狀訴訟的要件。

（二）在前款第5項的情形，如當事人另有約定時，不得申請撤銷仲裁裁決。

〔38〕王存學主編：《實用手冊》，中國發展出版社1993年版，第40頁。

〔39〕《德意志聯邦共和國民事訴訟法》，載《國際商務仲裁》第七編：「各國仲裁立法」，活頁文件編號：VII. C/ 1.1，第10頁。並參見謝懷栻譯中文單行本，法律出版社1984年版，第337-338頁。

〔40〕王存學主編：《實用手冊》，中國發展出版社1993年版，第40頁。

〔41〕參見《德意志聯邦共和國民事訴訟法》，謝懷栻譯，法律出版社1984年版，第166-167頁。

〔42〕參見德國《聯邦法律公報》（以下簡稱《公報》）1997年第1卷第88期，第3224-3232頁（Bundesgesetzblatt Jahrgang 1997 Teil1 Nr. 88, ausgegeben zu Bonn am 30, Dezember, 1997, 3224-3232）；並參見孫

珺：《德國仲裁立法改革》，載《仲裁與法律通訊》1998年第3期，第25-35頁。

〔43〕參見前引《公報》，第3225頁。

〔44〕Section 1025　Scope of application

(1) The provisions of this Book apply if the place of arbitration as referred to insection 1043 subs.1 is situated in Germany.

(2) The provisions of sections 1032, 1033 and 1050 also apply if the place of arbitration is situated outside Germany or has not yet been determined.

(3) If the place of arbitration has not yet been determined, the German courts shall be competent to perform the court functions spectified in sections 1034, 1035, 1037 and 1038 if the repondent or the claimant has his place of business or habitual residence in Germany.

(4) Sections 1061 to 1065 apply to the recognition and enforcement of foreign arbitral awards.

《德國民事訴訟法》第十編各條的英譯文本，由「德國仲裁協會」（Deutsche Institution für Schiedsgerichtsbarkeit）提供，載於該協會（DIS）網站：http://www. dis-arb. de/materialien/Schiedsverfahrensrecht 98-e. html.

〔45〕第1043條第1款規定：當事人可自由議定仲裁地點。如無此種協議，應由仲裁庭參酌案件情況，包括當事人的方便，確定仲裁地點。參見前引《公報》，第3228頁。

〔46〕第1032條規定：德國法院不受理當事人曾達成仲裁協議的案件；第1033條規定：在仲裁程序開始之前或進行之中，德國法院可應當事人一方的請求，對仲裁標的物採取臨時性的保護措施；第1050條規定：德國法院可應仲裁庭或當事人的請求，協助取證，或採取其他司法行動。參見前引《公報》，第3226、3229頁。

〔47〕第1034條規定：仲裁庭的組成對一方當事人顯失公平時，德國法院可以改組仲裁庭。第1035條規定：在某些情況下，德國法院可以直接指定獨任仲裁員或首席仲裁員。第1037條規定：在某些情況下，德國法院可應當事人一方的請求，決定仲裁員的迴避問題。第1038條規定：仲裁員不能視事時，德國法院可應當事人的請求，解除對仲裁員的任命。參見前引《公報》，第3326-3327頁。

〔48〕第1061條規定：對外國仲裁裁決的承認與執行，應按《1958年紐約公約》的規定辦理。第1062條規定了有權監督仲裁的管轄法院及其各項職能。第1063條和第1064條規定了法院執行或撤銷仲裁裁決的具體操作程序。參見前引《公報》，第3132-3232頁。

〔49〕肖文，載《中國社會科學》1998年第2期，第94頁。

〔50〕參見前引《公報》，第3231頁。

〔51〕Section 1059 Application for setting aside

1. Recourse to a court against an arbitral award may be made only by an application for seting aside in accordance with subsections 2 and 3 of this section.

2. An arbitral award may be set aside only if:

(1) the applicant shows sufficient cause that:

a) a party to the arbitration agreement referred to in Sections 1029 and 1031 was under some incapacity pursuant to the law applicable to him; or the said agreement is not valid under the law to which the parties have subjected it or, failing any indication thereon, under German law; or

b) he was not given proper notice of the appointment of an arbitrator or of the arbitral proceedings or was otherwise unable to present his case; or

c) the award deals with a dispute not contemplated by or not falling within the terms of the submission to arbitration; or contains decisions on matters beyond the scope of the submission to arbitration; provided that, if the decisions on matters submitted to arbitration can be separated from those not so submitted, only that part of the award which contains decisions on matters not submitted to arbitration may be set aside; or

d) the composition of the arbitral tribunal or the arbitral procedure was not in accordance with a provision of this Book or with an admissible agreement of the parties and this presumably affected the award; or

(2) the court finds that

a) the subject-matter of the dispute is not capable of settlement by arbitration under German law; or

b) recognition or enforcement of the award leads to a result which is in conflict with public policy (ordre public).

3. Unless the parties have agreed otherwise, an application for setting aside to the court may not be made after three months have elapsed. The period of time shall commence on the date on which the party making the application had received the award. If a request has been made under section 1058, the time-limit shall be extended by not more than one month from receipt of the decision on the request. No application for setting aside the award may be made once the award has been declared enforceable by a German court.

4. The court, when asked to set aside an award, may, where appropriate, set aside the award and remit the case to the arbitral tribunal.

5. Setting aside the arbitral award shall, in the absence of indications to the contrary, result in the arbitration agreement becoming operative again in respect of the subject-matter of the dispute.

參見前注〔44〕引資料，http://www. dis-arb. de/materialien/ Schiedsverfahrensrecht 98-e. html.

〔52〕第1058條規定：當事人可在收到裁決書後一個月內，請求仲裁庭更正裁決書中的數字計算、文書打字之類的失誤；或對裁決書中的某個部分作出解釋說明；或對仲裁過程中曾經提出請求但裁決書中漏裁的事項，作出補充裁決。參見前引《公報》。第3230頁。

〔53〕參見日本國際法學會編：《國際法辭典》（中譯本），世界知識出版社1985年版，第110-111頁（「公共秩序」條目）並參見《法國民法典》第6條；中國《民法通則》第150條，《合同法》第7條、第52條。

〔54〕參閱李浩培：「保留條款」條目，載《中國大百科全書·法學卷》，中國大百科全書出版社1984年版，第10-11頁；韓德培主編：《國際私法》，武漢大學出版社1985年版，第70-90頁；李雙元主編：《國際私法》，北京大學出版社1991年版，第135-137頁。

〔55〕參見德國《聯邦議院公報》第13/5274號（BT-13/5274）或網址：http//www. bundes. tag. de, at "Datenbanken-Documientensever (Parfors)"；並參見前注〔37〕引書及有關正文。

〔56〕參見胡康生主編：《中華人民共和國仲裁法全書》，法律出版社1995年版，第620-621頁。

〔57〕 肖文，載《中國社會科學》1998年第2期，第97頁。

〔58〕 肖文，載《仲裁與法律通訊》1997年第6期，第10頁。隨後，在其
《法學評論》1998年第1期，第46頁上，將這句話改為「主要也是控
制在程序問題上的」，即添加了「主要」兩字，從而閃爍其詞，顯
見已略失其原有的自信，但又不大願意承認自己立論的「失之偏
頗」。

〔59〕 此處施米托夫原著的原譯文是「承認與執行談外國裁決與國際公共
政策相牴觸」（when it is contrary to international public policy as to
recognition or enforcement of a foreign award）。肖文轉述時將此語
修改為「執行裁決與法國的公共秩序相牴觸」。在這裡，「外國裁決」
改成了「國籍」不明的「裁決」，「國際公共政策」改成了「法國的
公共秩序」，從「無國籍」或「多國籍」變為「法國籍」。這樣轉述
和任意修改，衡諸邏輯學上的「同一律」，恐有不當。實則施著此
處所述，指的是《法國民事訴訟法》第1502條（外國裁決或國際性
裁決），而並非同法第1484條（法國內國裁決）。參見《國際貿易法
文選》，趙秀文譯，中國大百科全書出版社1993年版，第679頁：並
參見《法國民事訴訟法（節選）》，載王生長等主編：《涉外仲裁與
法律》（第2輯），中國統計出版社1994年版，第32-33、36頁。

〔60〕 See W. Laurence Craig *et al.*, International Chamber of Commerce
Arbitration, 2nd ed., Part V §30: Annex, French Law, Oceana
Publications, 1990, pp. 499-513.

〔61〕 Nouveux Code de Procedure Civile, Editions Dalloz, 1998, pp. 629-630.

〔62〕 本條的英文譯文為：

Article 1484 Whenever, in conformity with the distinction made in
Article 1482, the parties have waived their right to appeal, or have not
expressly reserved said right in the arbitration agreement, a motion to
set aside the document characterized as an arbitral award may
nevertheless be raised irrespective of any stipulation to the contrary.
It may be granted only in the following cases:
1st If there was no valid arbitration agreement or the arbitrat or
decided on the basis of a void or expired agreement;
2nd If there were irregularities in the composition of the arbitral
tribunal or in the designation of the sole arbitrator;

3rd If the arbitrator has decided in a manner incompatible with the **mission** conferred upon him;

4th Whenever due process (literaly: the principle of an adversarial process) has not been respected;

5th In all cases of nullity defined in Article 1480;

6th If the arbitrator has violated order public.

See W. Laurence Craig *et al.*, International Chamber of Commerce Arbitration, 2nd ed., Part V § 30: Annex, Frenchlaw, Oceana Publications, 1990, pp. 508-509.

〔63〕本條的日文譯文為：

第一四八四条。

第一四八二条　になされた区分に従って、当事者が控訴を放棄したとき、又は、当事者が仲裁の合意の申立にこの権限を明示に留保しないとき、それにもかかわらず、仲裁判断とされた文書の無効の不服申立はすべての反対の規定にかかわらずなされることができる。それは、次の場合にのみ許される。

1. 仲裁人が仲裁の合意なく又は無効もしくは満了の合意に基づき裁判した場合。

2. 仲裁裁判所が不適法に構成され又は不適法に指名された単裁裁判人であった場合。

3. 仲裁人が仲裁人に付与された任務に従わないで裁判した場合。

4. 対審原則が尊重されなかったとき。

5. 第一四八〇条に規定されたすべての無効の場合。

6. 仲裁人が公际の規則を侵害した場合。

載《近畿大學法學》1990年第40卷第2期，第322頁。

〔64〕本詞語的法文原文為「mission」前注〔62〕摘引的英譯文也是「mission」，發音不同，其含義均為職責、職守、天職、使命、任務。前注〔63〕摘引的日譯文為「任務」，其含義也是責任、職責、職守、任務。這些釋義分別參見《法漢詞典》，上海譯文出版社1979年版，第805頁；《新英漢辭典》，上海譯文出版社1991年版，第822頁；《日漢大辭典》，機械工業出版社1991年版，第1376頁。有的學者將本詞轉譯為「職權」或「權限」，似不夠貼切。「職權」或「權限」，強調的是「權力」《「職責」或「職守」，強調的則是

責任。從《法國新民事訴訟法》第1484條下所附的詮解中，也可以看出它所強調的是仲裁員必須德才兼備、恪盡職守。

〔65〕法文原文為「principe de la contradiction」指法官或仲裁員審理案件時，應當讓雙方當事人到庭當面互相辯駁對質，充分尊重兩造平等的陳述和訟爭權利，藉以澄清事實，兼聽則明。這是法國民事訴訟程序中最基本的原則，其英譯為「principle of an adversarial process」日譯為「對審原則」其釋義參見張衛平、陳剛編著：《法國民事訴訟法導論》，中國政法大學出版社1997年版，第100-102頁。

〔66〕《法國新民事訴訟法》第1480條綜合規定：仲裁裁決書應當闡明裁決理由；列出仲裁員姓名、仲裁日期；並且應當經仲裁員簽署。凡不符合這些規定要求的裁決書，概屬無效。

〔67〕此處依法文原文「une règle d'ordre public」譯出。其中「règle」一詞，含義為準則、守則、行為規範等。

〔68〕《法國新民事訴訟法》第1492條規定：涉及國際商務權益的仲裁，均為國際仲裁（arbitrage international）其內容大體相當於《中華人民共和國仲裁法》第七章各條所稱的「涉外仲裁」。對於在法國境外作出的仲裁裁決，《法國新民事訴訟法》則稱為「外國仲裁裁決」（les sentences arbitrales renduse à l'etranger）其內容即《1958年紐約公約》中所規定的「外國仲裁裁決」See Nouveux Code de Procedure Civile, Editions Dalloz, 1998, pp. 637-638.

〔69〕See Nouveux Code de Procedure Civile, Editions Dalloz, 1998, pp. 637.639.

〔70〕這兩條的英文譯文為：

Article 1502 An appeal against a decision granting recognition or enforcement may be brought only in the following cases;

1st If the arbitrator decided in the absence of an arbitration agreement or on the basis of a void or expired agreement;

2nd If the arbitral tribunal was irregularly composed or the sole arbitrator irregularly appointed;

3rd If the arbitrator decided in a manner incompatible with the mission conferred upon him;

4th If due process (literaly: the principle of an adversarial process) was not respected;

5th If recognition or enforcement would be contrary to international public policy (order public international).

Article 1504 An arbitral award rendered in France in international arbitral proceedings is subject to an action to set aside on the grounds set forth in Article 1502.

See W. Laurence Craig *et al., International Chamber of Commerce Arbitration*, 2nd ed., Part V § 30: Annex, French Law, Oceana Publications, 1990, pp. 512-513.

〔71〕這兩條的日文譯文為：

第一五○二条　承認又は執行を付与する判決の控訴は次の場合にのみ許される。

1. 仲裁人が仲裁の合意なく又は無効もしくは満了の合意に基づき裁判した場合。

2. 仲裁裁判所が不適法に構成され又は不適法に指名された単独仲裁人であった場合。

3. 仲裁人が仲裁人に付与された任務に従わないで裁判した場合。

4. 対審の原則が尊重されなかったとき。

5. 承認又は執行が国際公序に反する場合。

第一五○四条　国際仲裁事項に関しフランスで下された仲裁判断は第一五○二条に規定された場合に無効の不服申立の対象をなすことができる。

載《近畿大學法學》1990年第40卷第2期，第324頁。

〔72〕順便說說，肖文在引證和轉述施米托夫的有關法國仲裁監督機制的論述時，任意「修改」了施氏的原語和中文的原譯，此點已見前注〔53〕所作的對照。不但如此，肖文的作者尤其未曾下功夫去查證施氏所述是否符合法國有關條文規定的真貌。經核對，原來施氏本人在這一段的叙述中，竟有三處「失真」，即：（1）法國用以調整國際貿易仲裁的法令，是頒布於1981年5月12日，而不是施氏所述的「1980年」；（2）第1052條第3款的規定是「仲裁員作出裁決時違背了他承擔的職責」（l' arbitre a statué sans se conformer á la mission qui lui avait été conférée，或the arbitrator decided in a manner incompatible with the mission conferred upon him），而不是施氏所述的「仲裁員

超出了其權限範圍」（the arbitrator's failure to respect the terms of reference）；（3）第1052條第4款的規定是「仲裁中不遵守兩造充分辯駁對質的原則」（le principe de la contradiction n' a pas été respecté，或the principle of an adversarial process was not respected），而不是施氏所述的「違背了公正原則」（violation of the principle of fairness）。這種「失真」表明：即使是權威學者，也可能「千慮一失」。故對其有關論述，如欲加以引證和發揮，仍很有必要認真查對其原始出處，究其所本，而不宜一味迷信，導致以訛傳訛。（See C. M. Schmitthoff's Select Essays on International Trade Law, Edited by C. J. Chen, Kluwer Academic Publishers, 1988, pp.657-658.並參見《國際貿易法文選》，趙秀文譯，中國大百科全書出版社1993年版，第679頁。）

〔73〕肖文，載《仲裁與法律通訊》1997年第6期，第10-11頁；《法學評論》1998年第1期，第47頁。

〔74〕參見拙作，載《中國社會科學》1995年第4期，第22-23頁。

〔75〕同上書，第26頁。

〔76〕肖文，載《仲裁與法律通訊》1997年第6期，第7頁。隨後，在其《法學評論》1998年第1期，第44頁上，將這句話修改為「基本否定法院對實體問題進行監督」，即添加了「基本」兩字，從而再次閃爍其詞，再次顯示已失去其原有的自信，但又不願意承認自己立論的「失之偏頗」。

〔77〕肖文此段論述所「引證」的出處是「Albert Jan Van Den Berg, The New York Arbitration Convention of 1958 , 1981 pp. 220-227.」參見肖文，《仲裁與法律通訊》1997年第6期，第10-11頁；《法學評論》1998年第1期，第48、49頁）。經查核Kluwer Law and Taxation Publishers 1981年版該英文原著複印件，發現其準確頁數應是pp. 366-367而不是「pp. 220-227」為何會出現這麼大的頁碼差錯？看來，肖文的這段轉述是轉引自另一位中國學者的著作。經向被轉引的那本著作的中國學者請教，那位學者已查明和確認了自己的筆誤。肖文的作者對他人的筆誤照抄不誤，既不下功夫去查證英文原著，又不如實註明所轉引的中文著作。在治學和撰文中，這種引證方法似不宜提倡。（參見韓健：《現代國際商事仲裁法的理論與實踐》，法律出版社1993年版，第346頁注〔2〕及有關正文；並參見前注〔32〕-〔35〕及有

關正文）。

〔78〕本項規定的內容，與聯合國《國際商事仲裁示範法》第34條第2款第1項第2點規定的內容大體相似，所不同的是《1958年紐約公約》規定有關裁決可不予執行，《示範法》則進一步規定有關裁決可逕予撤銷。參見胡康生主編：《中華人民共和國仲裁法全書》，法律出版社1995年版，第607、620頁。

〔79〕See U. S. District Court of New York, S. D. December 21, 1976, B. V. Bureau Wijsmiuller v. United States of America., (U. S. no. 15)

〔80〕See Cour de Cassation (1st Clamber) June 28,1979, Audi-NSU Auto Union A. G.v. Adelin Petit & Cie (Belgium no.2).

〔81〕See U. S. District Court of Columbia, January 18, 1980, LIAMCO v. Libya (U. S. no. 33).以上3條注解，均轉引自Ablert Jan Van Den Berg, The New York Arbitration Convention of 1958, 1981, p. 367。英文原注序號分別為362、363、364。

〔82〕為便於讀者仔細對照、查核和進一步研究，茲將《1958年紐約公約》和1985年聯合國《國際商事仲裁示範法》中有關外國仲裁裁決和內國仲裁裁決因違背本國公共政策而不予執行或逕予撤銷的條文規定（英文原文和中文譯文）分別摘錄如下：

《1958年紐約公約》第5條第2款第1項和第2項的規定：

英文：

Article V

1. …

2. Recognition and enforcement of an arbitral award may also be refused if the competent authority in the country where recognition and enforcement is sought finds that:

(a) The subject matter of the difference is not capable of settlement by arbitration under the law of that country; or

(b) The recognition or enforcement of the award would be contrary to the public policy of that country.

中譯文：

第5條。

一、…

二、倘聲請承認及執行地所在國之主管機關認定有下列情形之一，

亦得拒不承認及執行仲裁裁決：

（甲）依該國法律，爭議事項系不能以仲裁解決者；

（乙）承認或執行裁決有違該國公共政策者。

《國際商事仲裁示範法》第34條第2款第2項第1點和第2點的規定：

英文：

Article 34

1. …

2. An arbitral award may be set aside by the court specified in Article 6 only if:

(a) the party making the application furnishes proof that:

…

(b) the court finds that;

(i) the subject-matter of the dispute is not capable of settlement by arbitration under the law of this State; or

(ii) the award is in conflict with the public policy of this State.

中譯文：

第34條。

1. …

2. 仲裁裁決只有在下列情況下才可以被第6條規定的法院撤銷：

(a) 提出申請的當事一方提出證據證明：

…

(b) 法院認為：

(i) 根據本國的法律，爭議的標的不能通過仲裁解決；或

(ii) 該裁決與本國的公共政策相牴觸。

以上英文原文參見S. Zamora & R. A. Brand (eds.), Basic Documents of International Economic Law, *CCH International*, Vol.2, 1991, pp.980-981, 1011。中譯文參見胡康生主編：《中華人民共和國仲裁法全書》，第607-608、620-621頁。

〔83〕1998年由Dalloz出版社推出的《法國新民事訴訟法》（法文版）一書，在各條法律條文之下均標明主要的參考文獻，並摘要輯錄具有代表性的法學學者見解及其出處。

本段見解的出處是：Civ.1 re, 15 mars 1988; Bull .Civ.1, No .72; D.1989, 577, note Robert. See Nouveux Code de Procedure Civile, Editions

Dalloz, 1998, p. 639.

〔84〕 Paris, 5 avr. 1990; D. 1990 .IR. 116.參見同上書同頁。

〔85〕 Paris, 10 Sept. 1993; Rev. Crit. DIP 1994, 349, Note Heuzé.參見同上書同頁。法文原文如下，特摘錄附此，以備讀者一步查核和對照：

E. CONTRARIT L' ORDRE PUBLIC INTERNATIONAL

…

16. Est contraire á l' ordre public international la sentence modifiant l'attribution des montants compensatoires aux importateurs, ré glée impérativement par l' arrêté ministériel du 14 juin1982. Civ. 1re,15 mars 1988: Bull. civ,1 ,no 72; D. 1989, 577,note Robert.

17. Est contraire á l' ordre public international la sentence consácrant la violation des dispositions relatives au contrôle des pouvoirs publics sur les investissements étrangers. Paris, 5 avr. 1990 :D. 1990. IR.116.

18. Les dispositions d'une sentence arbitrale obtenues par fraude sont contraires à l'ordre public international fiançais. Paris, 10 sept. 1993: Rev. crit. DIP 1994, note Heuzé.

〔86〕 肖文，載《仲裁與法律通訊》1997年第5期，第8、12頁；《法學評論》1998年第1期，第45、49頁。

〔87〕 中國《仲裁法》第1條規定：「為保證公正、及時地仲裁經濟糾紛……制定本法」；英國《1996年仲裁法》第1條規定：「仲裁的目的在於通過公正的仲裁庭使爭端獲得公平的解決，避免不必要的拖延或不必要的費用。」

〔88〕 肖文，載《仲裁與法律通訊》1997年第6期，第8、12頁；《法學評論》1998年第1期。第45、49頁。

〔89〕 參見美國《仲裁法》第9條。

〔90〕 參見德國《民事訴訟法》第1059條第3款。

〔91〕 參見法國《新民事訴訟法》第1484、1503、1505條。

〔92〕 參見英國《1996年仲裁法》第70條第3款。

〔93〕 參見中國《民事訴訟法》第178、179、182、183條。

〔94〕 參見中國《民事訴訟法》第178、179、182、183條。

〔95〕 同上。

〔96〕 同上。

〔97〕 參見江澤民：《在中央紀委第五次全體會議上的講話》，載《人民日

報》2000年12月27日。在這篇講話中，強調要加大力度，從源頭上預防和治理腐敗；要通過健全法制和體制創新，建立起合理、科學和嚴密的「相互制約的權力運行機制」。

〔98〕《民事訴訟法》第140條規定：對於管轄法院作出的「不予受理」對管轄權有異議或「駁回起訴」的裁定，可以上訴。對於仲裁裁決「不予執行」的裁定，雖不能直接上訴，但可援引同法第177-179條、第184-186條的規定，通過七種渠道，予以再審或提審，重新作出裁定。

〔99〕參見《民事訴訟法》第177-179條、第185-186條；並對照《民事訴訟法（試行）》第157-158條。

〔100〕參見《英國1979年仲裁法》第1條第2-4款，詳見《國際商務仲裁》第七編：「各國仲裁立法」文件編號：Ⅶ. K.1，第1-28頁；Ⅶ. K.3，第35-43頁；《英國1996年仲裁法》第105條，見前注〔12〕引文本。

〔101〕參見《印度尼西亞民事訴訟法》第641條，載程德鈞、王生長主編：《涉外仲裁與法律》，中國人民大學出版社1994年版，第148頁；《澳大利亞新南威爾士1984年商事仲裁法》第38條，參見胡康生主編：《中華人民共和國仲裁法全書》，法律出版社1995年版，第676頁。

〔102〕參見《瑞士國際私法法案》第191條，參見胡康生主編：《中華人民共和國仲裁法全書》，法律出版社1995年版，第635頁。

〔103〕詳見最高人民法院《關於人民法院處理與涉外仲裁及外國仲裁事項有關問題的通知》（法發〔1995〕18號）1995年8月28日。

〔104〕詳見最高人民法院《關於人民法院撤銷涉外仲裁裁決有關事項的通知》（法發〔1998〕40號）1998年4月23日。

〔105〕江澤民：《在中央紀委第八次全會上講話的摘要》，載《人民日報》（海外版）1997年5月16日第1版。

〔106〕參見《民事訴訟法》第177-179條、第185-186條。

〔107〕參見最高人民法院《關於人民法院處理與涉外仲裁及外國仲裁事項有關問題的通知》（法發〔1995〕18號），1995年8月28日；《關於人民法院撤銷涉外仲裁裁決有關事項的通知》（法發〔1998〕40號）1998年4月23日。

〔108〕他總結了歷史現象，指出：「一切有權力的人都容易濫用權力，這是萬古不易的一條經驗。……要防止濫用權力，就必須以權力約束

權力。」參見〔法〕孟德斯鳩:《論法的精神》(中譯本),張雁深譯,商務印書館1982年版,第154頁。

〔109〕參見《辭海》,上海辭書出版社1979年版縮印本,第368頁(「淨土」條目)《漢語大詞典》,漢語大詞典出版社1990年版,第5卷,第1178頁。這個佛教名詞,指的是沒有三毒四惡五濁、沒有塵世穢垢污染的清淨佛境,是西天諸佛聚居的極樂世界。

〔110〕參見江澤民:《在中央紀委第三次全體會議上的講話》(1994年2月28日),載《人民日報》海外版)1994年3月7日第1版。在這次講話中,江澤民同志鄭重提醒全國人民注意:腐敗現象已經滲透到社會生活的**廣泛領域**,利用職權貪贓枉法等犯罪行為,達到了**驚人的程度**;號召堅決開展反腐敗鬥爭。

〔111〕同上。

〔112〕參見李鵬:《政府工作報告》(1994年3月10日),載《人民日報》1994年3月24日第1-2版:並參見喬石:《建立完善的社會主義市場經濟體制,必須有完備的法制規範和保障》,載《法制日報》1994年1月15日第1-2版。

〔113〕參見《仲裁法》第15條第2款、第38條。

〔114〕肖文,載《仲裁與法律通訊》1997年第6期,第11頁;《法學評論》1998年第1期,第48頁。

〔115〕同上。

〔116〕肖文,載《仲裁與法律通訊》1997年第6期,第11頁;《法學評論》1998年第1期,第48頁。

〔117〕摘自王叔文(全國人大法律委員會副主任委員)《全國人大法律委員會關於〈中華人民共和國仲裁法(草案)〉審議結果的報告》,載《全國人大常委會公報》1994年,總第414頁。為便於讀者對照查核,茲將正式通過的現行《仲裁法》第58條全文照錄如下:

第58條　當事人提出證據證明裁決有下列情形之一的,可以向仲裁委員會所在地的中級人民法院申請撤銷裁決:

(一)沒有仲裁協議的;

(二)裁決的事項不屬於仲裁協議的範圍或者仲裁委員會無權仲裁的;

(三)仲裁庭的組成或者仲裁的程序違反法定程序的;

(四)裁決所根據的證據是偽造的;

（五）對方當事人隱瞞了足以影響公正裁決的證據的；

（六）仲裁員在仲裁該案時有索賄受賄，徇私舞弊，枉法裁決行為的。

人民法院經組成合議庭審查核實裁決有前款規定情形之一的，應當裁定撤銷。

人民法院認定該裁決違背社會公共利益的，應當裁定撤銷。

〔118〕早在一九九四年初，江澤民同志在部署全國反腐敗鬥爭的重要會議上指出：揭露出來的問題是嚴重的，**腐敗現象已經滲透到社會生活的廣泛領域**，利用職權索賄受賄、貪贓枉法等犯罪行為，**達到了驚人的程度**。他呼籲：應當認真總結經驗教訓，**堵塞漏洞**，健全管理監督制度。李鵬、喬石等中央主要領導同志以及中共中央的重要決議也多次反覆強調必須努力在各個領域建立起健全、有效、強有力的**法律監督機制和監督體系**，俾便更有效、更深入持久地進行反腐敗鬥爭。時隔三年，江澤民同志在一九九七年初充分肯定全國反腐敗鬥爭取得新進展的同時，再次強調：當前反腐敗鬥爭的形勢**依然嚴峻**，某些腐敗現象經過整治又有反覆，有的**仍在蔓延**；必須看到：反腐敗鬥爭要貫穿於改革開放和現代化建設的全過程，是一項**長期而艱巨**的任務；必須把查辦貪污腐敗案件同**加強防範和管理監督**結合起來。他再次提醒全國人民：務必加強反腐敗鬥爭，決不能掉以輕心，鬆懈鬥志；這個問題不解決好，……就有亡黨亡國的危險。**這決不是危言聳聽**。」詳見前注〔105〕、〔110〕、〔112〕所列文獻。

〔119〕參見肖文，載《仲裁與法律通訊》1997年第6期，第12頁；《法學評論》1998年第1期，第48頁；並參見前注〔117〕附錄的現行《仲裁法》第58條全文。

〔120〕參見拙作，載《中國社會科學》1995年第4期，第22-23頁；《比較法研究》1995年第4期，第374-375頁。

〔121〕列寧：《共產主義運動的「左派」幼稚病》，載《列寧選集》第4卷，人民出版社1995年版，第211頁。強調是引者所加。

第六章

論中國執行外國仲裁裁決機制的形成和不足*

⇌ 內容提要

　　無論訴訟或是仲裁，兩者都追求公正與效率。就效率而言，由於仲裁是一審終局，故仲裁優於訴訟。但是終局裁決之後，如法院未能給予及時承認和執行，則仲裁在效率上的優越性就會大為削弱甚至完全喪失。因此，仲裁裁決的執行，特別是在外國執行的問題，就成為國際仲裁界廣泛關注的焦點之一。針對中國有關執行外國仲裁裁決存在的「地方保護主義」、法律位階不夠高、法律約束力不夠強等「美中不足」，中國應在本國《仲裁法》。《民事訴訟法》。訂及其實施細則中，正式設立「雙層報批覆審制」，並進一步作出具體規定，藉以提高其法律位階，增強其法律約束力；並且在法律或法規中，進一步明確規定最高人民法院作出最後答覆的時限，以利於提高承認和執行外國正確仲裁裁決的效率。

⇌ 目次

公約

（一）頒布中國《民事訴訟法（試行）》

（二）參加一九五八年的《紐約公約》

（三）參加一九六五年的《華盛頓公約》

（四）頒布正式的現行中國《民事訴訟法》

（五）頒布現行的中國《仲裁法》

三、一九九五年迄今

（一）來自「地方保護主義」的障礙

（二）克服「地方保護主義」的措施之一：「雙層報批覆審制」

（三）強化「雙層報批覆審制」：設定時限

四、中國有關執行外國仲裁裁決的立法仍有待改善

（一）正式立法，提高法律位階

（二）對最高院設定答覆時限

　　無論訴訟或是仲裁，兩者都追求公正與效率。就效率而言，由於仲裁是一審終局，故仲裁優於訴訟。但是終局裁決之後，如法院未能給予及時承認和執行，則仲裁在效率上的優越性就會大為削弱甚至完全喪失。因此，仲裁裁決的執行，特別是在外國執行的問題，就成為國際仲裁界廣泛關注的焦點之一。

　　在中華人民共和國，有關承認和執行外國仲裁裁決的立法過程和實踐問題，大體上可以劃分為三個階段：（1）一九四九至一九七八年；（2）一九七九至一九九四年；（3）一九九五年迄今。茲分別簡介如下：

一、一九四九至一九七八年（約 30 年）：相關立法基本空白

從一九四九年十月中華人民共和國成立到一九七八年底決定實行改革開放基本國策，在這段長達三十年左右的時期裡，由於眾所周知的原因，沒有關於承認和執行外國仲裁裁決的明確的法律規定。

其所以然，是因為：自一八四〇年起，中國在臭名遠颺的「鴉片戰爭」中被英國擊敗後，西方列強把一系列的不平等條約強加於中國，使中國淪為半殖民地，喪失了政治主權和經濟主權。而其中的「領事裁判權」條款排除了中國政府對本國領土上涉外爭端的管轄權與裁判權，其嚴重惡果之一是，外國罪犯和暴徒在中國領土上為非作歹，違法犯罪，往往在各該國駐華領事的包庇、縱容下，可以逍遙法外，不受任何懲罰；反之，在本國領土上遭到外國罪犯歹徒暴行侵害、蒙受人身傷亡或財產損失的中國人民，卻無權尋求本國政府給予強有力的法律保護。凡此種種，在中國人的心目中歷來是一種慘痛和恥辱。一百多年的歷史慘痛教訓，使中國人對自己的國家政府當局可能直接成為受外國仲裁機構管轄的「被告」和被執行人一事，感到特別敏感和警惕，深恐「領事裁判權」以新的形式捲土重來，這種「驚弓之鳥，望月而飛」的心理狀態，是不難理解和情有可原的！相應地，在這段長達三十年左右的時期裡，新中國沒有關於承認和執行外國仲裁裁決的明確立法，可謂「基本空白」，這也是不難理解和情有可原的。

二、一九七九至一九九四年（約 15 年）：國內逐步立法＋參加國際公約

（一）頒布中國《民事訴訟法（試行）》

一九七八年底，新中國決定實行改革開放基本國策。適應著形勢發展的需要，一九八二年三月八日頒布了《中華人民共和國民事訴訟法（試行），其中第二〇四條首度出現與承認和執行外國仲裁裁決有關的法律明文規定：

中華人民共和國人民法院對外國法院委託執行的已經確定的判決、裁決，應當根據中華人民共和國締結或者參加的國際條約，或者按照互惠原則進行審查，認為不違反中華人民共和國法律的基本準則或者我國國家、社會利益的，裁定承認其效力，並且依照本法規定的程序執行。否則，應當退回外國法院。

自此時起，中國才初步填補了有關承認和執行外國仲裁裁決的立法空白。

不過，儘管上述條文中提到中國「締結或者參加的國際條約」，但實際上在當時，中國還未締結或者參加當代國際社會中有關外國仲裁裁決的最重要的國際條約，即一九五八年《承認及執行外國仲裁裁決公約》（簡稱《紐約公約》）、一九六五年《解決國家與他國國民間投資爭端公約》（簡稱《華盛頓公約》）。換言之，在一九八二年當時，中國都還不是這兩個公約的締約國或成員國。

（二）參加一九五八年的《紐約公約》

直到《中華人民共和國民事訴訟法（試行）》頒布四年多以後，即一九八六年十二月二日，中國才決定正式參加前述《紐約公約》，在履行相關手續後，該公約於一九八七年四月二十二日開始對中國生效。在其生效前夕，即當年四月十日，中國的最高人民法院向全國各級人民法院發布了關於認真執行《紐約公約》的正式通知，要求各級法院「都應立即組織經濟、民事審判人員、執行人員及其他有關人員認真學習這一重要國際公約，並且切實依照執行」[1]

參加《紐約公約》。接受其中規定的國際義務，雖然也涉及中國司法管轄權——中國司法主權的自我限制問題和國際互惠問題，但它所直接牽涉到的中國的「被執行人」（即參加民事訴訟、仲裁程序的中國「被告」或「被執行人」），畢竟還只限於中國的企業法人和自然人。這對於二十世紀八〇年代中期的中國政府和學界人士說來，一般是能夠理解和可以接受的。但是，當問題涉及中國是否可以參加《華盛頓公約》。從而接受ICSID體制，同意在國際仲裁中直接以中國政府當局為被訴人（「被告」，respondent）和被執行人時，這就不僅涉及中國司法管轄權或司法主權的自我限制，而且擴大到中國的政治主權問題了。因此，自二十世紀八〇年代中期起，在中國應否參加《華盛頓公約》和接受ICSID仲裁體制問題上，政府主管部門和學術界都曾經發生過相當長期的意見分歧和相應的爭論。[2]

（三）參加一九六五年的《華盛頓公約》

直到一九九〇年二月，中國政府在廣泛徵求各界意見、全面權衡利弊得失之後，終於指示當時的中國駐美大使朱啟楨代表中國簽署參加了《華盛頓公約》。但是，事隔三年，一直到一九九三年初，中國的全國人民代表大會（中國的最高立法機構）才正式批准中國加入該公約，並向ICSID機構所在的世界銀行總部遞交批准書，成為該公約的正式成員，自一九九三年二月六日起生效。

由此可見，中國政府針對接受ICSID仲裁體制問題決策之慎重和鄭重，這也充分反映了由於前述特定的歷史原因，中國人對於接受外國仲裁裁決理所當然地長期存在思想顧慮。

（四）頒布正式的現行中國《民事訴訟法》[3]

適應著中國先後參加《紐約公約》《華盛頓公約》以及履行國際條約義務的需要，中國在總結前述「試行」實踐經驗的基礎上，於一九九一年四月頒行了正式的《中華人民共和國民事訴訟法》，其中第二六八條和第二六九條針對承認及執行外國仲裁裁決問題作出了比前述「試行」階段更加明確的規定：

人民法院對申請或者請求承認和執行的外國法院作出的發生法律效力的判決、裁定，依照中華人民共和國締結或者參加的國際條約，或者按照互惠原則進行審查後，認為不違反中華人民共和國法律的基本原則或者國家主權、安全、社會公共利益的，裁定承認其效力；需要執行的，發出執行令，依照本法的有關規定執行。違反中華人民共和國法律的基本原則或者國家主權、安

全、社會公共利益的，不予承認和執行。（第208條）

　　國外仲裁機構的裁決，需要中華人民共和國人民法院承認和執行的，應當由當事人直接向被執行人住所地或者其財產所在地的中級人民法院申請，人民法院應當依照中華人民共和國締結或者參加的國際條約，或者按照互惠原則辦理。（第209條）

（五）頒布現行的中國《仲裁法》

　　在頒布正式的中國《民事訴訟法》之後三年多，中華人民共和國全國代表大會常務委員會在一九九四年八月三十一日通過了《中華人民共和國仲裁法》，並自一九九五年九月一日起施行。這部重要法律含八章八十條，針對仲裁範圍、仲裁機構、仲裁協議、仲裁程序、仲裁裁決及其執行、仲裁監督以及涉外仲裁等事項，逐一作了明確的原則性規定。

　　就仲裁裁決及其執行而言，中國《仲裁法》第九條和第六十二條明文規定：中裁實行一裁終局的制度，當事人應當履行仲裁裁決。一方當事人不履行的，另一方當事人有權依照民事訴訟法的有關規定向人民法院申請執行，受申請的人民法院應當執行。

　　這些規定，改變了過去曾經長期採取的「又裁又審，一裁兩審終局」的體制，轉採取「或審或裁，一裁終局」的體制，從而完全符合當代世界各國有關仲裁立法的先進經驗，與國際慣例互相接軌，促進了中國仲裁制度加速走向現代化和國際化，因而不但受到國內人民的歡迎，也受到國際社會的認可和好評。簡言之，從整體上說來，中國的這部《仲裁法》是值得肯定和稱讚的。

　　但是，這部《仲裁法》的若干環節，在行文措辭上、在實體

規定上，都存在有待商榷和需要改進之處。其中，有待商榷和改進的具體環節之一，就是這部法律還缺乏專門針對承認和執行外國仲裁的具體規定。

三、一九九五年迄今

（一）來自「地方保護主義」的障礙

中國相繼參加一九五八年《紐約公約》和一九六五年《華盛頓公約》以來，在承認和執行某些案件的外國仲裁裁決過程中，從整體上說來，是信守國際義務的。但是，有時會遇到來自「地方保護主義」的障礙。前文提到，按照《民事訴訟法》第二○九條，有關承認和執行外國仲裁裁決的任務，是授權給有管轄權的中級地方人民法院受理和承擔的。在某些場合，這些有管轄權的中級地方人民法院可能受到來自當地政府官員的「壓力」，從而偏袒受到執行外國仲裁裁決不利影響的當事人（即「被執行人」），致使承認和執行某些外國仲裁裁決的進程，在「地方保護主義」的干擾之下，久拖不決，或拒不執行。

這類「地方保護主義」干擾問題，似乎並非中國獨有，而且可以通過針對性立法加以排除。綜觀當代各國仲裁立法的趨向，有一種現象是值得注意的：為了更強有力地防止「地方保護主義」等消極因素對執行正確仲裁裁決可能產生的不利影響，為了更加有效地防止基層或中級人民法院部分審判人員可能因業務水平不高而在對仲裁裁決實行司法審查和監督中發生失誤，國際仲裁立法實踐中已有某些可資參考借鑑的先進經驗，即：把對於內

國和涉外兩類仲裁裁決實行程序運作審查和實體內容審查的監督權，一概授予擁有高水平審判人員的高層次法院，以昭慎重，並確保監督的公正、正確和準確，而又不影響效率。例如，在英國，把此種監督權授予高等法院（High Court）；[4] 在印度尼西亞和澳大利亞，都把此種監督權授予最高法院；[5] 在瑞士，則原則上應由聯邦最高法院行使此種監督權，但是當事人可以協議以仲裁庭所在地特定的州法院代替聯邦最高法院行使此權。[6]

結合中國幅員遼闊、各省發展不平衡等國情特點，在深入調查研究的基礎上，如認為確有必要移植上述經驗時，似可考慮在中國的仲裁立法中作出規定，由最高人民法院組建專庭，或授權某些省分的高級人民法院，負責受理針對重大涉外仲裁裁決和外國仲裁裁決的投訴，對此類裁決的程序運作以及實體內容，實行全面的監督。至於對一般仲裁裁決實行兼及程序、實體的全面監督權，則歸由有管轄權的基層法院或中級人民法院掌握和行使。

（二）克服「地方保護主義」的措施之一：「雙層報批覆審制」

近幾年來，中國在司法實踐中也採取了若干新的有效措施，以防範和制止地方保護主義發生的消極作用。這些措施，與上述諸國的立法相較，似有異曲同工、不謀而合之處，而又帶有中國的特色，值得注意。例如，最高人民法院曾在一九九五年八月間下達文件[7]明確規定：

為嚴格執行《中華人民共和國民事訴訟法》。及我國參加的有關國際公約的規定，保障訴訟和仲裁活動依法進行，現決定對

人民法院受理具有仲裁協議的涉外經濟糾紛案、不予執行涉外仲裁裁決以及拒絕承認和執行外國仲裁裁決等問題建立報告制度。為此，特作如下通知：

一、凡起訴到人民法院的涉外、涉港澳和涉臺經濟、海事海商糾紛案件，如果當事人在合同中訂有仲裁條款或者事後達成仲裁協議，人民法院認為該仲裁條款或者仲裁協議無效、失效或者內容不明確無法執行的，在決定受理一方當事人起訴之前，**必須報請**本轄區所屬**高級人民法院進行審查**；如果高級人民法院同意受理，應將其審查意見**報最高人民法院**。在最高人民法院未作答覆前，可暫不予受理。

二、凡一方當事人向人民法院申請執行我國涉外仲裁機構裁決，或者向人民法院申請承認和執行外國仲裁機構的裁決，如果人民法院認為我國涉外仲裁機構裁決具有民事訴訟法第二百六十條[8]情形之一的，或者申請承認和執行的外國仲裁裁決不符合我國參加的國際公約的規定或者不符合互惠原則的，在裁定不予執行或者拒絕承認和執行之前，必須報請本轄區所屬高級人民法院進行審查；如果高級人民法院同意不予執行或者拒絕承認和執行，應將其審查意見報最高人民法院。待最高人民法院答覆後，方可裁定不予執行或者拒絕承認和執行。

其後，又在一九九八年四月間下達另一份文件[9]進一步明確規定：凡一方當事人按照《仲裁法》的規定向人民法院申請撤銷中國的涉外仲裁裁決，如果人民法院經審查認為涉外仲裁裁決具有《民事訴訟法》第260條第1款規定的情形之一的，在裁定撤

銷裁決或通知仲裁庭重新仲裁之前，須報請本轄區所屬高級人民法院進行審查。如果高級人民法院同意撤銷裁決或通知仲裁庭重新仲裁，應將其審查意見報最高人民法院。待最高人民法院答覆後，方可裁定撤銷裁決或通知仲裁庭重新仲裁。

這兩份文件，看來其主旨均在於通過法院系統內部建立事先報批、雙層覆審制度，其操作要點有二：

1. 受理不執行之訴或撤銷之訴：有管轄權的中級人民法院，在正式立案受理不執行或撤銷涉外裁決之訴、受理不承認和不執行外國裁決之訴以前，必須層層上報審批，直到最高人民法院批覆同意之後，方可正式受理；否則，不得受理。

2. 裁定不予執行或應予撤銷：有管轄權的中級人民法院，在正式裁定不執行或撤銷中國的涉外裁決、正式裁定不承認和不執行外國裁決以前，也必須層層上報審批，直到最高人民法院批覆同意之後，方可正式裁定；否則，不得裁定。

中國最高人民法院下達這兩份文件的目的，顯然均在於通過法院系統內部建立**事先報批制度**，對地方管轄法院裁定「不予執行」「予以撤銷」或「發回重裁」的權力，加以必要的規範、限制和給予必要的指導，以防止某些地區的「地方保護主義」妨礙終局中國涉外裁決及外國裁決的順利執行。

這些規定，既保留了地方各級管轄法院對有關涉外仲裁裁決或外國仲裁裁決進行審查監督的權力，又在這些權力具體行使過程中的某些方面，設立了實質上的**「雙層報批覆審」**制度。看來，這些規定比較符合中國幅員遼闊、各省發展不平衡等國情特點。因此，日後依中國國情的實際需要修訂《仲裁法》時，不妨

以專設法條明文規定，把對涉外仲裁裁決以及外國仲裁裁決的司法審查監督，擴大到兼及其程序運作和實體內容，並由高級人民法院和最高人民法院針對下級法院上報的有關不執行或撤銷涉外仲裁裁決的意見、有關不承認和不執行外國仲裁裁決的意見，加以「雙層報批覆審」，從而更加有效地預防「地方保護主義」，切實地保障正確的涉外仲裁裁決和外國仲裁裁決得以順利執行。

但是，由於一九九五年八月、一九九八年四月的上述兩項通知均未針對中國涉外仲裁裁決和外國仲裁裁決的「不予執行」問題，明確規定有關中級人民法院以及高級人民法院進行審查和逐級上報的時間限制[10]，故在實踐中往往仍然出現延宕時日、久拖不決的現象，仍然難以切實有效地防止地方保護主義的各種干擾和消極影響。針對這一不足，一九九八年十月，最高人民法院審判委員會又專門作出了一項「釋法規定」明確設定相關時限，藉以強化「雙層報批覆審制」的實際效力。

（三）強化「雙層報批覆審制」：設定時限

此項「釋法規定」[11]明文指示：

當事人依照紐約公約第四條規定的條件申請承認和執行外國仲裁裁決，受理申請的人民法院決定予以承認和執行的，應在受理申請之日起**兩個月**內作出裁定，如無特殊情況，應在裁定後**六個月**內執行完畢；決定不予承認和執行的，須按最高人民法院法發〔1995〕18號《關於人民法院處理與涉外仲裁及外國仲裁事項有關問題的通知》。有關規定，在受理申請之日起**兩個月內**上報最高人民法院。

這項規定的實際意義是：受理對外國仲裁裁決執行之訴的主管中級人民法院，必須在受理之後的**兩個月時限內完成三件事**，包括：（1）主管中級人民法院決定是否予以承認和執行；（2）如果主管中級人民法院初步決定不予承認和執行，應迅即上報所屬省高院；（3）如省高院經過審查後，同意下屬主管法院不予承認和執行的初步決定，應迅即上報最高院。

但是，最高院應於多長時期（時限）以內完成審查，作出同意或不同意的最終答覆，則仍未明確規定。可謂「美中不足」或仍有「法律漏洞」。

四、中國有關執行外國仲裁裁決的立法仍有待改善

看來，針對上述「美中不足」，中國有關執行外國仲裁裁決的立法有待進一步改進之處，至少還有以下兩點：

（一）正式立法，提高法律位階

現有的司法解釋的法律位階不夠高，法律約束力不夠強，應在中國《仲裁法》。訂及其實施細則中，或在中國《民事訴訟法》。訂及其實施細則中，進一步作出具體規定，藉以提高相關規定的法律位階，增強其法律約束力。

（二）對最高院設定答覆時限

應當在中國《仲裁法》或中國《民事訴訟法》等法律或法規中，進一步明確規定最高人民法院作出最後答覆的時限，從收到

省級請示報告之日起，一般不宜拖延至兩個月以上，以利於提高和保證承認和執行外國正確仲裁裁決的效率。

※　　　　※　　　　※

總之，作為全球最大的發展中國家，中國正在持續不斷地吸收大量外國投資。適應形勢發展，中國確實需要不斷改善吸收外資的法律環境，其中包括改善承認和執行外國仲裁裁決的立法和採取各種更加有效的措施。通過這條公平公正的途徑，才能更有效地促進外國投資者與吸收外資東道國實現互利雙贏，促進全球的共同繁榮。

注釋

* 本文是筆者二〇〇五年十二月十二日應邀參加在巴黎召開的國際仲裁專題研討會上的大會發言文稿，旨在向國際同行簡介當時中國執行外國仲裁裁決機制從無到有的形成過程和有待進一步完善的概況。這次專題研討會由「解決投資爭端國際中心」（CSID）、「聯合國貿易和發展委員會」（UNCTAD）以及「經濟合作與發展組織」（OECD）聯合主辦，其主題是探討有關國際投資協定以及國際仲裁立法的理論和實踐。

〔1〕　《最高人民法院關於執行我國加入的〈承認及執行外國仲裁裁決公約〉的通知》〔法（經）發〔1987〕5號〕，1987年4月10日。

〔2〕　參見陳安：《國際投資爭端仲裁：CSID機制研究》，復旦大學出版社2001年版，第25-41頁。

〔3〕　本文撰寫於二〇〇五年十二月初，此處所稱「現行中國《民事訴訟法》」指的是一九九一年四月頒行的《中華人民共和國民事訴訟法》。該法已於二〇〇七年十月二十八日、二〇一二年八月三十一日、二〇一七年六月二十七日分別修訂公布，修訂後的具體條文內容、數目和序列，均有所調整，閱讀本文時請留意予以對照。

〔4〕　參見英國1996年《仲裁法》第105條。

〔5〕　參見《印度尼西亞民事訴訟法》第641條，見許耀忠中譯文，載程德

鈞、王生長主編:《涉外仲裁與法律》(第二輯,資料編譯),第148頁;《澳大利亞新南威爾士1984年商事仲裁法》第38條,見胡康生主編:《中華人民共和國仲裁法全書》,法律出版社1995年版,第676頁。

〔6〕 參見《瑞士國際私法法案》第191條,見胡康生主編:《中華人民共和國仲裁法全書》,法律出版社1995年版,第635頁。

〔7〕 詳見《最高人民法院關於人民法院處理與涉外仲裁及外國仲裁事項有關問題的通知》(法發〔1995〕18號),1995年8月28日。(引文中的強調是引者所加,下同)

〔8〕 中國《民事訴訟法》第260條規定:「對中華人民共和國涉外仲裁機構作出的裁決,被申請人提出證據證明仲裁裁決有下列情形之一的,經人民法院組成合議庭審查核實,裁定不予執行:(一)當事人在合同中沒有訂有仲裁條款或者事後沒有達成書面仲裁協議的;(二)被申請人沒有得到指定仲裁員或者進行仲裁程序的通知,或者由於其他不屬於被申請人負責的原因未能陳述意見的;(三)仲裁庭的組成或者仲裁的程序與仲裁規則不符的;(四)裁決的事項不屬於仲裁協議的範圍或者仲裁機構無權仲裁的。人民法院認定執行該裁決違背社會公共利益的,裁定不予執行。」中國《民事訴訟法》已於2007年10月28日修訂公布,並且自2008年4月1日起施行。原第260條上述規定已改列為第274條。

〔9〕 詳見《最高人民法院關於人民法院撤銷涉外仲裁裁決有關事項的通知》(法發〔1998〕40號),1998年4月23日。

〔10〕 雖然,一九九八年四月的上述通知針對中國的涉外仲裁裁決的撤銷和重裁時限問題作出規定:受理申請撤銷裁決的人民法院如認為應予撤銷裁決或通知仲裁庭重新仲裁的,應在受理申請後三十日內報其所屬的高級人民法院,該高級人民法院如同意撤銷裁決或通知仲裁庭重新仲裁的,應在十五日內報最高人民法院,以嚴格執行仲裁法第六十條的規定。」但是,對於有關涉外仲裁裁決和外國仲裁裁決「不予執行」的雙層審查上報程序,卻未設定任何時間限制。

〔11〕 詳見《最高人民法院關於承認和執行外國仲裁裁決收費及審查期限問題的規定》。(法發〔1998〕28號),1998年10月21日。

第七章

論中國涉外仲裁程序中當事人的申辯權和對質權

——就香港百利多投資有限公司訴香港克洛克納東亞有限公司一案向香港高等法院提供的專家意見書

內容提要

本文是作者受託向香港高等法院出具的專家意見書。一九八九年，香港百利多公司（仲裁申請人）與香港克洛克納公司（仲裁被申請人）因買賣合同糾紛提請中國國際經濟貿易仲裁委員會（CIETAC）仲裁。在審理過程中，CIETAC仲裁庭曾自行指定專家進行調查並由專家出具鑑定報告書。一九九〇年十一月八日，CIETAC仲裁庭將上述專家鑑定報告書送達被申請人克洛克納公司。後者尚未作出具體答辯，CIETAC隨即於一九九〇年十一月十五日簽發了裁決書，裁決百利多公司「勝訴」克洛克納公司「敗訴」一九九二年四月一日，百利多公司（原告）向香港高等法院起訴，要求判令克洛克納公司（被告）履行CIETAC裁決書規定的義務。被告不服，提出抗辯，認為CIETAC據以斷案的專家鑑定報告不符合事實真相，而且，未允許被申請人行使質疑權

第二編・國際經濟法基本理論（二）

利，故請求香港高等法院判定對CIETAC的上述裁決書不予執行。一九九二年六月十日，原告代理律師向香港高等法院提供證詞，聲稱在中國司法程序和仲裁程序所採取的審理制度中，根本沒有諸如「盤問（證人）或對質」（cross examination）之類的做法。就中國的仲裁程序而言，仲裁庭認為必要時，可以自行調查，蒐集證據；也可以就案件中的問題請專家幫助，提供諮詢意見或進行鑑定。各種證據應由仲裁庭自行審定。仲裁當事人根本無權「盤問」幫助仲裁庭自行調查取證的證人。就仲裁庭自行委託專家作出的專家報告書而言，當事人根本無權「盤問」仲裁庭聘請的專家，針對專家報告書中的調查結論提出異議。在此之前，中國國際經濟貿易仲裁委員會秘書處曾在一九九二年二月十五日致香港律師的覆信中提到，「由仲裁庭獨立聘請的專家作出的鑑定報告，任何一方當事人均無權對專家報告提出任何異議。因為專家鑑定報告是以一個獨立、公正、第三人作出的，符合實際的科學的報告，具有權威性」。

被告代理律師於一九九二年十二月七日來函要求筆者提供諮詢意見。筆者綜合研究了本案的案情及其發展過程，研究了中國的《民事訴訟法》。《仲裁法》以及中國參加的相關國際公約的規定，認為：根據中國有關仲裁的立法，根據以「事實為根據、以法律為準繩」的基本法理，根據充分保障當事人行使訴訟權利的審理原則，當事人在訴訟和仲裁過程中依法享有充分的陳述、答辯、質疑、對質等權利。因此，當事人完全有權針對仲裁庭自行指定專家所作出的專家鑑定報告書提出異議。因此，原告代理律師上述證詞以及CIETAC秘書處上述覆函中的主張和說法，並

不符合中國有關法律的規定，不宜採信。

一九九三年一月十五日，香港高等法院作出判決，其中長篇引述了筆者在本文（專家意見書）中提出的論點和論據，表示贊同和應予採信，並且最後認定：CIETAC仲裁庭在本案最後裁決之前，未能給被申請人（被告）一方充分申辯的機會，因此，香港主管法院應依據一九五八年《紐約公約》的規定以及香港《仲裁法例》的相應規定，判決對CIETAC的上述裁決書不予執行。[1]

↘ 目次

本人，中華人民共和國廈門大學政法學院院長陳安教授，應香港史蒂文生・黃律師事務所一九九二年十二月七日來函要求，就香港百利多投資有限公司（以下簡稱「百利多公司」）與香港克洛克納東亞有限公司（以下簡稱「克洛克納公司」）爭議案

件，提供法學專家意見如下：

一、專家簡況

1-9.（從略）

10.　基於以上各點，本人自信具有合格的學識和能力針對上述香港律師事務所提出的以下諸問題，提供專家諮詢意見。

二、諮詢的問題：當事人可否對 CIETAC 自行指定專家作出的鑑定提出抗辯？

11.　香港史蒂文生・黃律師事務所一九九二年十二月七日來函提出的問題主要有如下兩個方面：

A. 百利多公司聘請的仲裁代理人司筱潭律師在一九九二年六月十日提供的正式證詞（affirmtion）中，強調指出：**在中國司法程序和仲裁程序所採取的審理制度中，根本沒有諸如「盤問（證人）或對質」（cross-examination）之類的做法**。英美普通法體制中所採用的盤問證人或涉訟雙方互相對質的程序做法，在中國的審理制度中是根本不存在的。就中國的仲裁程序而言，**仲裁庭認為必要時，可以自行調查，蒐集證據；也可以就案件中的問題請專家幫助，提供諮詢意見或進行鑑定。各種證據應由仲裁庭自行審定**。作為一條總的原則，中國採用的審理制度不允許仲裁當事人對於仲裁庭自行調查取得的證據提出異議。中國審理制度所固有的特點在於：**仲裁當事人根本無權「盤問」幫助仲裁庭自**

行調查取證的證人。就仲裁庭自行委託專家作出的專家報告書（意見書）而言，當事人根本無權「盤問」仲裁庭聘請的專家，針對專家報告書中的調查結論提出異議（見附件「PAC-1」司筱潭律師上述證詞的第19段和第20段）。

請問：司筱潭律師的上述說法和主張，是否符合中國的實際情況？在中國的仲裁程序中，當事人究竟有沒有權利針對仲裁庭自行聘請專家或證人作出的專家報告書或其他證據進行評論？當事人有沒有權利向仲裁庭提供證據，以反駁仲裁庭自聘專家所提供的證據？

B. 中國國際經濟貿易仲裁委員會（以下簡稱「CIETAC」秘書處1992年2月15日致香港廖綺雲律師事務所丁志鋼先生的「（92）貿仲字第0346號」覆信中提到，「由仲裁庭獨立聘請的專家作出的鑑定報告，任何一方當事人均無權對專家報告提出任何異議。因為專家鑑定報告是以一個獨立、公正、第三人作出的，符合實際的科學報告，具有權威性」（見附件「PAC-2」CIETAC秘書處1992年2月15日覆信）。

請問：CIETAC秘書處上述回信中所陳述的看法是否符合中國的實際情況？是否正確？

三、專家的看法和意見

（一）中國審理制度的首要原則之一：確保當事人行使訴訟權利

12. 針對上述A、B兩方面的問題，本人提出以下各點看法

和意見，供各有關方面參考。

13.　我認為，要正確地回答上述諸問題，首先必須弄清一個前提：在中國司法程序和仲裁程序現行的審理制度中，其最基本、最本質、最重要的原則是什麼？

我認為，一九八二年公布施行的《中華人民共和國民事訴訟法（試行）》[2]（以下簡稱《民訴法（試行）》）第一章一開頭，就對這個問題作出十分明確的、具有權威性的規定：人民法院審理民事案件，必須**以事實為根據，以法律為準繩；……保障訴訟當事人平等地行使訴訟權利**」。民事訴訟法的任務，就在於「保證人民法院查明事實，分清是非，正確適用法律……」（見附件「PAC-3」第5條、第2條，從略）。一九九一年修訂公布的《中華人民共和國民事訴訟法》（以下簡稱《民訴法》），以更加明確的語言，再次反覆強調了中國現行審理制度中的上述最基本的原則：「中華人民共和國民事訴訟的任務是保證當事人行使訴訟權利，保證人民法院查明事實，分清是非，正確適用法律……」「應當保障和便利當事人行使訴訟權利」**「人民法院審理民事案件時，當事人有權進行辯論**」（見附件「PAC-4」第2、7、8、12條，從略）。在這裡，特別值得注意的是：（1）把「保證當事人行使訴訟權利」列在整個民事訴訟法諸條任務的第一位，即視為首要任務；（2）把徹底查明事實真相作為適用法律的根據、基礎和前提。

14.　就如何看待案件審理全過程中出現的各種證據而言，上述先後兩部民事訴訟法也都作了明確的規定。《民訴法（試行）》把專家的「鑑定結論」列為七種證據之一，並且強調一切

證據（包括專家鑑定）都「必須經過查證屬實，才能作為認定事實的根據」同時，第五十六條進一步強調：人民法院應當「全面地、客觀地蒐集和調查證據」這裡所說的「全面地、客觀地」，當然包括收集訴訟雙方當事人所提供之一切正面的和反面的證據。在有關「開庭審理」的專門規定中，又進一步強調審判員必須在法庭調查中向當事人「出示書證、物證」和「宣讀鑑定結論」（見附件「PAC-3」第55條、第56條第2款、第107條，從略）。所有這些規定，集中到一點，都是為了達到同樣的目的：徹底弄清事實真相，查對附件，盡力避免偏聽偏信。

關於對待一切證據（包括專家鑑定結論）的上述基本態度和基本原則，在一九九一年的《民訴法》中再次予以強調（見附件「PAC-4」第63條、第64條第3款、第124條，從略）。

15. 在中國現行的案件審理制度中，當事人是否有權對證人（包括法院或仲裁庭聘請的專家）所提供的證詞、證據（包括上述專家所提供的鑑定結論、報告書或意見書），進行評論、提出異議、加以反駁，甚至另外提供新的相反證據，以推翻任何人提供的任何已有證據？

答案是完全肯定的。

一九八二年的《民訴法（試行）》明確規定：當事人經過法庭許可，可以向證人、鑑定人、勘驗人發問」。在司法實踐中，對於當事人提出的向證人、鑑定人等發問或盤問的正當要求，只要不是無理取鬧，只要是擺事實講道理，法庭一向總是許可的，甚至是加以鼓勵的，因為這很有助於澄清事實，辨明真相。與此同時，「當事人在法庭上可以提出新的證據」，其中當然也包括

提出能夠用以反駁鑑定人及其鑑定結論的任何新證據（見附件「PAC-3」第108條，從略）。

這些基本規定，在一九九一年的《民訴法》中不但以類似語言重新加以強調，而且以更加明確的文字專門添加了一條全新的、總結了多年實踐經驗的條文，強調：「**證據應當在法庭上出示，並由當事人互相質證**」。這裡的「**互相質證**」一詞，實際上就是互相盤問（見附件「PAC-4」：第125、66條，從略）。

由此可見，那種認為在中國現行的案件審理制度中根本不存在「盤問證人」或「互相對質」程序的說法，是根本不符合中國**已經行之多年**的現行法律規定和現實實踐情況的。

（二）CIETAC 仲裁程序必須遵循上述原則的法律根據

16.　那麼，在中國的仲裁程序中，在CIETAC仲裁庭審理案件的程序中，是否也必須認真貫徹上述審理原則和規則呢？

答案也是完全肯定的。

17.　在現行的一九八八年《中國國際經濟貿易仲裁委員會仲裁規則》（以下簡稱《CIETAC仲裁規則》）中，雖然並沒有具體的文字明白規定當事人有權對仲裁庭自行聘請的專家及其提供的鑑定報告書提出異議或加以反駁，但是，其中也絕對沒有具體的文字明白規定當事人根本「無權」（如司筱潭律師所一再強調的）對上述專家及其報告書提出異議或加以反駁。換言之，其中**並無**針對當事人上述行為的任何**禁止規定**（見附件「PAC-5」從略）

一九八八年的《CIETAC仲裁規則》之所以未對當事人的上

述爭訟權利作出明文規定，看來有三條原因：

（1）它本身十分簡明扼要（一共只有43條），篇幅極其有限，不可能事事逐一詳細規定。

（2）前述案件審理的諸項基本原則和規則，早已在一九八二年的《民訴法（試行）》（共205條）之中作了詳細規定，並已行之多年，它們雖然還沒有家喻戶曉，但對從事司法工作或仲裁工作的法律界人士說來，「以事實為根據，以法律為準繩」「保護當事人行使訴訟權利」以及與此有關的重要審理原則和規定，卻早已是人人皆知的普通常識了。

（3）中國的其他重要法律和法規以及中國參加的國際公約已經針對中國涉外案件的仲裁審理原則，專門作出重要的規定。對這方面的主要規定，茲逐一列出如下：

18. 一九八八年六月，中國國務院在一份專為《CIETAC仲裁規則》修訂工作下達的「批覆」文件中，明確指示：應當根據中國法律和中國締結或參加的國際條約，並參照國際慣例，對中國原有的涉外案件仲裁規則進行修訂（見附件「PAC-6」：中國國務院對中國國際貿易促進委員會的批覆，從略）。這顯然是明確指示：一九八八年頒行的《CIETAC仲裁規則》，其一切內容和具體規定（包括審理原則），**都不得違背中國法律**所明確規定的有關案件審理的**基本法理原則**和**基本行為準則**，也都**不得違背中國已經參加的國際條約**，不得違背國際社會早已公認的、約定俗成的**國際慣例**。

（三）中國參加的《紐約公約》確保仲裁當事人享有充分申辯權

19.　一九八二年的《民訴法（試行）》第一八九條規定：中華人民共和國締結或者參加的國際條約同本法有不同規定的，適用該國際條約的規定（見附件「ＰＡＣ-3」，從略）

20.　一九八六年的《中華人民共和國民法通則》第一四二條規定：中華人民共和國締結或者參加的國際條約同中華人民共和國的民事法律有不同規定的，適用國際條約的規定（見附件「PAC-7」從略）

21.　一九九一年經過修訂的《民訴法》第二三八條以完全相同的文字，再次強調和重申了一九八二年《民訴法（試行）》第一八九條的上述規定（見附件「PAC-4」從略）

22.　根據以上十八至二十一各段的政府批文和法律規定，現行的《CIETAC仲裁規則》顯然不得違反中國已經締結或參加的一切國際條約和公約，其中當然也包括中國已於一九八七年參加的《承認及執行外國仲裁裁決公約》（以下簡稱《紐約公約》）。

23.　一九八七年開始對中國生效的上述《紐約公約》明文規定：「凡是受裁決援用之一造未接獲指派仲裁員或仲裁程序之適當通知，或因他故，致**未能申辯者**」，可以「向申請承認及執行地之主管機關提供證據」，證明以上情況，有關主管機關（法院）可以依該當事人的請求，拒絕承認及執行已經生效的外國仲裁裁決（見附件「ＰＡＣ-8」：第5條，從略）。

中華人民共和國最高人民法院於一九八七年四月十日下達全國各級法院的專門通知中，特別附列《紐約公約》的上述有關條

文，指令各下級法院遵照執行（見附件「PAC-8」從略）

24. 一九九一年修訂的《民訴法》第二六〇條作出的規定，是與《紐約公約》的上述條文完全一致和互相銜接的。該第二六〇條規定：在仲裁案件中，被申請人沒有得到指定仲裁員或者進行仲裁程序的通知，或者由於不屬於被申請人負責的原因**未能陳述意見**，該被申請人可以提出有關上述情況的證據，經中國人民法院審查核實，法院可以對中國涉外仲裁機構（主要是指CIETAC作出的裁決），**裁定不予執行**（見附件「PAC-4」第260條，從略）。

25. 由此應當得出結論：由CIETAC仲裁庭作出的裁決，如果其據以進行裁決的專家鑑定書，未向仲裁案中的被申請人一方及早出示，讓被申請人有充分的機會向仲裁庭陳述自己的申辯意見，提出異議，加以反駁，或另外提供新的證據，這都屬於使被申請人「未能陳述意見」或「未能申辯」之列，依照《紐約公約》以及中國一九九一年《民訴法》的上述規定，該被申請人顯然有權向中國法院或其他參加《紐約公約》的國家或地區的法院，提出證據，申請對CIETAC仲裁庭的裁決書，裁定暫且不予執行。待該被申請人依《紐約公約》或依中國法律規定，能夠向CIETAC仲裁庭對前述專家報告書**充分申辯**、**提出異議**、提供新證據，並由CIETAC仲裁庭依照應有程序徹底查清事實真相後，作出新的裁決，再予執行。

26. 前述CIETAC仲裁庭曾於一九九〇年十一月八日將本案的兩份專家鑑定報告書送達被訴人克洛克納公司的仲裁代理人，顯然可以推定本案仲裁庭原是有意就該報告書請被訴人提出自己

的意見（包括異議、反駁）的。可惜的是送達得太遲，而裁決書又簽發得太早。否則，如果再等若干星期，或設定一個異議期限，讓克洛克納公司有機會再陳述一下自己的最後意見或異議，然後再簽發出裁決書，那就盡善盡美，毫無瑕疵了！我相信，CIETAC一定會朝這個方向努力，使自己的工作更加完善的。

廈門大學

國際經濟法教授

陳安

（簽字）

一九九二年十二月十日於香港

附錄

一、司篠潭律師證詞 *

（摘要）

（1992年6月10日，香港）

In the Supreme Court of Hong Kong

High Court

Miscellaneous Proceedings

1991 No. M. P. 2219

1-18〔Omitted〕

…

19. Finaly, I would also like to stress that judicial and arbitral

proceedings in China followed the inquisitorial system. There is no such thing as "cross-examination" in the Chinese inquisitorial system. The procedure such as that adopted by the common law system for "examination" or "cross-examination" of witnesses is totally absent in the Chinese system. As far as Chinese arbitration proceedings is concerned, in the event that an Arbitration Tribunal want 〔Sic〕 to verify the truth of the evidence submited by the parties, or to test the veracity of the case put forward by the parties, it would conduct its own inquiries, with the assistance of experts, if it thinks fit. The Tribunal alone would decide on the extent of such inquiries and what further evidence it would wish to collect before it makes a decision on the case. The evidence so collected by the Tribunal would be examined by the Tribunal itself who would decide whether it would accept the same as evidence in the proceedings (cf. Article 27of the Rules of Arbitration). As a general rule, the inquisitorial system adopted by China did not allow the parties to challenge the inquiries made by the Tribunal itself. If the Tribunal wish[es] to seek the assistance of the legal representatives representing the parties, it could of course invite them to made 〔Sic〕 submission on any particular issue for which the Tribunal has made its own inquiry. However it is inherent in the nature of the inquisitorial system adopted by China that the parties do not have the right to "cross-examine" the Tribunal's own witnesses who assisted the Tribunal in making its own inquiries. In the context of an expert report commissioned by the Tribunal itself, the parties have no right to "cross-examine" the Tribunal's experts with a view to challenge the findings in such report. It is an inherent characteristic of the inquisitorial system that the Tribunal plays an active and independent role in ascertaining the evidence required for making a decision. This is different from the adversarial system in which the court or tribunal plays no active part in making any inquiry of its own.

20. In the present case therefore the Defendant had no right, unless the Tribunal invited it to do so, to raise any objection to the expert report prepared by the expert engaged by the Tribunal. The Tribunal alone would decide on the extent of its own inquiries and whether it would accept or reject the whole or only part of the evidence collected through these inquiries.

Affirmed at the office

Robert W. H. Wang & Co.

Nine Queen Road, Central Xiao Tan Si

Hong Kong

this 10th day of June 1992

Before me,

LEE J.BURNEY

Solicitor,

Hong Kong.

This Affirmation is filed on behalf of the Plaintiff

二、中國國際經濟貿易仲裁委員會秘書處覆函（1992）貿仲字

第0346號關於貿仲字第（1990）2986號裁決執行事

（香港）廖綺雲律師事務所

丁志鋼先生：

你所一九九二年二月十四日傳真收悉。

現答覆如下：

1. 在本案於一九九〇年四月二十五日開庭審理時，仲裁庭不僅審理了本案的程序問題，而且也對本案的事實問題進行了審理，雙方不但進行了意見陳述，回答了仲裁庭的詢問，還進行了辯論。仲裁庭還要求雙方提供進一步的證據和補充陳述。此後雙方向仲裁庭提交了進一步的證據和陳述，仲裁庭進行了認真的審閱，經仲裁庭合議後認為有必要獨立聘請專家進行技術鑑定。在開庭審理時，被訴人既沒有提出尤其推薦專家對貨物質量問題進行檢驗，也沒有提出尤其推薦的專家與仲裁庭聘請的專家一起聯合檢驗貨物的主張。

2. 對被訴人於一九九〇年十一月十二日致仲裁庭函，仲裁庭沒有給予答覆。其理由是：仲裁規則第二十六條規定：「……仲裁庭認為必要時，可以自行調查，收集證據。」仲裁規則第二十八條規定：「仲裁庭可以就案件中的專門問題向專家諮詢或者指定鑑定人進行鑑定。」也就是說由仲裁庭獨立聘請的專家作出的鑑定報告，任何一方當事人均無權對專家報告提出任何異議。因為專家鑑定報告是以一個獨立、公正、第三人作出的，符合實際的科學的報告，具有權威性。而且，在被訴人於一九九〇年十一月十二日致函仲裁庭時，本案已審理終結。更為重要的是，經我會查閱本案的卷宗記載及我會秘書處來函登記記載表明，被訴人於一九九〇年十一月十二日致本案仲裁庭的函，我會直到一九九〇年十一月二十日才收到，而此時，本案裁決書早已發出。

　　基於以上考慮，仲裁庭認為對被訴人一九九〇年十月十二日函沒有必要給予答覆。

　　以上僅供參考。

中國國際經濟貿易仲裁委員會秘書處（蓋章）

一九九二年二月十五日

注釋

〔1〕　See Judgment, 1991 No. MP 2219, In the Supreme Court of Hong Kong, High Court, Between Paklito Investment Ltd. (Plaintiff) and Klockner East Asia Ltd. (Defendant). 4th January, 1993.

　　　本判決書的最後一段提到：「在一九九〇年至一九九二年這三年裡，本院曾經依法執行了大約四十份CIETAC作出的裁決；而本案中的這一份CIETAC裁決則是本院第一次決定不予執行。」

〔2〕　一九八九年香港百利多公司將本案爭端提交CIETAC仲裁，一九九〇年十二月CIETAC仲裁庭作出裁決，在這段時間裡，中國的民事訴訟法尚在「試行」階段。一九九一年四月九日，公布施行正式的、現行的《民事訴訟法》。

＊　這份「證詞」原文是英文，由香港史蒂文生‧黃律師事務所附在一九九二年十二月七日來函中，要求陳安教授對談「證詞」所述 "cross-examinain" 問題作出評論。據司律師在「證詞」第一至四點中所作的自我介紹，他當時在北京「中國法律事務中心」任職，曾在一九八九至一九九〇年香港百利多投資有限公司提交中國國際經貿仲裁委員會訴香港克洛克納東亞有限公司的仲裁案件中，擔任百利多公司一方的仲裁代理人。

就中國涉外仲裁體制答英商問
（專家意見書）

➥ 內容提要

英商Y公司於一九九四年與中方Z公司訂立合資經營合同，在J省組建M電力公司。合同規定：M公司生產的電力產品全部由中方Z公司按約定價格包銷。合同中訂有「仲裁條款」，約定將經過協商仍不能解決的爭端提交中國國際經濟貿易仲裁委員會（CIETAC）仲裁解決。一九九六年至一九九八年，因政府調整電價，中方Z公司以「不可抗力」為由，要求降低原先約定的包銷電價，並且長期拖欠應交的包銷電力價款。Y公司不同意降價，並索償Z公司長期拖欠的巨額電價債款。雙方在談判中各持己見，形成僵局。英商Y公司初步決定依法、依約將爭端提請CIETAC仲裁。

Z公司方面有關人士製造輿論：（1）當地政府調整電價屬於政策變化引起的「不可抗力」事故，Z公司依法有權不承擔任何違約責任，即使提交仲裁，英商Y公司也不會勝訴；（2）即使英商Y公司在仲裁中勝訴，憑勝訴裁決書來到本省本市也執行不了，Y公司也「沒有辦法」不但束手無策，反而損失更大；等等。

英商Y公司對於中國的仲裁體制不甚了了，疑慮重重，信心

大降，向筆者提出咨詢。本文針對英商諮詢的八個問題，逐一予以答覆。英商對中國現行仲裁體制的基本特點、優點及其排除地方保護主義干擾的能力，提高了認識，增強了信心，遂堅持依法、依約將爭端提交仲裁，以維護自己的合法權益，並已正式向CIETAC遞呈仲裁申請書。最後，經政府主管反覆協調，雙方各作讓步，達成協議，由地方政府和Z公司籌款出資，基本上按市場價格購買了英商Y公司在J省M電力公司中的全部股權，從而基本上彌補了英商Y公司的經濟損失。

❧ 目次

英國Y能源有限公司：

貴公司一九九九年八月十二日來函及所附合資合同等全套文件收悉。

承詢有關仲裁的諸項問題，經研究有關國際慣例和中國立法，答覆如下：

一、仲裁和訴訟（俗稱「告狀」或「打官司」）有何不同？

仲裁和訴訟，是當事人用以解決爭端的兩種不同方式。

就經濟合同糾紛而言，各方當事人經過反覆友好協商，仍無法達成一致意見，則應依據法律規定和當事人的約定，提請人民法院，按訴訟程序解決；或者提請仲裁機構，按仲裁程序解決。

仲裁與訴訟的主要不同，有如下三點：

1. 提起訴訟，可由單方決定；申請仲裁，須經雙方議定

向法院提起訴訟，簡稱「起訴」，民間通稱「打官司」或「告狀」。起訴權是任何一方當事人都可以獨立自主地享有的一種民事權利，只要合同當事人一方有此要求，並表達出來（通稱「意思表示」），就可以向法院起訴，無須事先徵得對方當事人的同意。法院對於單方當事人提起的、符合法定條件的訴訟請求，必須依法受理，不得拒絕。〔見《中華人民共和國民事訴訟法》（以下簡稱《民訴法》）第8條、第108-112條〕

反之，向仲裁機構申請仲裁，卻必須合同當事人雙方事先達成一致意見，即必須具有「仲裁協議」，才可以依約提請仲裁，

解決糾紛。換言之，提請仲裁解決，必須以具備「仲裁協議」為前提。對於沒有「仲裁協議」、由單方當事人提出的仲裁申請，仲裁機構必須予以拒絕，不得受理。〔見《中華人民共和國仲裁法》（以下簡稱《仲裁法》）第4條、第21條〕

2. 或訴訟，或仲裁，雙方議定後，不可單方反悔

當事人可以單方決定提起訴訟，但應以雙方事先並無「仲裁協議」為前提。如果當事人雙方曾經達成「仲裁協議」，事後一方反悔，單方向法院起訴，法院無權受理。反之，當事人雙方曾經達成訴訟協議，事後一方反悔，單方向仲裁機構申請仲裁，仲裁機構也無權受理。（見《仲裁法》第4條、第5條）

3. 訴訟採取「兩審終局」制，仲裁採取「一裁終局」制

在中國，向法院提起訴訟，實行「兩審終局」制；參加訴訟的任何一方當事人對於第一審法院作出的判決，如有不服，可以在法定期限內向上一級法院即第二審法院提起上訴，第二審法院作出的判決或裁定，是終局的判決或裁定。所謂「終局的」判決或裁定，即正式發生法律效力的判決或裁定，可以提請強制執行。（見《民事訴訟法》第10條、第147條、第158條、第216條、第220條）

反之，向仲裁機構申請仲裁，則實行「一裁終局」制；仲裁機構針對有關案件經過審理作出裁決之後，該裁決是終局的裁決，即正式發生法律效力，可以提請強制執行。換言之，任何一方當事人都不得就同一糾紛再向人民法院起訴或再向仲裁機構申請仲裁，人民法院或仲裁機構也無權再予受理。（見《仲裁法》第9條）

以上三點，綜合起來，統稱為「**或審或裁、一裁終局**」體制。

二、「仲裁協議」是否必須採取另立合同的形式？

「仲裁協議」可以採取在經濟合同之外另立合同的方式，也可採取在經濟合同中附帶專設仲裁條款的方式。兩種形式的「仲裁協議」具有完全相同的法律效力。

按照《仲裁法》第十六條的明文規定，一項合法、有效的仲裁協議，應當具有下列三點內容：

（1）請求仲裁的意思表示；

（2）提交仲裁的事項；

（3）選定的仲裁委員會。

三、英商 Y 能源有限公司申請仲裁，是否已經具有充分的根據？

經查核貴公司寄來的全套文件，未發現Z國有資產營運公司（甲方）、省電力工業局（乙方）與英商Y能源有限公司（丙方）三方當事人之間訂有獨立的仲裁協議。但是貴公司提供的兩種經濟合同中，均明文載有**專設的仲裁條款**，按《仲裁法》第十六條的規定，這些仲裁條款即是合法、有效的「仲裁協議」，對合同各方均具有法律約束力，各方必須嚴格遵循。未經三方共同一致同意更改，任何一方或兩方均不得任意反悔違約。

　　因此，Y公司如決定將有關經濟合同的爭端提請仲裁機構解決，不但已經具備充分的合同根據，而且已經具備充分的法律根據。具體而言，下列五點值得特別注意：

　　第一，三方於一九九四年三月三日訂立、一九九五年四月二十九日修改的《中外合資經營M電力開發有限公司合同》（以下簡稱《合資經營合同》）第三十一條就是一項專設的仲裁條款，即「仲裁協議」，其中明文規定：「凡因執行本合同所發生的一切爭議，合資各方應通過友好協商解決，通過協商不能解決時，即提交中國國際經濟貿易仲裁委員會依照該委員會規則進行仲裁。仲裁是終局性的，對合資各方都有約束力，仲裁費由敗訴方負擔。」

　　第二，《合資經營合同》第二十七條規定，一九九五年四月三十日由M電力開發有限公司與J省電力工業局簽訂的《購電合同》是《合資經營合同》的組成部分，具有同等的法律效力。換言之，《購電合同》中的一切條款，包括其中的仲裁條款，對各方當事人都具有法律上的約束力。

　　第三，《購電合同》第九章「爭議的解決」，實質上就是另一項專設的仲裁條款，就是另一項合法、有效的「仲裁協議」。其具體內容是：「凡因執行本合同所發生的與本合同有關的一切爭議，雙方應通過友好協商解決；如協商不能解決，應提交仲裁。仲裁由中國國際經濟貿易仲裁委員會根據該會的仲裁規則和中華人民共和國法律及本合同規定進行。仲裁是終局的，對爭議雙方都有約束力。仲裁費用由敗訴方負擔。」

　　第四，將上述第一、第三兩點摘引的兩項「仲裁條款」即

「仲裁協議」的文字內容，對照前述《仲裁法》第十六條規定的「仲裁協議」必備內容，可以看出：

A. 上述兩項「仲裁協議」都毫不含糊地表達了將有關爭端提交仲裁的願望，即都有十分明確的「請求仲裁的意思表示」。

B. 上述兩項「仲裁協議」分別明確規定了提交仲裁的事項，即「凡因執行本合同（指《合資經營合同》。所發生的一切爭議」，以及「凡因執行本合同（指《購電合同》。所發生的與本合同有關的一切爭議」。

C. 上述兩項「仲裁協議」都明確地選定了審理有關爭議的仲裁委員會，即中國國際經濟貿易仲裁委員會。

綜合上述A、B、C三點，可以斷定：上述兩項「仲裁協議」所包含的內容，是符合法定要求的，因而是合法的、有效的。

第五，由此可見，英商Y公司如果決定將有關《合資經營合同》以及《購電合同》的爭議，提交中國國際經濟貿易仲裁委員會，申請仲裁，則此種仲裁申請，不但具有充分的**合同根據**，而且具有充分的**法律根據**。

四、由中國國際經濟貿易仲裁委員會進行仲裁，與一般國內民事仲裁以及由法院審判相比較，其主要區別是什麼？

主要區別之一在於：由中國國際經貿仲裁委員會進行仲裁的案件，能夠切實有效地**擺脫地方行政權力的干預和「地方保護主義」的干擾**，從而更能保證仲裁裁決的公正性及其有效執行。

　　《仲裁法》明確規定：涉外仲裁委員會由中國國際商會組織設立。中國國際經濟貿易仲裁委員會是由中國國際商會依法設立的專門處理涉外經貿爭議以及國際經貿爭議的仲裁機構。

　　這個全國性的專設仲裁機構，具有鮮明的國際性。最初在一九五四年五月由當時的中央人民政府政務院決定組建，一九五六年四月正式成立，原名「中國對外貿易仲裁委員會」一九八八年六月改用今名。

　　四十多年來，這個專設的涉外仲裁機構，由於其仲裁員的德才綜合素質好、辦事效率高、仲裁裁決公正，在國內和國際上都享有很高的聲譽。它所作出的仲裁裁決，也具有很大的法律權威性和法律約束力，具體說來：

　　第一，這個仲裁機構一九九八年的現行仲裁員名冊中列明共有四百二十四人，均是從在國際經濟法、國際經貿和科學技術等方面具有專門知識和實際經驗的中外人士中，遴選聘任。其中一百三十七人是分別從美、英、法、德、義、加、瑞典、澳大利亞等二十一個國家以及中國香港地區的知名人士中聘任的。

　　第二，從整體上說，這些仲裁員的共同優點和特點是德才兼備、精通業務、清廉自守、辦事公正，其綜合素質水平，高於國內各地近年來設立的一般地方性仲裁機構和一般地方法院。而且，由於仲裁員來自全國各地，甚至來自許多外國，不受一省、一市地方當局的直接管轄，因此，在仲裁過程中，能夠切實有效地擺脫地方行政權力的干預和「地方保護主義」的干擾，堅持依法秉公斷案，作出公正裁決。

　　第三，由於《仲裁法》。定的「**一裁終局**」體制以及最高人

民法院有關執行的**配套措施**，作出了有力的保證，一旦作出仲裁裁決，就能有效地排除地方行政權力的干預以及「地方保護主義」的干擾，依法強制執行。

五、有人說：「即使你仲裁勝訴了，到本省本市執行不了，你也沒辦法。」這種說法對不對？

這種說法，顯然不對。不符合依法治國、依法治省、依法治市的基本精神，也不符合當前的最新現實。

第一，對外開放、吸收外資，是中國長期實行的基本國策。重合同、守信用，是中國對外經濟交往中的優良傳統。由於涉外經濟糾紛的處斷，事關基本國策的貫徹，並直接影響到中國的**國際信譽**和**國際形象**，故中國中央領導機關一向十分重視和強調在涉外經濟領域中務必堅持依法辦事，從而改善中國吸收外資的法律環境，取信於人，以吸收更多的外資，為中國的社會主義經濟建設服務。

第二，正是由於涉外經貿爭端的處斷，其正確與否和公正與否，具有很大的**政治影響**和**經濟影響**，必須慎重從事，故中國從二十世紀五〇年代中期起即設立了全國性的專門處斷涉外經貿爭端的仲裁機構，聘請國內外四百多名德才兼備的專家擔任仲裁員，各方當事人只能從這些仲裁員中選擇指定一人擔任有關爭端案件的仲裁工作，並由雙方共同選定一人或由仲裁委員會主任指定一人擔任首席仲裁員，三人組成該案的仲裁庭，全權依法處理有關爭端，一裁終局，交付執行。

　　第三，四十多年來的實踐證明：中國國際經貿仲裁委員會作出的仲裁裁決，由於其公正性和權威性，絕大部分均由當事人自覺執行或由法院強制執行。一九九五年以前，偶有個別裁決因受強大的「地方保護主義」干擾和阻礙，在執行中發生困難，從而損害了中國的國際聲譽和國際形象。有鑒於此，最高人民法院曾於一九九五年八月二十八日下達「法發〔1995〕18號」文件，明確規定：凡一方當事人向人民法院申請執行中國涉外仲裁機構的裁決，如果人民法院認為該項裁決具有《民事訴訟法》第二六〇條規定的情況之一（指在仲裁程序上不符合某些具體規定等），則在裁定「不予執行」之前，必須報請本轄區所屬高級人民法院進行審查；如果高級人民法院同意「不予執行」，則應將其審查意見進一步呈報最高人民法院。待最高人民法院答覆後，方可裁定「不予執行」（詳見附件3：《最高人民法院關於人民法院處理與涉外仲裁及外國仲裁事項有關問題的通知》，從略）。此項通知，看來旨在通過法院系統內部建立**十分嚴格的事先報批制度**，對地方管轄法院裁定「不予執行」的權力，加以必要的規範、限制和給予必要的指導，**以防止和排除某些地區的「地方保護主義」妨礙終局涉外裁決的順利執行**。一九九五年八月之後，由於認真貫徹此項通知所規定的**「事先雙重審批」**制度，對於涉外仲裁裁決「不予執行」的權力，實質上已收歸最高人民法院，**任何省、市一級的地方法院，再也無權任意作出「不予執行」**的決定了。

　　第四，尤其值得注意的是，中共中央最近以「中發〔1999〕11號」文件，轉發了最高人民法院《關於解決人民法院「執行

難」問題的報告》。確定今年為人民法院的「執行年」，要求各級人民法院在各地黨委的領導下，加大執行力度，**嚴厲打擊**拒不執行和妨害人民法院執行生效法律文書（含判決、裁決等）的不法行為。如仍有人以權壓法，繼續搞地方保護主義，非法干預人民法院的執行工作，將依法追究其法律責任，直至追究其刑事責任。在這種形勢下，任何奉公守法的法院工作人員以及任何明智的當事人，面對終局判決或終局裁決的執行問題，想來都不會不識時務，敢於以身試法的。

六、從申請仲裁到裁決和執行，會拖延不少時間，在此期間內對方如藉口處於仲裁中而不執行合同，M 電廠勢必癱瘓。遇此情況，對方應承擔什麼法律責任？

英商Y公司該怎麼辦？第一，《中華人民共和國中外合資經營企業法實施條例》（以下簡稱《合營企業法實施條例》）第112條明文規定：**在解決爭議期間，除爭議事項外，合營各方應繼續履行合營企業協議、合同、章程所規定的其他各項條款」**。可見，如果對方藉口「處於仲裁中」而不執行爭議事項以外合同的其他各項條款，導致電廠生產癱瘓，這就是一種**違法行為**，同時又是新的嚴重**違約行為**，可謂「錯上加錯」，由此造成電廠和合資外方的合法權益遭受損害和損失，對方（即違法行為人和違約行為人）應當承擔法律上和經濟上的責任，依法向受害人賠償全部損失。

　　第二，遇到對方採取上述違法、違約的侵權行為，英商Y公司可以視具體情況選擇採取相應的法律行動，實行自我保護，並追究對方的法律責任：

　　A. 如已申請仲裁而尚未作出裁決，則可以隨時依據新情況下發生的**新損害**的大小，向仲裁庭提出「**補充申請**」，**追加索賠**金額。由仲裁庭連同原先提出的索賠要求，一併作出裁決，交由有關法院強制執行。

　　B. 如已申請仲裁而且已作出裁決，原索賠要求已經處理結案，則可依據新發生的損害提出新的索賠數額，**另案**提出仲裁申請，由中國國際經濟貿易仲裁委員會**另外立案受理**，再次作出**新的裁決**，交由有關法院強制執行。

　　C. 根據《合營企業法實施條例》第一〇二條，以及《合資經營合同》第二十九條的明文規定，如果英商Y公司認定：合營公司因合營一方（即對方）不履行合營企業合同規定的義務，致使企業無法繼續經營；或企業發生嚴重虧損，無力繼續經營；或合營企業未達到其經營目的，同時又無發展前途；或合營企業合同所規定的其他解散原因已經出現，遇有上述諸情況之一，**即使**原定合營期限尚未屆滿，英商Y公司仍有權依法依約要求提前終止原《合資經營合同》，**提前解散**合營企業，並依法依約通過仲裁向對方索取損害賠償。

七、如果對方不願或不能履行合同，英商 Y 公司是否即可按《合資經營合同》第二十九條進行索賠？其賠償額依法應如何確定？

如果對方不願或不能履行合同，英商Y公司不但可按《合資經營合同》第二十九條的規定索賠，還可按照《中華人民共和國民法通則》（以下簡稱《民法通則》）、《中華人民共和國涉外經濟合同法》（以下簡稱《涉外經濟合同法》）以及《中華人民共和國合同法》（以下簡稱《合同法》，1999年10月1日起施行）的有關規定，依法計算和確定索賠金額。

《民法通則》

第一一一條　當事人一方不履行合同義務或者履行合同義務不符合約定條件的，另一方有權要求履行或者採取補救措施，並有權要求賠償損失。

第一一二條　當事人一方違反合同的賠償責任，應當相當於另一方因此所受到的損失。

《涉外經濟合同法》

第十八條　當事人一方不履行合同或者履行合同義務不符合約定條件，即違反合同的，另一方有權要求賠償損失或者採取其他合理的補救措施。採取其他補救措施後，尚不能完全彌補另一方受到的損失的，另一方仍然有權要求賠償損失。

第十九條　當事人一方違反合同的賠償責任，應當相當於另一方因此所受到的損失，但是不得超過違反合同一方訂立合同時應當預見到的因違反合同可能造成的損失。

《合同法》

第一〇七條　當事人一方不履行合同義務或者履行合同義務不符合約定的，應當承擔繼續履行、採取補救措施或者賠償損失等違約責任。

第一〇八條　當事人一方**明確表示**或者以自己的行為表明不**履行合同義務的，對方可以在履行期限屆滿之前要求其承擔違約責任。**

第一一二條　當事人一方不履行合同義務或者履行合同義務不符合約定的，在履行義務或者採取補救措施後，對方還有其他損失的，應當賠償損失。

第一一三條　當事人一方不履行合同義務或者履行合同義務不符合約定，給對方造成損失的，**損失賠償額應當相當於因違約所造成的損失，包括合同履行後可以獲得的利益**，但不得超過違反合同一方訂立合同時預見到或者應當預見到的因違反合同可能造成的損失。

綜上各條，可以看出：（1）Y公司有權提出的索賠額，應相當於因對方違約行為而使其受到的實際損失，**其中包括合同履行後可以獲得的利益（利潤、利息等）**；（2）Y公司有權在對方「以自己的行為表明不履行合同義務」時，**在履行期限屆滿之前，即依法要求對方承擔違約責任，依法索賠。**

八、有人說，政策變化屬於「不可抗力」。這種說法能否成立？

第一，當事人一方因「不可抗力」不能履行合同的，根據不可抗力的影響，部分或者全部免除責任，但**法律另有規定的除外**。按國際立法慣例，所謂「不可抗力」，通常是指地震、海嘯、水災、暴風雨、戰爭等人力無法控制、無法克服的意外事件。中國法律對「不可抗力」一詞的含義，有法定的解釋，不能任意加以擴大或縮小。《涉外經濟合同法》第二十四條第三款規定：不可抗力事件是指當事人在訂立合同時**不能預見**、對其發生和後果**不能避免**並**不能克服**的事件。」《合同法》第一一七條第二款也有大體相同的規定：「本法所稱不可抗力，是指不能預見、不能避免並不能克服的客觀情況。」

應當注意：「不能預見」「不能避免」和「不能克服」，應當是**三者必備和齊備**，才能考慮是否屬於「不可抗力」，否則，僅具其中一項或兩項條件，就不應認定為「不可抗力」。

第二，政策的某些變化通常不能被解釋為「不可抗力」。因為它雖可能在當事人訂立合同時未能預見，但其後果並非絕對不能避免，更非絕對不能克服。

第三，恰恰相反，為了貫徹對外開放、吸收外資的基本國策，中國政府曾以**立法手段**對外商作出了明確的**法律保證**：不得因事後的政策法令有所變化，而對原先給予外商的合同許諾，隨便言而無信，自食其言。例如：《涉外經濟合同法》第四十條明文規定：

在中華人民共和國境內履行、經國家批准成立的中外合資經營企業合同、中外合作經營企業合同、中外合作勘探開發自然資源合同，**在法律有新的規定時，可以仍然按照合同的規定執行。**

又如，《民法通則》第一一六條更進一步明確規定：

當事人一方由於上級機關的原因，不能履行合同義務的，**應當按照合同約定向另一方賠償損失或者採取其他補救措施**，再由上級機關對它因此受到的損失負責處理。

由此可見，中國政府早在對外開放之初，在十幾年前就對來華外商作出**鄭重的法律許諾**：不允許中方當事人任意藉口日後發生的政策法令的某些變化，違反原來簽訂的合同，給外商合法權益造成不應有的損害。

總之，由於事關中國政府的**國際信譽**和社會主義法治國家的**國際形象**，在履行涉外經濟合同時，相信一切有法治觀念的中方當事人，終究都會自覺地重合同、守信用，以一地一時的**局部利益**，服從於貫徹基本國策和維護國家信譽的**全局利益**和長遠利益。

以上答覆，供參考。

廈門大學國際經濟法研究所教授

陳安

一九九九年八月十八日

第九章

論涉外仲裁個案中的偏袒偽證和縱容欺詐

——CIETAC一九九二至一九九三年個案*評析

↳ 內容提要

一九九一年，中國科學院WG研究所下屬FJ技術開發公司與香港PH激光系統有限公司以及香港中資（國有）HM公司，三方簽訂合資經營公司合同（簡稱《KP合同》），組建福州KP有限公司，擴大開發FJ公司原有的尖端專利產品。在KP公司成立後，香港PH公司遲遲未按約定如數出資。經FJ公司事後核實，始知香港PH公司的註冊資本並非當初香港中資（國有）HM公司所保薦的四千萬港元，而是僅有十萬港元。另一方面，香港PH公司董事長S濫用其在KP合營公司中擔任董事長的權力，涉嫌串通或利用美國PH晶體激光高科技公司，坑害中方，盜賣中國高科技專利，牟取暴利；甚至力圖竄改KP公司原定的開發高科技產品的經營宗旨，轉而從事房地產買賣。一九九二年九月，受害人FJ公司委託筆者擔任代理律師，向中國國際經濟貿易仲裁委員會（CIETAC）請求追查資信偽證真相，追究欺詐責任，並

解除因被欺詐受騙而訂立的上述合資合同。一九九三年九月，本案三人仲裁庭以2：1作出裁決，在仲裁程序、事實認定以及法律適用方面都存在重大的扭曲和錯誤，偏袒了偽證，縱容了欺詐。應受害人FJ公司要求，筆者當時即出具《法律意見書》，呈交CIETA，針對上述扭曲和錯誤提出質疑和批評，建議**嚴肅清查**偏袒偽證和縱容欺詐的缺失和疑竇，從中總結教訓，以利維護CIETAC的盛譽。由於中國的涉外仲裁監督機制不夠健全、不夠嚴密、不夠嚴格，以上批評、質疑和建議被擱置一旁，迄無下文。

時隔十餘年，此事已成「歷史」，但人們記憶猶新，揮之不去。如今「舊事重提」，蓋因其中是非真偽與各種疑竇，仍然有待認真分辨澄清，仍然不無認真總結之價值。「前事不忘，後事之師」「以史為鑑，可以知興替」──這兩句古訓，在這裡也是完全適用的。CIETAC中專門設有「仲裁研究所」如能專就此個案立項進行「歷史」研究，信必大有助中國涉外仲裁之樹，根深葉茂，常綠常青！

➷ 目次

一、本案案情梗概

　　中國科學院WG研究所主辦的FJ技術開發公司（簡稱「FJ公司」或「FJ」），是一家專門生產該研究所發明的晶體尖端專利產品的高科技公司，產品外銷，已經占有一定的國際市場。為了進一步開發尖端產品，擴大國際市場，經香港中資（國有）HM公司（簡稱「HM」）某負責人引薦推介，FJ公司於一九九一年十一月十七日與香港PH激光系統有限公司（簡稱「PH公司」或「PH」）、香港HM公司簽訂合資經營合同（簡稱《KP合同》），組建了合資的福州KP有限公司（簡稱「KP公司」或「KP」）。

KP公司註冊資金為一千五百一十五萬美元，其中FJ公司以高科技晶體的技術產權折價五百一十五萬美元出資，占註冊資金的34%；PH公司以及HM公司各以現金五百萬美元出資，各占註冊資金的33%。合同規定：PH公司應在合資的KP公司的營業執照簽發之日起三個月內，繳足首期資金一百五十萬美元。但PH公司既欠實力，又另有所圖，以種種藉口拒不依約如期繳資。直至上述營業執照簽發六個月，才繳交十五萬美元，僅占應繳數的十分之一，致使KP公司無法及時開展業務，並造成FJ公司專利權益的重大損失。FJ公司經認真調查核實，終於在一九九二年八、九月間得悉PH公司在香港的註冊資本原來只有十萬港元，僅相當於一點二八萬美元，基本上是個「皮包公司」經濟實力低下，資信不佳；而且PH公司涉嫌串通或利用美國PH晶體激光高科技公司（以下簡稱「美國PH公司」或「美國PH」）坑害中方，盜賣中國高科技專利，牟取暴利。而當初FJ公司之所以接受這家「皮包公司」作為合資對象並與之訂立合資經營合同，除了自身缺乏經驗和有欠慎重之外，主要是偏聽和輕信了設在香港的中資（國有）HM公司的推薦和「擔保」。HM公司聲稱：香港PH公司「擁有美國政府頒發的多項專利，註冊資本為四千萬港元，擁有四十多名專家、科研人員及市場推銷員，是一家實力雄厚的高科技公司」。PH在參加合營後，不但肆意拖延，不如期繳交首期投資，而且濫用「董事長」權力、力圖竄改KP合資公司原定的開發高科技產品的經營宗旨，轉而從事房地產買賣投機。FJ公司在長期受騙上當的情況下，不但吸引外資和拓展國際市場的善良願望落空，而且自己原有的專利權益也受到嚴重損害。在連連受害

和真相大白之後，FJ公司乃於一九九二年九月二十二日依據合資合同中的仲裁條款，委託廈門市第二律師事務所兼職律師陳安教授，向中國國際經濟貿易仲裁委員會申請仲裁，要求追查欺詐和偽證真相，裁決正式解除合資合同，終止FJ公司與PH公司的合資關係，並責令PH公司按合同規定向FJ公司交付違約金一二點一五萬美元。PH公司辯稱：首期資金到位日期變更推遲，「事出有因」，後來已經到位且已有驗資證明，故反對解除合資合同；與此同時，提出「反訴」稱FJ公司對PH公司的「誠意和信譽的詆毀已構成嚴重侵權」要求FJ公司向PH公司「公開賠禮道歉」，並支付違約金和經濟損失賠償費四二點三七五萬美元。一九九三年九月二十日，本案仲裁庭三位仲裁員意見分歧，以「2：1」的「多數」作出裁決。其要點是：第一，認定合資合同「依法有效」，FJ公司「要求解除合同的理由不能成立，合營各方應繼續履行」第二，對於FJ公司的經濟索賠和PH公司的「反訴」索賠，均不予支持。裁決書下達後，FJ公司方面群情激憤，輿論大嘩，認為這一裁決顯然有失公正。因為它在仲裁程序、事實認定以及法律適用方面，都存在重大的扭曲和錯誤，特別令人難以容忍的是：對於FJ公司強烈要求**追查資信偽證真相、追究偽證責任從而解除欺詐合同這一關鍵要害問題**，置之不理，不但在庭審過程中阻攔FJ公司代表充分揭露偽證行徑，而且在裁決中曲意迴避、掩蓋和祖護PH公司串通HM公司**出具資信偽證**，**實行欺詐**等不法行為，聽任國有尖端專利權益繼續流失。況且，本案仲裁庭三位仲裁員中有一位資深仲裁員依法秉公斷案，公開拒絕在上述裁決書上簽字，實為該中國涉外仲裁機構當年仲裁實踐中所罕見，這

也從一個側面反映出這份裁決書在實體上和程序上確實存在重大問題，有待查究。有鑑於此，FJ公司代理律師遂如實向仲裁委員會領導機構及時反映上述意見，請求給予監督、追查和追究錯裁責任。以下收輯的是FJ公司代理律師先後提交本案仲裁庭及中國國際經貿仲裁委員會領導機構的《仲裁申請書》（1992年9月22日）、《關於香港PH公司S先生欺詐行為的補充說明》（1993年4月10日）、《律師代理詞》（1993年4月14日）以及《關於〈（93）貿仲字第3470號裁決書〉的法律意見書》（1993年11月5日）。

後來的事態發展證明：上述不公裁決造成了嚴重的「後遺症」：FJ公司認為基於偽證、欺詐建立的合資關係有如「騙婚」，而不許依法解除此種基於偽證、欺詐建立的合資「婚姻關係」，則在事實上造成「捆綁夫妻」，始終同床異夢，離心離德。自一九九三年十月迄一九九八年底，內地與香港合資的KP公司內部矛盾重重，紛爭不斷，「高潮」迭起，又因PH公司、HM公司進一步違約，產生新的資金不到位問題以及新的嚴重侵害FJ公司專利權益問題，迫使FJ公司先後於一九九五年九月二十五日和一九九七年六月十日委託北京律師代理，第二度、第三度就新的違約問題和侵權問題向中國國際經貿仲裁委員會訴請仲裁。其中前一案件於一九九五年底在有關方面斡旋下達成和解協議，由HM公司向FJ公司賠償一千兩百萬元人民幣（在此之前，PH公司原有33%股權已被HM公司背著FJ公司私自另行收購）後一案件則於一九九八年十二月二十五日由新案仲裁庭作出裁決，責令HM公司向FJ公司賠償八七八點四萬元人民幣。

二、本案仲裁申請書

（1992年9月22日）

申訴人：中國科學院WG研究所FJ技術開發公司（以下簡稱「FJ公司」）

（地址、電話、傳真等從略）

被訴人：香港PH激光系統有限公司（以下簡稱「香港PH公司」）

（地址、電話、傳真等從略）

申訴人FJ公司根據一九九一年十一月十七日與本案被訴人共同簽訂的《福州KP有限公司合同》（以下簡稱《KP合同》）第六十條仲裁條款的規定，就本案被訴人嚴重違約、遲延繳資、造成申訴人FJ公司重大損失的有關爭議，提交中國國際經濟貿易仲裁委員會，請求給予仲裁。

仲裁請求

（1）按照《KP合同》第五十三、五十四條規定，終止《KP合同》，正式解除申訴人FJ公司與本案被訴人之間的合資經營關係；

（2）按照上述《KP合同》規定，本案被訴人應交付違約金一二點一五萬美元給申訴人FJ公司；

（3）由本案被訴人承擔本案全部仲裁費用。

事實與理由

（一）關於終止合同

申訴人FJ公司是中國科學院WG研究所（以下簡稱「WG研究所」）主辦的一家高科技開發公司。為了進一步開發晶體尖端產品，擴大生產規模，開拓國際市場，FJ公司於一九九一年十一月十七日與港商S先生主辦的香港PH公司（即被申訴人）、香港HM（集團）有限公司（實為中資國有公司，以下簡稱「HM公司」）簽訂合資經營合同，組建「福州KP有限公司」（以下簡稱「KP公司」）。

三方約定：KP公司的註冊資本為一千五百一十五萬美元。其中，申訴人FJ公司以高科技晶體的技術產權折價五百一十五萬美元出資入股，占註冊資本的34%；本案被訴人以現金五百萬美元出資入股，占註冊資本的33%；HM公司出資金額與所占全資比重，相同於本案被訴人。

按照《KP合同》第十一條規定，本案被訴人應在KP公司的營業執照簽發之日起三個月內，按認繳出資額的30%投入資金，即應繳足**500萬美元×30%＝150萬美元**。為保證KP公司及時開展生產經營，《KP合同》第五十三條進一步明確規定：本案被訴人如不在上述期限內按約定出資額繳足應交資金，從逾期第一個月算起，每逾期一個月，應繳付應交出資額的3%的違約金給守約方。如**逾期三個月**仍未繳交資金，除累計繳付應交出資額的9%的違約金外，**守約方有權終止合同**，並要求違約方（即本案被訴人）賠償損失。

衡諸事實：（1）KP公司的營業執照正式簽發於一九九二年

304

中國特色話語：陳安論國際經濟法學 第二卷（修訂版） 上冊

一月二十九日。雖經申訴人FJ公司多次催促，本案被訴人以種種藉口拒不依約如期繳資，直至一九九二年七月二十九日止，即上述營業執照簽發六個月之後，才繳交十五萬美元，致使KP公司無法及時開展生產經營，並造成申訴人FJ公司重大損失。顯而易見，自一九九二年七月三十日起，申訴人FJ公司要求終止合同的前提條件已經完全成熟和具備。（2）申訴人FJ公司經過認真調查核實，終於得悉本案被訴人在香港的註冊資本只有十萬港元（折合1.28萬美元左右），經濟實力低下，資信不佳，而且不能完全排除本案被訴人與美國PH公司雙方串通坑害中方、共謀某種非法利益的可能。（詳見有關附件）

衡諸法規：經國務院批准，一九八八年一月由中華人民共和國對外經濟貿易部和國家工商行政管理局聯合發布了《中外合資經營企業合營各方出資的若干規定》。其中第四條和第五條明文規定，合營各方不按法定期限在營業執照簽發之日起三個月內繳清分期出資的定額，即「視同合營企業自動解散，合營企業批准證書自動失效，合營企業應當向工商行政管理機關辦理註銷登記手續，繳銷營業執照」。

根據上述法規要求和《KP合同》規定，申訴人FJ公司茲特正式要求仲裁庭作出裁決：《KP合同》應予立即終止，正式解除申訴人FJ公司與本案被訴人之間的合資經營關係。

（二）關於違約金

根據以上事實，本案被訴人嚴重違約，逾期拒不繳付應交資金長達三個月以上。按照《KP合同》第五十四條規定，違約方即本案被訴人應對守約方即申訴人FJ公司累計支付應交出資額的

9%的違約金。除本案被訴人於期限屆滿以前已經繳交的十五萬美元資金以外，其逾期三個多月拒不繳交的資金**為150萬美元－15萬美元＝135萬美元**。相應地，其累計應交的占出資額9%的違約金應**為135萬美元×9%＝12.15萬美元**。

據此，申訴人FJ公司請求裁定：本案被訴人應依約盡速交付違約金12.15萬美元給申訴人FJ公司。

（三）關於仲裁費用

本案被訴人單方嚴重違約，又拒不按照《KP合同》規定支付違約金和賠償金，致使申訴人FJ公司不得不申請仲裁，依法討回公道。因此，申訴人FJ公司請求裁定：本案被訴人應當承擔本案的全部仲裁費用。

基於以上事實和理由，申訴人FJ公司茲謹根據《中華人民共和國涉外經濟合同法》第18、20、29、37條以及《中華人民共和國合資經營企業法》第14條的規定，並按照《KP合同》第60條的約定，向貴會仲裁庭申述以上各點權利主張和請求，請依法予以公正裁決。

根據《中國國際經濟貿易仲裁委員會仲裁規則》第6條第3款規定，茲謹選擇ZM先生作為申訴人FJ公司指定的仲裁員。

謹呈

中國國際經濟貿易仲裁委員會深圳分會

中國科學院WG研究所

FJ技術開發公司（蓋公章）

一九九二年九月二十二日

三、關於香港 PH 公司 S 先生欺詐行為的補充說明

（1993年4月10日）

FJ公司近來陸續獲得的新材料、新證據表明：在《KP合同》訂立過程中，香港PH公司S先生採取了一系列欺騙及故意隱瞞事實真相的手段。這不僅表現為其在香港PH公司資信上的偽證和在該公司簡介中的作假，而且表現為其蓄意隱瞞出賣我國利益從美國PH公司獲得八百萬美元暴利的幕後祕密交易，還表現為其力圖誘騙中方以一美元的代價將價值連城的FJ公司高科技產品LBO專利及技術訣竅賣斷給美國PH公司，以及力圖將FJ公司產品在全球範圍內的銷售權交由美國PH公司壟斷。變著法子獲取「兩權」用資金不到位壓迫FJ公司接受，是KP一系列問題及香港PH資金到位問題上違約、違法的根本原因。

按中國法律，組建中外合資經營公司的《KP合同》由於香港PH公司S先生的上述欺詐行為應被依法確認為自始無效。茲分別補充說明如下：

（一）香港 PH 公司與美國 PH 公司的關係

香港PH公司S先生利用國內改革開放的大形勢，利用FJ公司希望與美國激光高科技公司合作開發的心理，採用欺騙和故意隱瞞事實真相的手段以美國PH公司之名大造輿論。在與FJ公司洽談以及許多書面材料中，他一再聲稱香港PH公司是美國PH的子公司。中方FJ公司曾一直以為是在通過S先生與美國PH公司合作，創辦國際一流激光材料與器件的高科技產業。例如，由S先

生一手撰寫的《可行性報告》不僅載明了香港PH是美國PH的子公司，以及「美國PH公司將成為KP合資公司在北美的總代理，它不但可以銷售KP合資公司的產品，而且可以根據美國激光界對不同產品的需求，幫助KP合資公司開發新產品」還聲稱將在一九九一至一九九九年之間，每年邀請美國PH公司人員來華或派出人員去美國PH公司；中科院WG研究所與美國PH公司將聯合研製、開發新的高科技產品與器件。在KP公司成立大會上S先生的致詞中，他本人亦明確稱KP公司為中、美、港三方的合資企業。美國PH公司人員還參加了簽字儀式和第一次三方會談（見附件1）。在香港和內地的新聞媒體有關KP的報導中，均稱KP公司的成立系中美在高科技領域合作的結晶（見本案被訴人答辯書的附件1）。正是基於這種認識，FJ公司還在第二次董事會上同意在美國建立負責晶體銷售的子公司，並同意美國PH公司「盡快介入合資公司的運作，熟悉和了解晶體的生產環節」（第二次董事會紀要，見本案被訴人答辯書的附件6）。顯然，在KP公司談判組建的過程中及簽字成立後相當長的一段時間內，如果FJ公司不誤信S先生代表了美國PH公司參與KP合資的謊言，上述情況是不可能發生的。

那麼，香港PH公司與美國PH公司到底是什麼關係呢？儘管S先生一再聲稱香港PH公司是美國PH公司的子公司，但事實上從香港政府公司註冊處查到的檔案證明：香港PH公司的法定登記中既無美國PH公司的股份體現，也沒有與其「互為參股」，因此根據香港的法定登記，它不可能是美國PH公司的子公司。即使美國PH公司的確擁有香港PH公司44%的股份，這一股份未在

香港政府的公司註冊處依法登記，根據美國、中國香港和中華人民共和國的法律，也是非法的和無法律意義的。

將以上事實與S先生所說的情況作一比較，就會產生兩個實質性的問題：（1）假若香港PH公司與美國PH公司根本沒有任何關係，S先生所稱「子公司」云云就顯然是欺騙FJ公司；（2）假若美國PH公司的確擁有香港PH公司的股份，而又從未依法登記註冊在案，這種關係顯然只可能是一種幕後的祕密交易，即S先生有意隱瞞了事實真相。兩者必居其一，而無論是前者還是後者，都是欺詐行為。

特別值得指出的是，FJ公司律師一九九二年九月已查得香港PH公司股份註冊真實情況的書面憑證，並將它附入FJ公司仲裁申請書，且業經仲裁委員會送達S先生，但是直到一九九二年十二月二十八日，S先生仍然試圖通過香港中資國有的HM公司就這一問題哄騙中科院的WG研究所及其下屬的FJ公司，仍然不肯說出事實真相（見附件2）。

（二）香港 PH 公司的資信問題

從KP公司建立伊始，S先生就一直極力迴避直接提供香港PH公司的資信證明。他不出示按合資常規外方所必須提供的銀行擔保或銀行資信說明，卻玩弄手法讓美國PH公司的R. E. Meshel和設立在香港的中資（國有）HM公司出具證明，他本人也在一九九一年十二月九日親筆寫了一份關於香港PH公司資信的證明（見陳安教授法律意見書附件2），聲稱香港PH公司有三個股東，S先生及其夫人分別擁有5% 和51%的股份，而美國PH

公司的Steven Schiffer擁有44%的股份。

一九九一年十一月二十日**由香港中資（國有）HM公司出具的香港PH公司情況簡介中稱：**

香港PH公司「與美國PH公司互為控股，主要發展醫療及工業應用激光系統，擁有美國政府頒發的多項專利，註冊資本為四千萬港元，擁有四十多名專家、科研人員及市場推銷員，是一家實力雄厚的高科技公司」。

在此之前一個月一九九一年十月十九日HM公司致中科院WG研究所的函（見附件2）中稱：

因**香港PH公司**「成立不久，沒有業績及資產負債表可提供，據我們了解，其信譽是可靠的。HM集團公司可以予以證明和擔保。」

事實到底是怎樣的呢？直至一九九二年九月，FJ公司由律師通過香港政府公司注冊處查證才發現，**以上香港PH公司的資信證明純屬偽證**（見附件2）。事實上，香港PH公司只有十萬港元（約合1.28萬美元）的註冊資本而不是「四千萬港元」，且股東只有S先生夫婦二人，美國PH公司並不在其中擁有任何股份，而香港PH公司也更非所謂的「擁有四十多名專家」的「實力雄厚的高科技公司」。香港PH公司事實上是一個既無經營業績，又無不動產的「皮包公司」。同時，由於香港PH公司是一家有限責任公司，且僅有十萬港元的註冊資本，因而，它承擔經濟風險的能力是十分低下的。據此，上述Meshel等應S先生要求出具的關於香港PH公司的股東、資本、實力的證明和介紹以及香港PH公司與美國PH公司之間的關係的說辭，是明顯的偽證和欺詐。

由於HM公司是福建省政府在香港所辦公司，且其主要人員均屬福建省外經貿委原負責官員，使FJ公司在香港PH公司的資信這一關鍵問題上長期被S先生蒙蔽，這從FJ公司主持撰寫的《可行性報告》和《項目建議書》及KP公司簽字儀式期間的背景材料介紹幾乎完全原文引用HM公司的介紹即足以說明。

　　儘管FJ公司在香港PH資信問題上受騙上當，與FJ公司對合資企業經驗不足有關，也與FJ公司輕信了作為省政府的駐外機構的HM公司的介紹有關，但是，從目前核實的事實來看，前述偽證顯然均是由S先生所作出的或與其有直接關係的。Meshel先生出具的和S先生本人手書的有關香港PH的介紹中，他們故弄玄虛，僅說明股份相對值（S先生及其夫人分別擁有5%和51%股份，美國PH的Steven Schiffer擁有44%的股份），而隻字不提其註冊資本的絕對值；S先生對經其審閱認可的《可行性報告》《項目建議書》及KP的背景材料介紹中有關香港PH的虛假介紹，從未提過隻字異議或修改意見；HM關於香港PH的「簡介」中的不實之處，不能不令人疑竇叢生：因為，既然香港PH公司在香港政府的公司註冊登記處登記的材料中明確記載，它只有十萬港元的註冊資本，近在咫尺而不查核，所謂「註冊資本為四千萬港元」云云，其來源顯然只能是聽憑S先生自己的介紹了。這一點，從HM公司一九九二年十二月二十八日致FJ公司的函件中亦可得到旁證（附件2）。在這封信中，HM寫道：「根據你們的要求，我們也就貴司對有關香港PH公司與美國PH公司之間的關係問題質疑詢問了S先生」。該信還特別附註了S先生本人提供的幾頁證明其本人與美國PH公司關係的材料。由此可見，HM關於

香港PH簡介的材料均出自S先生本人之手。

（三）組建香港 PH 公司的真實意圖

　　KP組建前後，S先生在多次場合，甚至在報章上都一再聲稱，他不惜巨資，投資我國辦合資公司是出於其對中國內地改革開放政策的「讚賞」和一片「愛國熱情」，是為了中國的高科技產業。但既然如此，他何以不直接投資而要專門另組一個僅有十萬港元註冊資本的香港PH呢？對此他曾一再解釋說，這只是為了與美國PH合作的方便。甚至到了一九九二年底，S先生仍然將其成立香港PH公司的目的說成是「愛國行動」，「想在國內高科技產業上有所作為，帶動美國投資者」。但是事實說明，S背後的真實意圖完全是另外一碼事。

　　（1）根據美國證券與交易委員會檔案記載，美國PH激光系統有限公司提交備案的截至一九九一年十二月三十一日的會計年度報告（簡稱「10-K年度報告」，見附件3）第00002頁第4段赫然寫著以下內容：「一九九一年九月，本註冊公司取得了香港PH激光系統有限公司（以下簡稱「香港PH公司」）44%的股權。這家香港公司組建的目的，在於取得中國開發的某些非線性光學材料的專利特許」。這段話在美國PH公司的該年度報告中重複了多次（見附件3）。顯然，S先生所說的成立香港PH公司的目的與此截然不同。

　　在第00003頁第1段，美國PH又進一步闡述了取得這一專利特許的用途之一：「一九九一年十一月，本註冊公司（即美國PH）組建了高級心臟疾病醫療儀器股份有限公司。該公司處於

創始階段，目的在於使用本註冊公司通過香港PH公司參加上述合營企業取得的專有技術和先進的非線性光學材料，開發心臟疾病醫療新技術。」

（2）更有甚者，美國PH公開發布的一九九一至一九九二年的年度報告（見附件3）稱：一九九一年九月三十日，美國PH給予香港PH公司S先生的夫人T女士個人價值八百萬美元的四萬股優先股股票，以作為獲得香港PH公司44%股權（實際上僅為4.4萬港元，約合5600美元）的交換條件。兩者價值懸殊竟達一四二八倍之多！（800萬÷0.56萬＝1428.57）。這一奇怪的「不等價」交換的前提條件是，香港PH必須在兩年內與FJ公司建立一個合資公司，以獲得有關非線性光學材料方面的專利特許，並在這方面按照美國PH公司與S先生簽訂的「股票購買協議」所定義的內容進行某些「科技項目」的經營。

關於這一幕後交易的內容，同文第000073頁寫道：「一九九一年九月三十日，本公司通過向組建香港PH公司的股東之一發放4萬股本公司的第八類股票，有效地換取了香港PH公司44%的股權。第八類普通股四萬股可折換為本公司拆股後的四十萬股普通股。按本公司股票當時的市場價格計算，這筆投資金額為八百萬美元。本公司認為，為了換取香港PH公司的淨底本資產（10萬美元）的44%股權而進行大量的超值溢價投資，是因為該香港PH公司的創業股東（指香港PH公司的S先生）有能力在中國境內進行談判，作出合資研究和製造（高科技產品）的安排。」「如果香港PH公司未按照《股票購買協議》。在兩年期限內與中國訂立某種合資經營協議，並且承擔某些股票購買協議所規定或定義

的科技項目經營，則應將本公司發給的二十萬普通股（或按協議規定的相當於這20萬股價款的現金）如數還給本公司。」

上述事實中特別值得注意的是，美國PH為了獲取香港PH44%股份而發放的價值八百萬美元的股票是發放給S夫婦本人的，而不是香港PH公司。換言之，S夫婦藉助於他們與美國PH的幕後交易，並通過建立香港PH來達到他們個人獲得八百萬美元的巨額暴利，中飽私囊。

那麼，美國PH公司通過這筆交易又能得到什麼好處呢？

根據美國PH公司董事長Steven Schiffer先生提供的證詞（見附件4），S先生允諾將LBO專利權以及FJ公司非線性光學材料在**全世界的獨家銷售權轉讓給美國PH**。S還告訴美國PH公司：只有通過香港PH公司，KP合資公司才能建立，並誘使美國PH公司認為從S的妻子T女士處購買香港PH公司44%的股權是建立KP合資公司的**先決條件**。因此，為了參加KP合資公司，美國PH公司用價值一千六百萬美元的代價（已入帳的部分為800萬美元，因此，10-K年度報告上只體現了800萬美元）從S夫婦私人處購取了香港PH44%的股份。美國PH的這份旁證清清楚楚地表明了S先生通過建立香港PH企圖出賣我司（中國FJ公司）的利益並以此已經騙取了巨額私利！這也清楚地解釋了為什麼美國PH公司早在一九九二年四月十四日報給美國政府證券與交易委員會的10-K年度報告中就已明確寫道：「香港PH公司組建的目的，在於取得中國開發的某些非線性光學材料的專利特許。」同時，也無情地揭露了香港PH公司S先生為牟取巨額私利而在美國PH公司與中國FJ公司之間設立的騙局。

再來看看下列兩項主要事實。KP公司組建前後，S先生一而再、再而三採取各種手段，逼迫已擁有年創匯能力達二百萬美元的FJ公司將晶體銷售權及其國際銷售網統統拱手交給美國PH。同時，S先生與美國PH企圖以區區一美元的代價，誘騙FJ公司將LBO專利的全部權利一次性賣斷給美國PH：先將其由FJ公司賣斷給KP有限公司（KP Inc.），再尤其賣斷給完全與FJ公司毫無干係的所謂「香港KP有限公司」（KP Ltd.），爾後由後者再將生產、銷售和專利特許權轉到美國PH（見附件3）歸由美國PH公司在全世界範圍內全盤壟斷。不僅要使美國PH擁有LBO專利的生產、銷售壟斷權，而且要將有關的生產技術細節和訣竅全部無償轉移給美國PH公司。將這兩項事實與上述S先生與美國PH的交易相聯繫，再與《KP合同》進行比較，S先生妄圖出賣FJ公司利益牟取其巨額私利的欺騙行為，就昭然若揭了！

關於專利權的轉讓證書與許可證，早在一九九一年九月二十日美國PH公司Meshell先生就給香港PH公司S先生寫了一封信（見附件3）信中寫道：S先生：依照FJ公司最近商談的事項，現附上如下材料：待簽署的「轉讓證書」一份。以中國科學院WG研究所作為出讓人轉讓第4826283號美國專利（即中國科學院WG研究所在美國申請獲准的「LiB305晶體非線性光學器件發明」專利）隨信附上並由S先生轉交的「轉讓證書」是要求研究所「以一美元或其等價物，以及其他可估價的良好對價」把LBO晶體在美國專利的持有權出售並轉讓給香港KP有限公司（其地址與香港PH公司的法定地址完全相同），其轉讓內容是中科院WG研究所將專利權完全賣斷，任其處置。根據Meshell先生的這封信，S

先生不僅事前完全知道把LBO專利以一美元的代價轉讓給美國PH這件事，而且這件事就是其精心安排的。這一點在美國PH董事長Steven Schiffer於一九九三年三月二十一日致FJ公司總經理ZY的信中再次得到證實（見附件5）。Schiffer證實：「所有專利轉讓的文件均是根據S先生的安排起草的。」然而，在《KP合同》談判的整個過程中，S先生這一安排卻對FJ公司隻字未提，妄圖瞞天過海。

一九九二年一月份美國PH的Meshell先生根據S先生的安排為美方人員參加KP簽字儀式準備的兩份「轉讓證書」和一份「許可證和技術服務協議」，使這一「轉讓」的真實意圖更加暴露無遺。第一份「轉讓證書」與前一份基本相同，只是受讓人換了一個名稱，即「香港KP有限公司」（KPI）以便與福州KP的英文名稱合拍，不過其地址與香港PH的地址完全相同（這可能就是為什麼S先生在合資初期，始終堅持把合資公司總部設在香港的緣故）而第二份轉讓證書則是從KP公司（KPI）把專利權轉讓給「香港KP公司」（KPL）其地址恰恰又是香港PH的地址。經過這麼一「轉」S先生就可以輕易地完全攫取整個專利所有權、持有權和使用權，而中科院WG研究所和FJ公司從此只能依靠空口許諾的所謂34%利潤的施捨了。

根據從香港政府公司登記註冊處所查實的資料，S先生以KP的名義在香港登記註冊了兩家公司，KP Ltd.（KPL）及KP Inc.（KPI）。其中KPI成立於一九九二年一月二十五日。這兩家香港KP的董事長與法定代表人均為S。倘若不是轉讓LBO專利的需要，還有其他理由可以解釋S先生為什麼建立了兩家香港KP嗎？

第三份「許可證與技術服務協議」也是經過精心安排的。表面上專利持有權還在與FJ公司毫不相干的「香港KP有限公司」手中，而美國PH通過這一協議卻可以獲得「上述專利的製造、使用和銷售產品的獨占許可證，以及運用有關LBO晶體的專利和專有技術的製造、使用、銷售產品的獨占性許可證」以及「依照本專利許可可在『區域』（定義為整個世界）內獨家製造、精製、組裝、使用、經銷以及出售本專利所包含的發明物」。

那麼，美國PH獲取FJ公司的專利權有什麼好處？是否會嚴重損害FJ公司的利益呢？美國PH主要發展的是醫療激光器，它本身也處於激烈的競爭環境之中。在其一九九一年的10-K年度報告（附件3）第十一頁中明確指出：美國PH公司與其他發展激光器的公司進行的有效競爭在很大程度上依賴於其技術的保密性和專有性。」鑒於我司的LBO晶體是醫療及許多激光器的重要的甚至是關鍵性的部件，再加上其性能比現有其他晶體優越很多，因此，任何一家激光器廠家，只要控制了LBO專利的專利權或獨家使用權，就可以有效地阻止別的廠家使用LBO晶體，從而保護其激光器的銷售。若美國PH公司獨家獲得LBO的整個專利權，並控制住其晶體銷售權，就可以很容易地對其競爭對手實行控制，不允許它們使用LBO晶體。這就是它對LBO專利的根本興趣所在，也是它為什麼願意出高價獲取LBO專利權的原因。對別的廠家來說，由於LBO專利的獨家限制（不論是所有權還是使用權），就不能在其生產的激光器中使用LBO不得已就只能使用其他晶體。而這些其他的晶體，如KTP，恰好是中國FJ公司的強有力競爭對手。對FJ公司來說，由於FJ公司主要產品是晶體材料，

只有所有的激光器廠家都使用FJ公司的晶體，FJ公司才可能最大限度地擴大產品銷售。因而盡量所有激光器廠家都使用LBO才是FJ公司的根本利益所在。顯而易見，FJ公司與美國PH之間在LBO專利問題上是存在根本性的經濟利害衝突的。換言之，由美國PH控制專利權和銷售權，我中方利益就可能遭到嚴重的損害。因此，即便僅僅是LBO專利使用權被賣斷，就足以使FJ公司乃至於KP利益遭到嚴重損失。

以上事實表明，S先生參加與FJ公司的合資絕不是為了所謂促進中國高科技的發展，而是為了騙取中國的專利特許及高科技晶體產品的銷售權，以謀取其個人的巨額暴利！正如S先生所承認的，香港PH公司是為其與中國合資而專門建立的。很顯然，美國PH「慷慨」曾送S夫婦八百萬美元絕不是平白無故的。事實上，若FJ公司稍不留心，將上述專利權或者使用權全盤賣斷和轉移到KP公司，那麼，S先生作為該公司的董事長和法定代表人，以及另外兩家香港KP、一家香港PH的董事長和法定代表人，就極有可能將上述輾轉盜賣陰謀變為事實。他一旦得逞，就將使LBO專利權喪失於美國PH，中華人民共和國所擁有的LBO專利權將永遠一次性賣斷給S先生的公司；中國在非線性光學領域的國際王牌從此將失而不可復得。由此可見，S先生精心策劃的盜賣LBO專利的種種行為，嚴重地損害了中華人民共和國的國家利益。

（四）S先生在尖端專利產品銷售權問題上的欺詐行為

《KP合同》第十七條規定，KP「產品由合資公司直接向境

外銷售」KP章程第九條也就銷售渠道作了明確規定。但就在《KP合同》簽字後的第二天，美國PH代表就提出了由美國PH接管合資公司產品在全球範圍內的獨家銷售權的要求。由於FJ公司代表不同意，導致了一場相當激烈的爭論。從大局出發，KP公司開張之初FJ公司就在外方的壓力下作了讓步，部分地接受了與合同不符的內容，同意在美建立一家負責全球晶體產品銷售的分公司。儘管如此，關於該公司的總經理人選問題又引發了一場曠日持久的爭論。在此過程中，S先生毫無理由地堅持不接受FJ公司推薦的總經理人選，而非要美國PH的人員來擔任不可，其理由是「白人更好」。

FJ公司曾百思不得其解，為什麼合同章程中明明白白地規定了銷售權問題，KP公司合同剛一簽字就立即引起了如此激烈的爭論？這個問題直到最近，FJ公司直接向美國PH調查有關情況並得到美國PH董事長Steven Schiffer先生的答覆說明後才弄清楚。事實是：S先生在《KP合同》簽字以前就已擅自許諾讓美國PH接管合資公司晶體產品在全球的獨家銷售權，只是對方完全隱瞞了上述事實。他的這種做法造成了FJ公司與美國PH之間的嚴重誤會，也是KP一成立，中美雙方就產生激烈爭執、嚴重對立的根本原因。很顯然，若FJ公司事前知道S先生要把全球獨家銷售權交給美國PH，FJ公司是絕不會與S先生的香港PH簽訂合同的。原因很簡單，銷售權完全由外方控制，不僅違反高科技產業的特點，也會導致FJ公司利益的根本受損。在KP銷售權的問題上，S先生欺騙及故意隱瞞事實的行為至此已真相大白。正如美國PH公司Schiffer董事長在其來信中所寫到的：「S先生既欺騙

了FJ公司，也欺騙了美國PH」（見附件5、附件6）。

　　更重要的是，以上事實還說明了一個根本性問題，即S的欺騙行為是引起KP成立後，FJ公司與美國、香港PH嚴重爭執的根本原因。所謂要在美國建立負責全球銷售的分公司並由美國PH人員擔任總經理，不過是S變相地兌現其將銷售權交給美國PH的幕後承諾的一種變通辦法而已。KP成立以後，S一直用資金不到位作為一張王牌來壓我們接受他的這一要求，這也恰恰是其在資金到位問題上嚴重違約、違法的根本原因之一（詳見我司同時呈交的KP一系列問題的根本原因），同時也是我們對S辯護律師的所謂「無關論」的最好駁斥。

（五）香港 PH 公司 S 先生的欺詐行為對《KP 合同》效力的影響

　　綜上所述，由於香港PH公司S先生故意隱瞞事實真相，謊稱香港PH公司是美國PH公司的子公司，並在有關香港PH公司資信和實力的介紹中作偽，以及打著「愛國人士」的幌子四處招搖，因而使FJ公司：（1）以為其是在通過香港PH公司與美國PH合作，並得以借用美國PH的技術力量共同研製和開發新產品、新器件（見KP項目建議書）；（2）以為香港PH公司實力雄厚；（3）以為S先生參與合資的目的在於促進我國高科技的發展，並幫助FJ公司建立真正的高科技產業。

　　鑒於香港PH公司的一系列欺騙行為以及它背著FJ公司妄圖出賣FJ公司利益及損害我國的國家利益，並已獲得巨額私利的事實真相，根據我國下列法律和法規，《KP合同》應屬自始無效。

一九八七年最高人民法院發布的《關於適用《中華人民共和國涉外經濟合同法〉若干問題的解答》明確規定，涉外經濟合同有下列情形之一的，應當確認自始無效：「一方當事人採用故意製造假相、隱瞞事實真相或者其他欺騙手段，致使對方形成錯誤認識與之訂立合同的」，「雙方當事人惡意串通訂立損害國家、集體或第三方利益的合同，或者以合法形式掩蓋非法目的而訂立合同的」。一九八一年五屆全國人大四次會議通過的《中華人民共和國經濟合同法》第七條和一九八五年六屆全國人大常委會十次會議通過的《中華人民共和國涉外經濟合同法》第十條均規定：「採用欺詐、脅迫等手段所簽訂的合同」為無效。一九八五年國家工商行政管理局發布的《關於確認和處理無效經濟合同的暫行規定》指出：「當事人的意思表示不真實或採用脅迫、欺詐等手段簽訂經濟合同的」，「當事人規避法律，損害了國家利益、社會公共利益或他人利益的」該經濟合同即是「內容不合法」鑒於香港PH公司蓄意欺詐，FJ公司是在被S先生故意隱瞞了事實真相和被其欺騙而造成了嚴重錯誤印象的情況下與其簽訂合同的，該合同是出於對合同內容有重大誤解而訂立的，因而是內容不合法的、自始無效的經濟合同。鑒於與香港PH公司的這一合同關係將會嚴重損害FJ公司乃至國家利益，應依法立即予以終止、解除、廢除。

顯然，香港PH公司在資信和騙取專利等諸方面的欺詐行為不僅是資金到位方面嚴重違約、違法的直接原因，而且該欺騙行為本身也明顯違背了中國有關法律的規定，從而根本地破壞了經濟合同的法律效力。它說明，FJ公司及時提請終止《KP合同》

是必要的。實際上，在FJ公司準備提請仲裁時，又從福建省外經貿委了解到，像香港PH公司這樣註冊資本只有十萬港元、資信低下的公司本來是不會被批准參與合資的，它們也是因為HM公司係省政府駐港的公司，誤信其關於香港PH公司的資信介紹，才未予深究而批准了《KP合同》。可見，正是香港PH公司的欺騙行為導致了KP公司目前的糾紛和問題。FJ公司不僅為KP公司付出了大量的人力、物力和時間的代價，而且也由於上述欺騙行為延誤了FJ公司自己創辦真正的、國際一流的合資公司的進程。因此，鑒於香港PH公司弄虛作假，蓄意欺騙FJ公司，以及圖謀騙取中國的專利權，並出賣銷售權以牟取私利，應依法確認《KP合同》無效，並立刻依法廢除這一因被欺詐而簽訂的合同。

FJ技術開發公司

一九九三年四月十日

附件目錄：

1. S先生在KP公司簽字儀式上的講話（從略）

2. HM一九九二年十二月二十八日致我司函（從略）

3. 美國PH一九九二年四月十四日呈報給美國政府的10-K年度報告譯文（從略）

4. 美國PH董事長Steven Schiffer一九九三年四月七日證詞（從略）

5. 美國PH董事長Steven Schiffer一九九三年三月二十一日致我司函（從略）

6. 美國PH董事長Steven Schiffer一九九三年三月二十三日致

我司函（從略）

四、本案訟爭主要問題剖析（代理詞）

（1993年4月14日）

中國國際經濟貿易仲裁委員會仲裁庭：

本人受申訴人FJ技術開發公司（以下簡稱「FJ公司」）委託，就申訴人FJ公司與被申訴人香港PH激光系統有限公司（以下簡稱「香港PH公司」）之間有關《福州KP有限公司合同》（以下簡稱《KP合同》）糾紛一案，提出如下代理意見：

本案爭議，可以歸結為「一個核心，兩個基本要點」核心是：《KP合同》是否應當儘早解除和廢除；第一基本要點是：解除《KP合同》的約定條件和法定條件是否已經具備；第二個基本要點是：本案被訴人的欺詐行為是否已經導致《KP合同》必須火速廢除。

申訴人EJ公司認為：對上述一個核心、兩個基本要點的答案都是絕對肯定的。對兩個基本要點問題的絕對肯定答案，決定了對核心問題的絕對肯定答案，S即《KP合同》應當刻不容緩地予以解除和廢除，以避免LBO「**國寶**」**被盜的現實危險**，避免對中國的國家權益造成無可挽回的嚴重損失，避免我國這一高科技產業發展的進一步耽誤。

茲分別說明如下：

（一）解除《KP 合同》的約定條件和法定條件均已完全具備

1. 解除《KP合同》的約定條件已完全具備

《KP合同》第十一條規定：乙方（即本案被訴人香港PH公司）應在合資公司營業執照簽發之日起三個月內，投入其出資額五百萬美元的30%，即第一期投資一百五十萬美元。第五十三、五十四條規定：乙方若不如期、如數繳足上述第一期投資，則「從逾期的第一個月算起，每逾期一個月，違約方應繳付應交出資額的3%的違約金給守約方。如逾期三個月仍未提交，除累計繳付應交出資額的9%的違約金外，守約方有權按合同第五十三條規定終止合同，並要求違約方賠償損失」經核實，KP公司的營業執照正式簽發於一九九二年一月二十九日，本案被訴人依約理應在同年四月二十九日以前繳足一百五十萬美元資金，但卻以種種藉口拒不依約如期、如數繳資。直至一九九二年七月二十九日，只繳交了十五萬美元，即只占其應交第一期出資額的十分之一。根據《KP合同》的上述規定，FJ公司自一九九二年七月三十日起，即有權依約要求終止合同。

2. 解除《KP合同》的法定條件已完全具備

一九八八年由對外經貿部和國家工商行政管理局發布的《中外合資經營企業合營各方出資的若干規定》（以下簡稱《出資規定》）第四條第三款載明：「合營合同中規定分期繳付出資的，合營各方第一期出資，不得低於各自認繳出資額的15%，並且應當在營業執照簽發之日起三個月內繳清。」衡諸本案，本案被訴人至少應在依照本法規定的三個月限期內繳足500萬美元×15%=75萬美元，否則即違反本法規定。福建省對外經貿委關於同意

設立KP公司的批覆中，也明確指出：「各方應於營業執照簽發之日起三個月內繳清30%的註冊資本」（見附件1第4點，從略）。這顯然是根據《出資規定》，結合本案《KP合同》第十一條的約定，作出的具體規定。

《出資規定》第五條進一步規定：「合營各方未能在第四條規定的期限內繳付出資的，視同合營企業自動解散，合營企業批准證書自動失效，合營企業應當向工商行政管理機關辦理註銷登記手續，繳銷營業執照；不辦理註銷登記手續和繳銷營業執照的，由工商行政管理機關吊銷其營業執照，並予以公告。」《出資規定》第七條則載明：「合營一方未按照合營合同的規定如期繳付或者繳清其出資的，即構成違約。守約方應當催告違約方在一個月內繳付或者繳清出資。逾期仍未繳付或者繳清的，視同違約方放棄在合營合同中的一切權利，自動退出合營企業」。

根據上述法規規定，KP公司的《KP合同》早已在法律上因外商嚴重違約而自動終止；公司已視同自動解散；其合營企業批准證書以及營業執照均已自動作廢；香港PH公司也已被視同放棄在《KP合同》中的一切權利，自動退出了KP公司。這是洞若觀火、毫無疑義的法定結論。

3. 本案被訴人的幾種遁詞和曲解不能成立

本案被訴人在其答辯書中以及庭辯（1993年3月31日至4月1日）中，為其資金不如期到位的嚴重違約行為製造各種遁詞，甚至不惜歪曲有關文件的字義原意，來開脫其法律責任，現予逐一批駁：

（1）「乙方資金已如期到位」說

本案被訴人不顧事實，硬說其「第一期現金出資額已**按期繳納，福建華興會計師事務所（92）外驗字第080號文對此已予驗資確認**」其代理律師在庭辯中則更明確強調上述「驗資報告」確認香港PH公司的第一期出資「已按期投入」實則上述報告的原文是「截至本報告日」（即1992年9月8日）香港PH公司已按第一期出資額投入。把「按額」歪曲為「按期」，企圖以一字之差，把逾期半年多才投入應繳資金這一嚴重違約的事實，強行抹殺。這真是談何容易！（見答辯書之「二」及其附件5，從略）

（2）「合同有關甲方技術投資的規定有漏洞」說

庭辯中，被訴方律師強調：《KP合同》中有關甲方（即申訴人FJ公司）技術投資的規定有「漏洞」；甲方也應在三個月期限內投入其技術產權的30%，才算是「公平合理」。這種說法是站不住腳的，因為：

第一，它根本不符合高科技產業的根本特點。反之，《KP合同》第十一條規定的「甲方的技術視合資公司**生產的需要**及時投入」，正是完全符合高科技投資本質特點、符合《KP合同》根本宗旨的最公平合理的規定。按：FJ公司原稱中科院WG研究所開發公司，成立於一九八〇年，在一九九二年一月底KP公司正式成立之前，它已存在十二年，其原有生產和銷售業務蒸蒸日上，已擁有晶體年產值高達兩百萬美元（見附件2，從略）它同意與外商合資經營，毫無疑義是為了**擴大生產**和銷售，而絕非把自己原有的既得利益無端讓外商分享。外商前來投資，也顯然必須通過擴大原有生產規模和銷售範圍，取得合法的利潤回報。關於這

一立約的根本宗旨，已載明於《合同》第四章和《章程》第二章。因此，所謂「視合資公司生產的需要」一詞，顯指外商第一期資金如期、如數到位後擴大生產的需要。正是由於外商嚴重違約，第一期資金逾期半年多始終不如期、不如數到位，造成了徵地、廠房基建、設備購置、人員僱用等一系列嚴重困難或陷於停頓，使擴大生產規模成為紙上空談，因而，甲方的生產技術投資也就被迫根本無法「及時投入」。打個譬喻：福建省某鰻魚養殖公司擁有一畝池塘，生產正常，贏利豐厚。為擴大養鰻規模，需增闢池塘達到十餘畝，於是決定引進外資合營。如約定的外資長期遲遲不到位，從而無法徵地、挖塘、蓄水、投餌……試問：鰻苗豈能養在乾旱的陸地上或空氣中，又豈能按擴大生產的需要「及時投入」？

第二，甲方的「技術投資」是否可以機械地也按30%、30%、20%、20%分割為四期同步投入？答曰：高科技投資的本質特點決定了上述「分割投入」的不可能；LBO、BBO晶體產品的生產技術，是一個不可分割的有機整體，它只能在廠房、生產各流程設備等「硬件」具備的前提下，一次性地投入、百分之百地投入。否則，它的投入就既無條件，也無「需要」，更無可能。晶體生產整個生產流程中任何一個環節的設備硬件不具備，技術軟件就不可能投入，產品就不可能產出。這就像鰻苗不可能切割成魚頭、魚軀、魚尾「分期」投入養殖一樣。

第三，甲方的技術投資義務是否意味著甲方應當在外商資金到位以前先把晶體銷售權立即轉交給KP公司甚至美國PH公司呢？答案也是絕對否定的。因為，根據《KP合同》第八條、第

一六一九條以及《章程》第八、九條的規定，應當交由KP公司銷售的產品，顯然都是指外資投入、生產規模擴大之後的「合資公司的產品」，而絕非FJ公司自行獨立小規模生產的產品。外商沒有資金投入、合資公司無法如期投產，試問：他們憑什麼坐享FJ公司的LBO等晶體銷售權並從中分享利潤？「無功不受祿」乃是常識，不盡義務，豈能坐享權利？

簡言之，所謂甲方技術「及時投入」以及KP第二次董事會紀要改定的「同步」投入，其**起碼前提**顯然都是乙、丙兩方第一期資金（即各自認繳額的30%）如期到位。一俟乙、丙兩方各自認繳資金的30%如期到位，並建造好生產所需廠房，購得設備硬件，甲方即根據生產的需要一次性地、**百分之百地**投入自己的技術產權投資，這正是高科技投資的本質特點決定了的，何來「不公平」？如果硬要說存在「不公平」，那倒可能是對甲方「不公平」了（30%：100%）難道不是嗎？

第四，退一萬步講，即便PH公司的S先生對高科技產品的技術投入特點缺乏常識，認為這一合同規定有「漏洞」，需要進一步商討和修改，這也不能成為他拒不執行合同規定的理由。根據合同規定，這一問題根本不是乙方資金是否到位的**前提條件**。同時，在未經法定程序修改之前，已具法律效力的合同絕不能任意拒絕履行。因此，所謂合同「有漏洞」「一直就甲方技術如何同步到位進行磋商」的說法，無論在法律上還是常理上，都是絕對不能成為被訴方資金不到位的遁詞的。

（3）「甲方不履行合同」說

本案被訴人律師一再辯稱，甲方不僅技術未同步到位，而且

在乙、丙兩方資金於八月份到位後，仍未將技術投入，根本就未履行合同。實則，這也只是被訴方的一種無理遁詞。因為：

第一，申訴人FJ公司從合資公司成立第一天起就積極認真地履行合同，在KP公司的審批、土地徵用、人員聘請和基建等方面做了大量的工作。根據擬定的生產規模及晶體生產的**技術需要**，FJ公司不僅請建築設計院對廠房進行設計和規劃，而且組織中科院WG研究所許多高級研究員對車間和生產線進行水、電、安全和布局設計，還對KP公司用地進行了勘探、打樁、填沙和清理，花費了很多人力和財力。只是由於乙、丙兩方資金一再拖延到位，才迫使基建和生產線建設停頓下來了。

第二，一九九二年五月十二日至十四日，申訴人FJ公司還單獨承擔了近兩萬美元的費用，在一年一度美國舉辦的全球最大激光會議上，以FJ公司及KP公司名義聯名參展，推銷產品，為KP正式投產後產品的銷售做好了市場準備。這些事實都充分證明了申訴人FJ公司認真履行合同的誠意。

第三，即便是在香港PH公司一再違約長達四個月之久，資金於八月底才到位後，申訴人FJ公司仍從大局出發，委曲求全，同時申訴人FJ公司尚不知S先生力圖盜賣FJ公司利益以牟取其個人私利的事，故仍希望在被訴方遵守合同、具有合作誠意的前提下，把KP公司辦下去。一直到正式申請仲裁前，申訴人FJ公司先後多次電話或書面通知KP公司和其董事長S先生，要求KP公司將籌建工作所需人員及技術支持告訴FJ公司，以便統籌安排好KP籌建及FJ本身的生產工作。申訴人FJ公司亦曾要求盡快進行三方會商，以便根據第二次董事會紀要所規定的「甲方的技術與專

利權的投資也同步進行，具體方式由三方股東另行商定」，對甲方技術如何到位進行協商。申訴人FJ公司還曾要求被訴方盡快按第二次董事會紀要具體商討落實我司技術投入的具體辦法，但KP公司、S先生等均未答覆，更不與申訴人FJ公司作任何磋商。更有甚者，S先生還濫用董事長權力，完全背著申訴人FJ公司強行遷址，並在其資金投入以前的**八月中旬**，就已在福州市鼓山私自定購了一百畝土地（見附件3，從略）他的這些行為不僅違反了合同規定，也完全違反了第二次董事會紀要第三條明確規定的「重大投資必須經過董事會集體研究決定」的原則。由此可見，在此期間，真正不執行合同和第二次董事會紀要的恰恰是本案被訴人自己。同時，本案被訴人在此期間的所作所為，已充分說明，其與申訴人FJ公司合作的誠意早已蕩然無存！

第四，在被訴方肆意踐踏合同的情況下，申訴人FJ公司通過律師發現了被訴方正式登記在案的資信真相，同時，開始察覺被訴方一直想利用KP把FJ公司的專利權和銷售權盜出國門的情況。為避免國家利益的損失，申訴人FJ公司被迫於一九九二年九月二十二日，循法律途徑申請仲裁，以求解除與被訴方的合同關係。FJ公司是在申請仲裁解除合同並立案後，才根據《中華人民共和國中外合資經營企業法實施條例》第112條、KP合同》第六十一條以及前引《出資規定》的條文暫停執行《KP合同》的。

（4）「甲方人事任免變動」說

本案被訴人以LBO晶體技術發明人之一T先生未能連續擔任ＸＸ研究所副所長職務，可能「影響」技術投入為藉口，掩蓋其資金遲遲不到位的真相。這是不值一駁的。因為：

第一，通觀《KP合同》全文，沒有片言隻字規定本案被訴人的資金到位應以T先生連續擔任「副所長」為前提；何況，在由中科院黨組及福建省委對研究所領導班子進行正常換屆後，不再兼任所級行政職務的T先生可以更專注於科研（見附件4，從略）同時，他在科研室、組以及FJ公司、KP公司所擔任的職務均未受到任何影響。

第二，從一九九二年五月中旬中科院WG研究所正常換屆到七月二十九日這段時間內，被訴方從未對其資金不到位的原因向申訴人FJ公司作任何說明。在此期間，申訴人FJ公司六次催資並書面要求說明原因，均被置之不理。本案被訴人今天又如何證明其資金不到位與中科院WG研究所換屆有關呢？更何況，此換屆是發生在五月中旬，因此，此事更與在此之前資金不到位的真正原因毫不相干。

第三，整個有關的專利技術**產權**，其所有權屬於國家，**持有權**屬於中科院WG研究所，只有使用權被轉讓給了其下屬的FJ公司，T先生本人並不享有本項專利技術**產權**的分毫，故其升、降、去、留，與有關專利技術產權的「及時」投入或「同步」投入，顯然概無關係，因而，毫無「影響」可言！由此可見，本案被訴人以T的正常職務變動為藉口，論證其資金不到位「有理」，無非是想遮掩其當時無力出資的「難言之隱」罷了！

（5）「三方一致同意延期」說

或「甲方未發表異議」說本案被訴人硬說，「資金到位日期的變更」——拖延，「是經三方協商一致同意，**歷次董事會**紀要都有詳細記載」所稱「歷次」顯然是指KP公司正式成立前後的

三次董事會。

實則，第一次董事會召開於一九九二年一月十七日，當時KP公司營業執照尚未正式簽發，距第一期資金到位期限的四月二十九日尚有三個多月的充裕時間，因而根本不存在所謂「資金到位日期的**變更**」問題。

第二次董事會召開於一九九二年五月二日。當時乙、丙兩方第一期資金到位日期剛剛屆滿，逾期兩天，我甲方代表即嚴肅地以「最後通牒」式的語言要求乙、丙兩方「在48小時內」資金到位（見附件5、6、7，從略）此後，我甲方董事之一、原FJ公司總經理W先生於一九九二年五月十二日、五月十八日、六月一日先後連續函催乙、丙兩方資金火速到位，並如實指出，由於資金遲遲不來，KP公司的整個基建工作「實際上已經處於停頓狀態」由於本案被訴人對這三封催款函未作任何書面答覆，代表FJ公司的KP公司副董事長Q先生不得不於同年六月二十九日、七月六日、七月二十四日又連續三次致函本案被訴人，催促資金到位，並連續向對方提出警告：「誰違背合同和章程，誰就必須負全部責任」。毋庸諱言，這裡所使用的顯然已是「最後通牒」式文字，其具體含義，顯然是指依照合同的上述具體條款索取違約金和解除合同！以上催款的多次書面文件全部在檔，鐵證如山。試問：這怎能隨心所欲地曲解為甲方在第二次董事會上及會後「同意」資金拖延半年多不到位？

至於第三次董事會，本案被訴人在會上不僅對其資金不到位的嚴重違約行為不表任何歉意，反而在此問題上態度蠻橫，「仗財欺人」。加上本案被訴人在會上專橫跋扈，公開踐踏《章程》

第三十條規定的重大事項「必須經董事會一致通過」的議事原則，不顧FJ公司提出的應就遷址方案先進行可行性論證的合理要求，在遷址問題上強行表決，妄圖壓服甲方；繼而出爾反爾，表示「我運用董事長否決權，我只同意先到位五十萬美元，以後的八十五萬美元不到位」。在這種情況下，鑒於資金如期如數到位一事再次告吹，又強迫甲方接受盲目遷址的專橫「決定」，甲方副董事長代表人H先生忍無可忍，終於憤然離席，並拒絕在所謂「第三次董事會紀要」上簽字。他的行動就是對整個第三次董事會的完全否定，也是對所謂「甲方未對八月二十二日資金投入日期發表異議」說的最好駁斥！按照《KP合同》第二十六條、《章程》第三十條的規定，所謂第三次董事會「紀要」從未正式形成，純屬一張廢紙，從一開始就根本不具備任何法律效力。

（6）「甲方事後認可」說

本案被訴人在答辯書中兩度援引申訴人FJ公司現任董事長一九九二年八月十七日致S先生函件，斷章取義地摘引其中「FJ公司一定一如既往地與乙、丙兩方同心同德密切合作」一語，硬說這「完全是對資金到位日期變更的事後認可」。可是一經對照原函原文，人們立即發現，在這句的前面，還有「只要KP各方都以合同、章程為準則，真誠合作」這個大前提。這種「閹割」前提的手法，實在幼稚、拙劣和徒勞！試問：KP組建以來，乙方在資金到位問題上嚴重違約，在「遷址」（實質是竄改高科技開發這一組建初衷，轉搞房地產投機）問題上踐踏《章程》議事原則，並在八月二十三日將KP公司強行遷出原址，這能說是乙方已經具備「以合同、章程為準則，真誠合作」這個大前提嗎？

庭辯中，被訴方律師強調H先生一九九二年九月二日致S先生函未直接論及資金不到位的問題，並據此推論這也是「事後認可」。這是十分荒唐的牽強附會。其實，由於被訴方在強行遷址問題上的蠻橫行為，遷址問題已成為雙方爭議的新熱點和新焦點。因此，H先生在收到所謂第三次董事會「紀要」並就此覆信S先生時，集中地再一次強調了FJ公司對KP遷址的觀點，這怎麼能說是FJ公司「事後認可」被訴方資金到位或默示「放棄」FJ公司權力呢？

（7）「法規不適用」說或「靈活適用」說

被訴方律師在庭辯中反覆強調，前述《出資規定》第四、五、七條不能適用於本案中的出資問題，並對該法規條文的「各方」「一方」等字眼作了「獨到」的「詮解」。實則，只要稍加推敲，就不難斷定這些條文完全適用於本案。

第一，就此項法規的「立法宗旨」而言，它主要是專門「治療」外商任意違約、資金不到位導致中方經濟損失這一「常見病」的「特效藥」，在本案出資問題上援引和適用本法規的上述條文，正是「對症下藥」。

第二，本法規第五條把「合營各方未能在第四條規定的期限內繳付出資」作為「視同合營企業自動解散」的前提條件，這一前提，在本案中業已完全具備。具體說來，乙、丙兩方不但未能在第四條法定期限內（即營業執照簽發之後3個月內）繳付第一期出資，而且在超越法定期限之後的又三個月，資金仍未到位。至於甲方作為折價投資的技術產權，也因乙、丙兩方的資金不到位而被迫無法在法定期限內「及時投入」。因此，自一九九二年

四月三十日起，本法規第五條所規定的「**合營各方**」未能在法定期限繳付投資這一條件即已完全成熟，KP公司即應「**視同**」**自動解散**，相應地其「批准證書**自動失效**」。由於甲方的技術產權投資之未能在法定期限「及時投入」，純屬被迫，具有「不可抗力」性質，不應承擔任何法律責任，因而甲方完全符闔第七條所規定的「守約方」這一概念；而乙、丙兩家則顯然各自是同條所規定的違約的「合營一方」，自一九九二年四月三十日起，即應依法視同**自動退出**KP公司。上述這三個方面的「自動」從法理上和邏輯上說，都必然導致《KP合同》的完全徹底的自動終止、自動解除或自動失效。與此同時，作為守約方的申訴人FJ公司（甲方）隨即有權依法依約向各自作為違約方的乙、丙兩方，索取違約金和一切損害賠償。這是不言而喻的。

被訴方律師還援引福建省對外經貿委於一九九二年九月二十二日針對KP公司**遷址申請**所簽發的批准證書（見答辯書附件8，從略），論證上述國務院發布的《出資規定》不具備法律權威性，可以「靈活地」不予遵守執行。這種論調的錯誤在於：

第一，這份「批准證書」是專門針對KP公司的遷址申請而簽發的，其唯一作用在於，KP公司可憑此證書前往工商行政管理局申請遷址變更登記，並對營業執照上的地址作相應更改，從而使外商S先生等人強行遷址一舉「合法化」關於此點，只要對比一下福建省對外經貿委一九九二年一月二十一日簽發的原始的「批准證書」（見答辯書附件8，從略），即可一目了然地看清：

① 前後兩份批准證書的文號完全雷同，即都是「外經貿A府字（1992）031號」

② 兩份批准證書中的企業名稱、合資各方、投資總額、註冊資本、合資年限、經營年限、經營範圍、生產規模、董事長和副董事長人選等各欄載明的內容，也完全雷同；

③ 兩份批准證書中唯一的不同之處在於「詳細地址」一欄：一九九二年一月簽發的原始的批准證書載明的是「福州鼓樓區山頭角123號」，而一九九二年九月簽發的批准證書載明的是「福州鼓山福興投資區福興北路」，同時，在最後一欄的最後一行加上：「**註：遷址**，原92.1證書作廢」。

第二，一九九二年九月簽發的這一份針對申請遷址的批准證書，是乙方代表S先生、丙方代表K先生等人互相勾結，瞞著代表甲方的KP副董事長H先生，暗中申請和騙取到手的。作為申請「依據」的申請書上以及KP公司第三次董事會的所謂「紀要」上，都根本沒有H先生的簽字，按KP《章程》第三十條規定的「一致同意」議事原則，它只是一張無效的廢紙。但福建省對外經貿委的經辦人不明真相，誤以為董事會上「8：1」的強行表決是「有效」的。事後他們曾說：你們內部矛盾問題如果早一點和我們打招呼，我們就不會發批文。」（見附件8，從略）

把這一份純屬「強姦民意」、騙取到手的**針對遷址問題**的批准證書，硬說是福建省政府主管機關針對**資金遲延到位**予以正式批准的證明，這顯然是張冠李戴、偷換概念、指鹿為馬！更有甚者，以此項騙取到手的遷址批准證書，論證福建省主管機關有權「靈活地」不遵守國務院發布的統一法令和政令，這就無異於鼓吹下級可以任意否定上級、有法可以不依了！這豈不是太過「離譜」了嗎？

（8）「甲方已喪失解約請求權」說

被訴方律師援引上述《出資規定》第七條第一款有關「守約方」應在違約方經催告而再度逾期一個月內向原審批機關申請批准解散合營企業的規定，硬說申訴人FJ公司目前已失去解散KP公司或解除《KP合同》的請求權。這種見解，顯然是曲解條文原意。因為第七條第一款的這一規定與同條第三款規定是有機地緊密結合在一起的，它的原意顯然是指主管機關（即「原審批機關」）應在上述再度逾期後繼續再等候一個月，如在此期限內守約方未向它提出解散合營企業的申請，它才**有權主動撤銷**對該企業的批准證書，相應地，工商行政管理機關才**有權主動吊銷**其營業執照。《民法通則》第一三五條規定：請求保護民事權利的訴訟時效期限一般為二年。兩相對照，上述「喪失解約請求權」的見解顯然更是直接違反《民法通則》的。一句話，一切法律、法規的解釋權，只能依法屬於最高人民法院或其他法定權威機關。任何個人隨意「詮解」法律、法規文字，不是缺乏自知之明，就是弄巧反拙！

庭辯中，被訴方律師還強詞奪理地提出質問：申訴人FJ公司為何不在一九九二年七月三十日，即在合同規定的解約條件剛剛成熟之際，或在其後數日內，提出解除《KP合同》的仲裁申請呢？

另一個強詞奪理的質問是：甲方副董事長H在其八月十七日致S先生函中提出了要求更換KP公司總經理的建議，既然你們認為KP自動失效，為什麼還要求更換一個失效公司的總經理？

對這兩個問題的答案都很簡單：當時申訴人FJ公司尚未發現

本案被訴人在資信方面有弄虛作假行徑，更未發現其與美國PH公司的幕後祕密交易：從美方撈取八百萬美元巨款，納入S夫婦私囊，並將中科院WG研究所持有的高科技LBO專利這一「國寶」的產品在全世界的銷售壟斷權，以一美元的代價，輾轉「賣斷」給美國PH公司，作為S夫婦對美方的報償。由於申訴人FJ公司當時還處在受本案被訴人謊言矇騙的狀態，所以在對被訴方違約的事實表明嚴正態度的同時，對被訴方尚存一線希望和期待，給其一次補救的機會，以觀後效。然而，事態的發展卻與申訴人FJ公司的良好願望背道而馳。被訴方不僅對FJ公司各種協商解決問題的一再呼籲置之不理，反而在八月八日第三次董事會上以「遷址爭議」為導火線，引起一場爆炸式的吵鬧和瀕於決裂。隨後，申訴人FJ公司又發現本案被訴人肆意踐踏合同、章程，在完全背著FJ公司的情況下，在八月底強行遷出原址，並一意孤行，大幅度擴大用地投資，借高科技產業之名來搞房地產。之後，申訴人FJ公司通過深入調查，得悉本案被訴人的種種欺詐行徑，得知LBO這一價值連城的「國寶」已經面臨被人全盤盜出國門的巨大現實危險。此時申訴人FJ公司才猛然醒悟過來，將本案被訴人的這些欺騙行為與KP公司成立以來的種種爭端互相聯繫，才發現被訴方真正「鍾情」的並不是高科技產業，從而使申訴人FJ公司與之合作的基礎蕩然無存，合資創辦高技術產業的初衷便無法實現，遂於九月下旬決定立即採取法律途徑，依法行使自己的索賠權和解約權。

（9）FJ公司「抽逃資金」說

本案被訴人律師在庭辯時將FJ公司幫助美國SKYTEK公司建

立光學晶體加工點一事作為「重磅炸彈」拋出，企圖以此反訴FJ公司違反合同有關技術投入條款，「抽逃資金」，是「非常嚴重的違約行為」。

申訴人FJ公司認為，該項與SKYTEK的協議簽訂與否跟本案概無關聯，完全是FJ公司自己的事情。理由如下：

第一，FJ公司參與合資後，仍作為獨立法人存在，這一點在合資意向形成階段三方的討論以及一九九二年二月二十八日Q先生給HM公司的信（見附件9，從略）中已充分體現。除了按《KP合同》和《章程》規定作為出資方式由合資公司排他性使用的技術以外，FJ公司仍可以運用別的技術進行自己的晶體生產、經營和銷售，有權根據自身發展的需要從事各種商務活動。

第二，本案被訴人的出資違約和故意隱瞞事實真相的行為導致了《KP合同》的失效和KP公司的自動解散。根據前述《出資規定》第七條，自一九九二年七月三十日起，本案被訴人已自動退出合營企業，放棄在合營合同中的一切權利，所以本案被訴人無權就一九九二年七月三十日以後FJ公司乃至KP公司的業務安排提出任何要求，此後FJ公司找誰合作、合作內容是什麼概與本案被訴人無關。

4. 本案被訴人資金拖延到位的真正原因

以上各點是針對本案被訴人關於資金遲延到位的種種遁詞進行的批駁。事實上，本案被訴人不顧合同和法規規定以及FJ公司的一再催資，一再拖延其資金投入的真正原因主要是：本案被訴人一直利用資金不到位作為一張王牌來要挾申訴人FJ公司接受其種種無理要求，而這些要求的實質是變著法子將LBO專利權與

LBO專利產品的全球性壟斷銷售權轉讓給美國PH，以兌現S先生為從美國PH已得到的八百萬美元橫財而許下的諾言（參見FJ公司同時呈交仲裁庭的《關於香港PH公司S先生欺詐行為的補充說明》定稿本）以及《KP一系列問題的根本原因》）

（二）本案被訴人的欺詐行為導致《KP 合同》必須火速廢除

關於S先生在談判和簽訂《KP合同》過程中出具資信偽證、暗地裡盜賣我LBO專利「國寶」以牟取其個人巨額私利等欺詐行為的具體情節，申訴人FJ公司已在呈交仲裁庭的《關於香港PH公司S先生欺詐行為的補充說明》（定稿本）（1993年4月10日，以下簡稱《補充說明》）中，作了翔實的揭露。這裡不再逐一複述。但必須強調以下各點：

1. **廢除《KP合同》的法定條件已充分具備**

《中華人民共和國涉外經濟合同法》第十條明文規定：採取欺詐手段訂立的合同無效。《中華人民共和國民法通則》第五十八條也強調了這一基本法理原則。一九八七年最高人民法院發布的《關於適用《中華人民共和國涉外經濟合同法》若干問題的解答》第三部分之第七點，以極其明確的文字指出：一方當事人採用故意製造假相、隱瞞事實真相或者其他欺騙手段，致使對方形成錯誤認識與之訂立合同的，應當確認該合同無效。

衡諸本案被訴人在簽訂《KP合同》過程中多種弄虛作假、隱瞞真相的行為，顯應斷定：廢除《KP合同》的法定條件已經充分具備，應盡快依法確認《KP合同》為無效合同。

2. 本案被訴人授意HM公司個別主管人員提供資信偽證

一九九一年十一月二十日由HM公司蓋上公章鄭重出具的關於香港PH公司的「資信情況簡介」中寫明：

香港PH公司「與美國PH公司互為控股，擁有美國政府頒發的多項專利，註冊資本為四千萬港元，擁有四十多名專家、科研人員及市場推銷員，是一家實力雄厚的高科技公司」。

這一份偽證的嚴重欺騙性和危害性，已在上述《補充說明》中簡述。申訴人FJ公司由於長期受騙，完全信以為真，致在主持撰寫《可行性報告》和《項目建議書》等文件和材料中，多次一字不漏地原文照抄。所有這些文件和材料，都曾經PH公司的S先生審閱認可，他從未提出隻字異議或修改意見。在此次仲裁程序中，本案被訴人又在其答辯書第三部分第四點中，大力強調這份偽證的有效性和權威性，並以照抄上述偽證的《項目建議書》作為重要「物證」呈交仲裁庭，妄圖繼續欺矇詐騙。在這裡，本案被訴人使用的「邏輯公式」是：

（1）我騙了你，你信假為真，載入你寫的文件；

（2）我即以你寫的文件作為「證據」，證明我的謊言即是真理！

這種「邏輯」實在是既荒謬，又可惡！同時，這也有力地反證：

（1）HM公司當初蓋上公章出具的上述偽證，是在S先生授意或「唆使」下作出的；

（2）PH公司的S先生至今仍堅持此項偽證「有效」，並繼續使用這份偽證行騙！

值得特別指出的是：庭辯中，HM公司主管人員K先生對這份假證中所謂「註冊資本為四千萬港元」的來源，解釋成所謂「HM公司的辦公室工作人員出於對PH公司S先生信任，從其對KP認資五百萬美元反推算而來」云云。然而，這種解釋是完全經不起推敲的。試問：倘若四千萬港元真是「推算而來」，那麼，把香港PH公司這個只有十萬港元註冊資本的「夫妻店」，從無任何經營業績的「皮包公司」，說成是「擁有美國政府多項專利」「擁有四十多名專家」的「一家實力雄厚的高科技公司」，這又是從何「推算」而來的呢？HM公司主管人員K先生的這個解釋，不僅完全開脫不了為S先生出具資信偽證的責任，反而更進一步說明了此類HM公司「旁證」或「擔保」的不可信性與不負責任性，真是弄巧成拙。事實上，K先生於一九九二年十二月十六日與申訴方H、Q兩先生的會談中，卻說「四千萬港元」是指美國PH公司。更進一步的問題是：K先生為什麼會願意用如此拙劣和自相矛盾的說法來進行顯然是為S先生開脫責任的解釋呢？真是令人百思不得其解！

3. 美國政府主管機構的文檔證明了本案被訴人的詐騙牟取暴利行為

申訴人FJ公司在此次庭辯中面呈仲裁庭的10-K年度報告及其中文摘譯，是由美國政府主管機構證券與交易委員會（Securities and Exchange Commission，SEC）定期公開發布和存檔備查的具有法律意義的文書（參見附件10，從略）。根據美國法律，所有上市公司必須如實向美國政府呈報公司經營情況，並對每一項投資及其他重大開支用款如實呈報原因、目的和去向。這些呈報若

有不實，在美國是一項極其嚴重的犯罪行為。根據SEC存檔的美國PH公司一九九一年10-K年度報告（見附件11，摘譯第2頁，從略），有幾點特別值得注意：

第一，S夫婦以個人名義（請注意：不是以「香港PH公司」這個法人名義）與美國PH公司簽訂了一項「股票購買協議」，美國PH公司將當時價值八百萬美元巨款的股票發給S夫人個人（請注意：不是賣給「香港PH公司」這個法人），歸入S夫人私囊，以換取香港PH公司44%的股權（其票面價值僅為10萬港元×44%＝4.4萬港元，相當於5600美元左右），兩者價值懸殊竟達一四二八倍之多！美方之所以願意實行如此懸殊、如此奇怪的「不等價交換」，主要是因為S夫婦「有能力在中國境內進行談判，作出合資研究和製造（高科技產品）的安排」。細讀有關文字記載，便不難斷定這份使S夫婦獲得暴利橫財的「股票購買協議」，顯然是以中科院WG研究所和FJ公司持有的LBO專利這一國寶的「安排」作為幕後祕密交易的標的，但申訴人FJ公司對這份「股票購買協議」一事毫無所知，對於自己如何被「安排」（被擺布、被出賣），也仍然蒙在鼓裡。這就是S先生在口頭和書面所多次反覆鼓吹的「中美港真誠合作」！（參見附件12：S先生在1992年1月18日《KP合同》簽字儀式上的演說等，從略）

第二，S先生在一九九一年九月三十日把香港PH公司的44%股權出讓給美國PH公司後，長期隱瞞真相，不按香港法律規定的八週的時限，向香港政府公司註冊署如實申報。他在一九九一年十二月三十日呈交該署的股權分配申報表（見《法律意見書》附件2，從略）中，股東仍只報S夫婦兩人，作出虛假陳述。直至

一九九二年九月十七日，申訴人FJ公司向該署取得該申報表複印件之日，上述虛假陳述依舊赫然在目，未作任何變更申報。（按香港刑法第36條規定，這是一種刑事犯罪行為，可判處有期徒刑2年，併科罰金。參見附件13，香港刑法摘譯，從略）

第三，美國PH公司10-K年度報告是一九九二年四月十四日向美國政府提交的。

第四，在這份報告第00002頁（見附件11，摘譯第1頁，從略）及其他多處對S先生組建香港PH的目的作了明確的闡述：香港PH組建的目的，在於取得中國開發的某些非線性光學材料的專利特許。這裡的「某些」顯然指的就是IBO。

第五，美國PH公司對它給本案被訴人的八百萬美元財富附加了兩個條件：一是本案被訴人必須與申訴人FJ公司組建一家合資公司；二是必須進行他們之間簽訂的「股票購買協議」所規定的「科技項目」經營。這兩個條件必須在兩年之內完成。任一個條件完不成，就必須將這筆價值八百萬美元巨額財富的一半（50%）退回給美國PH公司。

4. 美國PH公司提供的專利「轉讓證書」和「許可證協議」暴露了本案被訴人的欺詐行為

早在一九九一年九月二十日，美國PH公司根據S的「安排」提出了一份擬好的「轉讓證書」要求中科院WG研究所將IBO專利的「全部所有權」賣斷給總部設在S先生家中的「KP有限公司」代價是一美元以及「其他良好對價」（見附件14，從略）。四個月之後，即一九九二年一月十五日，美方又根據S先生的許願或許諾，提出了「連環套」式的兩份「轉讓證書」和一份「許可證

協議」（見附件15，從略），要求中科院WG研究所和FJ公司將IBO專利的「全部所有權」以一美元代價及其他「良好對價」先賣斷給總部設在S先生家中的「KP有限公司」（KP Inc.），再轉手賣斷給總部同樣設在S先生家中的另一家「KP有限公司」（KP Ltd.）。然後，再由後者把IBO專利產品的製造、使用、銷售及其有關的專有技術（Know-how），以全球性「獨占許可證」的方式，全盤授予美國PH公司。該「許可證協議」第四條載明：許可證出讓方放棄提成費，不取分毫報酬，受讓方唯一的義務只是「在美國境內追訴侵犯上述專利的第三人」，而一切有關費用仍全由出讓方承擔。

　　一九九二年一月十七日二十一時召開的KP公司第一次董事會上，美國PH公司的代表Steven Schiffer即根據這些「連環套」的「精心設計」和有關規定，要求FJ公司將IBO晶體專利在全球範圍內的獨占許可（特別是其中的晶體產品銷售權），迅即轉交美國PH公司全盤壟斷。同時，他還提出了立即接管FJ公司晶體材料的全球銷售權。他的這些違反《KP合同》的無理要求當即遭到FJ公司的拒絕。由此激起了中、美雙方的激烈爭論。第一次董事會紀要第五點文字中所稱「就銷售問題進行了熱烈的討論」就是對這場「激烈的爭論」的「文雅」表述。接著，在一月十九日，美方再次提出了由美國PH公司全盤接管KP合資公司產品在全球範圍內的獨家壟斷銷售權，這就再次導致中、美雙方的激烈爭論。對於這一激烈爭論產生的背景和真實原因，申訴人FJ公司當時曾百思不得其解。直到一九九三年三月，申訴人FJ公司通過系統深入的調查研究，特別在掌握了美國政府主管機構SEC的文

檔材料以及一九九三年三月份美國PH公司董事長Steven Schiffer先生數度來函之後，才初步解開了這個十分難猜的「大謎」〔詳見FJ公司呈交仲裁庭的《關於香港PH公司S先生欺詐行為的補充說明》（定稿本）第三、四部分及其有關附件〕

只要把美國政府主管機構SEC文檔中關於「股票購買協議」的確鑿記載、美國PH公司按S先生「安排」所設計的「連環套」轉讓證書、許可證協議以及美國PH公司董事長最近的連續來函，特別是四月七日證詞（見附件16，從略），串在一起，稍加思考分析，上述「大謎」的「謎底」就昭然若揭了。其要點在於：

（1）本案被訴人以LBO專利權及FJ公司晶體材料的全球獨家銷售權為誘餌，使美國PH願意以巨額財富換取這兩種權利；同時，欺騙美方，使其誤認為只有通過從S夫人處購得香港PH的股份方可加入合資公司。此外，他還使美國PH誤信FJ公司已同意了將上述「兩權」（即LBO專利的全部權利以及該專利產品的全球壟斷銷售權）交給美國PH。

（2）S先生既已從這筆交易中取得了美國PH給予的價值八百萬美元的巨額橫財，作為回報，就必須按他已對後者所作的約許，迫使申訴人FJ公司把自己手中現有的LBO專利產品獨家製造、銷售的權利，以轉讓「獨家許可」的形式，拱手交給美國PH公司，由後者在全球範圍內加以壟斷。而美方最為「猴急」的，乃是其中的全球銷售壟斷權。

（3）由於申訴人FJ公司及其主管機關中科院WG研究所對上述各節完全不知情，並堅決抵制上述這兩項將使FJ公司利益受到嚴重損害的無理要求，這就導致申訴人FJ公司與處在騙局另一端

的美國PH公司之間產生激烈爭執。S先生為了實現他對美方的許諾，就以資金不到位相要挾，肆意違反和踐踏《KP合同》和《出資規定》，提出種種「變通方案」妄圖迫使或騙使申訴人FJ公司及中科院WG研究所「俯首就範」換言之，「資金不到位」已成為要挾申訴人FJ公司首先拱手交出銷售權的主要手段！在第二次董事會上應S先生的堅決要求，作為資金到位的條件，在「紀要」中寫人了如下規定：FJ公司的晶體銷售工作應盡快移交三方合資的KP公司」，「要求美國PH公司應盡快介入合資公司的運作」，提出一套「推銷戰略」云云，其精神實質，也在於此！

（4）本案被訴人第一期資金在違約拖延半年多以後，之所以終於在一九九二年八月二十三日到位，乃是由於當時中國大地上出現了「房地產熱」！房地產經營利潤豐厚的強大誘惑使本案被訴人「移情別戀」。特別是打著「高科技產業」這塊招牌招搖撞騙，就能以通常市價50%的價格獲得最佳地皮（附件3：WR9月份致S先生的信，從略）。

因而，本案被訴人不惜踐踏《章程》。事準則，以極其專橫的強行表決，妄圖迫使申訴人FJ公司接受「遷址決議」；也力圖攫取百畝地皮，從中漁利，根本不惜竄改KP公司原定的經營宗旨。

5. 本案被訴人對其欺詐行為的幾種辯解不可採信

（1）「多種安排」說

庭辯中，本案被訴人辯稱：上述「連環套」中的幾份涉及LBO專利「國寶」的轉讓證書和許可協議，只是《KP合同》正式簽訂以前「多種安排」中的一種。它只是早已過去、無關宏旨

的「歷史」，而不是「現狀」，不值得大驚小怪。可是：

第一，本案被訴人卻無法舉證：除了上述鄭重其事地兩度見之於書面文字的安排之外，還有什麼其也「多種安排」？

第二，一九九二年初美商來華當時發生於美商與申訴人FJ公司之間的激烈爭論以及最近兩三個月以來美商與本案被訴人之間的尖銳訟爭，都是緊緊圍繞著這種特殊「安排」無法兌現而引起的！現在美國PH公司要求取消一九九一年九月間與本案被訴人訂立的「股票購買協議」、索回當時價值八百萬美元的美國PH股票（見附件17，從略），也是與上述「安排」無法兌現緊密相關的。

顯而易見，所謂「多種安排之一」云云，實際上就是唯一安排，至少也是主要安排！

（2）「無關現狀」說

庭辯中，本案被訴人極力強調上述美港之間的「股票購買協議」以及與此密切相關的上述「連環套」，概與本仲裁案《KP合同》爭議無關，不應深究。實則大謬不然。因為：

第一，庭辯中，申訴人FJ公司曾再三質詢該項主要涉及中方LBO專利權的美港兩方「股票購買協議」究竟是何內容？何以始終既背著中方簽訂於前，又長期瞞著中方於後？對這兩個問題，本案被訴人始終支吾其詞，不肯正面回答；繼而極力迴避，顧左右而言也！其心虛膽怯之窘態，有目共睹！**豈能不刨根尋底，追究到水落石出？**

第二，那筆載明於美國政府主管機構SEC文檔，並經美國PH公司董事長Steven Schiffer證實、已經落入本案被訴人私囊的

八百萬美元巨額財富，既是一年多以前企圖騙走中國LBO專利「國寶」及試圖將全球壟斷銷售權拱手交給美國PH公司的豐厚酬金，又是一九九二年一至八月半年多以來，本案被訴人以「資金不到位」相要挾企圖迫使申訴人FJ公司盡速交出LBO產品銷售權，因而導致雙方一系列糾紛的主要「禍根」，它終於進一步導致雙方當前在仲裁庭上「對簿公堂」。所有這些，難道不是與本案息息相關的最重要的現實？

特別是作為直接或間接受害者的中國公民，對於LBO專利「國寶」面臨被騙走或被盜出國門的重大現實危險，豈能等閒視之？

（3）「不足採信」說

本案被訴人的律師辯稱：目前本案被訴人與美國PH公司董事長雙方已卷入法律訟爭，因此後者提供的揭露前者欺詐行為的一切說法和證詞都「不足採信」！並借此反誣申訴人FJ公司與美商「勾結」這種辯解，實在軟弱無力和流於幼稚！

第一，申訴人FJ公司及美國PH直到今年三月十八日才發現自己也是本案被訴人所設騙局的受害人。過去本案被訴人長期利用FJ公司的專利騙美國PH，又利用美國PH的「聲勢」騙FJ公司、壓FJ公司。現在兩個受騙方一經接觸對證戳穿畫皮，才發現彼此均被騙了，在此情況下，共同合作，以便徹底弄清事實真相，何錯之有？有何不可？被訴方關於「勾結」的反誣，適足以反映出本案被訴人極其害怕騙局之真相大白於天下！

第二，申訴人FJ公司前面所援引的「股票購買協議」「轉讓證書」「許可證協議」均是早在一九九一年九月至一九九二年一

月間，即在美、港當事人雙方關係「親密無間」之際就已出現的。更何況，申訴人FJ公司前面引證的SEC大量文檔記載，一向就是美國政府主管機構的一種法律文書！它更是在美港當事人雙方關係極好的一九九二年四月十四日向美國政府報備的。它們的證據力豈能單憑「不足採信」這四字「咒語」便任意抹殺？

第三，在KP成立前的商談過程中以及成立後的糾紛過程中，甚至直到近一個月前，本案被訴人一直利用美國PH的「威力」或所謂「影響中美關係」拉大旗作虎皮，虛張聲勢，藉以唬人！事實不勝枚舉。試舉較近的一例：一九九二年十二月九日，S在致中科院王XX副院長的信中，還用所謂美國PH要在美國控告FJ公司，會引起「你死我活式」國際官司來嚇唬人。但實際情況是，美國PH早在去年十一月就與S先生發生嚴重糾紛（見附件22，從略），並於一九九二年十二月二十一日正式撤銷了早先授予他的投票權（見附件21，從略）。用Steven Schiffer先生自己的話說：「S先生從未跟我討論過美國PH公司起訴FJ公司的任何可能性。他從未向我提起過有關KP公司所出現的任何問題。今年一月份以來，我從未與S先生交談過。美國PH公司從未考慮過任何起訴FJ公司的事。我甚至不能想像我們有任何根據可以起訴FJ公司。」（見附件23，從略）

S先生這種用美國PH名義來抬高自己的狐假虎威式的伎倆，也被他用在仲裁庭對本案的審理過程中。請看：儘管他在去年十一月份就同美國PH發生了嚴重糾紛，並在一九九二年十二月二十一日被撤銷了投票權，但在他十二月三十日向仲裁庭提交的答辯書和反訴書中，仍然多處用美國PH來嚇唬人，妄圖再用其慣

用的「中美關係」「國際糾紛」之類的恫嚇來影響仲裁庭的公正裁決。他的這種心理戰術及伎倆，不但嚇不倒FJ公司當事人，事實反而充分證明裹著虎皮嚇人者，原來並非真虎，也不是虎的什麼親戚，其虎皮的確是「不足採信」的！更有趣的問題是，這個一直被他奉為神聖上司並被用來嚇唬中國人的美國PH，怎麼一夜之間就變成與中方勾結並「不足採信」的了呢？

（三）本案申訴人FJ公司的合理合法的緊急請求應予支持

根據申訴人FJ公司目前已經發現的官方檔案材料，結合一年多以來申訴人FJ公司親身經歷的慘痛教訓（其中包括中科院WG研究所和FJ公司內部因受本案被訴人挑撥、收買而出現的混亂現象和分裂動向），申訴人FJ公司現在的綜合感覺是：**當初一念之差，聽信謊言，竟然「誤住黑店」「誤搭賊船」，目前當務之急，就是馬上離「店」火速「下船」！**因此，申訴人FJ公司極其迫切、極其懇切地請求仲裁庭盡快依法、依約作出裁決，**火速解除《KP合同》，徹底結束申訴人FJ公司與本案被訴人之間的合資關係**。具體而言，理由有：

1. LBO「國寶」仍然面臨有朝一日被盜出國門的重大現實危險

就當前現狀而言，根據S先生一手「安排」而由美方精心設計的上述「連環套」現在雖已出現重大「裂痕」，但目前KP公司董事長一職仍由S先生所據；總經理雖已由申訴人FJ公司撤回原有推薦，但在本案被訴人「強力」支持下，夥同HM公司個別領導人，以非法的「三結合」方式，繼續盜用早應依法自動解散的

「KP公司」名義，為所欲為（前述「強行遷址」事件就是典型事例之一），而其對申訴人FJ公司在國內原有晶體生產業務的破壞，對申訴人FJ公司在國際市場上原有銷售網絡的削弱，都使申訴人FJ公司遭受極其嚴重的經濟損失。更有甚者，在現有的非法「三馬駕車」體制下，他們仍大權在握，可以任意與新的外商訂立類似的新「連環套」，並利用近來從中科院WG研究所以及FJ公司挖走的專業人員非法從事LBO專利產品的產、銷，一俟時機成熟，就完全能夠進一步把LBO專利國寶盜出國門。關於這一點，絕非申訴人FJ公司的杞人之憂或危言聳聽，只要看一看那三份「連環套」證書和協議，就得知那個標明「Inc.」字樣的「KP有限公司」與標明「Ltd.」字樣的另一個「KP有限公司」法定地址都設在S先生的私宅之中，S先生同時又是總部設在福州的第三個「KP公司」的董事長，所以，只要他覺得有需要，**中科院WG研究所和申訴人FJ公司現在所持有的LBO專利「國寶」就可以在A→B→C→D的連續「接力」下，極其迅速地被盜出國門。因為這種「接力」的最大特色是：可以在同一個房間內、以五分鐘時間、把「接力棒」從本案被訴人的左手轉交給右手，立即跑完「全過程」。因為，三個接力選手，都是同一個人──S先生！不**盡快結束這種局面，申訴人FJ公司以及任何有愛國心的中國公民豈能安心睡覺？

2. 申訴人FJ公司已絕對無法再與本案被訴人繼續合作，KP合同》理應依法火速解除

自《KP合同》簽字以來，本案被訴人利用美商、港商的「優越」身分，憑藉董事長這一職位，飛揚跋扈，「財大氣粗」，擺

出一副頤指氣使的架式，獨斷專行，遇有大事，往往撇開甲方（即申訴人FJ公司）既不商量，又不尊重甲方利益，從而使這一「合作」一開始就困難重重，極不愉快。例如，有關銷售權提前轉讓、移交與否，總部設在香港與否，在美設分公司與否等一系列的爭議均沒有結果，於是本案被訴人一方面一再用資金拖延到位的手段，力圖迫使申訴人FJ公司就範，另一方面又背著申訴人FJ公司，擅自準備遷址到上海、深圳，繼而擅自決斷改遷鼓山，發展到在第三次董事會上強行以8：1「通過」遷址決議，繼而又在資金到位問題上，出爾反爾、自食其言於頃刻之間，此外，還根本背離KP組建初衷和經營宗旨，大談發行股票及搞房地產的生意經〔詳見第三次董事會紀錄（這份材料是由福建省科委主任吳X同志指定同單位的L同志在會議現場記錄下來的，S先生飛揚跋扈的突出形象躍然紙上、呼之欲出）〕加之，在此以後，申訴人FJ公司進一步查證出S先生的多方欺詐行為，其用心「良苦」，FJ公司稍有不慎，即可能陷入S先生精心設計的「陷阱」之中。鑒於上述種種，申訴人FJ公司實已無法再與本案被訴人「真誠」平等」地合作下去。俗話說：「捆綁不成夫妻」S先生的種種作為已迫使申訴人FJ公司強烈要求儘早結束這種痛苦的「結合」顯而易見，《KP合同》的解除在所難免、勢在必行！

3. 申訴人FJ公司請求盡快先作「中間裁決」

申訴人FJ公司眼看自力苦心經營多年、頗具業績的高科技晶體生產和銷售業務，日復一日地遭嚴重削弱、破壞，並且面臨徹底毀滅的現實危險，眼看中國國家權益日益大量流失，深為痛心疾首，「度日如年」。鑒於《中國國際經濟仲裁委員會仲裁規則》

第三十五條中規定：必要時，可就案件的任何問題作出或中間裁決或部分裁決，鑑於我國《涉外經濟合同法》第三十四、三十五條規定：合同解除後，既不影響當事人要求賠償損失的權利，也不影響其中原有約定仲裁條款的繼續有效，因此，申訴人FJ公司特此鄭重請求：

（1）如能在短期內將解除《KP合同》問題連同支付違約金等問題作出一次性裁決，自是最佳選擇。

（2）如一併解決違約金等問題尚需較長時間，則請求仲裁庭專門針對解除《KP合同》問題，盡速依法依約作出公正裁決，愈快愈好！

（3）貴庭如果決定採納上述第二方案，則違約金等問題可稍待一時，改日再行裁決。如確有必要，也可以另行開庭或另行立案，然後再作公正裁決。

（4）針對本案被訴人提出的極其荒謬可笑的「反訴請求」申訴人FJ公司保留在適當時日予以堅決駁斥的全部權利，同時保留在適當時日要求本案被訴人進一步賠償損失的全部權利，必要時，將向貴會另行提出仲裁申請。

〔為節省篇幅，本案代理詞附件23種此處從略，存檔備查。〕

FJ技術開發公司

一九九三年四月十四日

五、關於《（1993）貿仲字第 3470 號裁決書》的法律意見書

—— 對本案裁決執法不公的批評、質疑和建議

（1993年11月5日）

一九九三年十月十五日至二十五日，中國科學院WG研究所（以下簡稱「中科院WG研究所」）所屬FJ技術開發公司（以下簡稱「FJ公司」）的法定代表人ZY總經理、H董事長、中科院WG研究所副研究員、FJ公司仲裁代理人之一L君，先後通過長途電話和當面訪談，就《（93）貿仲字第3470號裁決書》（以下簡稱《裁決書》），向廈門市第二律師事務所兼職律師陳安教授提出了一系列具體問題，要求逐一作答，並出具正式法律意見書。

茲針對所提多項具體問題，分別提供法律意見如下：

（一）關於《裁決書》的法律效力問題

問：《裁決書》於一九九三年十月十二日寄達FJ公司後，輿論大嘩，群情激憤，認為這一裁決有失公正。它曲解事實，偏袒本案被訴人（香港PH公司）串通香港中資（國有）HM公司個別主管人員、出具資信偽證、實行欺詐等不法行為。這種裁決，究竟有何法律效力？是否應當服從？

答：在一般正常情況下，仲裁裁決是終局的，對當事人有約束力。但是，在法律規定的某些反常情況下，受害的當事人不必要、不應當服從。相反，可以通過法定程序，提出抗辯，由人民法院作出裁定，不予執行。經法院裁定不予執行的仲裁裁決，就

成為一紙空文，毫無法律約束力可言。

問：在這方面，我國法律有何具體規定？

答：《中華人民共和國民事訴訟法》第二一七條第二款明文規定：

受害的一方當事人「提出證據證明仲裁裁決有下列情形之一的，經人民法院組成合議庭審查核實，裁定不予執行：

（一）……

（二）……

（三）仲裁庭的組成或者仲庭程序違反法定程序；

（四）認定事實的主要證據不足的；

（五）適用法律確有錯誤的；

（六）仲裁員在仲裁該案時有貪污受賄，徇私舞弊，枉法裁決行為的；

人民法院認定執行該裁決違背社會公共利益的，裁定不予執行。」

本條規定適用於非涉外的仲裁裁決，即內國裁決。

同時，《民事訴訟法》第二六〇條規定：對於中國涉外仲裁機構作出的裁決，受害的一方當事人提出證據證明在仲裁過程中由於不屬於該當事人負責的原因未能陳述意見，或者仲裁程序與仲裁規則不符，經人民法院組成合議庭審查核實，應裁定不予執行。此外，人民法院認定執行該裁決是違背社會公共利益的，也應裁定不予執行。[1]

問：中國的《民事訴訟法》與中國涉外仲裁機構現行的《仲裁規則》，兩者之間有何關係？

答：一九八八年六月二十一日，國務院曾下達文件，明確指示：應當根據中國的法律和中國締結或參加的國際條約，修訂當時原有的《仲裁規則》。據此，在運用同年九月頒行的《中國國際經濟貿易仲裁委員會仲裁規則》時，即在仲裁過程中，顯然必須遵守而不是違背《民事訴訟法》所明確規定的有關民事案件審理的基本法律原則和基本行為原則。諸如：應當以事實為根據，以法律為準繩；應當查明事實，分清是非，正確適用法律；應當保障當事人行使訴訟權利，保障當事人充分陳述意見；應當調查收集證據，按照法定程序全面地、客觀地審查核實證據；證據應當在庭審中出示，並由當事人互相質證；知情人有義務出庭作證，審理人員應當讓知情人出庭出證等（參見《民事訴訟法》第2、8、64、66、70、124、260條）。凡是**違反這些基本審理原則**的**仲裁裁決**，顯然都是違反仲裁程序的，經法院審查核實，應裁決不予執行。

（二）關於事實認定和仲裁程序問題

問：本案被訴人香港PH公司董事長S先生串通香港中資（國有）HM公司副總經理K由後者在一九九一年十一月二十日以HM公司名義，蓋上HM公章，出具書面偽證，證明香港PH公司**「註冊資本四千萬港元，擁有四十多名專家……是一家實力雄厚的高科技公司」**導致FJ公司受騙上當，同意與香港PH公司組建合資公司。後來經FJ公司查證香港政府主管部門文檔，得悉香港PH公司原來是一家「皮包公司」其註冊資本只有十萬港元。FJ公司向仲裁庭早就提供了上述書面偽證複印件以及香港政府文檔

複印件，對S、K勾結實行欺詐的不法行徑進行揭露，要求追究其法律責任。但兩位仲裁員置之不理，卻在《裁決書》中公然聲稱：「就本案被訴人資信而言，仲裁庭認為可以根據以下事實認定：……合營公司一方的HM公司作為福建省駐外機構向中科院WG研究所提供的S先生信譽和財力的擔保書中也證明了PH公司是一家實力雄厚的高科技公司。HM公司副總經理代表HM公司作證聲明，直至現今也完全信任並願意作擔保。」請問：這樣認定事實，對嗎？

答：《裁決書》的這種裁判和認定，當然是錯誤的。因為：第一，HM公司副總經理K理應知道外商在中國境內合資必須提供**銀行擔保**的法律規定，更不該隨便出具偽證，這是應負法律責任的。第二，香港政府的公司註冊文檔證明香港PH公司註冊資金只有十萬港元，K卻吹噓為四千萬港元，這是明目張膽的欺騙！本案仲裁庭兩名仲裁員，**把已有欺騙劣跡者所作的口頭「擔保」視為已經存在的客觀事實，並引為經典，據以斷案，這是極其危險的**！第三一九九一年十一月十九日K以HM公司名義蓋公章出具的上述資信證明，題為《資信情況介紹》，毫無「擔保」內容，《裁決書》稱之為「擔保書」，任意拔高，可謂無中生有！

問：《裁決書》據以認定香港PH公司資信可靠的另一「證據」是：「香港FY律師出具的見證書證明了香港財務公司貸款三百五十萬美元給香港PH公司，作為投資KP的資金。」這份「見證書」據悉是HM公司K所僱用的一位律師出具的。仲裁庭開庭時，**首席仲裁員SQ不肯出示**，不讓申訴人FJ公司通讀一遍即趕緊收藏，生怕申訴人FJ公司當庭對質戳穿真相。事後申訴人FJ公

司多次打長途電話催寄這份「見證書」都橫遭拒絕，始終諱莫如深。可是，如今卻據以認定事實，裁斷案件，請問，這樣做，合理合法嗎？

答：這是違反審理原則和法定程序的。《民事訴訟法》第六十八條規定：「證據應當在法庭上出示，並由當事人互相質證。」第一二四條進一步把「出示書證」作為庭審的必經程序之一。庭審中不認真出示，已屬不當；庭審後經當事人一再請求出示，卻橫加拒絕，更屬不當。從而令人有理由質疑：第一，這份書面「見證書」究竟有多少漏洞，是否經不起認真推敲，就會露焰？第二，所謂的「50萬美元」是否已經貸給了PH公司，抑或只不過是牆上畫餅、空中皂泡？用不讓當事人質證的「證據」認定事實、裁斷案件，這是違反審理原則和法定程序的。

問：《裁決書》硬說：「申訴人FJ公司突然免去T教授中科院WG研究所副所長及FJ公司董事長職務」「T研究組及其成果是FJ公司成為合資企業技術投資的主要內容，T教授的去留直接影響到合資一方申訴人FJ公司的投資是否確實存在」「申訴人FJ公司對晶體技術發明人的免職行為造成（本案被訴人）資金延遲到位」這簡直是信口開河！本來申訴人FJ公司乃是中科院WG研究所主管的一個下屬單位，下屬單位哪有權將頂頭上司領導「免職」事實上，T教授的免職是因任期屆滿、正常換班而由中國科學院決定的，豈能歸責於FJ公司？

答：《裁決書》的這種判斷，確屬對科學院人事任免體制和有關權限的無知，以致嚴重背離事實。但更可笑的是對於專利權歸屬問題，竟然缺乏基本知識。按中國《專利法》規定：執行本

單位的任務或利用本單位的物質條件所完成的技術發明，稱為「職務發明」。國家各單位工作人員的「職務發明」，其專利權屬於全民所有，並歸該單位持有；只有「非職務發明」其專利權才屬於個人所有。本案申訴人FJ公司作價五百一十五萬美元提供給KP合營公司的投資BBO和LBO晶體技術專利的使用權，其專利權屬於國家，並歸中科院WG研究所持有。作為此項科研發明群體中的成員之一，T教授對此項專利既無持有權，更無所有權。即使T教授本人調離中科院WG研究所，國家對此項專利的所有權以及中科院WG研究所的持有權，也絲毫不受影響，在這項專利權有效期限二十年屆滿以前，它是一直受到法律保護和繼續「存在」的。**斷言T去留**直接影響到FJ公司投資的**存在**，顯然違背中國專利法常識。

問：把T教授行政職務（副所長）的期滿卸任、正常換屆，曲解為FJ公司對其頂頭上司行使「免職」權力，又把T教授的去留曲解為中科院WG研究所專利權存亡的前提，再進而據此指責FJ公司對T教授的「免職行為造成（本案被訴人）資金延遲到位」，要FJ公司承擔責任，這究竟是出於知識的缺乏，還是出於有意偏袒？

答：二者必居其一，或者兼而有之。

問：本案被訴人香港PH公司的董事長S先生曾向美國PH公司董事長Schiffer保證：絕對有把握將中科院WG研究所所持有的並許可FJ公司使用的BBO和LBO晶體技術**專利權**及其在全球範圍內的**銷售權**（以下簡稱「**兩權**」）弄到手，並轉交給美國PH公司。其具體途徑是：通過香港PH、HM公司、FJ公司合資經營「福州

KP公司」，作為掩人耳目的「中介」，在KP董事長S先生和副董事長K的聯合操縱下，全盤轉交給美國PH公司。Schiffer等人信以為真，當即以價值一千六百萬美元的美國PH公司股票（賬面800萬美元）送給S夫婦，以「換取」香港PH公司44%的股權（相當於5641美元），實際是一種無償贈送，以換取日後的上述「兩權」這一事實，已明文記載於美國政府主管機構證券交易委員會（Securities Exchange Commission）定期發表的公報（SEC/10-K）中。申訴人FJ公司在委託美國律師深入調查文檔之後，發現了這一鐵證，已詳細譯成中文且連同原文複印件呈交本案仲裁庭，並反覆要求徹底查清S先生盜賣中國BBO、LBO專利權的犯罪行為，但仲裁庭竟置之不理。庭審以後，美國PH公司因已支付價值一千六百萬美元的股票給S先生，而S先生許諾的「兩權」，卻遲遲未能到手，發覺其中有詐，繼又發現S先生竟盜用美國PH公司在港資金一百三十五萬美元，充作香港PH公司向福州KP公司的投資，因而向香港法院起訴，控告S先生詐騙巨財和盜用巨款，並致函作為股東的FJ公司，要求立即退還或凍結S先生盜用並投入福州KP公司的美國資金。與此同時，美國PH公司董事長Schiffer又寄來大量的訴訟材料、證據和證詞，將S先生設置的國際大騙局的真相和盤托出，並多次揭露他們所目擊和知悉的有關S先生行賄、巨金收買的事實。他們還多次表示，願意自費來華出庭宣誓作證。申訴人FJ公司收到這些與本案密切相關的來自美國知情人的揭發材料後，都一一及時轉呈本案仲裁庭，要求迅速查核事實，立即解除因申訴人FJ公司受騙上當而與香港PH公司的合營關係，以免國家財產蒙受更大的損失。

可是，本案仲裁庭一概置之不理。如今，《裁決書》。託詞是：「本仲裁案審理期間，當事人向仲裁庭提交的有關香港PH公司與美國PH公司之間的訴訟材料及美國PH公司Schiffer等人的**證據材料**，不屬本案仲裁庭管轄範圍，對此，仲裁庭不予考慮。」請問：證據材料也有「**管轄範圍**」嗎？這種託詞在法律上站得住腳嗎？

答：《裁決書》上的這種說法是錯誤的，而且違反民事案件審理和仲裁程序最基本的原則：「以事實為根據，以法律為準繩」。不審查核實一切證據，焉能客觀地查清和認定事實？不查清事實，焉能正確適用法律？焉能公正斷案？誠然，不同案件有不同的管轄範圍，但是，既受理了某案，舉凡與該案有關的一切證據材料，理所當然地就都屬於受理該案的機構的管轄範圍，豈能推諉搪塞，拒不查核？既不肯定，也不否定，「不管」了事，這至少是不負責任、有虧職守的。

問：《裁決書》認為：美國PH公司Schiffer等人是利害關係人，他們提供的材料，不能作證據，仲裁庭不予考慮。」請問：這種說法有法律根據嗎？

答：不但沒有法律根據，而且違反法定程序。

在案件審理的法定程序規則中，只是禁止與本案有利害關係的當事人或第三人擔任審判員或仲裁員，卻從不禁止知情的利害關係人提供證詞、證據和出庭作證。恰恰相反，法律是鼓勵一切人，包括知情的利害關係人提供證據的。因為第一，對一切證據進行審查核實，大有助於弄清真相，正確地認定事實。法律要求案件審理人員「**按照法律程序，全面地、客觀地審查核實證據**」

（《民事訴訟法》第64條），其中理所當然地也包括審查核實案件利害關係人提供的證據、證言。經過審查核實，只要它確實符合客觀情況，確能證明事物的真相，就應加以採納，並據以認定事實。反之，如果僅僅因為提供證據者是利害關係人，就「因人廢言」，對有關的大量證據、證言不作任何分析、審查和核實，盲目地加以一概排斥，「不予考慮」，則閉目塞聽，焉能公正斷案？

第二，在實際生活中經常出現這種事例：原先合作共事、共同謀取某項利益的當事人，事後發生利害矛盾，成為利害關係人，此時的利害關係人應當是對當初共謀階段的實況和內幕最為權威的知情人。魯迅所稱「**因為從舊壘中來，情形看得較為分明，反戈一擊，易制強敵於死命**」，這顯然是社會生活經驗的科學總結。美國PH公司Schiffer等人當初與港商S先生共同謀取中國的BBO、LBO專利權，如今前者發覺受後者詐騙，恍然大悟，因而「反戈一擊」，將當初共謀真相和盤托出，這是大有益於澄清事實，戳穿國際大騙局的。對這樣的外國利害關係人提供的、有利於保護中國國家財產的證據和證言，豈能不分青紅皂白，盲目排斥？

特別應當強調的是：美商Schiffer從福州KP合營公司成立之初，就一直是這家公司的董事之一。從這個意義上說，他應當也是KP合營糾紛案件即本仲裁案件的當事人之一。對當事人之一提供的證言和證據，竟然不加分析，既不肯定，也不否定，而只是武斷地「不予考慮」，這顯然是極端不負責任的，也是嚴重違反法定審理程序的。

問：《裁決書》斷言：「關於各方出資，事實上各方當事人三次董事會本著互諒精神並根據合資公司當時發展情況已協商一

致，作出了適當變更。」其主要依據，就是一九九二年八月十七日FJ公司董事長H致S先生函件中未提到資金到位問題，硬說「申訴人FJ公司對於董事會關於變更資金到位日期毫無異議。據此，仲裁庭可以認定這是合資當事人對原合同關於資金到位時間的修改。」

這種斷言嚴重地歪曲了事實。因為：第一，一九九二年八月八日召開的KP公司的第三次董事會上，因KP董事長S先生勾結副董事長K，妄圖竄改合營公司的開發高科技產品的經營宗旨和方向，強要遷址搞土地投機，遭到中方代表FJ公司董事長（KP副董事長）的堅決抵制，會上爆發了激烈爭吵，不歡而散，根本沒有形成任何董事會決定。事後，S、K勾結炮製了一份所謂「第三次董事會紀要」，H拒不簽字。按照《KP合同》和《章程》的規定，此等重大事宜，必須經董事會全體成員一致通過，才能作出決定，因此，由S先生、K先生勾結炮製，而H拒不簽字的上述「第三次董事會紀要」是根本無效的，怎能把這種根本無效的「紀要」強加於FJ公司？更怎能憑以認定事實和處斷案件？第二，福州KP公司第三次董事會上的記錄人員L同志對會上的激烈爭吵過程，是目擊者。本案開庭前，他已抵達北京，並願出庭作證，卻橫遭仲裁庭拒絕。第三，《裁決書》對一九九二年八月十七日的函件內容，採取了「閹割」前提的手法，作了斷章取義的曲解，任意刪節，不敢全句整段地引述。第四，對於FJ公司前任董事長於一九九二年六月二十九日、七月六日、七月二十四日、七月二十八日、七月二十九日先後連續多次致函S先生嚴詞譴責其背信違約、催促資金到位的「最後通牒」式的函件，卻熟視無

睹，全然不顧，硬說什麼合資各方對於S先生資金嚴重延遲到位已經「協商一致」，仲裁員能採取這種孤立、片面的手法來採證和斷案嗎？

答：這種採證方法和論證方法，諸如孤立、片面、主觀臆斷、任意閹割……的做法和看法，都是嚴重違反法定程序的。前面已經提到：民事案件的審理人員，務必「按照法定程序，全面地、客觀地審查核實證據」；而且應當鼓勵和支持一切知情人出庭作證，這是中國《民事訴訟法》規定的基本審理原則（第64、70條）。本案仲裁庭對於當事人已經呈交的各種證據，只是**片面地、主觀地**查核，即只採用（而且是斷章取義地採用）其中的一項，而把其他多項完全相反的證據，盲目排斥或棄置不理；知情人已經到庭且願意出庭作證，卻橫遭拒絕，這都是背離了上述基本審理原則的錯誤做法。這種程序上的錯誤，勢必導致事實認定上的錯誤以及法律適用上的錯誤。因此，按照錯誤程序作出的裁決書，勢必不只是**程序上**的違法，而且會造成**實體上**的違法。

（三）關於仲裁程序的其他問題

問：我們最近再次認真研究了《仲裁規則》，得知其第三十二條明文規定「仲裁庭應當在案件審理終結之日起四十五天內作出仲裁裁決書」本案雖經申訴人FJ公司多次催促從速處理，以免給國家財產造成更大損失，但主辦人不理不睬，久拖不決，也**從未通知申訴人FJ公司何時是「審理終結之日」**，繼而又以「迅雷不及掩耳」的手法，突然下達了《裁決書》。這樣做，符合上述程序規定嗎？

答：當然不符合規定。

問：申訴人FJ公司鑒於上次庭審後陸續發現了許多新的事實、新的證據材料，認為很有必要再次開庭徹底查清本案真相，作出公正裁決，為此，曾於一九九三年十月二日通過傳真件向仲委會秘書處和仲裁庭正式提交重新開庭的申請書，按常規，當天即可收到，隨後又通過特快專遞郵寄了此項申請書，按常規，這份申請書至遲應在十月四日前收到，但都被置之不理。另一方面，本案仲裁庭卻在一九九三年十月十一日，即在收到申訴人FJ公司的**上述傳真申請書和郵寄申請書之後一個多星期，下達《裁決書》，從而剝奪了申訴人FJ公司進一步充分陳述意見的神聖權利和應有機會。**這不是更為嚴重的違反法定程序嗎？

答：確屬嚴重違反民事案件審理的基本原則。審理人員有義務保障當事人行使申訴權利，保證當事人有充分陳述意見的機會，重視當事人提供的新事實和新證據，這都是見之於《民事訴訟法》明文規定的（見第2、8、64、66、70、124、217、260條）。本案仲裁庭**事先從未通知當事人「審理終結之日」**，又在《裁決書》正式下達之前一個多星期就已收到申訴人FJ公司關於重新開庭的正式申請，不作任何審議和答覆，卻「**抓緊時間**」匆忙下達《裁決書》，這顯然是**違反法定程序的**，也是很不正常的。對此，申訴人FJ公司當然有權提出抗議，並且為維護自己的法定申訴權，向有關主管機關提出新的申請。

（四）關於法律適用問題

問：申訴人FJ公司早在一九九二年十一月呈交的《仲裁申請

書》中即已提出明確主張：本案被訴人在合資公司領取營業執照後六個多月資金不到位，不但嚴重違約，而且嚴重違反了有關法規的明確規定，必須承擔法律後果。《裁決書》面對無法否認的鐵的事實，雖也認定「本案合資公司於一九九二年一月二十九日領取營業執照，第一期出資額一百五十萬美元應於四月二十九日到位，但只於三月四日到位十五萬美元八月二十二日本案被訴人第一期資金一百五十萬美元才全部到位。從時間上看，本案被訴人在資金到位上確實存在著**違約問題**」，但對於資金到位上的**違法問題**及其法律後果，《裁決書》為什麼完全避而不談？

答：不敢正視有關法律、法規的明文規定，規避適用有關的法律、法規，這是《民事訴訟法》中多次批評的「**適用法律確有錯誤**」的一種表現形式。凡屬適用法律確有錯誤的判決或內國裁決，即使已經「定案」，也應通過法定程序，予以否定，或裁決不予執行。（見《民事訴訟法》第179、185、217條）

《各方出資的若干規定》明文強調：合營各方不按法定期限在營業執照簽發之日起三個月內繳清分期出資的定額，即「視同合營企業**自動解散**，合營企業批准書**自動失效**，合營企業應當向工商行政管理機關辦理註銷登記手續，繳銷營業執照。」第七條進一步規定：合營一方未按合同規定如期繳付出資，經守約方催告而逾期仍不繳付的，「視同違約方放棄合營合同中的一切權力，自動退出合營企業」。這三個「**自動**」。綜合地規定了和強調了違反法定期限、逾期拒不繳資的**法律後果**。這顯然是法律上的強制性規定，當事人對此並無自由選擇的餘地，仲裁員更沒有任意規避法律強制規定的權力。《裁決書》面對這種強制性的法

律規定，噤若寒蟬，不置一詞，足見其不無膽怯心虛！也足見其適用法律上的明顯不當和確有錯誤。

問：首席仲裁員SQ在庭審休息期間，曾對申訴人FJ公司ZY等人發問：你們見過國家科委××同志對中科院WG研究所問題的批示嗎？」「你們要求解除與港商S先生的合資關係，這事，HM公司能同意嗎？福建省委能同意嗎？你們認真考慮過沒有？」當時有多人在場，聽後覺得很不是滋味。事後經過查對，迄今未見哪位國家科委負責人對本案有任何「批示」，也從未聽說福建省委對本案申訴人FJ公司要求解除與港商S先生合資關係有任何不同意的意見或「指示」我們認為，退一萬步說，即使有過什麼「批示」或「指示」，首席仲裁員為何不明確告訴申訴人FJ公司？尤其令人不解的是：他是從哪裡得知這種「批示」或「指示」的？這「批示」和「指示」是否某個對方當事人**偽造**的或**偽傳**的？

答：正直的、奉公守法的仲裁員在審理案件過程中，應當嚴格遵循「以事實為根據，以法律為準繩」的基本原則。**任何「批示」或「指示」，都不可能取代法律或凌駕於法律之上**，這是《憲法》第五條明文規定的。如果是偽造、偽傳什麼「批示」「指示」，則偽造、偽傳者固應承擔責任，誤信傳言、以訛傳訛或據此辦事，也不是全無責任。在這方面，申訴人FJ公司可以列舉事實，請求主管機關查明真相和「消息來源」。

問：我們現在總的看法是：本案的仲裁過程和《裁決書》本身，在仲裁程序、事實認定、法律適用、裁決內容等方面，都存在著頗為嚴重的問題和錯誤。我們的法律意識提醒我們自己：對

於這樣的歪曲事實、曲解法律、袒護欺詐和縱容偽證的有失公正的裁決，我們應當怎麼辦？

答：應當嚴格依法辦事，依法提出抗辯，以保護自己的合法權益，保護國家財產。具體說來：第一，通過法定程序，請求法院裁定不予執行；第二，向中國國際經濟貿易仲裁委員會反映上述情況和提出新的請求。

中國國際經濟貿易仲裁委員會作為一個整體，在中國國內和國際上都享有**盛譽**。這種盛譽，並不能保證每個仲裁員、每份裁決書都能絕對嚴格依法秉公斷案。因此，縱有個別仲裁員或個別仲裁書斷案不公，也無損於仲裁委員會整體的公正形象。仲裁委員會領導人對於來自當事人的不平之鳴和據實舉報，歷來是**認真傾聽和嚴肅清查**的，這也正是這個仲裁機構素來享有盛譽的重要基礎之一。對於這一點，**應當抱有信心**。

廈門市第二律師事務所兼職律師

廈門大學法學教授陳安

一九九三年十一月五日

注釋

* 本案編號為「V92171」，CIETAC組庭受理於一九九二年十一月，裁決於一九九三年九月二十日。裁決書編號為「（93）貿仲字第3470號」。本文依據本案案卷文檔寫成。引文中的強調是引者所加。有關文檔可依有關法定程序向 CIETAC 有關部門請求查索閱讀。參照 CIETAC 公開發表裁決書的通常做法，本文隱去了當事人、仲裁員、涉案人員及涉案地點等真實的公司名、人名和地名，而以英文字母取代。參見中國國際經濟貿

易仲裁委員會編：《中國國際經濟貿易仲裁裁決書選編（1963-1988）》，中國人民大學出版社1993年版，前言。

〔1〕 一九九五年九月一日開始施行的《中華人民共和國仲裁法》，增加了對某些仲裁裁決應予撤銷的規定。其第五十八條規定了內國仲裁裁決的撤銷條件：「當事人提出證據證明裁決有下列情形之一的，可以向仲裁委員會所在地的中級人民法院申請撤銷裁決：（一）沒有仲裁協議的；（二）裁決的事項不屬於仲裁協議的範圍或者仲裁委員會無權仲裁的；（三）仲裁庭的組成或者仲裁的程序違反法定程序的；（四）裁決所根據的證據是偽造的；（五）對方當事人隱瞞了足以影響公正裁決的證據的；（六）仲裁員在仲裁該案時有索賄受賄，徇私舞弊，枉法裁決行為的。人民法院經組成合議庭審查核實裁決有前款規定情形之一的，應當裁定撤銷。人民法院認定該裁決違背社會公共利益的，應當裁決撤銷。」同法第七十條則規定了涉外仲裁裁決的撤銷條件：「當事人提出證據證明涉外仲裁裁決有民事訴訟法第二六〇條第一款規定的情形之一的，經人民法院組成合議庭審查核實，裁定撤銷。」

第十章

論涉外仲裁個案中的越權管轄、越權解釋、草率斷結和有欠透明
——CIETAC二〇〇一至二〇〇二年個案*評析

↘ 內容提要

中國國際經濟貿易仲裁委員會（CIETAC）組建以來，以其斷案之公正、公平，在國際上享有盛譽，廣受中外當事人信賴。但是其中個別案件的裁斷，在實體內容以及程序操作上存在著不合法、不規範的缺失，出現了越權管轄、越權解釋、草率斷結和有欠透明等重大問題。其客觀後果不但株連無辜的第三人，充當替罪羔羊，無端「挨宰」六千餘萬元巨款，而且實際上是掩蓋了、縱容了地方行政官員涉嫌嚴重違法施政的行為，從而在相當程度上損害到CIETAC斷案公正公平的傳統光輝形象。筆者謹以CIETAC「諍友」身分，撰寫此文，坦誠陳言，以期引起有關方面注意，並通過學術爭鳴，共同提高認識。

一九九五年十二月，外商P公司與中國A市（縣級）X水電站簽訂合同，組建中外合資X水電公司，投資總額達二點一億元人民幣。A市的Y電力總站（甲方）奉市政府首長之命，與中外合資的X水電公司（乙方）簽訂《電量購銷合同》。約定由甲方包

銷乙方所產全部電量每年一點二億千瓦時以上，此數遠遠超過甲方當時購電後的「消化」能力，致甲方長期積欠乙方電價款。一九九八年五月，A市Y電力總站（甲方）奉行政主管之命註銷，轉化成為D市（地區級）L水電總公司下屬的一家分公司（非獨立法人）。乙方遂轉換索債目標，改向L水電總公司索償巨債近億元。L水電總公司認為自己從來就不是本案涉訟合同的當事人，與該合同電價爭端原本毫無關係，現在卻因A、D兩級市政府官員的行政失誤以及乙方刻意利用這種行政失誤，使L水電總公司成為無辜「挨宰」的替罪羔羊，因此，斷然拒絕乙方的索債要求。乙方遂於二〇〇一年十月依據《電量購銷合同》中的仲裁條款，以L水電總公司為被請求人（債務人），將爭端提交CIETAC請求仲裁。

本案仲裁庭依法組建後，經過兩度開庭聽審。首席仲裁員G在二〇〇二年四月擬出《裁決書一稿》，提交討論，其中認定：本案爭議是A市和D市兩級政府一系列行政行為造成的後果，依據中國現行法律，已超出CIETAC和本仲裁庭的管轄範圍，因此，應當依法駁回中外合資X水電公司的仲裁申請。

本案仲裁庭成員T收閱《裁決書一稿》後，提出了與G相反的意見。筆者作為本案仲裁庭的第三位成員，在仔細研讀G、T兩位的相反意見後，向CIETAC書面表達了自己的看法：完全贊同G的意見，不讚同T的見解。至此，本案仲裁庭已形成「2：1」的多數，主張駁回申請人X合資公司的仲裁申請。但不知出於何種原因，本案卻於二〇〇二年六月七日被提交CIETAC「專家諮詢委員會」進行諮詢。「專家諮詢委員會」若干成員事先未仔細

閱讀案件文檔，經四十五分鐘短促討論，泛泛而談，認為本案仲裁庭應當受理本案並作出實質裁決，不宜駁回仲裁申請。按規定，此項諮詢意見僅供參考，並無約束力。二〇〇二年六月三十日，本案首席仲裁員G寫成《裁決書二稿》，其中案情事實認定完全照舊，但裁決卻發生一百八十度的「質變」裁令與本案涉訟合同原本毫無法律關係的L電力總公司向X合資公司（涉訟合同的乙方）支付巨額欠款六千四百餘萬元。針對這份《裁決書二稿》，筆者迅即提出正式的《異議意見書》，提出大量法律疑竇，建議在審限內認真查核受害當事人最新舉報的重要證據，徹底查清本案中政府官員涉嫌嚴重違法施政的有關情節，以免CIETAC越權管轄和錯誤裁決。但此項《異議意見書》竟被擱置不理。《裁決書二稿》以與《裁決書一稿》完全相反的「2：1」多數，迅即作為正式終局裁決書草率簽發。筆者曾要求按國際上通行的做法和CIETAC的有關先例，把本庭居於少數地位的仲裁員提供的《異議意見書》，附在本案終局裁決書之後，由CIETAC同時送達給雙方當事人，實行「陽光斷案」，藉以切實維護斷案之透明、公開、公平，接受社會公眾之監督，杜絕任何「暗箱作業」之弊端。此項合理建議，竟然又被置之不理。

　　本案二〇〇二年七月十日終局裁決書正式下達之後，原與涉訟合同（《電量購銷合同》），毫不相干、純屬無辜的第三人即L水電總公司，竟被裁令充當替罪羔羊，「挨宰」巨款，致使當地輿論大嘩，群情激憤，醞釀「鬧事」。經當地政府主管官員反覆進行行政協調，矛盾才未進一步激化，各方終於在當地政府主持下商定：仍由原涉訟合同甲方（即A市Y電力總站）向銀行貸款

二千萬元人民幣，一次性地向原涉訟合同乙方（即X合資公司）清償積欠電費，了結多年紛爭。至此，L水電總公司總算從本案錯誤裁決的「利刃」之下解脫出來，倖免於無辜被「宰」之難。此番因政府主管官員行政行為失誤引發而纏訟多年的《電量購銷合同》爭端，終又通過政府主管官員的行政行為而解決了矛盾。這一結局，以事實有力地印證了筆者當初在《異議意見書》。所剖析判斷的「解鈴還需繫鈴人」，也印證了本案裁決書越權管轄裁斷與越權代庖解釋之「徒勞」與不當！

↘ 目次

小引

中國國際經濟貿易仲裁委員會（CIETAC）及其前身自二十世紀五〇年代中期組建成立以來，迄今將近五十年。近五十年來，從總體上說，CIETAC以其斷案之公正、公平、獨立不阿和祛邪扶正，在國際社會中享有盛譽，廣受當事人信任和信賴，近年來其受案數量已躍居全球同類仲裁機構的最前列。這是全體中國人特別是中國仲裁界引為自豪和備加珍惜的。CIETAC在長達半個世紀的漫長歲月中，之所以能持續地保持蒸蒸日上、欣欣向榮的勢頭，日益走向真正的現代化和國際化，其關鍵之一，就在於它一向善於不斷地發揚自身的上述優良傳統，不斷地總結經驗教訓，不斷地傾聽社會各界提出來的諍言、從善如流和排除負面因素；簡言之，就在於它始終堅持「**與時俱進**」！

在這方面，其最新例證之一，就是CIETAC現任主要領導人最近在一次仲裁員研討會上的重要發言。他提醒大家：近年來我國的仲裁事業不斷發展，在經濟領域和法制建設中起著重大作用；與此同時，各方面對仲裁工作的要求也更高了，國內外同行之間的競爭也隨之加劇。「我們對這個形勢應有一個清醒的認

識，必須以與時俱進的精神狀態，不斷開拓仲裁工作的新局面。」為此目的，他特別強調仲裁人員應當「**忠於職守，廉政仲裁**」，明確指出：「我們仲裁工作的開展不是處在真空，我們的仲裁員不是生活在世外桃源。……**近年來，社會各界從不同渠道反映仲裁存在的問題，仲裁員的問題呈上升趨勢。我們對此問題不能書生氣十足，不能麻痺。要正面地、嚴肅地提出，必須注意這個問題，敲響警鐘。我們在仲裁工作中要理直氣壯地倡廉反腐，樹立仲裁事業的高尚職業道德。**」[1]

這篇重要發言的特點，在於既充分肯定成績，又明確揭示問題；特別是對於來自社會各界的有關CIETAC的諍言，**不迴避，不「諱疾」，不「護短」**，敢於面對和正視現實，有的放矢，語重心長地敲響了警鐘，振聾發聵，體現了領導人應有的**眼光、胸懷和氣魄**。

筆者添列CIETAC仲裁員隊伍，作為其中普通一兵，既因CIETAC之享譽全球和蒸蒸日上，分享到一份自豪；也深感有一份責任：作為CIETAC的諍友，對其個案中可能存在的不足和缺失，理應就個人所知、所感，直抒胸臆，坦誠陳言，加以評析，以期引起有關方面注意，並通過學術探討和學術爭鳴，集思廣益，共同求得真知，提高認識。

在二〇〇一至二〇〇二年CIETAC受理的某件涉外合同糾紛大案中，筆者作為該案仲裁庭的成員之一，深感其終局裁決（以2：1多數通過），在實體內容以及程序操作上存在著不合法、不規範的缺失，主要表現在其中出現了不應出現的**越權管轄、越權解釋、草率斷結和有欠透明**等重大問題。其客觀後果不但任意**株**

連與原合同糾紛全然無關因而全然無辜的第三人，充當**替罪羔羊**，使其無端「挨宰」人民幣六千四百七十八萬餘元巨款，而且實際上是掩蓋了、縱容了地方**行政官員**涉嫌嚴重違法施政的行為，從而在相當程度上**損害**到CIETAC斷案公正公平的**傳統光輝形象**。不能不令人感到十分遺憾和惋惜。本文擬在簡介本案梗概的基礎上，對上述四個方面的缺失和問題，逐一加以剖析。

一、本案案情梗概

一九九五年十二月十二日，外商P公司與A市X水電站簽訂中外合資成立A市X水力發電有限公司（以下簡稱「X合資公司」）合同書（以下簡稱《合資合同》）P公司出資55%，計655萬美元，A市X水電站出資45%。合資公司投資總額約2.1億元人民幣。合資公司營業執照的頒發日期是一九九五年十二月二十七日。

《合資合同》第十條規定：合營公司與A市Y電力總站簽訂『X水電站電量購銷合同』A市Y電力總站〔以下簡稱「Y電力總站」〕必須購買合營公司經營的水電廠〔即中外合資擴建後的原X水電站〕所有可輸送的電量，年均購買不少於一萬二千萬千瓦電量，電量購銷合同必須在申請營業執照以前完成。」

據此，X合資公司作為乙方與作為甲方的Y電力總站[2]在A市簽訂了關於X水電站電量購銷事宜的《電量購銷合同》。該合同的主要內容如下：

合同第二條「購售電量」第二款約定：「乙方年上網電量約為一萬二千萬千瓦時，自一九九八年一月一日起，由甲方包銷；

若乙方水量足夠而機組又能生產電量超過該年一萬二千萬千瓦時，甲方應全部購買多餘電量。水電站在一九九六年底正式投產後，在一九九七年間由甲方負責包銷九千萬千瓦時」。第二條第三款約定：若乙方能夠按發電計劃生產電力，而因甲方購買不足造成乙方棄水而損失的電量，則甲方仍然要按第4條所述基本電價……向乙方支付費用……」

合同第三條「電量計量」第一款約定：「X水電站向電網售電的計量點設在Y電力總站B變電所110千伏側，乙方於計量點裝兩塊計量電度表。甲方每月月終抄表壹次，乙方可派員在場見證」。

合同第四條「電價、電費」第一款約定：「上網電價為人民幣0.40元／千瓦時。該電價由基本費用、生產費用和稅項所組成」。第四條第三款約定另收「專項還貸基金」0.05元／千瓦時，「併入電費計算」。

合同第九條「管轄法律及爭議解決」第二款約定：在執行本合同過程中發生的任何爭議應通過友好協商解決，……如協商在三十天內不能解決，爭議將提交中國國際經濟貿易仲裁委員會依照該會程序進行仲裁」。

合同第十二條「政府有關部門的支持」約定：甲方須取得下列文件：（1）A市人民政府，D地區行政公署^{〔3〕}支持甲方履行包銷電量的條款，並承諾批准此電量在其管轄範圍內銷售。（2）A市物價委員會批准本合同的電價計算方案。」

這份《電量購銷合同》，即本案的涉訟合同，乃是由A市主管引進外資的S副市長一手主持操辦的。作為合同甲方的A市Y電力總站，其法定代表人王樹吉（已隱去真名，下同）站長，根本

「無權」，也從來未曾直接參加與外商談判和共同議定合同的具體條款，所有條款均由P外商及其主持下的X合資公司單方擬定，再由S副市長指令王樹吉站長到「引資大會」上代表Y電力總站在該合同上簽署蓋章。王站長因迄未參加談判擬約事宜不明條款具體規定，心存疑慮而不願到會貿然簽署，S副市長聲稱：此次引資是重大「政治任務」，「你王樹吉不簽，我可叫張樹吉、李樹吉簽字，你這站長就不用再當了。」面臨被撤職罷官的現實風險和脅迫，王站長不得不依上級指令在該合同上簽署蓋章。對此有關情節，王樹吉本人出具了書面證言。其他知情者也在庭審中作了類似陳述。

一九九六年一月三日和一月十日，A市人民政府和市物價委員會分別向本案申請人即X合資公司下發文件，表示一九九六年每千瓦時上網電價暫定0.40元人民幣，待電站竣工投產發電後再按上級有關文件規定和發電成本重新核定。

一九九六年一月二十五日，A市人民政府向X合資公司下發文件，決定自該公司經營的X水電站投產之日起，對全市的所有用電按每0.05元／千瓦時標準徵收前述「專項還貸基金」用於償還X水電站的各項投資借款，直到還清為止。

一九九七年一月二十一日，D地區物價委員會向A市物價委員會下發了D地價商〔1997〕014號「批覆」文件〔以下簡稱「D地價〔97〕4號文」〕，同意A市人民政府的審議意見，即一九九七年X水電站上網電價執行0.48元／千瓦時。A市物價委員會向X合資公司轉發了D地價〔97〕14號文，確定從一九九七年四月一日起X水電站上網電價執行0.48元／千瓦時。

　　一九九七年五月十五日，D地區物價委員會向D地區電力公司下發了D地價商〔1997〕078號文件《關於調整D地區電力公司售電價格的批覆》〔以下簡稱「D地價〔97〕78號文」〕。根據該文件批覆，D地區電力公司代購代銷A市電峰谷電價平均0.24元／千瓦時。

　　一九九七年五月二十日，A市Y電力總站致函X合資公司要求緩交部分電費稱：近幾月來，我站無法全部消化貴公司所發出的電量，截至四月，尚有五百二十多萬KWH〔千瓦時〕電送往D地區電網，且因上D地區電網每度只有0.25元，與貴公司上網電價每度0.48元懸殊太大，我站難予〔以〕承受。經協商，D地區電力公司同意上述電量暫寄存他處，待今後與我站用電互抵，時間可限到九月底止。由於我站目前資金周轉困難，一時無法付清這部分電費，為此，要求貴公司體諒我站困難，同意上屬〔述〕這部分電量的電費給予延遲到十月底交清，請支持並示復。」

　　一九九七年八月十二日，D地區行政公署向所屬各縣、市下發D署傳〔1997〕18號文件《D地區行政公署關於將D等八縣、市國有電力企業劃入L水電開發總公司[4]統一經營的通知》〔以下簡稱「D地署〔97〕18號文」〕，該通知稱：「為貫徹實施省委、省政府關於組建『大集團、大公司』的發展戰略……實現我區經濟增長方式的轉變，提高國有資產營運效率，經研究將區內八縣（市）的國有電力企業〔含A市Y電力總站等〕劃歸地屬L水電開發總公司，其資產和人員全部由L水電開發總公司代表地區統一經營管理。劃歸後，其債權、債務均由L水電開發總公司〔以下簡稱「L水電總公司」承擔。」同年年底，D地區行署又下達了D

署〔1997〕綜268號文件〔以下簡稱〔97〕268號文〕），催辦有關人事和資產正式移交事宜。

D地區行署採取此種行政措施實行所轄電力公司「大改組」的宗旨，在於另行組建一個「大型股份有限公司」——「**N電力股份有限公司**」，使其股票得以「**包裝**」上市，從而徵集大量資金。

一九九八年五月十九日，A市Y電力總站被工商局註銷。同時，其「後繼」單位「L水電開發總公司A市分公司」奉命成立。

X合資公司自一九九七年四月至一九九八年七月，向A市Y電力總站多次發函催收部分積欠電費；自一九九八年八月至二〇〇一年八月，**轉換**索債**目標**，**改向**L水電總公司多次發函催收積欠電費，連同「滯納金」（利息），索債總額累計高達人民幣九千八百六十六萬餘元。L水電總公司認為自己從來就不是本案涉訟合同[5]的當事人，與該合同電價爭端原本毫無關係，現在卻因D市政府官員的行政失誤和X合資公司惡意利用這種行政失誤轉換索債對象，致使純屬無辜的L水電總公司充當替罪羔羊，實屬冤枉之極，因而堅決不願無端「挨宰」受害。於是電價爭端日益激化。

一九九八年五月八日，D地區行政公署召開專題會議，力圖通過新的行政「協調」解決X合資公司與Y電力總站以及L水電總公司之間的債務糾紛，隨即形成專題《會議紀要》。但貫徹不力，糾紛迄未解決。

…………

二〇〇〇年八月，D地區行署官員主持組建的**N電力股份有限公司**，**上市成功**，銷售了數量巨大的股票，從股市上徵集了數

額巨大的新資金。

二〇〇一年四月十日，J省物價局向D市（原地區行署）及所轄各縣〔市、區〕物價委下發了J價〔2001〕商字114號文件〔以下簡稱「省局〔01〕114號文」〕，其中將X水電站上網電價下調到0.388元／千瓦時。

二〇〇一年四月二十日，D市（即原D地區行署改制後成為D市）財政局和D市國有資產管理局聯合給所轄新組建的N電力股份有限公司下發D國資〔2001〕031號文件《關於變更國有股權管理的通知》〔以下簡稱「D國資〔01〕31號文」〕。該文稱：經研究決定，由D市國有資產管理局持有的N電力股份有限公司**國家股一九八四七萬股，原委託L水電開發總公司管理，從二〇〇一年一月起〔改為〕委託D地區國有資產投資經營有限公司管理，請盡快辦理交接手續。」**

二〇〇一年八月六日，D市人民政府給各縣（市、區）人民政府下發D政〔2001〕145號文件《D市人民政府關於將L水電開發總公司八縣〔市、區〕分公司下放管理的通知》〔以下簡稱「D政〔01〕145號文」〕。該文件稱，一九九六年為了N電力股份有限公司股票上市，原D地區行署曾將所轄八縣市國有電力企業劃入L水電總公司統一經營管理。**實際運作只將發電部分資產和相應負債剝離出來，組建N電力股份有限公司。**現「N電力」股票已成功上市一年，N電力股份有限公司生產經營已步入正軌。為了進一步推進電力體制改革⋯⋯經研究決定將L水電總公司各縣（市、區）分公司（包括發電存續公司）**下放給相應縣（市、區）**即原各縣（市、區）電力企業，**除進入N電力股份公司的資產、**

負債和人員外，其餘資產、負債和人員**全部下放給相應縣**（市、區）。

總之，X合資公司所經營的X水電站自從一九九七年初正式投產發電上網以來，電價爭端問題始終沒有得到解決。X合資公司遂以D市政府（即原D地區行署）所轄的國有公司——L水電總公司作為索賠對象（被申請人），於二〇〇一年八月二十九日向CIETAC提出了仲裁申請。

由於本案雙方各自提出了關於確定X水電站電價的政府文件，二〇〇一年十二月三十日，被申請人L水電總公司致函J省D市（即原D地區行署）物價委員會，請求對X水電站上網電價適用有關文件進行解釋。

二〇〇一年十二月三十一日，D市物價委員會**以D價商（2001）144號**文件下發給被申請人《關於X水電站上D市網〔地網〕電量電價問題的批覆》〔以下簡稱「D價〔01〕144號文」〕。該批覆表示：

一、我委上報J省物價局《關於轉報D市調整分類綜合電價的請示》〔D價商〔2001〕1號文〕中X水電站上A市網的電量電價每千瓦時0.48元，省物價局以《省物價局關於調整D市各縣〔市、區〕綜合分類電價的通知》〔J價〔2001〕商字114號文〕作了批覆，即：A市X水電站上A市網電量電價每千瓦時0.388元。

二、X水電站所發電量在A市網內不能消化的部分上D市網〔地網〕的價格，仍按我委D地價商〔1997〕078號文各類電價中的A市電購電價格執行。

　　二〇〇一年D市物價委員會的這份D價〔01〕144號文提到一九九七年78號文所定的「**A市電購電價**」就是人民幣0.24元／千瓦時。這就實際上完全否定了本案申請人X合資公司一貫堅持按0.48元／千瓦時計價的主張。基於切身利害關係，X合資公司在本案仲裁過程中多次反覆指責該D價〔01〕144號文是D市物價委員會參與「惡意串通炮製」的「偽證」。

　　由於本案申請人X合資公司與被申請人L水電總公司雙方對D市物價委員會上述批覆〔即D價〔01〕144號文〕有不同意見，為查明D市物價委員會二〇〇一年144號批覆的合法性，仲裁庭通過CIETAC秘書局於二〇〇二年三月八日向D市物價委員會的直接上級即J省物價局發函調查。二〇〇二年三月二十五日，J省物價局以J價〔2002〕143號文〔簡稱「J價〔02〕143號文」〕回覆仲裁委員會的調查函。其中載明：「根據《國家計委規範電價管理有關問題的通知》〔價〔2001〕151號文〕以及我局《關於調整D市各縣〔市、區〕綜合分類電價的通知》〔J價〔2001〕商字114號文〕的有關規定，對上地方電網的上網電量除我局核定的上網電價外，其他電廠〔站〕上網電價由地市物價部門核定審批。我局核定的**X水電站上網電價0.388元／千瓦時指上A市網的上網電價，該電站上其他地方電網的上網電價，由D市物價委員會核批。**」[6]

　　以上案情梗概，摘自本案裁決書「**第一稿**」和「**第二稿**」以及最後「**定稿**」中的「**第二部分案情**」。這三種文稿中由仲裁庭所認定的**本案案情**和**事實敘述**，除個別字句（含錯別字）有所調整改訂外，幾乎**完全一致**和「**雷同**」。

二、本案裁決書「仲裁庭意見」一稿與二稿的逕庭與 突變

CIETAC在收到申請人X合資公司的仲裁申請後，根據前述涉訟合同中的「仲裁條款」以及有關的「仲裁規則」，組成本案仲裁庭，於二○○一年十二月二十七日在北京對本案開庭審理。庭審過程中，雙方當事人各陳己見，互相控辯對質；其間，曾在雙方同意下，由仲裁庭進行調解，未獲結果。

二○○二年一月二十五日，被申請人L水電總公司致函仲裁委員會稱：

「L水電開發總公司因D市股改上市的政府行為而無端承擔訴訟地位上的被申請人，L水電開發總公司是N電力股份有限公司的發起人之一，享有該公司66%的股權，而X水力發電有限公司〔即X合資公司〕除外商享有25%的股權外，其餘的75%股權歸N電力股份有限公司。目前，根據D市政府145號文〔即前述D政〔01〕145號文〕的通知，各電力分公司又著手下放工作，而本案又因其價格問題屬國家定價內容，對於當地政府（A市）行政承諾的歷史問題的理解存在重大分歧，而事實上本案的**電價糾紛在實際履行過程中已由雙方**作出結算。為此，本案存在調解的前提基礎，**關鍵是D市人民政府的態度對本案糾紛的理順起重要的作用**，L水電開發總公司作為D市政府下屬國有企業，難以組織雙方進行調解。因此，L水電開發總公司特請求仲裁委按仲裁規則規定，由仲裁委主持，特邀市政府介入，組織雙方當事人進行調解。」對此，申請人X合資公司表示同意邀請D市政府介入調解。

仲裁庭認為，在A市當地對本案進行第二次開庭審理，同時進行調解，較有利於案件的早日解決。經徵得CIETAC秘書局同意，於二〇〇二年三月三日，在A市對本案進行第二次開庭審理，並對本案進行調解。雙方當事人均派代表和仲裁代理人出席了第二次開庭，但本次開庭進行的調解沒有成功。另外，仲裁庭還就本案的有關問題就近向D市和A市的政府人員進行了諮詢。

二〇〇二年三月八日，仲裁庭通過秘書局致函J省物價局，請求該省物價局表明對本案涉及的D地區物價委員會先後發布的文號為「D地價商〔1997〕78號」以及「D價商〔2001〕44號」兩份文件的意見。J省物價局對此給予了回覆。（其具體內容已摘引和轉述於本文第二部分倒數第二段。）

在緊接著第二次開庭後的非正式合議中，本案仲裁庭的首席仲裁員G提出：本案案情和有關證據有待進一步仔細辨析和思考。看來可能有三種解決方案：（甲）採納申請人X合資公司的索賠主張，裁令被申請人L水電總公司償還欠債（電費）本息共六千萬至九千餘萬元人民幣；（乙）採納被申請人L水電總公司的抗辯主張，由該公司代A市Y水電總站（即本案涉訟合同中簽約的甲方當事人）向X公司償還應交欠款約六百萬元人民幣；（丙）本案爭議是A市和D市兩級政府一系列行政行為造成的後果，依據中國現行法律，已經超出CIETAC和本仲裁庭的管轄範圍，因此，應當依法駁回X合資公司的仲裁申請。其他兩位仲裁員同意首席仲裁員的建議：待對本案全部文檔進一步剖析思考後，各自提出自己的看法，再行合議。

應當肯定：直到此時，本案仲裁庭在首席仲裁員G同志的主

持下，對本案庭審過程中的聽審、提問、查證及庭後初期的主動調查取證，都是積極和審慎的。而G同志率先提出的上述三種裁決「方案」，也頗有助於開闊思路，促進思考。

（一）「仲裁庭意見」一稿——原有的 2：1

二〇〇二年四月十六日，G同志擬就本案裁決書的初稿（以下簡稱《裁決書一稿》，共69頁），提交其他兩位仲裁員徵求意見。《裁決書一稿》的「第四部分仲裁庭意見」以及「第五部分裁決」，原文如下：

第四部分　仲裁庭意見

仲裁庭通過審閱雙方當事人提供的材料以及其他材料，以及兩次開庭審理本案，加之聽取有關方面的情況介紹後認為，本案爭議依據中國法律已經超出了仲裁庭的管轄範圍，具體意見如下：

（一）合同簽訂中的政府行為

A市政府在一開始就主導了X水電站的招商引資及後續合資合同及電量購銷合同的簽訂。一九九五年八月三日，A市政府首先作出了購電承諾，原D地區行署給予見證。

一九九五年十二月十二日合資合同第十條規定：A市Y電力總站必須購買合營公司經營的水電廠所有可輸送的電量，年均購買不少於一萬二千萬千瓦時電量，電量購銷合同必須在申請營業執照以前完成。」原A市Y電力總站並不是合資合同的一方，而合資合同之所以能夠**加予第三人**這樣**強制性的購電義務**，並得以

使後來的購銷電量合同自然滿足這一義務，顯然只有A市政府從中安排才能得以實現。合同第二條第三款規定若申請人〔X合資公司〕能夠按發電計劃生產電力，而因原A市Y電力總站購買不足造成申請人棄水而損失的電量，則原A市Y電力總站仍然要按基本電價向申請人支付費用。A市政府同時為保障還貸還向申請人發文，同意電費中加入還貸基金。這些都是A市政府為實現自己承諾，通過申請人與被申請人〔應指A市Y電力總站〕之間的合同內容來保證申請人收益的具體行為。

合同約定的上網電價是每千瓦時0.40元，在X水電站正式投入生產後，加收0.05元的專項還貸基金。那麼，上網電價應是0.45元。但是，原D地區物價委員會根據A市政府的意見在D地價商〔1997〕14號文中將電價定為0.48元，這就是在沒有任何正當理由的情況下，無形中〔又額外〕增加了0.03元。

綜上，仲裁庭認為原A市Y電力總站站長王樹吉的證詞是可以採信的，合同是政府行政行為的結果。

（二）關於政府對電力定價問題

電是一種特殊商品，根據現實情況和我國電力法的規定，需要政府定價，這是必要的政府行為。在本案中，政府為了吸引外商投資，需要根據投資總額以及十年還貸測算申請人上網電價。申請人〔X合資公司〕的投資總額開始是二點一億元，不斷超過預算，根據申請人自己的陳述最後增加到二點八六億元。仲裁庭認為A市政府將申請人上網電價建議定為0.48元應該與此有關。

從本案前後出現的政府文件的本意可以確定，申請人作為生產企業其上網的電價是要保證申請人的投資回收，在投資回收額

和每年發電量確定的情況下，其上網電價確實應是一個價格，而不應存在兩個上網電價。但是當時可能由於相關方對A市存在省、地和〔本〕市三個電網而每個電網的上網電價又不同的情況，以及A市〔政府領導對本市〕市網實際銷售量不清楚或是視而不見、盲目承諾，從而造成原A市Y電力總站只能在A市〔本市〕電網上銷售五千多萬千瓦時的電量。餘電上地網[7]，而當時A市Y電力總站與擁有地區電網的被申請人〔L水電總公司〕是兩個獨立的法人，A市Y電力總站則只能以每千瓦時0.24元的價格上地網銷售餘電。在這種情況下，A市Y電力總站銷售餘電愈多，則虧損愈大，合同的履行顯然不能進行下去，其間的問題已經很難解決。那麼相關方包括〔當地〕**政府對此結果不能說是沒有關係的。**

（三）關於被申請入股改上市問題

不可否認，在原D行署〔1997〕8號文和〔1997〕268號文之前，本案被申請人〔L水電總公司〕與申請人〔X合資公司〕是沒**有任何法律關係的。**18號文和268號文以及以後相應的工商變更手續，使A市所屬的原Y電力總站與原D行署所屬的被申請人〔L水電總公司〕合而為一，使被申請人〔L水電總公司〕代替原A市Y電力總站成為合同的一方〔繼受人〕，將A市範圍內應該解決的問題轉移到了D市的範圍。**根據D地價商〔1997〕78號文、D價商〔2001〕144號文以及J省物價局〔2002〕143號文，上D地區地網的電價仍是0.24元。**那麼，雖然原A市Y電力總站與被申請人〔L水電總公司〕合二為一了，但上A市網與上D地區地網的價格根據政府文件並沒有統一，使本來已經很難解決的電費問題更

加複雜，直接造成當事人之間理解的不一致，以及本案的提起。

從本案的整個過程可以清楚地看出，原A市Y電力總站劃歸於被申請人〔L水電總公司〕並不是被申請人主動的意思表示和行為，而是原D地區行署或現在的D市政府的意志和行為。股改上市[8]成功後，D市政府通過〔2001〕31號文**剝離了被申請人對上市公司股份享有的權利**，又通過〔2001〕145號文要將原劃歸於被申請人〔L水電總公司〕的縣級電力企業**下放回去。這一切，沒有原A市Y電力總站自身的任何意思表示，當然也沒有被申請人〔L水電總公司〕對接受原A市Y電力總站以及如何處理合同遺留問題的意見。**對於申請人〔X合資公司〕向原A市Y電力總站以及被申請人〔L水電總公司〕索要拖欠電費一事，原D地區行署政府或現D市政府採取了一系列的行政措施打算解決，但是沒有成功。

《中華人民共和國合同法》第二條規定：「本法所稱合同是平等主體自然人、法人、其他組織之間設立、變更、終止民事權利義務關係的協議。」第三條規定：「合同當事人的法律地位平等，一方**不得**將自己的意志強加給另一方。」第四條規定：「當事人依法享有自願訂立合同的權利，**任何單位和個人不得非法干預**。」第五條規定：「當事人應當遵循公平原則確定各方的權利和義務。」這幾條均是法律對合同的原則要求，但對照這幾條，本案〔涉訟〕合同的**簽訂**、**履行**以及合同一方的變更均與法律對合同的**基本要求格格不入**。

《中華人民共和國仲裁法》第二條規定：「平等主體的公民、法人和其他組織之間發生的合同糾紛和其他財產權益糾紛，可以

仲裁。」第四條規定：當事人採用仲裁方式解決糾紛，應當雙方
自願，達成仲裁協議。沒有仲裁協議，一方申請仲裁的，仲裁委
員會不予受理。」本案合同的簽訂、履行以及合同一方的變更包
括爭議發生後〔當地〕政府從中試圖解決的行為均是政府行為在
主導，是政府意志的體現，超出了申請人和被申請人這兩個平等
主體的範圍。仲裁是協議管轄，仲裁委員會根據〔原〕合同中的
仲裁條款只能約束〔原〕雙方當事人，對於政府機關和政府行
為，也就不在仲裁庭的審理範圍。

總之，本案爭議已經超出了仲裁庭的審理範圍，〔本仲裁庭〕
對於申請人的仲裁申請只能予以駁回。

第五部分　裁決

駁回申請人的全部仲裁請求。

本案仲裁費為人民幣XXXXXX元，全部由申請人承擔，申請
人已經預繳了全部費用。

首席仲裁員：XXX

仲裁員：XXX

仲裁員：XXX

本裁決為終局裁決。

中國國際經濟貿易仲裁委員會
二○○二年四月十六日

本案仲裁員T同志在接獲首席仲裁員G同志的上述《裁決書
一稿》後，於二○○二年四月二十五日向後者「反饋」了相反的
意見。T同志強調本案涉訟合同（即前述由X合資公司與A市Y電力

總站簽訂的《電量購銷合同》）乃是雙方當事人**自由**、**真實**的意思表示，是訂立合同的民事主體**自己的判斷和選擇**，其後果也應由民事主體自己承擔。因此，仲裁庭應當作出裁決，責令本案被申請人D市的L水電總公司向申請人X合資公司償還欠交電費及其「滯納金」，合計人民幣六千四百八十餘萬元。其主要論據如下：

第一，無論是經濟合同法還是合同法，對合同無效均有明確規定，被申請人〔L水電總公司〕認為電量購銷合同違反了當事人意思表示真實、協商一致的原則，因此合同無效，證據僅是合同簽字人法人代表的自述。根據該自述，**簽字人被迫訂立合同，原因不是迫於對方當事人的欺詐、脅迫手段，而是簽字人自己上級的壓力**。此理由一則舉證證據不足，二則不是法律規定的無效條件。《經濟合同法》和《合同法》。然規定任何單位、個人不得干預經濟合同，但並不等於凡是被干預過的合同全部無效。《電力法》第十二條規定：地方人民政府應當根據電力發展規劃，因地制宜，採取多種措施開發電源，發展電力建設」。被申請人未能舉證合同被非法干預，因此不應認定無效。

第二，合同條款是否合法有效，法律有明確規定，其後果也是由法律規定的。《經濟合同法》第七條和第八條、《合同法》第三章就是法律規定的相關內容。經濟合同當事人是否有能力履行合同條款、履行後效益如何，**是訂立合同的民事主體自己的判斷和選擇，其後果也是由民事主體自己承擔**。

筆者作為本案仲裁庭的第三位仲裁員，在仔細研讀全案有關

文檔以及G、T兩位同志先後提出的截然相反的上述裁決意見之後，於二〇〇二年四月二十九日以書面函件經由本案協辦秘書向G、T兩位仲裁員表述了自己的看法。筆者認為：G同志擬就的上述《裁決書一稿》中的上述「仲裁庭意見」即認為本案爭議是由A市和D市兩級政府一系列行政行為造成的後果，已經超出和不屬於CIETAC和本仲裁庭的管轄範圍，依法應當駁回申請人X合資公司的仲裁請求），乃是合法、公平、公正和可行的，應予贊同。反之，T同志提出的主張（論點）及其主要論據（即認為A市Y電力總站法人代表被迫訂立合同，不是由於受到對方脅迫，而只是在自己上級壓力下「訂立合同的民事主體自己的判斷和選擇」云云），則完全不符合本案涉訟合同的實際。大量事實證明：本案合同條款從最初的訂立，到後來一系列的修訂、補充或變更，都**並非**「合同的民事主體**自己的判斷和選擇**」。恰恰相反，其中涉訟的主要條款，先後一直是**兩級政府**「**父母官**」**強加於**有關民事主體（即A市Y電力總站及後來無辜替「罪」的D市L水電總公司）的「判斷」和「選擇」類似於**父母之命、媒妁之言**的「**包辦婚姻**」或「**強迫成婚**」。因此，其法律後果不應由失去自由意志的「民事主體自己承擔」。

至此，本案仲裁庭已經形成2：1的多數，即二人主張應當裁決駁回申請人X合資公司的仲裁申請，一人主張應當裁決申請人X合資公司「勝訴」並責令與涉訟合同本來就「沒有任何法律關係」的無辜第三人（即D市的L水電總公司），向X合資公司賠付六千四百餘萬元巨款。

按常理，基於仲裁庭應**依法獨立辦案、不受外來干擾**的國際

通例和中國法律的有關規定[9]本仲裁庭本可就此作出2：1的多數裁決，或者再由本仲裁庭成員進一步討論協商後再作決定。但不知出於何種原因和何種需要，本案卻於二〇〇二年六月七日被提交CIETAC專家諮詢委員會進行諮詢。

（二）專家諮詢會議的短促評議及其可商榷之處

此次專家諮詢會議原定二〇〇二年六月七日早上九時三十分召開，因數人遲遲未到，直至十時十分，才來了七位成員，開始開會。其中一人自稱迄未得空閱讀過本案任何材料；另一人迄未發言。其餘五人雖大體讀過G、T兩位仲裁員書寫的兩種仲裁意見，但顯然並未細讀本案的主要文檔書證，發言也主要集中在本案涉訟合同即一九九五年X合資公司與Y電力總站之間簽訂的《電量購銷合同》的效力問題，泛泛而談，認為該合同雖明顯地受到A市政府的行政干預，但此類做法在七年前當時的中國時有發生，並非個別現象，不宜完全否定其法律效力。但是，專家們對於一九九七年至二〇〇二年這五年期間，A市的上級政府即原D地區行署及其後的D市政府一系列「翻手為雲覆手為雨」的違法施政行為，以及為「股改上市」而強令與涉訟合同本來**毫無法律關係的無辜的第三人D市L水電總公司「替罪挨宰」**的可能「黑幕」則根本未作深入了解和認真討論。其所以然，第一，是由於當天上午短短不足兩個小時，竟然安排了兩項「疑難」案件諮詢議題，都要討論完畢，提出意見，以致本案的一般評論和討論只是在當天上午十時十分至十時五十五分歷時四十五分鐘左右的短促時間內進行。當時筆者列席在座，在聆聽專家的一般評論之

後，曾就本案關鍵問題當場提出質疑和商榷意見，請求進一步認真討論和澄清，但會議主持人卻以「時間有限，下面還有另案疑難問題待議」為由，**不由分說**，即草草收場；旋即轉入另一「難題」案件的諮詢評議。第二，是由於當時有關原D行署及其後D市政府主管官員涉嫌重大違法施政，為實現「股改上市」而隱瞞巨債、虛報淨資產、欺騙股民、聚斂不義之財等行為，經當事人揭露，雖已初顯端倪，但其有關的具體確鑿證據，尚未由知情和受害的當事人充分舉報和提供。

筆者認為，此次歷時僅四十五分鐘的短促諮詢會議存在著如下不足之處和有待商榷的觀點：

（A）三份書面意見，只印發兩份

在會前各專家只看到了印發的G、T兩位仲裁員的前述兩份裁決意見，而對筆者二○○二年四月二十九日書寫的前述書面（函件）評論意見，則都說「還沒看到」。看來，這一「疏忽」對於專家們事先充分「**兼聽**」和**充分思考比較**，不能說是全無負面影響。經筆者當場認真「提醒」和鄭重提出要求，才臨時複印補發，從而在客觀上無異於要求與會**專家在現場「現看現議」**，但此時已近諮詢會議尾聲，顯然已經「為時太晚」了！那麼，為什麼會出現這種不應有的「疏忽」呢？不能不令人感到納悶！

（B）專家們會前閱卷不足，會上評議時間過短

其有關概況，已見前文。筆者認為：既是要提交專家諮詢的「疑難」問題，就必有一定的「難度」，就不能不適當擴大專家們閱讀主要文檔書證的範圍，讓他們有較充分的時間和必要的憑據進行認真的研究，從而提出有理有據的看法，而切忌會前閱卷

不足和會上為時間所限只能泛泛而談，作短促簡單的評論或表態。[10] 而尤其重要的是，也應該讓承辦有關案件的仲裁員們在會上可以有必要的時間介紹案件的癥結和分歧，俾便專家們更具體地了解「下情」，兼聽則明。但是，所有這些都要在全程短短四十五分鐘的時間內議好議畢，不但極難做到，而且給人以「**走走過場**」的不佳印象。這豈不有悖於提請諮詢的宗旨？看來，在一次諮詢會上（實際上不到兩個小時）安排兩項待決的「疑難」問題，顯然有所欠妥。如果兩個「疑難」問題竟能在兩小時內全都議好議畢，則這些問題就可能並不疑難，並非疑難問題，也就沒有必要提交專家們咨詢了。

（C）政府行為失誤依法可否責成受命（受害）企業先「替罪」後索償

在此次諮詢會上，有一種意見認為：本案涉訟合同之強令訂立，與A市政府主管官員的昧於本市用電量和包銷能力的實況、對外商盲目許諾等施政失誤行為固有密切因果關係，但鑒於此類**行政干預失誤**造成的合同不能履行或**不能完全履行**的現象，在一九九五年簽約當時，所在多有，並不罕見，「**在當時情況下是正常情況**」為「**充分保護來華投資的外商利益**」，一般應由受命具體簽約而又違約的企業（在本案中應當就是A市Y電力總站）先按合同規定向簽約對方（在本案中就是X合資公司）償付違約金或賠償金，然後再由該企業嚮應負責任的上級領導機關或業務主管機關索取補償。並且強調：這種「先對外付賠然後再向上索償」的處理辦法是「**於法有據**」的，因為在我國的《**經濟合同法**》上**就有這樣的規定**。這種意見在會上獲得不止一位專家的認同。

然而，這種見解卻是有待商榷的。據筆者所知，這種見解在一九八二年七月一日至一九九三年九月一日這段時間裡，確實曾經是「於法有據」的。[11]但自一九九三年九月二日經過修改的《中華人民共和國經濟合同法》。布施行以來，這種見解所主張的做法卻已從原先的「於法有據」**轉化為「於法無據」**，並且理應認為是並**不合法**甚至是**直接違反**新的現行法了。

如所周知，適應著客觀形勢的重大發展，早在一九九二年十月間，中國共產黨第十四次全國代表大會就及時作出具有深遠歷史意義的戰略性決策：把建立社會主義市場經濟體制確定為我國經濟體制改革的目標。緊接著，在一九九三年三月間，第八屆全國人大第一次會議通過憲法修正案，決定將《憲法》第十五條原有的「國家實行**計劃經濟**」一詞明確修改為「國家實行社會主義**市場經濟**」，從而把黨的重大決策正式納入和確立為國家的根本大法。同年夏秋之間，鑒於原先在計劃經濟條件下制定於改革開放初期的《中華人民共和國經濟合同法》，雖曾發揮過重大的歷史作用，但此時隨著改革的不斷發展和深入，該法「在若干重要問題上顯然已經不能適應發展社會主義市場經濟和**轉變政府職能**的要求，**甚至同憲法修正案不一致，有關條款需要立即調整。**」因此，國內各界要求盡快修訂《經濟合同法》的呼聲日益強烈，而該法**原第三十三條**，即前述由受命簽約和受害違約的企業充當「替罪羊」「先對外付賠然後再向上索償」的有關規定，就是屬於「需要立即調整」和取消的條款之一。它和其他某些不合時宜的條款一起，果然就從一九九三年九月二日起，**被徹底取消了**。[12]

針對取消《經濟合同法》原第三十三條規定一事，當時國務

第二編・國際經濟法基本理論（二）

397

院具體主持擬出該法修正案（草案）的負責人曾作了專門的說明，指出制定於一九八二年的該法原第三十三條「主要是針對當時〔指1982年〕政企不分、**行政機關干涉企業經營自主權**的問題而作出的規定。有些部門和地方提出，現在〔指1993年〕情況已經有了很大變化。無論法規，還是政策，都是**保護企業經營自主權**不受侵犯的。至於**現實生活中這類問題**〔指行政機關干涉、侵犯企業經營自主權〕**還時有發生，那要依法處理，不能在經濟合同法中為它提供『合法』存在的前提和依據。因此，草案刪去了上述的規定。**」[13]

由此可見，自一九九三年九月二日該法第三十三條原有規定從修訂後的《經濟合同法》中被剔除以來，上級行政機關或主管官員再任意強令下屬企業對外簽約，此種行為本身就是侵犯了企業的經營自主權；因上級機關過錯而造成受命簽約的企業受害違約，卻又要受害企業先行「替罪」對外付賠，則更是侵犯了企業的經營自主權。換言之，依照新的法律規定，此類行為自一九九三年九月二日起，早就**失去「合法」存在的前提和依據**，並轉化成為政府的**非法干預**[14]行為。更準確些說，從當天起，此類行為就應依法認定為政府的非法干預行為，並依此種**法律定性，依法處理**。其所造成的惡果，自應由原先施政失誤，實行非法干預的行政機關及其施政主管官員**直接負責，直接承擔**法律責任，包括依《行政訴訟法》。規定，起訴一切違法施政的行政機關及其工作人員，由他們直接承擔應有的、不可推卸的法律責任和經濟責任。[15]

由此可見，「先對外付賠然後再向上索償」之說，自一九九

三年九月二日起，就已開始過時，而歷時九年之後的今天，更進一步顯得陳舊和不足為憑了。

對照本案實況：上述涉訟合同是由A市政府主管官員於一九九五年十二月間強令下屬Y電力總站對外簽約的，此時**新修訂的《經濟合同法》實施已經兩年多**。任何依法斷案的仲裁員（或法官），顯然不應當也已不可能再援用當時就早已廢除的《經濟合同法》原第三十三條規定，來論證應由Y電力總站先「替罪」向X合資公司支付賠償的「合法」性和合理性；當然，尤其不能據此裁令與涉訟合同**原無任何法律關係的無辜第三人**即D地區（D市）的L水電總公司向X合資公司賠付巨款，「替罪」挨宰。[16]

至於所稱「保護來華投資的外商利益」，也不宜只能籠統、抽象的詮解。筆者認為，此點應作具體的**法律分析**，掌握合法合理的分寸。具體說來：

第一，如所周知，中國實行對外開放國策，鼓勵外商來華投資，肇始於一九七八年底、一九七九年初。一九七九年七月中國頒行了第一部涉及吸收外商投資的法律（其後又相繼頒行了另外兩部同類的法律，通常合稱為「三資企業法」）。一九八二年更進一步將吸收和鼓勵外商投資的大政方針正式納入和確立為國家的根本大法——憲法的條款之一。在上述根本大法和基本法律中，都以相近似的法律文字規定了兩條相輔相成的原則，即：在華外商「必須遵守中華人民共和國的法律」；中國「依法保護」外商在華的「**合法權益**」。[17]顯然，這些法律文字本身特別強調的是：（1）中國保護外商在華權益的依據，是「依法」，而不是依長官的「承諾」。特別是當長官承諾的內容本身就不合法或直

接違法，從而損害中國國家或無辜第三人的合法權益時，就更不能以此種「承諾」作為根據，要求百分之百「兌現」。（2）中國保護外商權益的範圍，僅僅限於此種權益內容是完全合法的。一切並不合法的非法要求，或非分苛求，當然不在保護之列。按照這兩項標準來衡量，不難看出：本案涉訟的外商及其主持的X合資公司當初在一九九五年底從A市政府某長官處獲得的「行政承諾」，即由後者強令其屬下的國有企業Y電力總站簽約承包購買遠遠超出其銷售能力的電量，依當時的法律規定，就是不合法的；而在二〇〇一年八月，該外商及其主持的X合資公司竟又利用D地區行署（D市）一系列違法施政的過錯和失誤，**改變索賠對象，另覓「獵物」擇肥而噬，**緊緊抓住和猛咬**原先毫不相干、純屬無辜的第三人**——D市L水電總公司，作為**替罪羔羊，**勒索九千八百六十六萬餘元巨款，[18]顯然更是非分苛求和非法要求。對於此種不但非分，而且非法的仲裁請求，一向以**依法公正**斷案的傳統享譽全球的CIETAC及其仲裁人員，豈能不依法明辨是非，反而在「保護外商利益」的抽象概念下，予以姑息遷就，甚至予以全盤支持？

第二，一九九五年底，本案涉訟合同簽訂之際，已是中國開始實施吸收外資政策之後的第十七個年頭。當時中國有關吸收外資的立法以及其他相關的國內經濟立法，雖尚非盡善盡美，但確已形成基本完整的框架和法律體系，並已經具有頗大的公開性和透明度，較之改革開放初期有關法制之不健全和不透明，已有長足進步。在此時此際，進入中國投資市場的外商，特別是像P公司這樣有較大實力的跨國投資公司，理應遵循跨國投資的國際通

例，「入境問禁」「入國問俗」，事先充分調查了解中國有關法律法規的規定，作為自己在華投資活動應當切實遵守的行為規範和行動準則。**不應當不了解中國法律早已不容許行政官員任意侵害企業自主經營權利的禁止規定**；不應當不了解十七年來外國投資者因輕信長官盲目承諾而招致經營失敗和經濟損失的諸多「**前車之鑒**」；不應當不了解中國一些官員自認為「**權大於法**」的**陋習**和**錯覺**但到頭來卻「**法大於權**」的**客觀後果**。外商如果事先不充分地調查了解中國法律的禁止規定，以及中國官場某些陋習可能導致的苦果，而輕率地行事，或雖已有所了解卻心存僥倖，仍然冒險盲目輕信某些長官的盲目承諾、非法承諾，或甚至有意利用中國官場的陋習[19]**以上壓下**，謀取非法、非分的厚利，則此等因**不了解**、**不謹慎**或蓄意不守法而落空的經濟目的或招致的經濟損失，在不同程度上就屬於外商自身的過錯或「**咎由自取**」，從而沒有理由要求獲得中國法律的充分保護，沒有理由不視其過錯之大小**自行承擔**一定的經濟責任甚至一定的法律責任。

第三，由外商P公司提出並與A市X水電站訂立的前述《合資合同》以及由該外商主持下的X合資公司提出並與Y電力總站訂立的前述《電量購銷合同》，其有關條款，對於P公司和X合資公司自身權益的保護，可謂「層層設防」相當「縝密」可見P公司、X合資公司及其聘用的經濟參謀和法律智囊都是具有一定實務經驗的。按照常規，對於投資總額高達人民幣二億餘元的一個大項目，該兩公司及其有關人員自必須事先進行數項最起碼的調查：（1）A市及其周邊地區用電市場的基本容量或銷量；（2）承包購買該大項目發電總量（供電量）的對方企業（即A市Y電力

第二編・國際經濟法基本理論（二）

401

總站）的資信（含註冊資金額）與實際的包購包銷能力；（3）立約對方Y電力總站作為獨立企業，其法人代表是否具有立約意願和是否直接參加立約談判磋商。如果經過應有調查，則該外商對於當時A市每年總用電量不過五千萬千瓦時，因而極難銷售消化X合資公司水電站每年高達一萬二千萬千瓦時的供電量，Y電力總站只是註冊資金僅僅二百五十二萬人民幣的縣屬小企業因而顯然包購包銷能力薄弱（有如兒童無力挑數百斤重擔），以及立約對方從未直接參加談判卻受命被迫簽約等實際情況，自必一清二楚，心中有數。在這種情況下，任何略為謹慎、不太糊塗的外商當然不至於貿然立約投入巨資。反之，經過必要調查，對上述產銷供求嚴重失衡、包銷小企業實力嚴重不足等實況已經了然在胸，卻仍然心存僥倖，要求和依仗當地行政長官作出超過其合法權限和能力的盲目承諾，並據以輕率投資，則由此產生的投資風險和經濟損失，自應視情節由該外商自行承擔一定責任，不能反而歸咎於中國國家和中國法律對外商權益保護「不力」或「不周」。

筆者的以上商榷意見，原已初步形成，並擬在此次諮詢會議上提出，向在座專家們進一步請教。但是，如前文所述，由於當時「時間有限，下面還有另案疑難問題待議」，出現了「不由分說」的氣氛，筆者雖深感「言猶未盡」，也只好匆匆退席，無從再當面討教。現特在此正式提出，期待能獲得專家和同行學人們的進一步評論和教益。

（D）專家的諮詢意見是否具有「**權威性**」

「專家提出的諮詢意見具有權威性，但無約束力」；「專家提出的諮詢意見並無約束力，但有權威性」這兩種說法曾在

CIETAC仲裁員的研討會和培訓會上不止一次地由一位業務領導同志在大會報告中作過闡釋，[20]二十多年以來也一直在仲裁界廣為流行。

一般而論，CIETAC所設「專家諮詢委員會」中的成員多是資深仲裁員，他們的人品、學識和經驗，都是令人景仰和欽佩的。因而經過他們**認真閱卷**和**深思熟慮**後提出的諮詢意見，對於辦案的仲裁員來說，具有重要的參考價值，這是不言而喻的。但是，對此也要進行具體分析：

第一，如果諮詢會議召開之前有關專家閱卷不足，或竟迄未閱卷，評議時間過於短促，來不及就最關鍵的疑難問題[21]進行認真深入的評議，又未耐心傾聽不同的商榷意見，只限於泛泛而談，草草收場，有如本案二〇〇二年六月七日前述諮詢會議情況者，則會上提出的評議意見的參考價值就難免相對地有所降低，從而與人們對專家諮詢會議的一般「**期望值**」有一定的**差距**，也與CIETAC現任主要領導人對於改進專家諮詢會議提出的**正確要求**[22]有**明顯的距離**。

第二，一般而論，強調專家諮詢會上的評議意見具有重要參考價值，這是正確的。但是這些評議意見是否均具有「權威性」呢？筆者認為，用「權威性」一詞形容或強調專家諮詢會上的評議意見的效力，恐有未妥。因為，在馬克思主義的有關理論中，「**權威**」一詞有**其科學的內涵**，似不宜任意擴大使用範圍，隨便「加冕」。例如，恩格斯在其著名的《論權威》。文中，就曾對「權威」的功能作用以及「**權威**」與「**服從**」的關係專門作了論證，他指出：

這裡所說的權威，是指把別人的意志強加於我們；另一方面，**權威又是以服從為前提的。**

能最清楚地說明需要權威，而且是需要最專斷的權威的，要算是在汪洋大海上航行的船了。那裡，在危險關頭，要拯救大家的生命，所有的人就得立即**絕對服從**一個人的意志。[23]

既然「權威」是以「服從」為前提的，那麼，對於沒有約束力、不要求「服從」的專家諮詢意見，就不宜稱之為「權威」或具有「權威性」。反過來，既將此類意見稱為有「權威性」，又說此類意見「無約束力」，則此說就顯得並不符合「權威」一詞所固有的科學含義。而且，濫用或**誤用「權威」**一詞，其影響所及，實際上就會產生某種不應有的**心理「壓力」**，甚至產生不應有的**誤導作用。**

第三，在本次短促的諮詢會上，有一位資深專家臨時有事並未如約到會，另一位資深專家則到會而未發言或來不及發言。當然不能推斷這二位專家不會同意前述的專家意見，但同樣顯然的是，也不能推斷他們必會同意前述的專家意見。如果他們另有自己的**獨立見解**，而不同於其他到會專家的意見，則他們所持的獨立見解是否也同樣具有「權威性」？諮詢評議時並不實行多數表決制，則何者具有更高的「權威性」？似乎就難以正確判斷。——可見，用「權威性」一詞形容咨詢評議意見，在實踐中也會導致難以「兩全」，徒滋疑義。

第四，在本案此次諮詢評議即將結束之際，有一種意見正式提出：「專家諮詢會上的意見可供參考，沒有約束力。不過，仲

裁庭如不採納本次諮詢會上提出的意見，應當書面說明理由，附卷上交備查。」這種意見的前半段無疑是正確的，它完全符合前述《仲裁法》第八條和CIETAC《仲裁規則》第五十三條關於仲裁庭應**依法獨立斷案**、不受任何干涉的規定。但是，這種意見的**後半段似有待商榷**：一來，仲裁庭如不採納諮詢評議意見便應「說明理由附卷上交備查」之說，似並無任何法律或規則上的根據；二來，仲裁庭是否採納諮詢評議意見，在具體案件的終局裁決書中，本身就有最明確的書面決定和作出這種裁斷的書面理由，似並無必要另寫「書面」理由附卷上交；三來，這種「額外」要求實際上近於要仲裁庭「對上作出書面交代」，從而容易對具體辦案的持有異議的仲裁員（特別是其中的首席仲裁員），產生某種精神上或心理上的「壓力」。要完全擺脫這種無形的「壓力」，可能就要經過一番心理「掙扎」了。

二〇〇二年六月七日，在聆聽專家對本案的諮詢評議意見後，本案仲裁庭三位成員曾作合議。T同志仍持原議：應裁令本案被申請人D市L水電總公司向申請人X合資公司償付巨額債款（欠交電費及滯納金）首席仲裁員G同志認為他自己所擬《裁決書一稿》中提出的原有裁決意見（即本案爭議系由A市、D市兩級政府先後一系列政府行為造成，已超出本仲裁庭的審理權限範圍，故對申請人X合資公司提出的仲裁申請應予駁回）固然正確，但諮詢會上不止一位專家認為：政府行政干預侵犯企業經營自主權的現象「在當時情況下是正常情況」，應「充分保護來華投資的外商利益」，因而應定性為一般經濟合同糾紛予以受理裁斷，等等，這些看法也有一定道理。看來難以再按《裁決書一

稿》原有意見裁定駁回仲裁申請，而應當考慮改定為有權管轄受理並裁令L水電總公司還債付賠。筆者**當時**即**當面**提出：G同志**此議欠妥**。因為仲裁庭有職權也有職責**依法獨立斷案**，在徹底弄清事實的基礎上，斷案的準繩和根據只能是法律，而不應當是**法律以外**的**有待商榷**的評議意見或初步看法。鑒於這些初步看法是在閱卷不足、未經深思熟慮、評議時間過於短促的情況下提出的，特別是對於本案的關鍵疑難——應否裁令純屬無辜的第三人L水電總公司替罪挨宰這一核心問題，並未認真深入評議，在這種情況下，仲裁庭對是否採納這些初步看法，尤應**慎重思考，獨立判斷**。仲裁庭對於庭外專家意見固然應認真參考，但庭外意見也僅供參考而已，並非「權威」，要求「服從」，必須採納。如不予采納，似也並無根據要求仲裁庭在裁決書之外另附「書面」，說明不採納的「理由」。

　　仲裁庭此次合議未達成一致意見。隨後，筆者收讀了首席仲裁員G同志於2002年6月30日改寫的《裁決書二稿》，其中第一、二、三部分（仲裁程序、案情、雙方當事人的主張）與一稿基本雷同，而第四、五部分（仲裁庭意見、裁決）則在**案情事實認定未變**的前提下，裁斷發生「**突變**」，與《裁決書一稿》中原有的仲裁庭裁決意見大相徑庭，甚至完全相反。

（三）「仲裁庭意見」二稿——反向的 2：1

　　《裁決書二稿》幾乎原封不動地保留了《裁決書一稿》的案情事實認定，卻從完全相同的事實認定中推導出新的、與《裁決書一稿》**截然相反**的裁決意見。其主要內容如下：

第四部分　仲裁庭意見

…………

　　仲裁庭認為，本案合同為有效合同。理由如下：

　　無論經濟合同法還是合同法，對合同無效均有明確規定。被申請人〔L水電總公司〕認為電量購銷合同違反了當事人意思表示真實、協商一致的原則，因此合同無效。被申請人的依據是合同簽字人即當時A市Y電力總站的法定代表人的自述，根據該自述，簽字人被迫訂立合同。這一理由不是迫於**對方**當事人的欺詐、脅迫手段，而是簽字人**自己上級的要求**。[24] 對此，仲裁庭認為，此理由不構成合同無效的要件，因為，一是A市Y電力總站屬國有企業，政府對企業生產經營提出要求在**當時情況下是正常情況**；二是這種情況並不符合《經濟合同法》和《合同法》關於合同無效的條件。……

　　被申請人認為合同無效的第二個理由是A市Y電力總站沒有能力履行包銷條款，一旦履行必定虧損，因此違背了當事人訂立經濟合同的目的，違反了平等互利、等價有償的原則。仲裁庭認為，合同是一九九五年簽訂的，履行開始時間是一九九七年。供銷電合同的最終履行與諸多因素有關，而本案中沒有充分證據證明雙方當事人以及政府有關部門在一九九五年合同簽訂時，均認為A市Y電力總站無法履行合同。因此，仲裁庭對被申請人的這一理由不予支持。

…………

　　本案涉及一系列政府對電上網的價格文件，其中也包括仲裁程序進行過程中的**D市物價委員會的〔01〕144號文和J省物價局**

的〔02〕143號文。仲裁庭**通過分析**認為，這些文件的適用範圍是明確的，**並不存在矛盾之處**。這些文件其實只解決兩個問題，一是申請人上A市電網的價格，二是A市等電網上D地區網的價格。在A市Y電力總站為獨立法人且擁有和管理A市電網時，**D地價〔97〕78號文**要解決A市Y電力總站與被申請人〔L水電總公司〕的電量及價款的結算問題；在A市Y電力總站的債權債務全部被被申請人所接受，成為被申請人的一個非法人地位的分公司後，則A市電網已成為被申請人電網中的一個有機組成部分，D地價〔97〕78號文這時只解決被申請人內部的核算問題，對外並無實際意義。因此，被申請人不能以內部的價款結算依據對抗外部的申請人。

關於欠付電費

被申請人欠付申請人電費問題從一九九七年就已存在，其中A市Y電力總站在一九九七年五月二十日、被申請人〔L水電總公司〕在一九九八年八月十五日也曾致函申請人表示要解決欠費問題，政府部門也曾試圖處理，但一直沒能解決。…… 對此，仲裁庭認為，在雙方沒有對遺留電費協商一致的情況下，應按合同來確定電費的支付。申請人在仲裁申請書附件材料《1997-2001年電費結欠匯總表》。中說明其電費的計算依據是：1997年1-2月電費按0.40元／千瓦時計算，1997年3月至2000年12月電價統一按0.48元／千瓦時計算，2001年1-3月包銷電量電價按0.48元／千瓦時計算，4月起按省物價委〔局〕0.388元／千瓦時執行，包干外電量電價按025元／千瓦時計算。這種計算符合仲裁庭對合同和補充合同均有效的認定，其總額為58，418，30499元。對此，

仲裁庭予以認定。

關於滯納金

如前所述，本案電費的拖欠經歷時間較長，其中有雙方對有關理解的不一致，有合同主體的變動，有政府的協調處理，加之申請人也沒有及時對爭議提請仲裁，因此，完全按合同中約定的滯納金的計算標準計算滯納金，顯然不合理。

仲裁庭認為，基於本案實際情況，由被申請人向申請人支付欠付電費總額的10%是恰當的，金額為5,841,830.49元。

第五部分　裁決

1. 被申請人向申請人支付自一九九七年至二〇〇一年六月三十日止所欠電費人民幣58,418,304.99元及滯納金人民幣5,841,830.49元。

2. 本案仲裁費為人民幣756,144元，由申請人承擔30%，即人民幣226,843.20元；由被申請人承擔70%，即人民幣529,300.80元。申請人已經預繳了全部仲裁費人民幣756,144元，全部沖抵本案仲裁費。故被申請人還應向申請人償還申請人代被申請人向仲裁委員會墊付的仲裁費人民幣529,300.80元。

…………

本裁決為終局裁決。

首席仲裁員：XXX

仲裁員：XXX

仲裁員：XXX

二〇〇二年六月三十日於北京

就這樣，在《裁決書一稿》中曾被稱為與申請人即X合資公司原先根本「沒有任何法律關係」、完全無辜的第三人，即被申請人L水電總公司，在《裁決書二稿》中，卻突然轉變成了應當替罪挨宰的羔羊，竟被裁令向申請人支付「欠款」金額高達六千四百七十八萬餘元之巨。令人費解的是：這「一稿」和「二稿」雖同出一人之手，但其思路卻判若兩人。

誠然，一份嚴肅、嚴謹的裁決書，理應歷經多次推敲改訂、精益求精，故其初稿與定稿之間自有許多不同，甚至不排除定稿全盤推翻初稿的可能。但是，同樣應當肯定的是：案情事實並非一塊「軟麵糰」，可以任意捏成任何形狀；也不是一個「百依百順」的女孩子，可以任意塗抹和梳妝打扮，有如一位著名的文史哲學家所說的那樣。[25] 如果案情事實認定完全相同，則其分析論證，似不宜在並無足夠法律依據的情況下，甚至在「與法律對合同的基本要求格格不入」[26]的情況下，任意來個急轉彎，甚至是來個一百八十度的「反向行駛」。

基於此種信念和認識，筆者在二〇〇二年七月四日收到《裁決書二稿》郵件並細讀「仲裁庭意見」和「裁決」之後，深感其中的「急轉彎」或「反向行駛」欠缺法律上和邏輯上的合理依據，故於二〇〇二年七月七至九日，以本仲裁庭成員之一的名義，擬就了一份《異議意見書（初稿）》（約1.5萬字，以下簡稱《異議書》）提出了個人的看法、存疑、建議和要求。其中的主要建議是：鑑於本案案情十分複雜，依據知情的受害當事人在審限內最新舉報的重大事實和最新提供的重要證據，本案已不是一般的行政干預，而是涉嫌嚴重違法施政造成嚴重惡果，仲裁庭應

盡快採取必要措施，**包括仲裁員再次會晤合議**甚至**第三次開庭，以便進一步查清真相**，為本案作出公正裁決提供堅實可靠的基礎！

這份《異議書》於二〇〇二年七月九日二十三時二十一分以電子郵件發往北京，請本案協辦秘書轉呈G、T兩位仲裁員。遺憾的是，這份《異議書》及其建議竟被擱置不理，未獲任何電話、傳真回覆。七月十二日，筆者經電話查詢本案秘書，始悉：就在這份《異議書》的電子郵件發到北京的翌晨，首席仲裁員**「當機立斷」**，迅即就近辦畢有關手續，簽發了本案的終局裁決，落款日期為二〇〇二年七月十日，離規定的審限屆滿之日（7月16日），還有整整六天。經筆者數度電話催索，直到七月三十日，始蒙本案秘書惠寄一份正式裁決的複印件，從而得悉：這份正式裁決，其基本內容和實質部分完全雷同於前述**《裁決書二稿》**，其中存在著較為明顯的**越權管轄裁斷**、**越權代庖解釋**等缺失，有待認真商榷。下文將以上述《異議書》[27]為基礎，逐一加以剖析。

三、本案裁決中的越權管轄裁斷和越權代庖解釋

（一）關於越權管轄裁斷

二〇〇二年七月九日發到北京的這份《異議書》共四個部分，其中第一部分和第二部分提出了筆者對於上述《裁決書二稿》的基本看法和重要存疑。茲分別摘引如下：

1.　我手頭上現有兩份裁決書（待定稿），一份標明為二〇〇二年六月十日，約六十頁（以下簡稱「一稿」[28]）；另一份標明為同年同月三十日，約六十二頁（以下簡稱「二稿」）。如果我記憶無誤，先後兩稿，諒均出自首席仲裁員G同志手筆。……

2.　但是，這先後兩稿的**基本立足點，卻大相逕庭**。我認為：「一稿」對本案基本事實的剖析，是符合法律規定和法理原則的；基於正確剖析提出的裁決意見，是公平、公正和可行的，因而應予贊同。反之，「二稿」的論證過程和裁決意見，卻存在著一系列疑竇和問題，甚至對「一稿」中原先正確剖析論證的法律規定和法理原則，有所背離，令人未敢苟同，有待進一步澄清、商榷，因而不宜按此**貿然**簽發。

3.　「一稿」第四部分「仲裁庭意見」中的以下三段論述，[29]我認為是正確的：

3.1　**合同簽訂中的政府行為**：A市政府在一開始就主導了X水電站的招商引資及後續合資合同及電量購銷合同的簽訂。……原A市Y電力總站並不是合資合同的一方，而合資合同之所以能夠加予第三人這樣**強制性**的購電義務，並得以使後來的購銷電量合同自然滿足這一義務，顯然只有A市政府從中安排才能得以實現。……

合同約定的上網電價是每千瓦時0.40元，在電站正式投入生產後，加收0.05元的專項還貸基金。那麼，上網電價應是0.45元。但是，原D地區物價委員會根據A市政府的意見在D地價商〔1997〕14號文中將電價定為0.48元，這就是在沒有任何正當理由

的情況下，無形中〔又額外〕增加了0.03元。

綜上，**仲裁庭認為**原A市Y電力總站站長**王樹吉**的證詞是可以採信的，合同是政府行政行為的結果。

3.2 **關於政府對電力定價問題**：……當時可能由於相關方對A市存在省、地和〔本〕市三個電網而每個電網的上網電價又不同的情況以及A市〔政府領導對本市〕市網實際銷售量不清楚或是**視而不見、盲目承諾**，從而造成原A市Y電力總站只能在A市〔本市〕電網上銷售五千多萬千瓦時的電量。餘電上地網，而當時A市Y電力總站與擁有地區電網的被申請人〔L水電總公司〕是兩個獨立的法人，A市Y電力總站則只能以每千瓦時0.24元的價格上地網銷售餘電。在這種情況下，A市Y電力總站銷售餘電愈多，則虧損愈大，合同的履行顯然不能進行下去，其間的問題已經很難解決。那麼相關方包括〔當地〕政府對此結果不能說是沒有責任的。

3.3 **關於被申請入股改上市問題：不可否認**，在原D行署〔1997〕18號文和〔1997〕268號文之前，本案被申請人〔**L水電總公司**〕與申請人〔**X合資公司**〕是沒有任何法律關係的。18號文和268號文以及以後相應的工商變更手續，使A市屬的原Y電力總站與原D行署所屬的被申請人〔**L水電總公司**〕合二為一，使被申請人〔**L水電總公司**〕代替原A市Y電力總站成為合同的一方〔繼受人〕，將A市範圍內應該解決的問題轉移到了D市的範圍。根據D地價商〔1997〕78號文、D地價商〔2001〕144號文以及J省物價局〔2002〕143號文，上D地區電網的電價仍是0.24元。……

從本案的整個過程可以清楚地看出，原A市Y電力總站劃歸

於被申請人〔L水電總公司〕並不是被申請人主動的意思表示和行為，而是原D地區行署或現在的D市政府的意志和行為。股改上市成功後，D市政府通過〔2001〕31號文剝離了被申請人〔L水電總公司〕對上市公司股份享有的權利，又通過〔2001〕145號文要將原劃歸於被申請人〔L水電總公司〕的縣級電力企業下放回去。這一切，沒有原A市Y電力總站自身的任何意思表示，當然也沒有被申請人〔L水電總公司〕對接受原A市Y電力總站以及如何處理合同遺留問題的意見。……

《中華人民共和國合同法》。〔第2條〕規定：「本法所稱合同是平等主體自然人、法人、其他組織之間設立、變更、終止民事權利義務關係的協議。」第三條規定：「合同當事人的法律地位平等，一方不得將自己的意志強加給另一方。」第四條規定：當事人依法享有自願訂立合同的權利，任何單位和個人不得非法干預。」第五條規定：當事人應當遵循公平原則確定各方的權利和義務。」這幾條均是法律對合同的原則要求，但對照這幾條，本案〔涉訟〕合同的簽訂、履行以及合同一方的變更均與法律對合同的基本要求格格不入。

《中華人民共和國仲裁法》第二條規定：「平等主體的公民、法人和其他組織之間發生的合同糾紛和其他財產權益糾紛，可以仲裁。」第四條規定：「當事人採用仲裁方式解決糾紛，應當雙方自願，達成仲裁協議。沒有仲裁協議，一方申請仲裁的，仲裁委員會不予受理。」本案合同的簽訂、履行以及合同一方的變更包括爭議發生後〔當地〕政府從中試圖解決的行為均是政府行為在主導，是政府意志的體現，超出了申請人和被申請人這兩個平

等主體的範圍。仲裁是協議管轄，仲裁委員會根據〔原〕合同中的仲裁條款只能約束〔原〕雙方當事人，對於政府機關和政府行為，也就不在仲裁庭的審理範圍。

總之，本案爭議已經超出了仲裁的審理範圍，〔本仲裁庭〕對於申請人的仲裁申請只能予以駁回。

4. 簡言之，「一稿」中的以上三段論述，立足於本案的客觀事實，符合併維護了貫穿於當代各國（當然也包括中國）民商法和仲裁法之中的一大基石：當事人意思自治原則。

5. 與首席仲裁員G同志在「一稿」中論證的上述意見相反，仲裁員T同志認為：「經濟合同當事人是否有能力履行合同條款，履行後效益如何，是訂立合同的民事主體自己的判斷和選擇，其後果也是由民事主體自己承擔」；並據此推論和極力主張：作為本案原合同的一方當事人A市Y電力總站，特別是作為Y電力總站巨額債務被迫「繼受人」的L水電總公司，應當「自己承擔」原合同的全部經濟責任。

6. 我認為，上述引號內的文字，從抽象理論上說，是正確的。但把此種抽象理論生搬硬套地用於本案，並據此作出上述推論和主張，顯然完全不符合本案涉訟合同的實際，即完全無視「一稿」中所列明的有關政府意志和政府行為的三點基本事實（見上文3.1-3.3段）換言之，本案涉訟合同條款從最初的訂立，到後來一系列的修訂、補充或變更，都並非「合同的民事主體自己的判斷和選擇」。恰恰相反，其中涉訟的主要條款，先後一直是A市、D市兩級政府「父母官」強加於有關民事主體（原Y電力總站及其巨額債務繼受人L水電總公司）的「判斷」和「選擇」，

類似於父母之命、媒妁之言的「包辦婚姻」或「強迫成婚」。兩度庭審中，不止一人、不止一次地談到了當初A市某主管領導人下令簽約時所說的「你王樹吉不簽，我可叫張樹吉、李樹吉簽」。此等長官語言，頗似老式「家長」所說的「你不同意成婚，我就把你趕出家門」。它對於下級「民事主體」法人代表而言，意味著隨時可能被撤職、丟烏紗、穿小鞋，實質上乃是一種使「民事主體」喪失自由意志的**脅迫**。其中毫無「當事人意思自治」「民事主體自己的判斷和選擇」可言。按《合同法》第二、三、五十二條的相關規定，此種「拉郎配」式的合同所造成的種種後果，就不應該「由民事主體自己承擔」，即不應該由受到脅迫、喪失自由意志、不能「自己選擇」、完全無辜的民事主體，來「自己承擔」其後果。否則，就會導致作出**不公平、不公正**的裁決。

這一點，顯然是處斷本案時理應遵循的思考方向、立論**前提**和實踐**準則**。應當說，「一稿」中業已循此正確方向、前提和準則，在紛繁複雜的現象中，抓住本案的**主要矛盾和根本癥結**，作出了前述三段科學論證和擬定了正確處斷意見（詳見前文31-33段）。但令人深感不解的是：「二稿」何以在本案**基本案情、主要矛盾和根本癥結**並**無變化**的情況下，卻對「一稿」中已有的正確分析和論斷，全盤予以否定或至少是全盤避而不談。此種不應有的「**倒退**」，殊屬可惜！**可憾**！

7. 「二稿」第五十六頁末段至第五十七頁首段批駁了被申請人（L水電總公司）關於原始《電量購銷合同》。反當事人意思自治和協商一致原則因而合同無效的主張，認定當時A市Y電

力總站簽字人被迫訂立合同這一事實（即「一稿」中認為「可以採信」的「王樹吉證言」見上文3.1段末）「不是迫於**對方當事人**的欺詐、脅迫手段，而是簽字人**自己上級**的要求」，進而據以斷定「此理由不構成合同無效的要件。因為，……這種情況並不符合《經濟合同法》和《合同法》關於合同無效的條件。」「二稿」的這種論斷是缺乏說服力和有待商榷的。

7.1　按《經濟合同法》第七條第一款第二項規定，只要是「採取欺詐、脅迫等手段所簽訂的合同」，就是無效合同，並不以此種欺詐、脅迫必須**直接**來自「對方」作為認定合同無效的前提條件，也並不排除來自「自己上級」的脅迫同樣可以作為認定合同無效的條件。現行《合同法》第五十二條第一款規定合同無效的條件之一是：「**一方**以欺詐、脅迫的手段訂立合同，損害國家利益」，其中雖有「一方」兩字，但並未規定該脅迫等必須**直接**來自該「一方」，而不包括該一方要求第三人並**通過第三人**對另一方實施的**脅迫**。否則，一切通過收買弱女父母而由父母出面強迫弱女「同意」成婚的強迫婚姻，都可藉口該脅迫並非**直接**來自男方而只是來自弱女「自己父母的要求」，以致不能認定為不受法律保護和自始無效的婚姻，反而必須認定為應受法律保護和自始有效的婚姻了。這樣認定和斷案，能令**無辜受害弱女**及社會公眾信服嗎？同理，政府官員出於某種利益驅動（含引資「政績」有利個人提升，等等），接受外商要求，強令所轄本國公司代表簽訂合同，使後者喪失自由意志，被迫簽約，這種「自己上級的要求」，在本質上何異於上述「自己父母的要求」？這樣的合同，在本質上何異於上述強迫婚姻？

7.2　如果說，早先一九九五年的《電量購銷合同》，在強制性的行政命令下簽訂時表面上還採取了「合同」的形式，那麼，一九九七至二〇〇一年D行署和D市府為操持「股改上市」而採取一系列強制性措施（先強迫L水電總公司繼受承擔巨額債務，後又強行剝奪該公司巨額股份權益等等）的全過程中，就乾脆拋棄了「合同」形式，**赤裸裸地**以一道又一道的**行政命令**（書面紅頭文件）直接踐踏了民事主體當事人意思自治原則，涉嫌「翻手為雲覆手為雨」全憑「**長官意志**」為所欲為了。本仲裁庭在庭審過程中早已基本洞悉本案中這種「**長官意志**」否定「**當事人意志**」的概貌和主線，並已於二〇〇二年六月上旬草就「一稿」[30]，作出了正確的分析，提出了正確的處斷意見，現在又進一步獲得上述「股改上市」中**涉嫌重大違法施政**的正式**書面舉報**和**證據**（詳見下文10.2-10.6段）而有待進一步認真澄清。在此種條件下，本仲裁庭如果**既不堅持**「一稿」中已經得出的**正確**結論，**又不進一步澄清涉嫌重大違法**施政問題的真相，卻在仲裁庭以外某些因素的「**壓力**」下，圖「**省事**」、避矛盾、服「**壓力**」、行「**倒退**」、求「**速決**」迅即貿然決定按現有的「二稿」簽發裁決，則其可預見的一系列負面後果和消極影響恐怕不是微不足道的（詳見下文102-106段）。

8.　根據「一稿」和「二稿」第二部分所縷述的本案案情，事實充分證明：本案紛爭纏訟多年，其主要癥結在於兩級政府主管官員不依法施政，甚至涉嫌違法施政的一系列行政行為。其中包括初期的**盲目許諾**、**下令簽約**；特別是後來的**資產**強行上調，**債務**強行**下放**，強行「**捆綁**」上市，**涉嫌**隱瞞巨債，虛報淨資

産，「包裝」誤導小股民，謀取不義之財，獲得暴利之後，繼又強行**剝離股權**，涉嫌**抽逃資金**，導致完全無辜的民事主體（L水電總公司）充當「替罪」羔羊，等等。因此，**「解鈴還需繫鈴人」**造成上述局面的有關政府官員或其繼任者，既有**責任**、有**義務**，也**有職權**、**有能力**出面，對涉訟各方進行新的**行政協調**，平衡各方權益，**自行妥善解決**。中國國際經貿仲裁委員會對於由一系列不當的行政行為甚至違法的行政命令導致的本案紛爭，似乎**沒有職權**，也沒有必要「**越俎代庖**」作出**法定職權**、法定功能**以外**的任何裁決。

第二部分　存疑

9.　我認為：「二稿」第四部分「仲裁庭意見」中的分析論證和裁決意見，至少存在著以下各點重大疑竇和問題，不宜忽視，不宜不予慎重考慮和認真澄清：

10.　關於涉嫌違法施政的「股改上市問題」

10.1　「二稿」第二部分所縷述的有關「股改上市」的本案案情，與「一稿」第二部分所述的案情，完全一致，除段落稍有調整外，並無本質性的重大改動。細察「二稿」第二部分所述有關「股改上市」的案情，大量事實仍然充分證明：

第一，「從本案的整個過程可以清楚地看出，原A市Y電力總站劃歸於被申請人〔L水電總公司〕**並不是被申請人主動的意思表示和行為，而是原D地區行署或現在的D市政府的意志和行為**。股改上市成功後，D市政府通過〔2001〕31號文剝離了被申請人〔L水電總公司〕對上市公司股份享有的權利，又通過〔2001〕145號文要將原劃歸於被申請人〔L水電總公司〕的縣級

電力企業下放回去。這一切，**沒有原A市Y電力總站自身的任何意思表示，當然也沒有被申請人〔L水電總公司〕對接受原A市Y電力總站以及如何處理合同遺留問題的意見。**」

第二，對照《合同法》。規定，「**本案合同的簽訂、履行以及合同一方的變更均與法律對合同的基本要求格格不入。**」

第三，**本案合同的簽訂、履行**以及合同一方的**變更**包括爭議發生後政府從中試圖解決的行為**均是政府行為在主導，是政府意志的體現，超出了**申請人和被申請人**這兩個平等主體的範圍。**仲裁是協議管轄，仲裁委員會根據〔原〕合同中的仲裁條款只能約束〔原〕雙方當事人，對於政府機關和政府行為，也就**不在仲裁庭的審理範圍**。

令人不解的問題是：以上這三點基本**事實、定性**分析及其所據的基本**法理**，究竟**錯在哪裡**？這些科學的定性分析在「一稿」中可謂洋洋灑灑，頭頭是道，令人信服（詳見前文3.1-3.3段摘引）何以在「二稿」中竟全然消失不見？是完全錯誤因而應予**全盤否定**，還是明知**正確**，又有所「**顧忌**」有所「**猶豫**」故只好完全避而不談？

10.2　如果說，在一九九五年原先的《電量購銷合同》的簽訂中，A市某主管官員實施了類似於父母「包辦婚姻、強迫成婚」的錯誤行為，其「引資」的初衷尚屬「情有可原」，則一九九七年八月至二〇〇一年八月這四年期間D地區行署和D市府主管官員為操持「股改上市」先後實施的一系列行政行為（含「案情」中所述的18號文、268號文、31號文、145號文等等）就類似於父母涉嫌為騙取不義之財，竟強令原本健康活潑的另一**無辜女兒**，

聽憑原本**毫不相干**的外人任意糟蹋和「宰割」。

　　10.3　細讀雙方當事人先後提供的大量文檔以及兩度庭審中的口頭陳述（有記錄可查）細讀「一稿」「二稿」第二部分所認定的本案「案情,不難看出:D地區行署和D市府主管官員在操持「股改上市」的全過程中,涉嫌隱瞞巨債、虛報淨資產、誤導小股民、聚斂不義之財,因而違反《中華人民共和國證券法》第五、五十九、一七七條的規定。其真情實況,當然有待進一步查核,但已屬「面目依稀可辨」,或近於「呼之欲出」。過去,被申請人**懾於上司官威**,說得隱隱約約,未敢直抒委曲內情,如今官員更動,「壓力,稍小,終於敢在仲裁庭規定的**審限之內**（即2002年7月16日以前）以**書面材料數十頁,向仲裁庭正式舉報**:此次「股改上市」的「資產評估報告」和「招股說明書」等上市文件中所**隱瞞**的**巨額債務**,竟然高達一點七四億元,可謂駭人聽聞。

　　這些舉報材料,究竟是否子虛烏有,純屬捏造?這顯然是本案仲裁庭**不能置之不理,不予澄清的**。現行《仲裁法》第四十三條以及CIETAC《仲裁規則》第三十八條規定,除當事人有義務對自己的主張提供證據之外,仲裁庭認為**必要時**可以自行調查事實,收集證據。本庭對於當事人在審限之內明確地以書面提出的上述最新舉報和最新證據,涉及本案案情的**根本事實、根本定性**和根本定位,仲裁庭是否仍然認為「**沒有必要**」按自己的**職權**和**職責**進一步自行調查核實呢?對此存疑,顯然不能不慎重考慮。

　　10.4　仲裁庭解決經濟糾紛,其最基本的原則應是公正、公平、獨立,為此,就務必做到「應當根據事實,符合法律規定」（見現行的《仲裁法》第1、7、8條和《仲裁規則》第2、53條）

　　本案中原先一九九五年《電量購銷合同》中的購電方即A市Y電力總站，只是區區一個縣級市下屬的企業，其承擔**有限責任**的註冊資金，只有**區區二百五十二萬元人民幣**。如果沒有一九九七至二〇〇一年D地區行署和D市府主管官員為操持「股改上市」而涉嫌不法施政或違法施政的一系列行為，則本案申請人索賠的近一億元的巨額債款，充其量只能獲得二百五十二萬元的有限賠償。相對於其索賠近一億元而言，僅及其2.5%，而其餘97.5%索賠巨款勢必因Y電力總站宣告破產而完全落空。但目前本案的現實卻是：申請人X合資公司藉助於和**充分利用**了D市主管官員為「股改上市」而涉嫌違法施政的行為，放棄了「瘦骨嶙峋」的原債務人Y電力總站，改變目標，「**擇肥而噬**」，緊緊咬住原本「**沒有任何法律關係**」（「一稿」用語，見上文3.3段）、毫不相干、純屬無辜的「替罪肥羊」向被申請人L水電總公司索賠巨款。對於申請人此種利用政府官員涉嫌嚴重違法施政造成的惡果，乘機另擇無辜肥羊而噬的「恃強凌弱」行為和無理要求，本案仲裁庭如不慎重權衡前因後果，而**貿然**予以支持，豈能符合《仲裁法》和《仲裁規則》所反覆強調的**公正、公平、合法、合理**？

　　10.5　仲裁庭也許可以自我「諒解」或自我安慰說：我們既無權管束也**無權追究**D地區行署和D市府主管官員操持「股改上市」過程中涉嫌隱瞞巨債、虛報淨資產、誤導芸芸小股民、聚斂不義之財，繼而又抽逃資金、推出「替罪羔羊」等嚴重不法施政行為。因此，也就只能就合同文字談合同，裁令購電合同巨額債務的無辜繼受人（即被申請人L水電總公司）付賠，然後再由當地政府去自行協調。

此種「自解」，顯然欠妥。因為：

第一，誠然，仲裁庭自身**無權**直接管束或**追究**行政官員的涉嫌違法施政行為，但依現行《仲裁法》第四十三條以及《仲裁規則》第三十八條前述規定，仲裁庭卻**有權**也**有責**對於已經浮出水面的「冰山一角」，進一步**追蹤調查**，收集證據，澄清事實真相，據以作為公正、公平斷案的基礎。換言之，無權「**追究**」不等於無權「**追查**」。**有權追查和有責追查，卻不予追查**，就很可能**有虧職守**。

第二，CIETAC成立近五十年以來，以其斷案的公正、公平、獨立不阿、**袪邪扶正**，而享譽全球。本案仲裁庭如果只圖「省事」，對於顯然涉嫌嚴重違法施政、導致無辜當事人代食苦果甚至「替罪」而遭「宰割」之**明顯不公、不平**，視而不見，不在**力所能及、責無旁貸**的範圍內進一步查明**可以查明**之真相，而貿然作出**嚴重損害無辜**弱者的裁決，恐不能全然無損於CIETAC本身極為珍惜的**公正形象**和一貫堅持的凜然正氣！

有一則流行頗廣的寓言，值得深思：某甲中箭受傷，求醫於某乙。乙取出小鋸，鋸斷甲體外的箭桿，即稱手術完畢，要求付酬。甲惶惑不解，訴說箭鏃尚在體內。乙答：「我是外科醫生，只管體外部分。箭鏃既在體內，請另找內科醫生！」試想：本案仲裁庭豈能充當這樣的「外科醫生」[31]

第三，如果在本案的終局性裁決中，故意**擇肥而噬、索賠無理的，勝訴了**；**無辜替罪、拒賠有理的，卻敗訴了**，則其負面影響及其在D地區所可能導致的損害社會穩定的後果（如被申請人L水電總公司已經估計會出現的職工鬧事、拉閘斷電之類），似

不宜不予反覆斟酌，全面權衡，慎之又慎！

10.6　仲裁庭也許還可以自我「諒解」或自我安慰說：本案被申請人舉報D地區行署和D市府主管官員在「股改上市」中隱瞞巨債、虛報淨資產等違法施政行為，是遲至二〇〇二年六月二十九日才正式書面提出，已經失去時機，屬於節外生枝，可不予置理。

此種「自解」，也顯然欠妥。因為：

第一，蓋有CIETAC公章的（2002）貿仲字第002324號關於延長本案審限的正式通知中，明白表示：本案仲裁庭「要求延長審理期限的請求**確有必要**而且**理由正當**」因而同意並決定將審限「延長至二〇〇二年七月十六日止」。

第二，根據《仲裁法》第七十條和《民事訴訟法》第二六〇條的相關規定，如「由於其他不屬於被申請人負責的原因而**未能陳述意見的**」，其有關仲裁裁決可能被法院裁定撤銷。

第三，被申請人早在其他一系列材料和庭審發言中已一再提到，並終於在上述法定和CIETAC自定**審限屆滿以前半個多月**，即正式書面鄭重舉報了有待認真查核澄清的、涉及本案**根本定性的重大事實**，並提供了**重要證據**。如果本庭對此最新舉報和最新證據置之不理，是否可能被指控為CIETAC「自食其言」和違反《仲裁法》第七十條的相關規定？對此存疑，也不宜不予慎思。

10.7　綜合以上各段剖析可歸納為以下四點：

A. CIETAC及本案仲裁庭的**法定職權是有限**的，不得任意踰越法定的職權範圍，越權管轄裁斷不該由CIETAC管轄裁斷的爭端。

B. 就本案而言：《裁決書一稿》依據不容否定的客觀事實，

將本案爭端**定性**為政府的**行政行為**所造成的結果，斷定不屬於本案仲裁庭的法定職權和管轄審理範圍，依法應裁決駁回仲裁申請，這種定性和裁決是完全正確的。

C. 反之，《裁決書二稿》完全不顧上述一系列違法施政行為造成惡果的基本事實，將本案爭端**定性**為**平等主體之間**一般的經濟合同糾紛，進而越權管轄裁決，這種定性和裁決是不正確、不合法的，至少是有待進一步認真探討商榷的。

D. 既然本案被申請人即無辜受害的當事人在審限屆滿之前半個多月已以相當**確鑿**的**最新證據**，**大膽舉報**了主管官員涉嫌**嚴重違法施政的行為**，這直接地、緊密地牽涉到**本案爭端的根本定性**，本案仲裁庭理應恪盡職責，抓緊進一步查證澄清，而不應置之不理。因此，建議**不宜**按「二稿」立即**貿然簽發**終局裁決書。

（二）關於越權代庖解釋

本案涉及A市、D市J省三級政府主管機關先後相繼簽發下達的一系列「紅頭文件」。一般說來，這些「紅頭文件」的文字內容和含義是比較明確的。但是，雙方當事人基於各自切身的利害得失，卻對其中的某個或某些文件持有不同的理解，或雖理解相同卻持有截然相反、針鋒相對的態度。其中爭議最為激烈的，當首推D價〔01〕144號文以及與它相關聯的D地價〔97〕78號文和J價〔02〕143號文。

《異議書》第二部分中的第十一、十二兩大段落，專就裁決書先後兩稿對於同一文件作出**自相矛盾**、截然相反的解釋，以及《裁決書二稿》對於政府授權機關文件作出**扭曲字義的越權解**

釋，提出了疑問和評議。具體內容如下：

11.　關於D市物價委員會「144號」文件的字義和效力問題

11.1　D市物價委員會D價商〔2001〕144號文件中明文規定：「X水電站所發電量在A市網內不能消化的部分上D市網〔地網〕的價格，仍按我委D地價商〔1997〕078號文各類電價中的A市電購電價格執行。」即確認按人民幣0.24元／千瓦時這一標準計價，而不按0.48元／千瓦時或0.388元／千瓦時計價。

對於D市物價委員會的這份144號文件，由於其含義十分明確而毫不含糊，申請人X合資公司與被申請人L水電總公司均憑其切身利害得失，針鋒相對地分別表明了自己「極力反對」和「完全贊同」的態度。換言之，雙方當事人對此文件確認定價0.24元／千瓦時的態度是截然相反的，但雙方當事人對此文件本身定價內容準確含義的理解（確認定價0.24元／千瓦時）卻是完全一致、毫無分歧的。

特別值得注意的是：本案仲裁庭《裁決書一稿》。對這份144號文件的準確含義，也作出完全正確的理解，這與雙方當事人的共同理解完全一致，毫無分歧（詳見前文33段）。

11.2　申請人X合資公司鑒於該文件明確確認其所屬X水電站所發電量上D市網〔地網〕電量的價格「仍按」0.24元／千瓦時的標準計價，實際上完全否定了申請人自己堅持按0.48元／千瓦時計價的主張，故對該文件深惡痛絕，進而反覆多次指責該144號文件是D市物價委員會參與「惡意串通炮製」的「偽證」。此種反覆多次指責，有力地說明了申請人X合資公司已經準確地

理解了該文件**上述文字的本義**。

然而，《裁決書二稿》。於該144號文中的上述明文規定卻**「通過分析」**，完全拋棄了「一稿」中對同一文件的正確解釋，並完全「反其道而行之」，作出了並**不符合其文字本義**、連申請人X合資公司自己都不敢隨意作出的**扭曲解釋**。說是：該文件「其實只解決兩個問題，一是X水電站電量上A市網的價格，二是**A市等電網**上D地區網的價格」。試將這種解釋與144號文件原文中所說的「**X水電站**所發電量⋯⋯上D市網〔地網〕的價格」作一比較，該144號文件原文的原有主詞分明是「X水電站」，「二稿」卻「通過分析」，把原文的原主詞**變換**成了「A市等電網」。這樣的**「分析」**，是否符合字義邏輯最基本的原則：概念的同一性？[32]這樣的「分析」和解釋，究竟有多大的邏輯依據和事實依據？實在不能不令人納悶、不解和存疑。

連**申請人X合資公司自己**都認為144號文件的上引文字給它自己**「綁住」**了「擇肥而噬」**的手腳**，「二稿」卻通過不符合邏輯原則的「分析」為它**「鬆了綁」**，如果有人對此提出**「偏袒」**批評，認為此種「分析」「有欠公正」或「有所偏倚」，仲裁庭將何以自解？

11.3 「二稿」對144號文上述原文通過「分析」作出的上述理解，不但與申請人和被申請人雙方對原文本義共同的認知和一致的理解，完全相反，而且與「一稿」原有的正確理解（見上文3.3段），也完全相反。因此，「二稿」對144號文的這種新「分析」和新解釋，是否完全符合原文本義，就有待進一步認真澄清。為**慎重計**，本案仲裁庭理應向**原發文機關**即D市物價委員會

查詢，要求它自己對該段文字的真實含義加以澄清，進一步作出權威性的解釋。而不宜只圖「省事」，徑由仲裁庭**自行**「代勞」，以免有「**越權**」解釋之嫌。

11.4　這裡，牽涉到D市物價委員會究竟是否有權規定和解釋有關電價的**法定權威機關**問題。申請人多次反覆指責D市物價委員會參與「惡意串通炮製」，提供「偽證」但至今尚未見申請人X合資公司就此種「惡意串通」行為提供任何確鑿證據，仲裁庭當然不宜採信。

回顧本案紛爭歷史：一九九七年當初同意和決定X合資公司所經營的X水電站上網電價從一九九五年合同原定的0.40元／千瓦時層層加碼增至0.48元／千瓦時，就是以「D地價商〔1997〕**014號文件**」作為**權威根據**的，該文的**發文機關，正是**「**D地區物價委員會**」即現在的「**D市物價委員會**」申請人X合資公司一向堅持這份文件及其所定電價的有效性和**權威性**。但是，申請人對於由同一政府主管機關D市物價委員會針對電價現實歧議正式簽發的D價商〔2001〕**144號文件**，卻反覆多次指責為「惡意串通炮製」的「偽證」，而又提不出任何有關的確鑿證據。對同一政府主管機關簽發下達的就**同一電價問題**作出的規定或說明，或奉之為「**權威**」或斥之為「**偽證**」其取捨標準只是看它們對本公司關於X水電站的電價主張是否支持、是否有利。申請人對政府主管機關依本身**法定職權**簽發的文件，顯然是採取了「實用主義」的「**雙重標準**」。《裁決書二稿》。此種「雙重標準」完全保持緘默，並未作出任何評論，澄清是非，卻「**通過分析**」以含糊的「**並不存在矛盾之處**」一詞，淡淡一筆帶過，從而掩蓋了事實

上存在的矛盾，並且在實際上遷就了申請人一方利用政府官員涉嫌違法施政造成的惡果「**擇肥而噬**」的無理要求（見前文10.4段）。這種緘默和這種「分析」，實在難以令人信服。試想：如果被申請人L水電總公司一方也信口指責當初規定X水電站電價為0.48元／千瓦時的**第14號文件**，是「惡意串通炮製」的「偽證」仲裁庭豈能也採信？豈能也「**通過分析**」在實際上予以遷就？

12.　關於J省物價局143號文件的真義問題

12.1　本案仲裁庭鑒於上述D價商〔2001〕144號文的適用對象和是否「有權解釋」有所不明，曾於二〇〇二年三月八日專門馳函J省物價局調查諮詢。該〔2002〕貿仲字第001134號專函（以下簡稱「調查函」）提出：

「本案申請人稱，D地價商〔1997〕014號文件和J價〔2001〕商字114號文件並沒有對X供電上A市網還是上D地區網作出區分……因此，X的電價應統一為0.388元。本案被申請人稱，在A市本地使用的電價為0.388元，上D地區網的電價應按078號文件定價。

鑒於D市物價委D價商〔2001〕144號文件是在仲裁程序開始後作出的，仲裁庭認為，有必要向省物價局查詢如下問題：

（1）X水電站所發電力上D市地區網電價應按照哪一份文件確定？

（2）D市物價委批覆的D價商〔2001〕144號文件是否有省物價局的授權，D市物價委是**否有權解釋**省物價局J價〔2001〕商字114號文件。」

二〇〇二年三月二十五日，J省物價局以J價〔2002〕143號文

回覆仲裁委員會的調查函。其中明確回答：「根據……我局《關於調整D市各縣〔市、區〕綜合分類電價的通知》〔J價〔2001〕商字114號〕的有關規定，對上地方電網的上網電量除我局核定的上網電價外，其他電廠〔站〕上網電價**由地市物價部門核定審批**。我局核定的X水電站上網電價0.388元／千瓦時**指上A市網的上網電價，該電站上其他地方電網的上網電價，由D市物價委核批**。」

12.2　把上述兩函中的具體詢問與具體答覆聯繫起來細予推敲，顯然可以看出J省物價局（以下簡稱「省局」）確認了以下四點：

第一，省局確認：所核定的X水電站上網電價0.388元／千瓦時確是專指該水電站「上A市網的上網電價」。

第二，省局確認：「該電站」即X水電站（發電量）「上其他地方電網」〔顯然是專指上D市網〕的上網電價，應「由D市物價委核批」。〔以上兩點均針對「調查函」所查詢的第一個問題作答。〕

第三，省局兩度確認：「**地市物價部門**」「**D市物價委**」確實**有權**自行「**核定審批**」即「**核批**」所轄地區的上網電價。（本點是針對上述「調查函」所諮詢的第二個問題作答。）

第四，省局確認：X水電站發電量上網應當根據事實分為兩種，一種是該電站「上A市網的上網電價」（0.388元／千瓦時），另一種是「該電站上其他地方電網的上網電價」（顯指D市物價委核批的電價0.24元／千瓦時），所上電網不同，所定電價當然不同。

簡言之，從「調查函」查詢的兩個具體問題和省局針對該兩

個具體問題作出的具體答覆中，顯然無法尋找出這樣的結論：即省局認定：X水電站所發電量**不論**其客觀上是上了「**A市電網**」還是上了「**D市電網**」應當統一按0.48元／千瓦時（或0.388元／千瓦時）的標準計價。

可是，《裁決書二稿》卻「**通過分析**」，作出了與J省物價局的上述幾點明文確認完全相反的結論，即凡是X水電站所發電量，不論其上「A市市網」還是上「D市市網」應一律按0.48元／千瓦時或0.388元／千瓦時的標準計價。

這樣的「分析」及其結論，究竟有多大字義邏輯依據和事實依據？不能不令人深感納悶和存疑。

12.3　《裁決書二稿》對J省物價局上述143號文件原文「**通過分析**」作出的理解和結論，顯然與該文件**原文**的**本義**迥然不同。為**慎重**計，本案仲裁庭理應向**原發文機關**即J省物價局再次查詢，要求它針對仍存的疑義，進一步加以澄清，作出權威性的解釋，而不宜只圖「省事」又徑由**仲裁庭自行「代勞」**自行「通過分析」任意作出有悖原文本義的解釋，以免又有「**越權」解釋和扭曲解釋**之嫌！

（三）關於防止越權管轄和越權解釋的幾點建議

為了防止前述越權管轄和越權解釋可能轉化為成為錯裁的現實，《異議書》。第三部分提出了明確的建議。具體內容如下：

第三部分　建議

13.　鑒於《裁決書二稿》第四部分「仲裁庭意見」中的分

析論證和裁決意見，至少存在著以上各點重大疑竇和問題，不容忽視，有待進一步認真澄清和商榷，作為本庭仲裁員之一，本人本著珍惜和維護CIETAC公正形象及其凜然正氣的初衷，謹此提出以下建議，請予慎重考慮。

13.1　在上述重大疑竇和問題切實獲得澄清和排除以前，似**不宜迅即按「二稿」的現有內容貿然簽發本案終局裁決書**。

13.2　本案仲裁庭似應本著組庭以來一向堅持的公正、公平、慎重、穩妥的工作原則，並依據現行《仲裁法》第四十三條和《仲裁規則》第三十八條所規定的**職權**和**職責**，迅即去函或直接派員前往D市物價委及J省物價局，就上文第十一至十二段所述存疑問題，**認真、徹底地予以澄清**，並取得該兩家**原發文機關**相關的**必不可少的書面答覆**。誠然，這樣做不免要支出一些新的費用、時間和精力，但事關重大，就不宜只圖「省事」，影響公正、公平，而且當事人為本案交納的仲裁費不菲[33]，所提供的「物質條件」可謂綽綽有餘。

13.3　鑒於本案案情極其複雜，且不是一般的「行政干預」而是涉嫌重大違法施政造成重大惡果，仲裁庭似應認真考慮前文10.2-10.6段所列諸點重大因素（含最新舉報的重大事實及最新提供的重要證據）盡快採取必要措施（含**本庭仲裁員的再次會晤**甚至**第三次開庭**）追蹤查明「冰山一角」下面的真相，俾便作為本庭作出公正、公平裁決的堅實可靠的基礎，顛撲不破。

13.4　鑒於D市原先主持涉嫌違法「股改上市」的主管官員崗位更動，涉嫌違法上市的重大事實正在逐步顯露其本來面目，鑒於D市政府正在積極組織和實施新的「行政協調」矛盾解決已

顯出新的眉目，申請人一方於收到CIETAC二〇〇二年六月二十一日去函後也並未回函表示斷然拒絕新的和解或撤訴，雙方當事人終於達成和解協議並非絕不可能，因此，仲裁庭似可在積極採取13.2至13.3各段所述各點必要措施的同時，不妨再稍作必要等待（甚至再次略延審限）候其**「三贏結果」**（當事人雙方以及政府當局均感「體面」和有利，避免矛盾進一步激化、兩敗俱傷，也避免政府當局陷入尷尬）**「瓜熟蒂落」**！

13.5　如果13.4段所述新的「行政協調」終於「失敗」即原「繫鈴」政府「解鈴」不力或「解鈴」無效，和解可能終於落空，則仲裁庭仍可按《裁決書一稿》。定的裁決意見斷然作出裁決，即駁回申請人的仲裁申請。之後，因當地政府長官「繫鈴」之行政作為或「解鈴不力」之**「行政不作為」**而自認為利益受損的當事人，可另外自行通過**行政訴訟**索取賠償。[34]

13.6　如果13.4段所述新條件下的「行政協調」終於「失敗」而仲裁庭經采取13.2、13.3段所述必要措施進一步澄清問題和查明真相之後，認為依法不宜採用13.5段所述裁決意見，則還可根據**新事實新證據**作出其他內容的新裁決：既讓受到損失的外商獲得公平合理的補償，又不能讓它「擇肥而噬」的無理要求全部或大部得逞，從而避免使無辜「替罪被宰」的L水電總公司遭受過於嚴重的經濟損失。為此，《裁決書二稿》。定的賠償額理應**大幅度**下調。

13.7　《仲裁法》第八條以及《仲裁規則》第二、三條反覆強調仲裁應依法**獨立**進行，**不受任何外來因素的干預**。本仲裁庭既然承擔了對本案實行仲裁的職責，對於來自庭外的並無法定約

束力的一切意見，既要**虛心傾聽**，又要**獨立思考**；既要勇於**修正錯誤**，又要敢於**堅持正確**。對於來自庭外的未經細讀本案材料、不了解本案詳情的感想性評論，**可以參考**，卻**不宜盲從**。因為歸根結底，終局裁決之正確與否，必須由本庭所有仲裁員承擔全部責任，庭外其他人士可以概不負責。故在吸收庭外人士見解時，不可不**獨立判斷，慎重取捨**。

遺憾的是，《異議書》中所縷述的以上這些異議意見和可行建議（見前文13-13.3段），不但未蒙認真傾聽或重視，而且連簡單的電話（或傳真）回音也沒有。事後得知，首席仲裁員早在《異議書》電子郵件抵京後的翌日（2002年7月10日）就「當機立斷」立即簽發，這也許就是最強有力的「回音」吧？——儘管此時離CIETAC所定的審限（2002年7月16日）還有整整六天時間！

四、本案仲裁後期的草率斷結和斷結後的有欠透明

（一）後期的草率斷結及其負面後果

如前所述，《異議書》中明確提出的可行建議（見前文13-13.3段），即關於慎重澄清受害當事人的最新舉報和最新證據，再次調查和慎重澄清物價部門權威解釋的真義，直至仲裁庭成員再次合議或再次開庭，等等，都是在審限屆滿的六天前即以電子郵件發到北京的，都是沒有理由置之不理、置之不復的。但不知出於何種原因或何種急迫需要，以致**該調查、該澄清、該復議**，明明**還有足夠時間調查、澄清、復議**，卻**斷然不再調查、不再澄**

清、不再復議，以致本來可以防止的越權管轄和越權解釋卻終於無法防止，終於從可能轉變成了現實，從而直接導致了令人十分遺憾和十分惋惜的負面後果：**擇肥而噬**的無理要求**得逞了**；純屬**無辜**的**第三人**替罪**挨宰了**；涉嫌嚴重**違法**施政的行為被**遮掩**搗蓋了。更有甚者，正是CIETAC的這一**草率裁決**，在客觀上竟然成了「**名正言順**」地宰割無辜的「**利刃**」，成了冠冕堂皇地遮掩醜惡的「**帷幕**」。這樣的社會效果，顯然不能絲毫無損於CIETAC一向公正公平斷案的名譽。

（二）草率斷結後的有欠透明及其負面後果

《異議書》的第四部分曾經提出了符合當代國際司法慣例和國際仲裁慣例的合理要求。具體內容如下：

第四部分　要求

14.　如果本仲裁庭G、T兩位仲裁員經過慎重考慮後仍然堅持《裁決書二稿》的現有結論，決定按2：1的「多數」作出終局裁決，並且正式簽發下達，則作為本案居於「少數」地位的仲裁員，**本人謹此要求：將上述異議意見書全文印出，附於本案終局裁決書之後，由CIETAC北京總部同時下達給雙方當事人。**

這一要求的理由是：第一，在當代各國的司法實踐和仲裁實踐中，將居於「少數」地位的法官或仲裁員所書寫的異議意見書（dissensions）附同判決書或裁決書同時下達給雙方當事人，這已是司空見慣的通行做法。它體現了「服從多數，尊重少數」的民主原則，既提高辦案效率，又**增強透明度**，有助於**比較鑑別**，發

人深思，有利於進一步**辨明是非**，促進**斷案公正**。中國的仲裁實踐正在走向現代化和國際化，自當「**與時俱進**」，參照採用此種先進國際慣例。第二，現行的CIETAC《仲裁規則》，並未明文禁止參照採用上述先進的國際慣例，即並未禁止將居於「少數」地位的仲裁員書寫的異議意見，同時下達給雙方當事人。第三，在CIETAC過去的實踐中，已不乏這方面的先例。例如：（1995）深國仲結字第九十一號裁決書就是在兩位仲裁員簽署後下達，而居於「少數」地位的第三位仲裁員N. Kaplan先生書寫的異議意見書，隨即由CIETAC深圳分會寄發給雙方當事人。[35] 新近，由兩位仲裁員簽署的（2001）深國仲結字第一○○號裁決書，則是連同第三位仲裁員W先生書寫的異議意見書，由上述深圳分會同時寄發給雙方當事人。

作為持異議意見的第三位仲裁員，筆者的上述正當要求迄未獲得任何正式答覆。令人費解的是：第一，如果這種要求是錯誤的，那麼，錯在哪裡？也應該有個說法，有個交代，為何「**懶**」於或「**怯**」於書面作復？第二，如果這種要求是正確的，既符合當代仲裁實踐的國際通例，也符合CIETAC仲裁實踐的先進事例，那麼，為何不參照先例實行呢？第三，如果硬說這種要求違反了CIETAC現行《仲裁規則》的**禁止**規定，則此種「禁止」規定有何文字依據？[36] 第四，如果現行《仲裁規則》第五十四條中的「少數仲裁員的意見可以作成記錄附卷」一語竟然可以被**任意推廣解釋**為就是「少數仲裁員的意見**不得（或禁止）**同時寄發給雙方當事人」，那麼，上述N. Kaplan先生和W先生的先行實踐

就是「明知故犯」地違反了CIETAC的「禁止規定」，何以迄今未見給予「違規」批評甚至處分呢？總之，**四者必居其一**。要完全回避這些問題，看來是比較困難的。

尤其令人費解的是：據悉，本案無辜受害的當事人L水電總公司在收到按「多數仲裁員意見」作出的終局裁決書之後，深感不服，而且發現第三位仲裁員並未簽署。該公司擬依法定程序向管轄法院申請予以司法審查和監督，要求法院依現行《仲裁法》第七十、七十一條的規定，針對本案裁決書裁定不予執行或裁定予以撤銷。另一方面，鑒於當時D市政府正在抓緊協調最終和平解決本案糾紛並已初具眉目，需要全盤了解和平衡各方面的意見，以便主持和促進盡快達成和解，為此目的，該公司曾向CIETAC經辦人員查詢緣由並索取「少數仲裁員」的異議意見以期通過比較鑑別，全面了解是非曲直。但此項正當要求，竟也遭到拒絕。這就涉及CIETAC是否應當**充分尊重當事人的訴訟權利**〔特別是其中的**知情權**（right to know）〕這個重大原則問題了。

具體說來，這裡涉及四個方面的問題：

第一，CIETAC作為仲裁機構，對當事人的商務祕密有對外「保密」的義務。但CIETAC辦案，素以公正、公平、公開（透明度）自律，如果自信裁決本身的內容確是公平、公正的，那麼，其中正、反兩種意見[37]，只要不涉及國家祕密，對雙方當事人本身說來，就應當是**全面透明**的，而不應當是半透明、半明半暗或「若明若暗」的；應當是胸懷坦蕩，經得起當事人比較推敲和依法投訴，也經得起管轄法院的依法審查監督，而不應當是遮遮掩掩，深恐當事人知情和依法投訴以及法院依法監督。然

則，如果確有自信，還有什麼必要、有什麼法定理由對**當事人**實行這樣的「**保密**」？

第二，尤其值得研究的是：**仲裁庭是否有權利對當事人實行這樣的「保密」？這樣的「保密」措施是否直接侵害了當事人在訟爭過程中依法享有的知情權？**眾所周知，我國《民事訴訟法》在其「總則」編中，開宗明義地明確規定「中華人民共和國民事訴訟法的任務，是保護當事人行使訴訟權利」，特別強調在審理民事案件過程中，「應當保障和便利當事人行使訴訟權利」[38]。不言而喻，當事人在訴訟過程中依法享有充分的知情權，應當是當事人行使訴訟權利的重要內容和重大表現之一，依法應當給予充分的**保護、保障**和便利。正是基於這一基本原則，《民事訴訟法》第五十二條進一步具體地明文規定「**當事人可以查閱本案有關材料，並可以複製本案有關材料和法律文書。**」[39]《民事訴訟法》中的這些基本規定及其基本精神，顯然也完全適用於仲裁程序，並且也成為指導制定仲裁規則和實行仲裁操作的基本原則。

誠然，民商事仲裁程序有別於民事訴訟程序，因此，不能認為《民事訴訟法》。的每一細節規定都可推廣適用於民商事仲裁過程。但是，眾所周知，中國是實行「民商合一」體制的國家，「民事訴訟」一詞的內涵和外延就包含了商事訴訟在內。民商事仲裁固然有別於民商事訴訟，但是民商事訴訟程序中的基本原則，諸如保護、保障、方便涉訟當事人行使訴訟權利（含前述知情權利）等，有什麼理由斷定它們絕對不能適用於被稱為「準司法」和「准民商事訴訟」的民商事仲裁呢？更何況，CIETAC現

行的《仲裁規則》，其所據以制定的主要「**法源**」之一，就是中國現行的《民事訴訟法》，[40] 這就更沒有任何理由和任何法律根據硬說《民事訴訟法》。關於保護、保障當事人訴訟權利（含知情權）的上述基本原則，不適用於中國的涉外仲裁程序了。恰恰相反，如果斷言《民事訴訟法》中的上述基本原則和基本規定根本不適用於中國的涉外仲裁，那就顯得有悖基本法理和有違基本法律規定了。難道不是嗎？

第三，仲裁庭對當事人實行這樣的「保密」，是否有欠透明並且直接背離了講求「**透明度**」的**當代國際潮流**？特別是，中國「入世」已經一年，國內有關法律、法令、規章和實際操作程序凡與WTO規則（包括透明度原則）不符者，都已廢除、修改或調整，或正在抓緊廢、改過程之中，上述這樣的對當事人「保密」的做法，顯然與CIETAC正在加緊邁向現代化和國際化的步伐，是不相稱、不協調的。不是嗎？

第四，值得CIETAC參考的是：「入世」後，中國正在抓緊進行司法改革，其中包括正在抓緊貫徹WTO規則所要求的「透明度原則」。以下一項經過對國內外實踐認真調查考察後提出的看法[41] 是頗有見地的：

「透明度原則帶來的一個有爭論的問題是裁判文書要公開到什麼程度？引發這一爭論的事由是廣州海事法院在網上公開了合議庭成員的少數意見，合議庭的意見被表述為「某審判員認為：……」不贊成公開到如此程度的人認為這與集體審判原則和審判機密原則相違背，也就是說，判決結果是合議庭少數服從多

數的集體意見，不應以某審判員的個人立場表述；合議庭的合議結果是審判機密，合議庭的少數人意見不得洩露。而新聞界卻對此大加讚賞，認為是中國的審判程序「**打開了最後一個暗盒**」，而且認為**陽光下的審判**，可以對法官實行更有效的監督。當事人和代理人在比較了兩種不同意見後，也覺得勝者贏得明明白白，敗者輸得心服口服，減少了費錢費時的上訴。法院也認為此舉節省了訴訟資源，提高了訴訟效率，**有利於實現司法公正**。**國際司法發展趨勢**是支持後一種觀點的。長期不主張公開少數法官意見的大陸法系國家法院正在與普通法系國家法院的做法趨同，挪威等國就開始公布不同意見法官的觀點。以大陸法系成員國為主要當事人的歐洲法院和歐洲人權法院的**判決中〔載明〕的歧異法官意見已司空見慣**，在國際法院和前南問題國際刑事法庭的判決書中，中國籍大法官的不同意見已成為國際司法界的一道獨特的風景線。

　　以上這種頗有見地的看法和做法，正在中國司法改革的實踐中引起「連鎖反應」。緊接廣州海事法院上述判決之後，又傳來了上海第二中級人民法院將合議庭不同意見正式寫進判決書的信息。據報導，對於此種改革創新的做法，該案原告「雖遭敗訴，但其代理律師仍對法官說，這份判決書說理充分、有特色，體現了裁判文書改革的力度和裁判過程的**透明度**。」〔42〕針對這一改革舉措，法學界有人評論說：長期以來，法院在製作判決書時，都是千篇一律的『本院認為』行文模式，至於合議庭成員對於案件的具體意見只是作為**內部消息**，當事人無從知曉，對案件關心

的其他人士更是**一頭霧水**。這種做法對於法官來說倒是簡單省事，用不著為此多費思量，但卻使判決書形成了一種**僵化的文風**，更重要的是判決結果**難以令當事人心悅誠服**，尤其是敗訴的一方更易對司法的公正性產生懷疑。俗語說得好，**陽光是最好的防腐劑**。將合議庭成員的具體意見寫入判決書，對於當事人來說，他對於案件判決的過程清清楚楚，是非公斷明明白白，接受起來要容易得多。」「將合議庭成員的個人意見寫入判決書，不僅僅是裁判文書的一種改革，而是直接關係到法官職業水平的提高，關係到審判過程以致於司法的**透明與公正**，關係到社會大眾對法律的信仰和對法官的信任，因此，這種做法值得提倡。」[43]

社會輿論反饋的良好評價使上海二中院的司法人員受到鼓舞。事後，他們進一步公開說明了將合議庭不同意見寫入判決書這一改革舉措的本意和用心：**沒有公開就沒有公正**，陽光是最好的防腐劑。**司法公正的陽光**要照進法庭，**也要照在裁判文書**這一訴訟活動的**最終載體**上。將合議庭的不同意見也寫進判決，十分有利於落實審判公開，**接受社會監督**，樹立司法公信，它「對於防止**司法恣意**，遏制**司法腐敗**，實現司法公正，具**有陽光般**的積極意義。」他們強調：「公開不同意見的積極意義在於，**告誡法官**不僅要主持公正，而且還要使當事人和公眾確信每一法官都沒有怠於審理，恣意裁判，沒有辦人情案、關係案、『搗糨糊』更沒有枉法裁判，……**不同意見公開了，透明度提高了**，極少數法官在『**陽光**』下恣意裁判和**腐敗**的空間就相應**減少了**。」[44]

這些信息和評論，確實令人耳目一新，也完全符合與時俱進、開拓創新的時代精神。問題是：有關法官及其書寫的判決需

要「實行更有效的監督」，「陽光是最好的防腐劑」，「陽光下的審判可以對法官實行更有效的監督」，「有利於實現司法公正」，在當代國際先進的司法實踐上，「判決中載明歧異法官意見已司空見慣」，將異議意見明確載入裁判文書有利於「防止司法恣意，遏制司法腐敗」，等等──這些理念和做法如今已經開始指導著和適用於中國的司法改革和中國的涉外民商事審判，那麼，它們是否也基本上適用於具有「**準司法**」性質的中國涉外經貿仲裁？

在這方面，CIETAC的專職隊伍中也不乏有識之士，提出了相應的評論和建議。在一篇題為《不同意見寫入裁判文書，好！》[45]的短文中，作者指出：在英美法系國家，將同一合議庭案件每位法官的裁判意見尤其是其中少數法官的不同意見（dissenting opinions）寫入裁判文書，是一件**很正常亦很平常**的事，人們從其中既閱讀了裁判文書的判決意見（即合議庭多數法官的意見），又得以閱讀裁判文書中公開表述的少數法官的不同意見。正是在這種**比較**、**鑑別**的過程中，人們才得以**自由地評判**出案件的是**非曲直**，**透亮地**「**窺視**」審斷該案的每一位法官的思維過程、邏輯分析過程，甚至包括他們的人品才學、性格心態等等，從而心悅誠服地接受了裁判的結果，「因為，這樣的裁判文書使你覺得沒有什麼是**不透明的**、**不透亮的**，沒有什麼是**可隱藏的**、**可暗箱操作的**。」

該文作者認為：「將少數審判人員持有的不同意見公開見於裁判文書，是個**突破**，符合司法公正所要求的公開透明原則，亦在本質上符合我國民事訴訟立法的原意。」但是，敢於「將審判人員的各個不同意見尤其是少數的不同意見公開寫進裁判文書，

是需要**勇氣和底氣**的。」如今,「中國法院的司法改革正以咄咄
逼人之勢向仲裁提出了挑戰,中國法院已經先行了一步,那麼,
一直以專家斷案自譽並以此為榮且……名揚於海內外的中國涉外
仲裁,是否也已到了應將少數仲裁員的「dissenting opinions」
寫人裁決書的時候了?應該說中國的涉外仲裁基本上具備這樣的
底氣,然而卻不具備這樣的魄力!」該文作者進一步回顧說:
「不是沒有人提出過應將仲裁員之間的不同意見如實寫人裁決
書,早在**一九九四年修改一九八九**規則之際,這個問題就曾提上
議事日程,只是那時誰也『不敢』拍板或是誰也不願拍板作第一
個承擔有可能危及『生命』之風險的吃螃蟹的人,這不能不說是
個遺憾!」顯然,作者在這裡想要強調:在當前的新形勢下,理
應「**舊話重提**」,以引起有關人士的足夠重視:「重要的是無論
是訴訟還是仲裁都應盡一切**可能利用一切可以達到公正審理並裁
判案件的形式**或機制以維護所有當事人的合法權益!這才符合社
會主義法制的要求,符合獨立公正審理並裁判案件的要求,才可
以使無論是訴訟還是**仲裁之樹常青!**」

　　看來,這篇公開發表於中國貿促會、中國商會主辦的刊物上
的文章,其思考方向完全符合現任中國貿促會和CIETAC主要領
導人所大力倡導的有關基本精神:必須以**與時俱進**的精神狀態,
不斷開創仲裁工作的新局面」;「形勢的發展要求我們用**改革**的
精神來看我們的工作現狀,用**揚棄**的態度對待我們的經驗,進一
步解放思想,把我們的思想認識從那些不適合時宜的**觀念、做法
和規則的束縛中解放出來**。既要發揚好的傳統,又要適應形勢發
展創造新的做法和經驗。」[46]

五、幾項寄語

在結束本文之際，謹向CIETAC以及同行學友提出以下三項寄語，供認真考慮和深入討論：

（一）更完善地發揮所設「專家諮詢委員會」的功能與作用[47]

為此，似應充分給予參與評議的專家以應得的勞務報酬，同時要求他們事先認真閱讀必要的案卷文檔，並以事實為根據、以法律為準繩，經過認真思考研究，提出有理有據的中肯意見。此外，還應在**專案評議會的時間上**有足夠的、切實的保證，防止時間過於短促，以致無暇充分比較正反意見，兼聽則明。

（二）更充分地發揮常設「仲裁研究所」的功能與作用[48]

對於**已經裁結的案件**，如案情複雜，仲裁庭成員對裁決存在重大分歧，涉及公正原則又一時難辨是非，並有書面異議意見者，或有重大投訴者，可**篩選立項**，交由研究所進行專題研究，提出研究報告，送交CIETAC主管領導參考，以利總結經驗教訓，提高公正斷案水平。

（三）更慎重地選擇每案的首席仲裁員[49]

首席仲裁員在每個個案中，都是主持人和實際上的「掌舵人」。因此，對於首席仲裁員綜合素質的要求，顯應更高於對一般仲裁員的要求。為此，在選擇和指定首席仲裁員方面，似應建立一套相當縝密、科學、慎重的規章制度，優先選擇能夠**依法獨**

立不阿，在傾聽任何庭外意見時，既勇於修正錯誤，又敢於堅持正確，既認真履行「首席」的職守和職責[50]，又十分**慎重地使用「首席」的權力**[51]，既敢於正確當機立斷，又善於充分發揚民主、集思廣益的人士擔任首席，以保證每案的仲裁質量，特別是保證每案仲裁裁決的公正、公平和透明。

（四）澄清和修訂 CIETAC 現行《仲裁規則》第五十四條

為促進CIETAC加速邁向現代化和國際化，似宜參照當代國際仲裁實踐中的先進慣例，明文規定「少數仲裁員」提出的異議意見書，應當或可以連同多數仲裁員作出的裁決，同時向雙方當事人送達。特別是在當事人任何一方索取或查閱、複印異議意見書時，不得以任何方式和藉口予以拒絕。

※　　　　※　　　　※

以上個人管見，是否提出，如何提出，原先頗費斟酌踟躕。筆者是凡夫俗子，並未超凡入聖，自不免也有些患得患失的凡俗之念。即使現在毅然**公開提出學術爭鳴**，也仍時有「知我者謂我心憂，不知我者謂我何求」[52]的古人之慨嘆縈迴腦際。因為既然公開提出，在個別同行同志聽來可能有些「逆耳」或有所「冒犯」，從而損及上下或左右的「關係」，並引來某些誤解、非議或責難，甚至在一定程度上和一定範圍內可能成為「眾矢之的」，或遭到實權人士的某種「莫須有」的「打擊報復」。但是，秉著筆者個人的**法律良知**和**追求公正**的痴念，受到作為CIETAC諍友責任感的驅使，出於對CIETAC整體傳統正氣和一貫從善如流的確信，基於對CIETAC領導層集體素來敢於正視問題和不迴

避、不「諱疾」不「護短」這一優良作風〔53〕的信賴，又不能不義無反顧，勇於坦誠陳言。所有管見陳言，囿於個人視野、學識和水平，自難完全避免欠妥或舛誤。但既作為學術爭鳴，也早已做好思想準備，竭誠歡迎來自海內外同行學人包括來自CIETAC友人的有理有據的批評和指正，俾取得與時俱進的、更加接近真理的共識。

如所周知，CIETAC為了不斷提高本身公正斷案和扶正祛邪的專業職能，不但有常設的仲裁研究所、專設的專家諮詢委員會，而且每年一度還定期召開全國性的仲裁員業務研討會和培訓會。如果以上個人管見可以在上述幾種專業場合作為**案例素材**印發，提供討論和評析，那麼，是否也會更有利於**在CIETAC隊伍中貫徹「雙百」方針，提倡和鼓勵學術民主**呢？是否也會更有利於促進CIETAC的體制規章在**新形勢**下不斷自我完善，繼續開拓創新，「**與時俱進，讓仲裁之樹常青**」呢？

六、尾聲

據悉，本案二〇〇二年七月十日終局裁決書正式下達之後，原與涉訟合同（《電量購銷合同》毫不相干、純屬無辜的第三人即L水電總公司，竟被裁令充當替罪羔羊，「挨宰」六千四百七十八萬餘元人民幣，致使當地輿論大嘩，該受害公司職工群情激憤，醞釀「鬧事」。經當地政府主管官員出面反覆進行行政協調，才使矛盾避免進一步激化，在當地政府主持下，各方終於商定：仍由原涉訟合同甲方即**A市Y電力總站**向銀行貸款二千萬元

人民幣，**一次性地**向**原涉訟合同乙方即X合資公司清償積欠電費**。至此，**L水電總公司**總算從本案錯誤裁決的「**利刃**」^{〔54〕}之下**解脫出來，倖免於無辜被「宰」之難**。此番因政府主管官員**行政行為**引發而纏訟多年的《電量購銷合同》爭端，終又通過政府主管官員的行政行為而解決了矛盾。這一結局，以事實有力地印證了筆者當初在《異議書》第八段、第13.4-13.5段中所剖析判斷的「**解鈴還需繫鈴人**」！也印證了本案裁決書越權管轄裁斷與越權代庖解釋之「**徒勞**」與不當！有關方面對此誠能認真加以總結，則「**與時俱進，讓仲裁之樹常青**」，有厚望焉！

注釋

* 本案編號為「DG20010277」，CIETAC 組庭受理於二○○一年十月十六日，裁決於二○○二年七月十日。裁決書編號為「（2002）貿仲裁字第0198號」。本文依據本案案卷文檔寫成。引文中的強調是引者所加。有關文檔可依有關法定程序向 CIETAC 有關部門請求查索閱讀。參照 CIETAC 公開發表裁決書的通常做法，本文隱去了當事人、仲裁員、涉案人員及涉案地點等真實的公司名、人名和地名，而以英文字母取代。參見中國國際經濟貿易仲裁委員會編：《中國國際經濟貿易仲裁裁決書選編（1963-1988）》，中國人民大學出版社1993年版，前言。

〔1〕 劉文傑（中國貿促會副會長、中國國際經濟貿易仲裁委員會副主任）《努力提高仲裁質量，創造仲裁工作新局面——在CIETAC部分仲裁員研討會上的發言》（本章引文中的強調均是引者所加，下同），載《中國對外貿易（中國仲裁）2002年第12期，第6-7頁。

〔2〕 A市是J省山區的一個縣級市，其下屬的國有企業Y電力總站是依法成立的一個有限責任企業法人，其註冊資金僅為人民幣252萬元。

〔3〕 A市是J省「D地區行署」下屬的一個縣級市，「D地區行署」改製為「D市」後，A市屬於D市（地級市）管轄。

〔4〕 L水電開發總公司是J省D地區行署（其後改製為D市，為「地級市」）

〔5〕 即前述一九九五年十二月Y電力總站屈從A市政府官員行政命令而被迫與X合資公司簽訂的《電量購銷合同》。

〔6〕 J省物價局針對CIETAC調查函問題作答的這份覆文，明確地肯定了三點，即：（1）D市物委有權核批當地電價；（2）X水電站上A市網的上網電價為0.388元／千瓦時；（3）X水電站上其他地方電網（含D市電網）的上網電價，由D市物委核批，即0.24元／千瓦時。

〔7〕 指D地區（其後改制為D市）電網。

〔8〕 指前述新改制組建的N電力股份有限公司獲准將股票上市銷售。

〔9〕 《中華人民共和國仲裁法》第8條規定：「仲裁依法獨立進行，不受行政機關、社會團體和個人的干涉。」CIETAC現行的《仲裁規則》第53條的規定也體現了這一精神，強調仲裁庭應當根據事實，依法「獨立公正地作出裁決」。

〔10〕 關於這一點。CIETAC的現任主要領導人有一段很中肯的話，值得重視和貫徹。他在充分肯定專家諮詢委員會的「救助作用和參謀作用」的同時，也明確指出它的某些不足，即「**從現實情況看，仍有待改進的地方**」；特別強調：召開諮詢會議之前，「要有充分準備。秘書局應提早將要諮詢的內容，送給參會的專家，請專家們預先準備，**避免臨場看材料，泛泛而談。**」參見劉文傑（中國貿促會副會長、中國國際經濟貿易仲裁委員會副主任）：《努力提高仲裁質量，創造仲裁工作新局面——在CIETAC部分仲裁員研討會上的發言》，載《中國對外貿易（中國仲裁）》2002年第12期，第6-7頁。

〔11〕 一九八一年十二月制定並於一九八二年七月一日公布施行的《中華人民共和國經濟合同法》第33條規定：「由於上級領導機關或業務主管機關的過錯，造成經濟合同不能履行或者不能完全履行的，上級領導機關或業務主管機關應承擔違約責任。應先由違約方按規定向對方償付違約金或賠償金，再由應負責任的上級領導機關或業務主管機關負責處理。」

〔12〕 參見李鵬（時任國務院總理）《國務院關於提請審議〈中華人民共和國經濟合同法修正案（草案）〉的議案》（1993年6月10日）楊景宇（時任國務院法制局局長）《關於〈中華人民共和國經濟合同法修正案（草案）〉的説明》（1993年6月10日）全國人大常委會：《關於修

改〈中華人民共和國經濟合同法〉的決定》（第21項）（1993年9月2日）。

〔13〕楊景宇（時任國務院法制局局長）：《關於〈中華人民共和國經濟合同法修正案（草案））的說明》（1993年6月10日）。

〔14〕一九九三年修訂後的《經濟合同法》第5條規定：「訂立經濟合同，應當遵循平等互利、協商一致的原則。任何一方不得把自己的意志強加給對方。任何單位和個人不得非法干預。」一九九九年十月一日開始施行的《中華人民共和國合同法》第3條、第4條兩條吸收和取代了上述規定，並作了更加明確的文字表述：「合同當事人的法律地位平等，一方不得將自己的意志強加給另一方。」（第3條）「當事人依法享有自願訂立合同的權利，任何單位和個人不得非法干預。」（第4條）

〔15〕一九九〇年十月一日開始施行的《中華人民共和國行政訴訟法》第2條規定：「公民、法人或者其他組織認為行政機關和行政機關工作人員的具體行政行為侵犯其合法權益，有權依照本法向人民法院提起訴訟。」第11條則進一步具體規定：凡是個人、法人或其他組織「認為行政機關侵犯法律規定的經營自主權的」，「認為行政機關違法要求履行義務的」，「認為行政機關侵犯其他人身權、財產權的」等等，均有權直接以負有責任的行政機關及其工作人員作為被告，向人民法院提起訴訟，追究責任和要求損害賠償，從而把一切違法施政的行政機關及其工作人員推上承擔法律責任的第一線。第71條規定：在華外商在中國進行行政訴訟，與中國公民、組織有同等的訴訟權利和義務。筆者認為：在華外商如認為因信賴政府盲目的「行政承諾」以致其在華合法財產權益受到侵犯和損害者，除可以其他方式索取損害賠償外，也可以援引上述法律規定，循行政訴訟的途徑，追究政府行政機關的責任和要求損害賠償。

〔16〕詳見本文前述「仲裁庭意見」的第三點「關於被申請入股改上市問題」以及本文第四部分之10.4段。

〔17〕詳見《中華人民共和國憲法》（1982年）第18條；《中華人民共和國中外合資經營企業法》（1979年）第2條；《中華人民共和國外資企業法》（1986年）第1條、第4條；《中華人民共和國中外合作經營企業法》（1988年）第3條。

〔18〕詳見本文第四部分之10.4段。

〔19〕諸如守法意識薄弱，好大喜功，為上報「政績」或其他利益驅動而盲目施政、違法施政等等。

〔20〕如筆者記憶無誤，是在一九九三至一九九四年。

〔21〕如本案中原無任何法律關係、純屬無辜的第三人D市L水電總公司是否應當充當「替罪羔羊」挨宰巨款的問題，就是最有爭議和最為關鍵的疑難問題，但在本次諮詢會議上卻未曾認真深入予以評議剖析。

〔22〕劉文傑（中國貿促會副會長、中國國際經濟貿易仲裁委員會副主任）：《努力提高仲裁質量，創造仲裁工作新局面——在CIETAC部分仲裁員研討會上的發言》，載《中國對外貿易（中國仲裁）》2002年第12期，第6-7頁。

〔23〕恩格斯：《論權威》，載《馬克思恩格斯全集》第18卷，人民出版社1964年版，第341、343頁。強調是引者所加。此處指在海上航行中船長依法享有權威——指揮權，一切船員和乘客必須絕對服從船長在海上航行和救難中的指令。

〔24〕T仲裁員二〇〇二年四月二十五日的「反饋」意見中原先的提法是「原因不是迫於對方當事人的欺詐、脅迫手段，而是簽字人自己上級的壓力」。現在這種意見被吸納入《裁決書二稿》及其後的定稿中，卻「倒退」一步，把「壓力」兩字更改為「要求」，連原先認定的「壓力」也不承認了！足見在文字「推敲」上「忌諱」甚多，刻意迴避真相。

〔25〕參見胡適：《實驗主義》，載姜文華主編：《胡適學術文集·哲學與文化》，中華書局2001年版，第19-20頁。

〔26〕《裁決書一稿》原用語。

〔27〕這份《異議書》全文各段均以阿拉伯數字標出，以求簡明並便於對照查索。本文摘引《異議書》原文時，均保留原數字。此外，另在註解中補充了若干必要的說明。

〔28〕這份「一稿」原草定於二〇〇二年四月二十五日。如前文所述，此稿於同年六月七日提交幾位專家諮詢評議，其所以落款標明為「六月十日」，估計是原擬於專家評議後即按此稿作為裁決書的定稿簽發。

〔29〕原《異議書》中以下三段論述，均全文直接摘引自原《裁決書一稿》第55-59頁。詳見本文上述第三部分之（一）。為節省篇幅，此處再

摘引時有所節略，僅保留關鍵詞句。閱讀時請對照前引全文。

〔30〕實為四月二十五日即已草就。參見前引《異議書》第一段落有關注解。

〔31〕按常理：如果乙確有自知之明，自知沒有能力取出「體內箭鏃」並有效療傷，就應在問明「病情」之後，建議甲另請高明，向有能力取鏃治傷的良醫求治，而不應自行貿然草率施治，貽誤受傷病人。

〔32〕「同一律係形式邏輯的基本規律之一。在同一思維過程中，每個概念、判斷必須具有確定的同一內容。遵守同一律能使思維具有確定性；否則，就會犯『偷換概念』和『偷換論題』等邏輯錯誤。」參見《辭海》，上海譯書出版社1979年版，第197頁；《漢語大詞典》（第3卷），漢語大詞典出版社1989年版，第101頁。

〔33〕本案仲裁費為人民幣七十五點六萬餘元。

〔34〕本案中先後因長官行政作為或行政不作為而自認為利益受損的當事人，可能是外商P公司及其主持下的X合資公司，也可能是L水電總公司。就中國現有的實情而言，前者提起行政訴訟索賠的權利一般更有保障，更少顧慮和掣肘。後者提起行政訴訟，所針對的往往就是自己的「頂頭上司」和「婆婆」，其直接掌握著下級企業領導的人事任免權、獎懲權、財政撥款審批權，等等，下級企業如有「冒犯」或膽敢告上「公堂」，則遭受打擊報復的「風險」很大，故在提起行政訴訟時，往往掣肘甚多，顧慮很大。

〔35〕參見黃雁明（CIETAC仲裁員、CIETAC深圳分會副研究員）：《商事仲裁中正當程序問題反思》，載《國際經濟法論叢》（第3卷），法律出版社2000年版，第439頁。

〔36〕CIETAC現行的《仲裁規則》第54條規定：「由3名仲裁員組成的仲裁庭審理的案件，仲裁裁決依全體仲裁員或多數仲裁員的意見決定，少數仲裁員的意見可以作成記錄附卷。」其中顯然並無明文禁止規定。

〔37〕此處「正、反兩種意見」並非指其內容上之正確與不正確，只是指兩種意見之相左或相反。換言之，如果以合議仲裁庭中按多數意見正式簽發的《裁決書》作為「正面」意見，則相應地少數仲裁員正式提出的《異議書》就是「反面」意見；反之，亦然。

〔38〕《中華人民共和國民事訴訟法》第2、8條。

〔39〕《中華人民共和國民事訴訟法》第52條第2款。

〔40〕早在一九八八年六月，國務院在有關CIETAC修訂仲裁規則的著名《批覆》中就明確指示「應當根據我國的法律」和有關國際條約並參照國際慣例進行修訂。這裡所說的「我國的法律」，顯應包括經全國人大通過的基本法律《民事訴訟法》在內。一九九四年八月由全國人大常委會通過的《仲裁法》第73條則更進一步明確規定：「涉外仲裁規則可以由中國國際商會依照本法和民事訴訟法的有關規定製定。」以上有關CIETAC仲裁規則「法源」的規定，見於2000年10月新版《仲裁規則》第2頁之《批覆》、第7頁之第1條規定。

〔41〕萬鄂湘（法學教授、最高人民法院副院長）：《「入世」後我國的司法改革與涉外民商事審判》，載《國際經濟法論叢》（第6卷），法律出版社2002年版，第7-8頁。

〔42〕陸萍、劉建：《上海二中院創滬上首例：合議庭不同意見寫進判決書》，載《法制日報》2002年9月12日第版。據查索，該案民事判決書編號為（2002）滬二中民初字第79號，全文已公布於「陽光法律」網站，值得一讀。其網址為：http// www. chinalawcase. com/ home/ data/display. asp? id—3638。

〔43〕周芬棉：《提倡「合議庭不同意見寫入判決」》，載《法制日報》2002年9月16日第1版。

〔44〕上海二中院研究室：《將合議庭不同意見寫入判決書的初步探索》，2002年10月11日發表於該中院網站其網址為：http://www. shezfy. com/Discuss/detail, asp? id=142。

〔45〕《不同意見寫入裁判文書，好！》，載《中國對外貿易（中國仲裁）》2002年第10期，第6頁。

〔46〕劉文傑（中國貿促會副會長、中國國際經濟貿易仲裁委員會副主任）：《努力提高仲裁質量，創造仲裁工作新局面——在CIETAC部分仲裁員研討會上的發言》，載《中國對外貿易（中國仲裁）2002年第12期，第6-7頁。

〔47〕關於這一點，筆者曾在八年前即一九九五年的一篇論文中提出這樣的設想：在中國涉外仲裁體系的領導機構中，加強和擴大其現有「專家委員會」的作用與功能。專家委員會不但可以在涉外裁決作出之前，針對仲裁過程中出現的疑難問題或分歧見解，進行研究和提出諮詢意見，以供有關案件的仲裁庭參考；而且可以在涉外**裁決已經作出並已發生法律效力之後**，接受涉外仲裁領導機構的委託，

對涉外仲裁裁決實體內容錯誤或違法提出的有關投訴，立項進行認真的研究，並將研究結論報送有關主管領導，俾便後者酌情正確處斷。在這方面，應當切實保證專家委員會確有認真研究的足夠時間，並給予應有的諮詢研究勞務報酬。參見陳安：《論中國涉外仲裁的監督機制及其與國際慣例的接軌》，載《比較法研究》1995年第4期，第386頁。

〔48〕關於這一點，筆者曾在八年前發表的論文中提出這樣的設想：在中國涉外仲裁體系的領導機構中，加強和擴大其現有研究所或其他研究機構的作用和功能。對於有關涉外仲裁裁決實體內容錯誤或違法的投訴，凡是情節較為複雜、是非較難判明者，可⋯⋯委託上述研究機構立項進行深入的專題研究，並將研討結論向涉外仲裁機構的領導人員提出書面報告，便於後者充分了解情況，果斷判明是非，對有關投訴作出正確的回答和必要的處理。參見陳安：《論中國涉外仲裁的監督機制及其與國際慣例的接軌》，載《比較法研究》1995年第4期，第386頁。

〔49〕關於這一點，筆者曾在八年前發表的論文中提出這樣的設想：健全或修訂首席仲裁員的指定體制，從嚴選定首席仲裁員。首席仲裁員在由三人組成的仲裁庭中，雖然在最終裁決時也只有一票表決權，但他畢竟是仲裁庭的主幹或核心，自始至終主持全案的仲裁運作過程，對仲裁裁決的正確與否和公正與否，起著舉足輕重的作用。特別是按照中國現行的涉外仲裁程序規則，在三名仲裁員各持己見、不能就裁決形成多數意見時，仲裁裁決即依首席仲裁員的意見作出。在這種場合，首席仲裁員的意見就比「舉足輕重」更進一步，成為「一錘定音」、決定一切了。由此可見，在遴選和指定首席仲裁員時，對其品德素質和業務水平，都應有比一般仲裁員更高、更嚴格的要求。參見陳安：《論中國涉外仲裁的監督機制及其與國際慣例的接軌》，載《比較法研究》1995年第4期，第386頁。

〔50〕其中包含這樣的職守和職責：按CIETAC現行《仲裁規則》第38條的規定，不怕「麻煩」不圖「省事」對事關案件根本定性的問題上，主動地和執著地進行必要的、反覆的調查事實，收集證據；對當事人在審限內提出的最新舉報和最新證據，認真地進行必要的鑑別和追查，以求徹底查清真相，防止草率裁決。

〔51〕CIETAC現任主要領導人在前述重要發言中明確提出：「仲裁委員會

對首席仲裁員應有剛性的要求。……比如，案件合議過程中，仲裁員有不同的意見，首席仲裁員應**認真傾聽**，用心分析比較，**切不要以首席自居，阻塞言路**。」「我們必須明確強調首席仲裁員在案件審理中負主要責任的地位。其所負的責任**事關仲裁委員會的對外形象**，事關仲裁事業的發展，事關當事人的切身利益。由於裁決書是終局性的，對當事人雙方都具有約束力的，首席仲裁員簽下的名字，**字字千斤重**。因此做出裁決一定要**慎之又慎**。我們是機構仲裁，為了我們的仲裁事業，我們對仲裁員特別是首席仲裁員**要嚴格要求**，嚴格管理，要講紀律。凡在工作中不負責任，或不能勝任的，要採取措施，包括不再**予以指定為首席仲裁員**。」這些話，可謂苦口婆心與嚴肅認真兼而有之，而且顯然不是「無的放矢」，不容置若罔聞。詳見劉文傑（中國貿促會副會長、中國國際經濟貿易仲裁委員會副主任）：《努力提高仲裁質量，創造仲裁工作新局面——在CIETAC部分仲裁員研討會上的發言》（強調是引者所加，下同），載《中國對外貿易（中國仲裁）2002年第2期，第6-7頁。

〔52〕《詩經·國風·王風·黍離》，參見呂恢文譯註：《詩經國風今譯》，人民文學出版社1987年版，第109-110頁。

〔53〕關於這方面的優良作風，除劉文傑同志的前述重要發言外，中國貿仲會法律部長、CIETAC副主任王生長同志撰寫的《與時俱進，讓仲裁之樹常青》一文〔載《中國對外貿易（中國仲裁）2002年第12期，第8-9頁〕，也體現了CIETAC領導層集體提倡自律和「廣開言路」的基本精神。文中指出：在絕大多數仲裁案件中，當事人對仲裁員的表現是滿意或認可的，「但是，現實反饋的信息也表明，仲裁員還有許多應該注意和改進的地方」，諸如考慮問題不周、超裁漏裁、程序處理有缺陷等等。「對於這些問題，**絕不能等閒視之**。」同時，特別強調「仲裁要講公正」，為了做到公正，仲裁員必須拋卻私利，「才能避免以權謀私、**偏袒偏護、枉法裁判**等一系列不良現象」；必須「堅持實事求是，**調查研究**，在理解現實世界時要**按照其本來面目去理解而不要給它以任何先入為主的附加**。」這些良言，顯然也不是「無的放矢」的。

〔54〕見本文第五部分之（一）：後期的草率斷決及其負面後果。

社科文庫・國際財金研究叢刊 AA101013

中國特色話語：陳安論國際經濟法學 第二卷（修訂版） 上冊

作　者	陳 安
版權策畫	李煥芹
責任編輯	林以邠

發 行 人	陳滿銘
總 經 理	梁錦興
總 編 輯	陳滿銘
副總編輯	張晏瑞
編 輯 所	萬卷樓圖書股份有限公司
排　　版	菩薩蠻數位文化有限公司
印　　刷	百通科技股份有限公司
封面設計	菩薩蠻數位文化有限公司

出　　版　昌明文化有限公司

桃園市龜山區中原街 32 號

電話 (02)23216565

發　　行　萬卷樓圖書股份有限公司

臺北市羅斯福路二段 41 號 6 樓之 3

電話 (02)23216565

傳真 (02)23218698

電郵 SERVICE@WANJUAN.COM.TW

大陸經銷

廈門外圖臺灣書店有限公司

　　電郵 JKB188@188.COM

ISBN 978-986-496-151-1

2019 年 8 月再版

定價：新臺幣 680 元

如何購買本書：

1. 轉帳購書，請透過以下帳戶

   合作金庫銀行 古亭分行

   戶名：萬卷樓圖書股份有限公司

   帳號：0877717092596

2. 網路購書，請透過萬卷樓網站

   網址 WWW.WANJUAN.COM.TW

大量購書，請直接聯繫我們，將有專人為您

服務。客服：(02)23216565 分機 610

如有缺頁、破損或裝訂錯誤，請寄回更換

版權所有・翻印必究

Copyright©2019 by WanJuanLou Books CO., Ltd.

All Right Reserved　　　　Printed in Taiwan

國家圖書館出版品預行編目資料

中國特色話語：陳安論國際經濟法學. 第二
卷 / 陳安著. -- 再版. -- 桃園市：昌明文化
出版；臺北市：萬卷樓發行, 2019.08
　冊；　公分
ISBN 978-986-496-151-1(上冊：平裝)

1.經濟法學

553.4　　　　　　　　　　　　108010189